KB247630

자카르타가 온다

THE JAKARTA METHOD
Written by Vincent Bevins

Korean edition is published by arrangement with Perseus Books through Duran Kim Agency Co., Seoul.

자카르타가 온다:
냉전과 반공, 대량학살이 만들어 낸 세계

지은이 빈센트 베빈스
옮긴이 박소현

1판 1쇄 발행 2025년 12월 30일

펴낸곳 두번째테제
펴낸이 장원
등록 2017년 3월 2일 제2017-000034호
주소 (13290) 경기도 성남시 수정구 수정북로 92, 태평동락커뮤니티 301호
전화 031-754-8804
팩스 0303-3441-7392
전자우편 secondthesis@gmail.com
홈페이지 secondthesis.com
블로그 blog.naver.com/secondthesis

ISBN 979-11-90186-52-0 03900

책값은 뒤표지에 있습니다. 잘못된 책은 바꾸어 드립니다.

자카르타가 온다

냉전과 반공, 대량학살이 만들어 낸 세계

The Jakarta Method:
Washington's Anticommunist Crusade and the
Mass Murder Program that Shaped Our World

빈센트 베빈스 지음
박소현 옮김

부 치스카Bu Cisaca와 팍 우이홍란Pak Oei Hong Lan에게 바칩니다.

한국 독자들에게

《자카르타가 온다》의 한국어판 출판에 즈음해 한국 독자들을 위한 서문을 쓰게 되어 무척 기쁘고 또 영광스럽게 생각합니다. 지금으로터 8년 전인 2017년에 이 책을 쓰기 시작할 때부터 이 이야기, 곧 본질적으로 미국 주도 자본주의 체제의 구축에 관한 이야기, 더 정확히는 그 과정에서 사용된 어떤 잔혹한 전술에 관한 이야기와 지금의 세계체제에서 한국이 아주 특별한 역할을 해 왔다는 사실을 잘 알았기 때문입니다. 그래서 한국어판 출판을 간절히 바라며 성사를 위해 여러모로 애써 왔습니다. 한국어판 프로젝트를 진행한 두번째테제 출판사의 노고에 깊이 감사드립니다.

한국의 역할이 역사적으로 또 현재에도 중요하다는 점을 염두에 두고 방문할 기회를 찾던 중 2018년 평창 동계올림픽 취재단으로 참여할 수 있었습니다. 2014년 월드컵과 2016년 올림픽 등 다른 스포츠 행사를 취재한 경험 덕분이었을 것입니다. 여자 아이스하키 경기에서 남북한을 대표하는 남북 단일팀을 응원하는 관중들의 사진을 아직 가지고 있습니다. 가까운 시일 내에 한국에서 이 책과 《광장의 역설*If We Burn*》에 대해서 이야기를 나눌 수 있기를 바랍니다.

그렇다면 이 이야기에서 한국의 특별한 역할이란 무엇일까요? 여러 가지가 있겠는데요. 첫째로, 한국에서는 반공주의 폭력이 2차 세계대전이 끝나자마자 시작됐다는 점입니다. 이 책에 담긴 이야기의 상당 부분은 1953년 이후에 일어난 일이지만, 한국은 끔찍한 의미에서 시대를 앞서갔습니다. 1950~1953년에 벌어진 열전hot war 한국전쟁 발발 이전에 시작된 반공 학살이 드와이트 D. 아이젠하워 대통령이 '냉전' 시기 미국 중앙정보국CIA을 통해 다른 나라에 개입하는 방식에 큰 영향을 미쳤기 때문입니다. 둘째로, 참혹한 전쟁 이후 남한이 새로운 패권국으로부터 세계체제에서 아주 특권적인 지위를 부여받았다는 점입니다(매우 다른 방식으로 북한 또한 아주 '특별한' 지위를 차지하게 됐고 지금까지 이 상태가 유지되고 있습니다). 셋째로, 1950년부터 2000년 사이에 저개발국, 곧 '제3세계'나 '글로벌 남반구'의 경제 조건에서 경제력과 영향력을 고려할 때 확실하고도 논란의 여지없이 '제1세계' 지위로 이동한 큰 나라(전 세계 인구 대국 25개국 이내)는 한국이 유일하다는 점입니다.

넷째로, 한국은 냉전 시대의 반공주의적 반응이 과테말라나 칠레 같은 곳보다 먼저 시작된 곳이자, 권위주의로 회귀하려는 극적인 시도가 가장 최근에 있었던 마지막 장소이기도 합니다. 물론 극단적 반공주의는 미국의 트럼프주의와 브라질의 보우소나루주의, 그리고 최근 인도네시아와 필리핀에서 각각 수하르토와 마르코스 정권의 잔당이 복귀하는 등 전 세계 체제 곳곳의 표면 아래 깊고도 넓게 숨어 있습니다. 그러나 숨겨진 공산주의의 위협을 핑계로 2024년 12월, 서울에서 벌어진 충격적인 사건은 동시대 세계체제하에서 가장 이례적인 사례였습니다. 다행히 이 전투에서는 민주주의가 승리했지만, 한국뿐 아니라 세계 어느 곳에서도 전쟁은 끝나지 않았습니다.

《자카르타가 온다》가 2025년과 2026년, 그리고 미래의 한국 독자들에게 어떤 의미일까요? 당장은 알 수 없지만, 차차 알아 나가게 되길 기대합니다. 다른 책들이 그렇듯, 이 책도 2020년 미국에서 영어로, 2022년 스페인어로, 2023년 파르시어로 출간되었을 때와는 다른 방식으로 해당 언어와 해당 시점에 따라 반향을 일으킬 수밖에 없을 것입니다. 지금으로서는 관심을 가져 주신 한국 독자들에게 진심으로 감사드리며, 이 역사 이야기를 여러분이 원하는 대로 또 필요한 대로 해석하셔도 된다고 말씀드리고 싶습니다.

2025년 6월

빈센트 베빈스

차례

일러두기

1. 이 책은 Vincent Bevins, *The Jakarta Method: Washington's Anticommunist Crusade and the Mass Murder Program That Shaped Our World*, PublicAffairs 2020을 우리말로 옮긴 것이다.
2. 본문의 주석은 모두 각주로 처리했으며 옮긴이의 부연 설명은 대괄호에 넣고 옮긴이를 표시했다. 본문의 이탤릭체는 굵은 글씨체로 표기했으며 도서, 저널, 언론사명의 경우 겹화살괄호로, 논문 및 기사, 영화명은 홑화살괄호로 표기했다.
3. 인명 및 단체명 등의 고유명사는 외래어 표기법을 따르되 널리 사용되는 표현이 있는 경우 그에 따랐다. 이해에 필요한 경우 원어나 한자를 병기했으며 외래어 표기법으로 확인이 어려운 경우 원칙상 발음 표기에 가깝게 표기했다.

들어가며

1962년 5월 자카르타, 탄잉기옥이라는 이름의 소녀가 낡고 녹슨 배에 올랐다. 세계에서 가장 큰 나라 중 하나인 조국이 자본주의와 공산주의 사이의 전 지구적인 싸움에 끌려 들어가던 중이었고, 부모는 이 분쟁이 그의 가족 같은 이들에게 끼칠 끔찍한 일을 염려한 끝에 몸을 피하기로 했다. 가족은 브라질로 향하는 길이었다. 그곳에 먼저 자리 잡은 인도네시아인들이 말하기를 브라질은 자유와 기회의 땅이며 분쟁이 없는 곳이라고 했다. 하지만 그것 말고는 이 가족이 브라질에 대해 아는 것은 거의 없었다. 브라질은 가능한 선택지 중 하나였고 또 아주 먼 곳이었다. 이 가족은 45일 동안 불안과 배멀미에 시달리며 싱가포르를 거쳐 인도양을 건너 모리셔스에서 남쪽으로 내려가 모잠비크에 이르렀다. 거기서 다시 남아프리카를 돌고 대서양을 건너 마침내 남아메리카 최대의 도시 상파울루에 도착했다.

그러나 그런 식으로 냉전의 폭력에서 도망칠 수 있다고 생각했다면, 완전한 오산이었다. 그들이 도착한 지 2년만에 브라질에서도 미약한 민주주의가 무너지고 폭력적인 군사정권이 세워졌다. 그리고 얼마 후, 이 새로운 인도네시아 이민자들은 상상을 초월하는 충격적인, 무슨 일이 일어났는지 말하려고만 해도 감정을 주체할 수 없어 말하는 사람의 정신 상태를 의심하게 만드는 끔찍한 폭력이 고국에서 벌어졌다는 소식을 전해 듣는다. 그 소식은 모두 사실이었다. 잘린 팔다리가 나뒹구는 종말과도 같은 학살 속에서 신생국 인도네시아는 미국의 가장 안정적인 동맹으로 거듭나며 역사의 무대에서 거의 완벽하게 사라졌다.

1964년 브라질과 1965년 인도네시아에서 벌어진 사건들은 냉전의 최종 승자, 곧 미국과 지금의 세계 경제체제가 거둔 가장 중요한 승리라고 할 수 있다. 그렇게 그 일들은 지구상 거의 모든 이들의 삶을 근본적인 차원에서 바꿔 놓은 과정에서도 가장 중요한 사건들이다. 두 나라 모두 독립국이었고, 세계 자본주의와 공산주의 열강들 사이 어딘가에 있었지만, 1960년대 중반에 이들 두 나라는 미국 쪽으로 완전히 기울게 된다.

워싱턴의 관료들과 뉴욕의 기자들은 당시에 이미 이 사건이 얼마나 중요한지 인식했다. 현재 세계 인구 4위의 국가 인도네시아가 베트남보다 훨씬 중요한 전리품인 것을 그들은 알고 있었다.[1] 미국 대외정책 입안자들이 인도차이나에서 10년 동안 피를 흘리고도 얻지 못한 것을 인도네시아에서는 몇 달 만에 성취했기 때문이었다.

그리고 현재 세계 5위의 인구 대국인 브라질의 독재정권은 나머지 남아메리카 국가들을 친미 반공 집단으로 만드는 데 핵심적인 역할을 했다. 인도네시아와 브라질 두 나라에서 소련은 거의 아무 영향력도 미치지 못했다.

1 Bradley Simpson, *Economists with Guns: Authoritarian Development and U.S.-Indonesian Relations, 1960–1968* (Palo Alto, CA: Stanford University Press, 2008), 5. 심슨은 "1960년대 중반까지 관료 대다수가 베트남이나 라오스보다 인도네시아를 훨씬 중요하게 여겼다"라고 지적한다. 뒤에서 살펴볼 1965년 신문 기사들 또한 이 점을 확인시켜 준다.

가장 충격적이면서도 이 책에서 강조하려는 가장 중요한 지점은 두 사건이 절멸 그러니까 체계적인 민간인 대량학살의 괴물 같은 국제 네트워크를 여러 나라에 만들어 냈고, 그 네트워크가 오늘날 우리가 살고 있는 세계의 밑바탕이 되었다는 점이다.

인도네시아 출신이거나 이 주제에 관한 전문가가 아닌 이상, 인도네시아에 대해 잘 모를 것이고 이 섬나라에서 1965~1966년에 벌어진 일에 관해서도 거의 아무 것도 모를 것이다. 인도네시아는 우리의 집단 상식에서 거대한 공백으로 남아 쿠바 미사일 위기, 한국전쟁, 폴 포트에 대해서라면 대강이라도 알거나 세계 최대 인구대국(중국), 2위(인도), 6위와 7위국(파키스탄과 나이지리아)을 쉽게 말할 수 있는 사람들조차 잘 모르는 나라가 되었다. 심지어 외신기자들조차 인도네시아가 세계 최대의 무슬림 인구 보유국이라는 사실을 잘 모르니, 1965년에 소련과 중국 다음으로 큰 공산당이 인도네시아에 있었다는 것은 상상도 하지 못한다.

1965~1966년에 벌어진 폭력의 진실은 수십 년간 감춰져 왔다. 그 폭력의 결과로 세워진 독재정권은 전 세계를 상대로 거짓말을 했고, 생존자들은 투옥되거나 두려움 속에서 입을 열지 못했다. 영웅적인 인도네시아 활동가들과 각지에서 이 주제를 연구해 온 학자들의 노력 덕분에 이제는 그 이야기를 할 수 있게 되었다. 최근 워싱턴에서 기밀 해제된 문서들도 큰 도움이 되었으나, 사건의 일부는 여전히 미스터리로 남아 있다.

인도네시아가 잊혀진 이유는 1965~1966년에 벌어진 사건이 너무나 완벽한 미국의 승리였기 때문이다. 미군은 한 명도 죽지 않았고 본토의 어느 누구도 위험에 빠지지 않았다. 1950~1960년대에 인도네시아 지도자들은 국제사회에 평지풍파를 일으켜 놓았지만, 1966년 이후 이 나라는 작은 물결 하나 일으키지 않았다. 13년간 해외 특파원이자 저널리스트로 일해 온 나는 먼 곳에 있는 안정적인 친미 국가는 뉴스에 등장하지 않는다는 것을 잘 알고 있다. 개인적으로 문서를 검토하고 이 두 사건을 겪은 이들과 많은 시간을 보낸 후에야 왜 이 사건들이 잊혀졌는지에 대한 아주 불편한 또 다른 가설에 이르게 됐다. 무슨 일이 벌어졌는지, 그 진실이 우리의 냉전에 대한 상식과 미국인이라는 것의 의미 혹은 세계화가 어떻게 벌어졌는지에 대한 세간의 믿음과 너무나도 들어맞지 않아 그냥 무시하는 편이 훨씬 쉽게 느껴지기도 한다.

이 책은 인도네시아, 브라질, 칠레, 과테말라 혹은 냉전에 대해 특별한 지식이 없는 이들을 위한 것이긴 하지만 내 인터뷰, 아카이브 연구, 세계적 차원의 접근법이 전문가들에게도 흥미로운 발견이 되기를 바란다. 여러분이 리우데자네이루나 발리, 뉴욕이나 라고스 혹은 어디에 있건, 반공산주의 폭력과 전쟁이 현재 우리의 삶을 어떻게 직접적으로 만들어 냈는지 알고 싶어 하는 이들에게 이 이야기가 가닿는 것이야말로, 내가 바라는 거의 전부다.

최근 내가 겪은 두 사건은 1960년대 중반에 있었던 사건들이 여전히 우리를 맴돌고 있음을 확신하게 해 주었다. 달리 말하자면 그 사건의 유령들은 아직도 전 세계에 출몰한다.

2016년에 나는 《로스앤젤레스타임스》 브라질 특파원으로 6년째이자 마지막 해를 보내던 중 브라질리아의 국회의사당 안을 걷게 되었다. 세계에서 네 번째로 큰 민주주의 국가의 의원들이 한때 좌익 게릴라였고 브라질 최초의 여성 대통령인 지우마 호세프의 탄핵 투표를 준비하던 중이었다. 복도에 주요 인사는 아니지만 목소리 크기로는 유명한 극우 의원 자이르 보우소나루가 있어 잠깐 인터뷰를 하려고 그쪽으로 갔다. 그 시점에는 이미 호세프 대통령을 끌어내리려고 한 이들이 대통령의 정치적 라이벌들이며, 탄핵을 주도한 그들이 대통령보다 훨씬 더 부패한 자들이라는 사실이 널리 알려져 있었다.[2] 나는 외국인 기자였기에 보우소나루에게 그날의 문제 많은 탄핵 과정을 고려할 때 국제사회가 호세프 대통령을 대체할 보수 정부의 정통성을 의심하지 않겠느냐고 물었다. 보우소나루의 대답은 터무니없는 데다가 너무나 완벽하게 부활한 냉전의 유령 같아서 나는 그 내용을 아예 기사에 쓰지도 않았다. "전 세계가 우리가 오늘 한 일을 축하할 것이오. 우리가 브라질이 또 다른 북한이 되는 것을 막았기 때문이지요."

참 이상한 일이었다. 중도좌파 지도자였던 호세프의 정부는 너무나도 대기업 친화적이었기 때문이다.

잠시 후 보우소나루는 의회 회의실 마이크 앞으로 걸어가 브라질을 뒤흔들어 놓을 선언을 했다. 그는 자신의 탄핵 투표를 카를루스 아우베르토 브릴란치 우스트라에게 바치겠다고 했는데, 우스트라는 브라질의 독재정권 시기 호세프의 고문을 지휘했던 바로 그 고문 기술자 대령이었다. 그 도발적인 선언은 브라질의 반공 군사정권을 부활시키고 자신이 브라질 극우 야당의 상징이 되려는 시도

2 Vincent Bevins, "The Politicians Voting to Impeach Brazil's President Are Accused of More Corruption Than She Is," *Los Angeles Times*, March 28, 2016.

였다.[3]

몇 주가 지나 나는 탄핵을 결정할 최종 표결을 기다리던 호세프 대통령을 인터뷰했고, 우리의 대화는 브라질 정치사에서 미국의 역할로까지 자연스럽게 흘러갔다. 남아메리카의 여러 정권을 전복하는 일에 관여했던 미국의 전적 때문에라도 호세프의 지지자 중 상당수는 이 탄핵의 뒤에도 미국 중앙정보국(이하 CIA로 표기)의 공작이 있는 것은 아닌지 의심했다. 호세프는 그렇지 않다고, 이 일은 브라질의 내부 역학으로 인한 결과라고 했다.[4] 그렇다면 이는 그 나름의 방식으로, 더 나쁜 일이었다. 브라질의 독재는 경제 혹은 정치 지배층이 자신들의 이해관계에 위협이 된다고 여기면 누구라도(호세프건 룰라건) 안전하게 제거할 수 있는 종류의 민주주의로 전환되었고, 지배층은 필요하면 언제든 냉전의 괴물을 불러들여 전장에 나설 수 있기 때문이다.

이제 우리는 보우소나루의 계책이 얼마나 큰 성공을 거두었는지 잘 안다. 2년 후 보우소나루가 대통령에 당선됐을 당시 나는 리우에 있었다. 당장 길거리에서 싸움이 벌어졌다. 덩치 큰 건장한 남자가 상대 후보 스티커를 붙인 타투를 한 여자에게 소리를 지르기 시작했다. "공산주의자는 꺼져라! 공산주의자는 꺼져라!"

3 Jonathan Watts, "Dilma Rousseff Taunt Opens Old Wounds of Dictatorship Era's Torture in Brazil," *The Guardian*, April 19, 2016.

4 Vincent Bevins, "Brazil Is in Turmoil, an Impeachment Trial Looms, and Still, Dilma Rousseff Laughs," *Los Angeles Times*, July 5, 2016.

2017년, 나는 탄잉기옥 가족이 오래전 이주했던 경로와는 정확히 반대 방향으로 이동했다. 상파울루에 있다가 《워싱턴포스트》 동남아시아 특파원으로 자카르타로 옮기게 된 것이다. 내가 자카르타에 도착한 지 몇 달 지나지 않아 학자와 활동가들이 1965년 사건에 관한 조심스런 콘퍼런스를 열기로 했다. 그러나 어떤 이들이 사회관계망서비스에서 이 행사가 공산주의를 재건하려는 시도라고 모함했고, 그날 밤 내가 행사장을 떠난 지 얼마 되지 않아 그곳에 군중이 들이닥쳤다. 요즘 자카르타에서 공격적인 거리 시위를 벌이는 주축인 무슬림 남성들이 건물을 에워싸고 안에 있던 사람들을 가두었다. 내 룸메이트인 중부 자바 출신의 젊은 노동조합 활동가 니켄은 거기에 밤새 붙잡혀 있었고, 군중들은 밤새 벽을 두드리며 "공산주의자를 박멸하라!", "산 채로 태워 버리자!" 등의 구호를 외쳤다. 겁에 질린 니켄은 내게 문자를 보내 무슨 일이 벌어지고 있는지 외부에 알려 달라고 했고 나는 트위터(현 X)에 소식을 올렸다. 얼마 지나지 않아 내가 공산주의자라거나 이제는 존재하지도 않는 인도네시아공산당 당원이라는 모함과 협박이 시작됐다. 정확히 이런 종류의 메시지를 남아메리카에서도 받은 적 있다. 이런 닮은 꼴은 절대 우연이 아니었다. 두 나라에 만연한 피해망상의 근원은 1960년대 중반의 트라우마적인 공백으로 거슬러 올라갈 수 있다.

그러나 나는 이 책을 쓰기 시작해 전문가, 목격자, 생존자들을 만나 보고 나서야 두 역사적 사건의 중요성이 폭력적인 반공주의가 브라질과 인도네시아를 비롯한 여러 나라에 아직도 존재하고 냉전이 어떤 종류의 사회개혁도 위협으로 여기는 체제들로 이루어진 세계를 만들어 냈다는 사실보다 훨씬 크다는 것을 깨달았다. 나는 전 세계, 특히 탄잉기옥과 그 가족들이 배를 타고 거쳐 간 경로에 있는 아시아, 아프리카, 라틴아메리카의 국가들이 1964년과 1965년 브라질과 인도네시아에서 시작된 물결에 의해 개조되었다고 결론 내리게 되었다.

나는 이 이야기를 조사하고 제대로 전해야 한다는 윤리적 책임을 통감했다. 어떤 면에서 이 일은 10년이 넘는 내 경력에서 가장 중요한 일이기도 했다. 그렇게 나는 오로지 이 책을 위해 12개국을 방문하고 스페인어, 포르투갈어, 영어, 인도네시아어로 백 명이 넘는 이들을 인터뷰했다. 앞의 네 언어로 된 문서고들을 뒤지고 세계 곳곳의 역사학자들을 만났으며, 연구 보조원들과 5개국에서 조사를 벌였다. 이 책을 위한 자원이 많지는 않았으나 내가 가진 모든 것을 총동원했다.

브라질과 인도네시아 그리고 다른 21개 국가에서 벌어진 폭력은 우연도 아니고 세계사적 주요 사건에 속하지 않는 부수적인 일도 아니다. 그 죽음들은 "차갑고 무미건조"[5]하며 아무 것도 바꾸지 못한 비극적인 오류가 아니다. 실은 정확히 그 반대다. 그 폭력은 더 거대한 과정의 실질적이고 근본적인 부분이었다. 전 세계적 차원에서 냉전과 미국의 목표를 다 파악하지 않은 채로는 이 사건들을 믿을 수도 없고 이해하기도 어렵다.

조슈아 오펜하이머의 〈액트 오브 킬링〉과 그 후속작 〈침묵의

5 이 인상적인 표현은 헤겔을 인용한 것이다. "이 죽음은 아무런 내면의 폭과 충만함도 지니지 않는 것… 그러므로 그것은 양배추를 쪼개거나 물 한 모금을 삼키는 것 이상의 의미를 지니지 않는 지극히 차갑고 무미건조한 죽음이다." *Phenomenology of Spirit*, "Absolute Freedom and Terror," Section 590[국역: 《정신현상학 2》, 김준수 옮김, 아카넷, 2022, 576쪽].

시선〉은 인도네시아의 1965년을 둘러싼 블랙박스를 두들겨 부수며 열어제꼈고, 인도네시아와 전 세계 사람들이 그 안을 들여다보게 만들었다. 오펜하이머는 사건에 극도로 가까이 접근하는 클로즈업 방식을 택했다. 나는 의도적으로 그 반대 접근법을 택해 사건을 세계 무대로 줌아웃 해서 보완하고자 했다. 두 영화를 본 관객들이라면 그런 맥락에서 이 책을 봐 주었으면 하고 이 책의 독자들 또한 책을 다 읽고 두 영화를 봐 주기를 바란다. 초기 조사를 도와준 조슈아에게 개인적으로 작은 빚을 졌으나 인도네시아 사람들과 역사학자들, 특히 바스카라 와르다야, 페브리아나 피르다우스, 브래들리 심슨에게 훨씬 큰 빚을 졌다.

나는 이 사건들과 그 여파, 곧 이 사건들이 낳은 전 세계적 대량 학살의 네트워크에 대해 제대로 전달하기 위해 더 광범위한 냉전의 이야기까지 다뤄야겠다고 마음먹었다. 폭력적 반공주의가 전 세계적인 힘이었고, 그 주역들이 힘을 얻고 승리를 거두며 다른 곳의 성공과 실패로부터 배우며 국경을 넘어 활동했다는 사실은 자주 망각된다. 그러나 정말 무슨 일이 일어났는지 이해하려면, 이러한 국제적인 협력을 이해해야 한다.

이것은 몇몇 개인의 이야기이기도 하다. 일부는 미국, 일부는 인도네시아, 일부는 라틴아메리카 출신인 이들은 이 사건들을 통과했으며 그로 인해 인생이 통째로 뒤바뀌었다. 내가 초점을 맞춘 연결고리들은 내 배경과 언어 능력 그리고 운 좋게 만난 사람들에 의해 어느 정도 좌우되었을 것이다. 그럼에도 그들의 이야기는 다른 어떤 이야기보다 냉전 서사 그 자체이며, 미국이나 유럽의 백인에

게만 초점을 맞춘 이야기보다 훨씬 더 그러하다.[6]

이 책에서 하려는 이야기는 기밀 해제된 정보, 해당 분야에 가장 정통한 역사학자들이 합의한 사항, 충격적인 일인칭 증언에 바탕을 둔 것이다. 직접 진행한 생존자들과의 인터뷰에 많이 의존했으나, 무엇을 느꼈고 무엇을 입었으며 연행된 날짜가 언제인지 등 그들의 삶에 대한 주장 전부를 다 확인하지는 못했다. 그러나 이 책의 세부 사항 중 이미 확인된 사실이나 역사학자들이 밝혀낸 더 큰 이야기와 모순되는 내용은 없다. 최대한 정확하게 서술하고, 사료에 충실하며, 그 시간을 살아낸 이들을 존중하기 위한 방편으로 나는 특정한 방식을 택할 수밖에 없었다. 첫째, 이 이야기는 진정한 의미에서 전 지구적이다. 지구상의 모든 생명을 동등하게 여기며 어떤 나라나 행위자도 선험적으로 선하거나 악한 존재로 보지 않는다. 둘째, 우리 모두 "역사는 승자에 의해 쓰여진다"라는 말을 들어 보았을 것이다. 그리고 그 말은 안타깝게도 진실일 때가 많다. 그러나 이 이야기는 어쩔 수 없이 그러한 경향을 거스른다. 이야기의 중심에 있던 이들 상당수가 20세기 최대의 패자이며, 그들의 삶이 영어권에서 받아들여지는 냉전에 대한 이해와 상충한다는 사실을 두려워해서도 안 될 것이다. 그런 모순이 승자들에게 아주 불편한 것일지라도 말이다. 마지막으로 나는 해결되지 않은 수많은

6 나는 오드 아르네 베스타의 *The Global Cold War: Third World Interventions and the Making of Our Times* (Cambridge: Cambridge University Press, 2005)[국역: 《냉전의 지구사: 미국과 소련 그리고 제3세계》 옥창준 외 옮김, 에코리브르, 2020)]에 큰 빚을 졌다. 이 책에서 저자는 냉전이 초강대국 간의 분쟁인 만큼이나 제3세계의 삶을 형성하는 과정이었음을 면밀하게 밝혀냈다. 이 프로젝트를 시작하기 전에 베스타의 주장을 알았더라면 좋았겠지만, 그와 비슷한 가설에 기댄 연구 제안서를 쓴 후에야 그 책을 읽었음을 밝혀 둔다. 지난 10년간 "발전도상 세계"에서 일한 경험이 나를 베스타의 학술적 연구와 같은 결론으로 이끌었을 것이다.

미스터리에 파고들고 싶은 충동과 싸우며 어떤 추측도 배제했다. 우리는 아직 모르는 사실이 많다는 점을 인정해야 할 것이다.

따라서 이 책은 짐작에 기대지 않는다. 나와 동료들은 설명하기 어려운 너무나 큰 우연이나 연결점을 마주하면 거기서 멈춰 서서 의견을 나누었고, 무엇이 그런 지점을 만들어 냈는지에 관해서 짐작으로 가설을 만들지 않았다.

그렇게 우리는 어떤 연결점들을 마주하게 되었다.

1 새로운 미국의 시대

북아메리카 대륙의 서유럽 출신 정착민 식민지인 미국은 2차 세계대전을 거치며 지구상에 전에 없던 초강대국으로 부상했다. 미국인은 물론 전 세계의 눈에도 놀라운 일이었다.

미국은 아직 젊은 나라였다. 옛 영국 식민지에 세운 정부가 프랑스와 스페인의 옛 영토를 합병해 아메리카 대륙 한복판에 지배권을 확립한 지 겨우 백 년 남짓이었다. 반면 유럽의 사촌들은 거의 500년 동안 전 세계를 정복해 왔다. 유럽인들은 지구 전역을 누비며 전 세계를 자기 입맛대로 재편해 왔다.

미국이 정착민 식민지라는 말은 이 땅이 수 세기에 걸쳐 유럽 출신 백인들에 의해 점령되었으며, 그 방식이 아시아와 아프리카 대다수 국가들이 정복된 것과는 달랐다는 뜻이다. 백인들은 그 땅에 정착하러 왔으므로, 그들이 세운 나라에서 그 땅에 원래 살던 원주민은 배제되었다. 새로운 백인 기독교도의 나라를 세우려면, 그들이 세운 나라에서 원주민은 사라져야 했다.

미국인이라면 모두 학교에서 배우겠지만, 미국의 건국 과정에는 강력한 광신주의적 요소가 있다. 독실한 잉글랜드 기독교도였던 청교도들은 고국을 위해 돈을 벌겠다는 생각으로 대서양을 건넌 것이 아니었다. 그들은 더 순수하고 엄격한 칼뱅주의 사회를 세우기 위한 장소를 찾아 떠났다. 달리 말하자면, 종교의 자유를 찾아 미국에 온 것이었다. 또 다른 방식으로 말하자면, 그들은 17세기 유럽보다 훨씬 동질적이고, 근본주의적이며, 종교적인 사회를 만드는 것을 목표로 했다.[1]

1700년대 말 이 영국 식민지의 지도자들은 혁명 전쟁을 통해 영국 왕조를 몰아내고 오늘날에도 그 형태가 거의 변하지 않은 아주 효과적인 자치 제도를 확립했다. 국제적으로 미국은 혁명적 민주주의의 이상과 그 승리를 상징하게 되었다. 그렇지만 내부 사정은 훨씬 복잡했다. 미합중국은 철저한 백인우월주의 사회였고, 애초부터 원주민을 배제한 결과는 제노사이드였다.

유럽 식민주의는 캐나다부터 아르헨티나까지 아메리카 대륙 전역에서 아메리카 원주민 전체 인구의 90퍼센트에 달하는 5천만에서 7천만 명을 학살했다. 최근 과학자들은 아메리카 원주민 절멸의 규모가 너무나 커서 지구의 온도를 바꿔 놓을 정도였다는 연구 결과를 내놓았다.[2] 영국의 통치로부터 독립을 선언하고 한참이 지나고 나서도 신생 미합중국에서는 원주민 학살이 이어졌다. 미국 시민들은 19세기 중반까지 아프리카계 노예를 사고팔고 채찍질하고

1 뉴잉글랜드의 청교도, 잉글랜드와 관련한 식민지에서 청교도의 사상적 헌신과 극단주의, 신이 "신의 자식들을 위해 앞날을 대비하여 원주민을 그 땅에서 내몰으셨다"라는 그들의 결론에 관해서는 Virginia DeJohn Anderson, "New England in the Seventeenth Century," in *The Oxford History of the British Empire, Vol. 1: The Origins of Empire* (Oxford: Oxford University Press, 1998), 193–196을 보라.

2 Alexander Koch et al., "Earth System Impacts of the European Arrival and Great Dying in the Americas after 1492," *Quarternary Science Reviews* 207 (March 2019), www.sciencedirect.com/science/article/pii/S0277379118307261#!

고문하고 소유했다. 여성이 전국적으로 투표권을 얻은 것은 1920년의 일이었다. 그러나 인종주의 테러와 흑인에게 진정한 시민권을 부여하지 않으려는 법안들 때문에 아프리카계 미국인에게도 보장된 이론상의 투표권은 무용했다. 2차 세계대전 참전 당시에도 미국은 오늘날 우리가 아파르트헤이트 사회라고 부르는 그런 사회였다.[3]

그러나 그 전쟁에서 미국의 본성 중 선한 면들이 부각되었다. 늘 그러리라고는 장담할 수 없는 종류의 일이었다. 1930년대면, 미국인 중에서도 인종주의를 당당하게 내세우는 초군국주의적 독일의 집권 정당 나치를 지지하는 이들도 상당했기 때문이다. 1941년 당시 미주리주 상원의원이던 해리 S. 트루먼은 이렇게 말했다. "독일이 전쟁에서 승기를 잡는다면 우리는 러시아 편에 서야 하고, 러시아가 승세라면 독일을 도와야 하며, 그런 식으로 그들이 서로 최대한 많이 죽이게 내버려두어야 한다."[4] 그러나 미국은 독일과 일본에 맞서 영국, 프랑스, 소련과 연합군으로 2차 세계대전에 참전해 죽음의 수용소에 갇힌 이들을 해방시키고 서유럽의 제한적인 민주주의 국가들을 폭정에서 구해 내기 위해 싸웠다. 참전 용사 중 50만 명가량이 비극적으로 희생됐지만, 미국 청년의 한 세대는 자신들이 이룬 일을 자랑스러워하며 조국으로 돌아왔다. 그리고 돌아온 조국에서 그들은 전적으로 부조리한 체제를 목격하고는, 미국이라는 나라의 밑

3 Adam Serwer, "White Nationalism's Deep American Roots," *The Atlantic*, April 2019. 체계적 인종 분리를 현대적 의미에서의 '아파르트헤이트'라고 부른 것은 서워가 아니라 나다. 2차 세계대전 중 군인들이 인종 분리된 점 그리고 당시 군에서의 인종주의적 법 적용에 관해서는 예를 들어, Francis X. Clines, "When Black Soldiers Were Hanged: A War's Footnote," *New York Times*, February 7, 1993을 보라.

4 Alden Whitman, "'The Lightning' Strikes in War," *New York Times*, December 27, 1972, www.nytimes.com/1972/12/27/archives/harry-s-truman-decisive-president-the-lightning-strikes-in-war.html

바닥에 깔린 가치들에 맞서 싸워 결국 승리했다.

2차 세계대전의 끝은 새로운 세계질서의 시작이었다. 유럽이 몰락하자 세계는 여러 조각으로 쪼개졌다.

세 개의 세계

1945년에 세계 제2의 초강대국은 미국과 마찬가지로 2차 세계대전 승전국으로 떠오른 소련이었다. 소련도 승리를 자랑스러워했지만 전쟁으로 수많은 인명을 잃고 국토는 초토화된 처지였다. 좌익 사상이라면 질색하던 나치 지도자 아돌프 히틀러는 소련 영토에 무자비하게 쳐들어갔다. 미군이 유럽 전선에 참전하기 1년 전인 1943년에 스탈린그라드에서 전세를 뒤집기 전까지 소련이 입은 피해는 어마어마했다. 1945년 붉은 군대가 중부 유럽과 동유럽의 여러 지역을 차지하며 베를린에 입성할 때까지 소련의 인명 피해는 최소 2700만 명에 달했다.[5]

소련은 미국보다도 역사가 짧은 나라였다. 소련은 독일 사상가 마르크스에게 영감을 받은 소수의 급진 지식인들이 러시아 왕조를 무너뜨린 1917년 혁명을 거쳐 탄생했다. 혁명 전 러시아는 인구의 절대다수가 빈곤한 소작농인 제국이었고, 마르크스는 물론 소련의 첫 지도자 블라디미르 레닌이 세계 사회주의 혁명이 일어날 곳으로 여긴 서유럽에 비하면 낙후된 지역이었다.

5 2700만 명은 공식 추정치이며, 실제 숫자는 훨씬 많은 것이라고 주장하는 이들도 있다. Leonid Bershidsky, "A Message to Putin from 42 Million Dead," *Bloomberg*, May 10, 2017을 보라.

소비에트 혁명가들은 1918년부터 1920년까지 내전을 치르면서 대규모 학살에 관여한 보수주의자, 러시아 민족주의자, 반공주의자들의 느슨한 연합 백군을 물리치기 위해 볼셰비키 스스로 '테러terror'라고 부른 폭력을 감행했다. 1924년 레닌이 사망한 후 그의 무자비한 후계자 이오시프 스탈린은 농업 생산을 강제로 집단화하고 중앙계획경제를 세우는 한편, 자신의 적과 잠재적 적을 처리하기 위해 대대적인 구금과 숙청을 벌였다. 1930년대에 일어난 그 일로 인해 혁명의 설계자였던 이들을 포함한 수백만 명이 목숨을 잃었으며, 스탈린은 국제 공산당 운동의 공식 이데올로기를 자신의 정치적 필요에 맞춰 마음대로 바꿨다. 그렇지만 이 시대의 가장 어두운 부분은 여전히 밝혀지지 않은 채로 남았다. 반면, 소련의 급속한 산업화와 나치로부터 거둔 승리 그리고 전 세계에서 파시즘과 식민주의에 맞서 가장 먼저 가장 맹렬하게 싸운 이들이 공산주의자들이었다는 사실은 1945년경 소련의 위상을 높이는 데 큰 역할을 했다.[6]

소련은 세계 제2의 "초강대국"이 되긴 했으나 모든 면에서 미국에 비해 훨씬 뒤처진 상태였다. 1940년대 말, 미국은 전 세계 공산품의 절반을 생산했고, 1950년에 미국 경제는 전 유럽과 소련 경제를 합친 만큼 규모가 커졌다.[7] 군사력 면에서는 소련 인구, 특히 징집 가능한 연령대가 크게 감소했다. 수십만 소련 여성들이 용감하게 나치에 맞서 싸웠지만 1945년의 성비 불균형은 전쟁의 참상을 여실히 보여준다. 1945년에 소련의 20~29세 연령대 성비는 여성 10명

6 Ronald Grigor Suny, *The Soviet Experiment: Russia, the USSR, and the Successor States* (Oxford: Oxford University Press, 2011), Chap. 3, "Socialism and Civil War,"과 Part III: Stalinism을 보라.

7 Westad, *The Global Cold War*, 10, 30[국역: 《냉전의 지구사》 35-36, 65-67쪽].

당 남성 7명이었다.[8] 미국의 군사력은 훨씬 우월했으며, 히로시마와 나가사키에 원자폭탄을 투하해 가공할 만한 파괴를 일으킬 수 있음을 보여주기도 했다.

여기까지가 1945년 이후 제1세계와 제2세계를 논할 때 우리가 흔히 이야기하는 내용들이다. 제1세계는 북아메리카와 서유럽의 부유한 국가들, 오스트레일리아, 일본 등 식민주의를 통해 부유해진 나라들이다. 그 우두머리인 미국은 특히 북아메리카 밖에서는 식민주의라는 게임에 늦게 나섰을지 몰라도 명백한 식민 국가였다. 먼저 초창기 미국은 전쟁을 벌이거나 공격하겠다는 협박으로 루이지애나, 플로리다, 텍사스와 남서부 영토를 차지했다.[9] 그후로도 1893년에 일단의 사업가들이 릴리우오칼라니 여왕을 폐위시키고 하와이를 합병했을 뿐 아니라 1898년 스페인-미국 전쟁으로 쿠바, 푸에르토리코, 필리핀을 손에 넣었다. 동남아시아에서 두 번째로 큰 나라인 필리핀은 1945년까지 미국의 공식 식민지로 남았고, 쿠바는 중앙아메리카와 카리브해 지역에서 미국의 비공식 식민지가 되어 1920년까지 미 해병대가 스무 번이나 혼란한 상황에 개입했으며, 푸에르토리코는 지금까지도 자치령으로 제국의 언저리에 있다.[10]

8 Elizabeth Brainerd, "Uncounted Costs of World War II: The Effects of Changing Sex Ratios on Marriage and Fertility of Russian Women," 1–3. National Council for Eurasian and East European Research, www.ucis.pitt.edu/nceeer/2007_820-4g_Brainerd1.pdf[2025년 10월 2일 현재 접속 불가].

9 루이지애나 매입(1803년), 멕시코로부터 영토 할양(1848년)과 텍사스 합병(1845년), 플로리다 획득(1819년)은 모두 전쟁이나 전쟁 위협의 결과물이었다.《냉전의 지구사》에서 베스타는 '명백한 숙명(Manifest Destiny)을 "분명한 제국주의 프로그램"이라고 불렀다. 이에 관한 논의는 1장 앞부분을 보라.

10 Westad, *The Global Cold War*, 15[국역:《냉전의 지구사》 43쪽].

"제2세계"는 소련 그리고 붉은 군대가 주둔했던 유럽 영토를 뜻했다. 소련은 건국 초기부터 전 세계 반식민 투쟁의 공개적 동맹을 자처하며 해외 제국주의에 관여하지 않았다. 그러나 전 세계가 모스크바가 중유럽과 동유럽의 점령 국가에서 영향력을 키워 가는 과정을 지켜보고 있었다.

그리고 그 나머지이자 전 세계 인구의 절대다수가 "제3세계"였다. 제3세계라는 말은 1950년대 초에 만들어졌으며 본래 순전히 긍정적인 의미만을 담고 있었다. 이 신생 국민국가들의 지도자들은 긍지에 차서 자랑스럽게 제3세계라는 명칭을 채택했다. 여기에는 전 세계의 짓밟히고 노예화된 대중이 자신의 운명을 스스로 개척하는 더 나은 미래라는 꿈이 담겼다. 이 단어는 프랑스대혁명 당시 "제3신분", 곧 왕족과 성직자의 제1신분과 2신분을 몰아낸 혁명적 일반 대중이라는 의미로 사용됐다. 따라서 "제3"은 3등이라는 뜻이 아니라 제3이자 마지막 장act이라는 뜻이었다. 부유한 백인 나라들의 세계에 균열이 생겼고 제2세계 역시 마찬가지일 때, 여기 에너지와 가능성이 넘치는 이 새로운 움직임이 터져 나올 준비를 마쳤다는 의미였다. 지구상의 많은 곳에서 제3세계란 단순한 분류 체계만이 아니었다. 그것은 운동이자 프로젝트였다.[11]

1950년에는 전 세계 인구의 3분의 2 이상이 제3세계에 살았고, 이들은 몇몇 예외를 제외하고는 유럽 식민주의의 통제하에서 살아

11 최초의 명명에 관해서는 Alfred Sauvy, "Trois Mondes, Une Planété," *L'Observateur* no. 118, August 14, 1952를, 재인용과 논의는 Vijay Prashad, *The Darker Nations: A People's History of the Third World* (New York: New Press, 2007), 6–11[국역: 《갈색의 세계사: 새로 쓴 제3세계 인민의 역사》, 박소현 옮김, 뿌리와이파리, 2015, 25~32쪽]을 보라.

가고 있었다.[12] 이 나라들 중 일부는 19세기에 제국주의 통치에서 벗어났고, 일부는 2차 세계대전 말 파시스트들이 물러나면서 독립했으며, 일부는 1945년에 그렇게 하고자 했으나 제1세계 군대가 다시 돌아왔고, 대다수는 전쟁으로 바뀐 것이라곤 거의 없이 여전히 독립을 얻지 못한 채였다. 상황은 달랐지만, 이들 모두가 제1세계보다 말도 못하게 훨씬 빈곤한 경제를 물려받았다. 수 세기에 걸친 노예제와 잔혹한 착취로 인해 스스로 생존을 모색해야 했고, 독립과 번영으로 가는 길을 어떻게 개척할지도 결정해야 했다.

이어지는 이야기를 단순하게 정리하자면, 제3세계의 신생 독립국들은 제국주의 세력의 반격을 물리친 후, 미국과 서유럽이 선호하는 자본주의 모델을 따를지 아니면 소련처럼 빠르게 빈곤에서 벗어나 국제적으로 중요한 위치를 차지하기를 바라며 사회주의를 건설할지 선택해야 했다. 하지만 현실은 이보다 훨씬 더 복잡했다. 1945년에는 신생국이 워싱턴과 모스크바 양쪽 모두와 잘 지낼 수 있다고 믿는 것이 여전히 가능했다.

호찌민이라는 이름의 베트남 사람은 프랑스 파리에서는 사진을 수정하는 일을 하고 미국에서는 빵을 구우며 생계를 유지하다가 1차 세계대전 이후 베르사유 평화조약에서 서구 자본주의 열강들이 베트남의 주권을 인정하기를 거부하는 것을 목도한 후 혁명적 마르크스주의를 받아들인다.[13] 그는 코민테른 요원으로 활동하다가

12 정확한 수치는 "발전도상국"에 거주하는 인구 68퍼센트이다. "Urbanization: Facts and Figures," United Nations Centre for Human Settlements, 2001을 보라.

13 Westad, *The Global Cold War*, 83[국역: 《냉전의 지구사》, 148-149쪽]. 베르사유에서 윌슨의 언행이 호찌민이 이런 입장을 택하게 된 직접적인 계기였는지에 관해서는 Brett Reilly, "The Myth of the Wilsonian Moment," Woodrow Wilson Center, www.wilsoncenter.org/blog-post/the-myth-the-

1940년대에는 일본 점령에 맞선 베트민(베트남독립동맹) 저항운동을 이끌었다. 일본에 원자폭탄이 투하되고 난 1945년 9월 2일, 하노이 시내의 바딘Ba Đình 광장에서 독립을 선언하면서 호찌민은 이렇게 서두를 열었다. "'모든 인간은 태어나면서부터 평등합니다. 창조주는 인간에게 불가침의 권리들을 부여했는데 그중에는 생존권, 자유권, 행복추구권이 있습니다.' 이 불멸의 선언은 1776년 미국 독립선언문에 나와 있습니다. 더 넓은 의미에서는 지상의 모든 민족은 날 때부터 평등하며 모든 민족은 생존권, 행복권, 자유권을 갖고 있습니다."[14]

호찌민은 미국 건국의 아버지들이 미합중국에 남긴, 그 지도자들이 지금껏 굳게 믿는 혁명적 이상에 찬사를 보냈다. 그는 전 세계를 향해 베트남 민족은 다른 민족도 원하는 것, 그러니까 스스로를 통치할 권리를 원할 뿐이라고 말하고자 했던 것이다. 호찌민은 아주 절박한 상황에서 살아남으려고 애쓰는 중이기도 했다. 프랑스 식민주의 군대가 인도차이나를 다시 통치하려고 돌아오는 중이었고, 그는 인류 역사상 가장 강력한 국가마저 베트남 독립운동을 짓밟는 일에 동참하지 않기를 간절히 바라고 있었다. 당시 제3세계의 다른 좌파들이 많이들 그랬듯, 호찌민도 언급한 미국인의 가치들에 직접적으로 호소했다.

어쨌거나 미국은 히틀러에 맞서 소련과 연합하지 않았던가. 그러나 워싱턴의 정책 입안자들을 둘러싼 상황은 급변하고 있었다.

wilsonian-moment를 보라. 계기가 무엇이었건 간에 이 회의가 끝난 직후 호찌민은 "아시아의 볼셰비키주의"에 대해 강의하며 프랑스 사회주의자들에게 제3인터내셔널에 동참할 것을 촉구하기 시작했다.

14 "Declaration of Independence," Socialist Republic of Vietnam Government Portal, https://vietnam.gov.vn/national-flag-emblem-anthem-declaration-of-independence-68960.

사실 워싱턴의 반공 성전은 2차 세계대전이 발발하기 훨씬 전에 시작되었다. 러시아 혁명 직후 우드로 윌슨 대통령은 볼셰비키 혁명가들로부터 권력을 되찾으려던 백군을 돕기 위해 다른 제국주의 세력에 동참하는 쪽을 택했다. 두 가지 이유에서였다. 첫째, 미국 건국 이데올로기의 핵심은 공산주의와는 정반대에 가까웠다.[15] 집단이 아니라 개인이 중요하며, 자유라는 개념은 소유권과 떼려야 뗄 수 없는 것이다. 이것은 초기 미국 공화국에서 완전한 시민권의 근간이어서, 토지를 소유한 백인 남성만이 투표권을 가졌다. 둘째, 미국의 지정학적 이데올로기적 라이벌인 소련이 미국의 경험을 되풀이하지 않고 가난한 나라도 근대에 도달하도록 해 줄 수 있는 대안이 바로 자신이라고 내세웠기 때문이었다.[16]

그러나 2차 세계대전 이후 몇 년 동안 벌어진 일련의 사건들이 극도로 광신적인 새로운 형태의 반공주의를 미국 정치 한복판으로 가져왔다.

실존하는 반공주의

그 시작은 전후 폐허가 된 유럽에서부터였다. 프랑스와 이탈리아에서 열린 전후 첫 선거에서 공산당이 승리를 거두자 미국 정부

15 Eric Hobsbawm, *The Age of Extremes* (London: Penguin, 1994), 235[국역: 《극단의 시대》, 이용우 옮김, 까치, 1997, 330쪽]. 홉스봄은 "미국주의(Americanism)"가 "공산주의의 정반대로 정의될 수 있는 순이데올로기적 표현('미국주의')으로 정의"된다고 했다.

16 Westad, *The Global Cold War*, 20–21[국역: 《냉전의 지구사》, 83쪽].

의 고위 인사들은 심기가 불편해졌다.[17] 그리스에서는 나치에 맞서 싸웠던 공산주의 게릴라들이 무장해제를 거부하고 영국의 감시 아래 세워진 정부를 인정하지 않으면서 내전이 벌어졌다. 이런 흐름은 서아시아로 이어졌다. 튀르키예에서는 승전국 소련이 주요 물길에 대한 접근권을 요구하자 작은 정치적 위기가 일어났다. 이란에서는 1941년 이래로 북부 영토 절반이 (연합군과의 합의하에) 소련의 통제를 받는 가운데 공산주의자들이 주도하는 투데당이 가장 잘 조직된 최대 정당으로 떠올랐고, 소수 민족들은 영국이 내세운 샤Shah로부터의 독립을 요구했다.

선임자 루스벨트에 비하면 소련에 대한 관용도가 훨씬 낮았던 트루먼은 스탈린에 맞설 방안을 찾아 나섰다. 그리스와 튀르키예가 그 좋은 기회가 되어 주었다. 1947년 3월, 대통령은 의회에서 각별한 관심을 요하는 국가들에 대한 경제·군사적 원조를 요청했고, 이는 후일 트루먼 독트린으로 알려지게 된다.

"현재 공산당이 이끄는 무장 집단 수천 명이 테러를 벌여 그리스 국가의 존재 자체를 위협하고 있습니다…. 무장한 소수집단이나 외부 압력에 저항하는 자유로운 국민을 지원하는 것이야말로 미국의 정책이 되어야 한다고 믿습니다."[18]

17 1945년 프랑스 제헌의회 총선에서 프랑스공산당이 제1당이 되었고, 1946년 이탈리아 총선에서는 공산당과 사회당의 득표수가 기독민주당보다 많았다. 피에트로 넨니가 이끌던 이탈리아사회당은 이탈리아공산당과 긴밀한 연합 관계였다. Alessandro Brogi, *Confronting America: The Cold War between the United States and the Communists in France and Italy* (Chapel Hill, NC: University of North Carolina Press, 2011), 95–102.

18 Odd Arne Westad, *The Cold War: A World History* (New York: Basic Books, 2017), 92–95[국역: 《냉전: 우리 시대를 만든 냉전의 세계사》, 유강은 옮김, 서해문집, 2025, 139쪽].

미국 상원 외교위원회 위원장 아서 반덴버그는 트루먼에게 원하는 바를 얻으려면 공산주의에 관해서는 "미국 국민을 두려움에 떨게 만드는" 수밖에 없다고 조언했다. 트루먼은 그 제안을 받아들였고, 그 효과는 경이로웠다. 미국 정치제도의 속성상 반공이 먹혀들자 반공주의 수사는 점점 심화되어만 갔다. 1948년 트루먼이 재선에 성공하자 선거에 패배한 공화당에서 대통령이 "공산주의를 너무 무르게 대한다"라고 주장하는 것이 먹힐 정도였다. 물론 트루먼은 절대 그런 정치인이 아니었다.[19]

이 시기에 형성된 종류의 반공주의는 부분적으로는 미국에 널리 퍼져 있던 가치 체계, 즉 공산주의는 악한 체제이며 잘 굴러갈 때조차 도덕적으로 혐오스럽다는 믿음에 바탕을 둔 것이었다. 또한 소련이 이끄는 국제 공산주의에 관한 억측 또한 반공주의의 중요한 근간이었다. 스탈린이 서유럽을 침략하려고 한다는 말이 여기저기서 들렸다. 소련이 전 세계로 혁명을 전파하고자 하며, 아주 소수라 해도 공산주의자들은 정부를 전복하려는 비밀 계획을 세운다는 말이 사실처럼 받아들여졌다. 공산주의자들은 어디서나 서방을 무너뜨리려는 단일한 음모의 일환으로 소련의 지시에 따라 행동한다는 것이 진리처럼 여겨졌다. 그 대부분 망상에 가까운 말이 안 되는 소리거나 과장이 너무 심한 이야기였다.

트루먼이 냉전을 개시하기 위해 이용한 그리스의 경우가 바로 그런 중요한 사례이다. 사실 스탈린은 그리스 공산주의자들에게 나치가 철수한 후 영국이 지원하는 정부가 통치하게 물러나라고 했

19 Ellen Schrecker, *The Age of McCarthyism: A Brief History with Documents* (Boston: Bedford/St Martin's, 2002), 27.

다.[20] 그러나 그리스 공산주의자들은 이 지시를 거부했다. 자신들을 박멸하려는 우익 정부와 맞서 싸우는 것이 소련에 충성하는 것보다 훨씬 중요했던 것이다. 마찬가지로 소련 지도부는 이탈리아와 프랑스 공산주의자들에게도 무기를 내려놓으라고 했고(이들은 그렇게 했다), 유고슬라비아의 공산주의자들에게는 그리스의 동지들을 지원하는 것을 중단하고 통치권을 내려놓고 불가리아와 합병하라고 요구했다(그러나 유고슬라비아의 지도자 요시프 티토는 이에 따르지 않았고, 그 일 때문에 스탈린이 티토를 암살하려고 할 정도로 크게 사이가 틀어졌다).[21] 이란의 투데당 지도부는 2차 세계대전 이후 혁명의 조건이 무르익었다고 여겼으나 소련은 그런 짓은 하지 말라고 했으며, 1946년에 이미 튀르키예에서는 문제를 일으켜서 얻을 것이 없다고 결론 내렸다. 소비에트 지도부는 서유럽을 침략할 계획을 전혀 가지고 있지 않았다. 물론 스탈린이 너그러워서 혹은 민족의 자기결정권을 너무나 존중해서 유럽에서 후퇴한 것은 절대 아니다. 먼저 그렇게 하기로 얄타 회담에서 서구 강대국들과 약속했고, 그 약속을 깨서 미국을 적으로 돌릴까봐 아주 두려워했기 때문이다. 그런데도 워싱턴이 마치 자신이 먼저 미국을 적대시한 듯 굴자, 스탈린은 무척 놀랐다.[22]

20 스탈린은 영국과 미국이 "붉은" 그리스를 절대로 두고 보지 않을 것이므로 그리스에서 반란을 일으키는 것은 "무모"한 일이라고 했다. Vladislav Zubok and Constantine Pleshakov, *Inside the Kremlin's Cold War: From Stalin to Khruschev* (Cambridge: Harvard University Press, 1996), 56–57.

21 티토는 스탈린에게 이런 서한을 보냈다. "나를 죽일 암살자 좀 그만 보내시오. 우리가 벌써 다섯이나 잡았소. 하나는 폭탄을, 두 번째는 소총을… 가지고 있었소. 계속 암살자를 보내면 나도 모스크바로 하나 보낼 건데, 우리는 또 보낼 필요가 없을 거요." Zhores A. Medvedev and Roy A. Medvedev, *The Unknown Stalin* (London: Tauris, 2003), 61–62.

22 스탈린의 당시 목표와 태도에 관해서는 Zubok and Pleshakov, *Inside the Kremlin's Cold War*, 28–50을,

그리스 우파 정부는 좌파 게릴라보다 영국의 동맹을 훨씬 선호했던 미국의 지원을 받아, 하버드대학교 비밀 연구실에서 최근 개발한 신종 화학물질 네이팜을 이용해 과거에는 나치에 맞서 함께 싸웠던 반군을 진압했다. 그리스 공군이 알바니아 국경 인근 비치Vitsi 지역의 푸른 산악지대에 이 독성 화학물질을 뿌려 댔다. 그리고 워싱턴은 모든 미국 지도자의 조상들의 고향인 서유럽에 마셜 플랜을 도입했다. 이 잘 설계된 효율적 경제원조 패키지는 서유럽의 부자 나라들을 미국식 자본주의로 다시 발전시킬 경로에 올려놓았다.[23]

세계에는 수많은 사회주의, 마르크스주의, 공산주의 조류가 존재했고, 이론상 소련을 따르는 정당들조차 필요하다고 판단하면 독자적으로 활동했다. 그리고 스탈린이 확립한 마르크스-레닌주의 공식을 비롯해 이데올로기로서 마르크스주의는 결코 모든 이가 언제 어디서나 혁명을 일으켜야 한다고 규정하지 않았다. 마르크스주의 세계관에서 사회주의는 단지 원한다고 해서 얻어지는 것이 아니었다.

마르크스가 저술을 시작하기 전에도 벌써 '유토피아 사회주의' 전통이 있었다. 마르크스주의의 주요 논점 중 하나는 그저 바라는 것만으로 그런 세상을 실재하게 만들 수 있다는 관념을 거부하는 것이었고, 마르크스는 사회가 경제적 계급 간의 투쟁을 통해 발전한다는 이론을 내놓았다. 《공산당 선언》에서 마르크스와 엥겔스는

서구의 적대에 대한 그의 "놀라움과 두려움"에 관해서는 ibid., 75와 Bert Cochran, *The War System* (New York: Macmillan, 1965), 42–43을 보라.

23 Brogi, *Confronting America*, 112–113. 프랑스와 이탈리아에서는 좌우파 모두가 워싱턴이 강요하던 미국의 "생산주의(productivist)", 대중 소비 모델 자본주의에 반감을 가지고 있었다.

부르주아지의 등장이 봉건적 굴레로부터 인간을 해방시키고 전에 없던 권력을 만들어 냈다며 자본주의를 혁명적 힘으로 높이 평가했다. 마르크스는 자본주의적 생산양식이 노동계급의 성장을 불러오고 선진 자본주의 국가에서 노동계급이 부르주아지 지배자들을 끌어내릴 것이라고 예견했다. 실제 유럽에서 벌어진 일은 상당히 달랐지만 소비에트는 여전히 이 이론을 맹신하며 계급의 발전과 경제의 관계를 중시했다. 사회주의로 가려면 자본주의를 반드시 거쳐야 한다는 것이 그 이론이었다.

러시아 혁명이 일어나기 한참 전에 독일의 사회민주당 같은 일부 유럽 마르크스주의 정당은 이런 이론적 경로를 거부하고 의회와 선거제도 안에서 노동계급의 이해관계를 증진시키는 일에 전념했다. 1919년부터 1943년까지 활동했던 공산주의 인터내셔널 '코민테른'에 속한 친소비에트 정당들 사이에서조차 공식 이론의 적용은 단일하지 않았다. 실제로 그들이 활동한 방식은 각국의 조건, 마르크스주의 이론의 해석, 지정학적 요건에 따른 여러 가능성을 모두 고려한 것이었다.[24]

중국의 마오쩌둥은 중요한 사례다. 코민테른은 마오쩌둥의 공산당뿐만 아니라 장제스의 국민당원들도 교육시키며 레닌주의 전선을 결성하라고 지시했다. 이는 곧 '민주집중제' 원칙에 따른 엄격한 규율과 지도를 받게 된다는 뜻이었다. 모스크바는 중국 공산주의자들에게 광범위한 '통일전선'(코민테른이 발전시킨 개념) 안에서 국민당

24 A. James McAdams, *Vanguard of the Revolution: The Global Idea of the Communist Party* (Princeton, NJ: Princeton University Press, 2017), Chaps. 1–6.

과 직접 협력하라고 명령했다.[25] 당시 중국이 혁명을 가능케 할 자본주의 발전의 근처에도 가지 못한 너무 빈곤한 소작농 사회였기 때문이었을 것이다.

이런 접근법에 영감을 준 것은 공산당의 과거 경험들이었다. 헹크 스네이블릿이라는 네덜란드인 코민테른 지역 책임자는 구 러시아제국 바깥에서는 아시아 최초의 공산당인 인도네시아공산당Partai Komunis Indonesia(이하 PKI로 표기함) 결성을 지원했고, 인도네시아에서 공산주의자들이 이슬람연합의 대중운동과 성공적으로 협력한 경험을 중국공산당도 참조할 수 있을 것이라고 생각했다.[26] 마오쩌둥의 임무는 '부르주아지' 국민당을 지원하고 자본주의 국가 건설 과정에서 2인자 역할을 하는 것이었다. 충실한 공산주의자 마오쩌둥은 이를 따랐다. 그러나 이 합작은 중국공산당에게는 재앙이 되었다. 1927년, 장제스가 공산주의자들을 공격했던 것이다. 상하이에서 벌어진 학살을 시작으로 국민당 군대는 공산주의자, 농민 지도자, 조직가 등 1백만 명 이상을 살해했고 이후 몇 년 동안 "백색 테러"의 물결이 중국 전역에서 사그라들지 않았다.[27] 그럼에도 중국공산당은 일본 점령에 맞서 싸우기 위해 다시 국민당과 합작했고, 2차 세계대전이 끝나고도 스탈린은 공산주의자들에게 다시 물러서라고 지

25 이 불편한 협력관계에 대해서는 Patricia Stranahan, *Underground: The Shanghai Communist Party and the Politics of Survival 1927–1937* (Lanham, Maryland: Rowman & Littlefield, 1998), 7–11을 보라. 더 광범위한 개관으로는 Rebecca E. Karl, *Mao Zedong and China in the Twentieth Century World* (Durham, NC: Duke University Press, 2010), 24–25도 보라.

26 Ruth McVey, *The Rise of Indonesian Communism* (Ithaca: Cornell Press, 1965; reprinted in Jakarta by Equinox, 2006), 76–81.

27 Karl, *Mao Zedong and China*, 25–33.

시했다.[28]

한편 스탈린은 동유럽에서는 아주 다른 접근 방식을 택했다. 소련 군대가 히틀러를 물리친 까닭에 이 지역을 자신의 정당한 영향권으로 보았을 뿐 아니라 미래에 있을 수 있는 서유럽의 공격에 대비한 중요한 완충지대이기도 했기 때문이었다. 트루먼 독트린과 마셜 플랜이 발표된 후, 모스크바는 체코슬로바키아에서 공산주의 쿠데타를 획책했다. 서구 강대국들도 자국 군대가 점령했던 지역에서 지저분하게 군 것은 마찬가지였다. 그토록 많은 이탈리아인과 프랑스인들이 자발적으로 공산당에 투표할 것이 확실해지자, 미국은 서유럽 각국에 깊이 개입해 좌파가 집권하는 일이 없도록 만전을 기했다. 미국 원조에 의존하던 프랑스 정부는 1947년 내각에서 공산주의자들을 축출했다.[29] 이탈리아에서 미국은 기독민주당에 수백만 달러를 대고 반공 선전에 더 많은 돈을 퍼부었다. 프랭크 시내트라와 개리 쿠퍼 같은 대스타들이 미국의 소리VOA 방송을 녹음했다. 미국 정부는 이탈리아계 미국인들을 대상으로 이탈리아의 친구와 친척들에게 편지 쓰기 운동을 대대적으로 벌였다. "공산주의가 승리하면 이탈리아는 망한다. 미국이 원조를 중단하고 세계대전이 일어날 것이다" 그리고 "이탈리아 선거에서 진짜 민주주의 세력이 진다면, 미국 정부는 더 이상 돈을 보내지 않을 것이다" 따위의 내용을 편지에 써서 보내게 했다.[30] 이탈리아공산당은 선거에서

28 Ibid., 71.

29 이탈리아와 프랑스의 공산주의자 축출과 미국의 연관성에 관해서는 Brogi, *Confronting America*, 82–87을 보라.

30 Ibid., 96; William Blum, *Killing Hope: U.S. Military and CIA Interventions since World War II* (Monroe, ME: Common Courage Press, 2004), chap. 2.

졌다.

1940년대 말이면 붉은 군대가 해방시킨 전 지역에는 공산당 일당 국가가, 서방 강대국이 통제한 지역에는 예외 없이 친미 자본주의 정부가 세워졌다. 1945년에 그곳 인민들이 무엇을 바랐는지는 전혀 상관이 없었다.

윈스턴 처칠의 그 유명한 연설 이후 서방에서는 동유럽 사회주의 국가들이 "철의 장막" 뒤에 있다고 말하는 사람들이 많아졌다. 수십 년간 인기 정당이었던 이탈리아공산당의 지도자 팔미로 톨리아티는 미국이 과거에는 인간을 샀던 것처럼 이제는 모든 나라를 사들이려 드는 무지한 "노예주들"이 이끄는 나라라고 했다.[31] 마르크스-레닌주의자인 스탈린은 결국에는 공산주의가 이길 것이라고 생각했다. 그에게는 이것이 필연적인 역사의 법칙이므로, 필연이었다. 그러나 바로 그러한 이유로 (그리고 전쟁으로 소련이 너무나 약화되었기 때문에) 그에게는 서유럽을 침략할 생각이 전혀 없었다. 그는 자신의 이론이 시사하듯이 다음 번 세계대전은 제국주의 서구 강대국들 사이에서 벌어질 것이라고 생각했다.[32]

그러나 중국의 마오쩌둥은 이번에는 스탈린의 지시를 무시하고 2차 세계대전이 끝난 후에도 내전을 이어 갔다. 부정부패, 무능, 잔인성 탓에 워싱턴의 후원자들을 골치 아프게 해 온 국민당은 1949년 결국 마오쩌둥의 공산당에 패배했다. 1945년 8월에 호찌민

31 톨리아티의 1947년 발언에 대한 정리로는 Brogi, *Confronting America*, 1을 보라. 원래 있던 말을 더 널리 퍼트린 처칠의 "평화의 원동력" 연설에 관해서는 Winston Churchill, "The Sinews of Peace ('Iron Curtain Speech')," March 5, 1946, International Churchill Society, www.winstonchurchill.org/resources/speeches/1946-1963-elder-statesman/the-sinews-of-peace/을 보라.

32 Zubok and Pleshakov, *Inside the Kremlin's Cold War*, 53.

이 그랬듯이 마오쩌둥도 미국과 좋은 관계를 맺을 수 있을지도 모른다는 환상을 가졌다. 물론 그의 예측은 틀렸다.[33] 그가 승리하자 "붉은 중국"이라는 비상사태는 미국을 격렬한 상호 비난으로 몰고 갔다.

전 지구적 매카시즘

매카시즘은 1950년대 초반 미국 정부 내에서 대대적인 공산주의자 색출 열풍을 일으킨 상원의원 조셉 매카시의 이름을 딴 것이지만, 온 나라가 지켜보는 가운데 그가 횡설수설 여러 인물을 질타한 그 유명한 일이 있기 훨씬 전부터 시작되어 그가 거짓말쟁이로 판명된 후에도 오랫동안 그 후과가 지속된 어떤 과정으로 이해하는 편이 좋을 것이다.[34] 미 하원 비미활동위원회(이하 HUAC로 표기함)의 활동은 1938년에 시작되어 1975년에야 중단되었다. 유명한 공개 재판들이 있지도 않은 실체를 쫓은 '마녀사냥'만은 아니었다. 미국에는 실제로 공산주의자들이 있었다. 그들은 노동조합, 헐리우드, 정부 여기저기서 활동했고, 많은 아프리카계 및 유대계 미국인이 미국공산당에 입당했다. 1930년대에도 공산주의자가 아주 인기였던 적은 없었지만, 2차 세계대전 후 달라진 것이 있다면 이제는 어디서도 환영받지 못하게 되었다는 것이었다.

매카시즘은 특히 대통령과 미국 연방수사국(이하 FBI로 표기함)

33 Karl, *Mao Zedong and China*, 77.

34 Schrecker and Deery, *The Age of McCarthyism*을 보라.

이 주도한 하향식 과정이었다. 반공주의 합의를 도출하고 전파하는 데 앞장섰던 FBI 국장 J. 에드거 후버는 HUAC에 출석해 매카시즘이 바탕을 두었던 몇몇 가정들을 널리 알렸다.[35] 후버는 공산주의자들이 미국에서 무장 반란을 일으키려고 계획 중이며, 그러한 반란이 일어나면 경찰력이 마비되고 모든 통신수단이 장악될 것이라고 했다. 그는 이렇게 말했다.

> 한 가지는 확실합니다. 선량한 시민이라면 누구나 추구하는 미국의 진보, 곧 노년 보장, 참전 용사를 위한 주택, 아동 지원 같은 많은 것들이 공산주의자들이 써먹는 속임수가 되어 그들의 진짜 목표를 감추고, 순진한 이들을 끌어들입니다…. 공산당에 가입한 당원 수는 많지 않습니다…. 당원 한 명당 공산당의 일을 하려는 의지와 능력을 갖춘 열 명이 준비되어 있으며… 진짜 공산주의자들의 충성심이 어디를 향하는지는 의심의 여지가 없습니다. 그들의 충정은 러시아를 향한 것입니다.[36]

후버는 일종의 죽음의 논리가 되는 함정을 내놓았다. 그러니까 누군가 당신을 공산주의자 또는 공산주의 동조자라고 고발하면, 반론은 불가능하다. 그저 온건한 사회개혁을 지지했다면, 그것이야말로 공산주의자가 진짜 목적을 감추기 위해 하는 일이 된다. 그 숫자가 많지 않으면, 동료들이 모두 암암리에 활동하고 있다는 음

35 Schrecker, *The Age of McCarthyism*, 28.

36 J. Edgar Hoover, Testimony before HUAC, March 26, 1947, Schrecker, *The Age of McCarthyism*, 127–133에 수록.

침한 기만의 증거이다. 그 수가 많다면 공개적이고 당당한 공산주의자라는 뜻이므로, 그 역시 나쁘다.

매카시즘이 기승을 부리면서 아주 조금이라도 공산주의 냄새가 나는 것이라면 모두 점잖은 미국 사회에서 추방당했다. 로널드 레이건이라는 이름의 젊은 배우는 당시 그가 이끌던 강력한 영화배우 조합의 모든 조합원에게 충성 맹세를 하도록 강요했다. 정부기관에 남은 이들은 광신적 반공주의자 일색이었다. 그 말은 미국의 외교를 맡은 국무부의 가장 명민한 전문가들이 밀려났다는 뜻이기도 했다. 특히 오래 활약한 아시아 전문가들은 중국을 공산주의에 "상실"하자 좌익 동조자라고 비난받기까지 했다.[37]

한 브라질 역사학자의 말대로 미국이 반공주의를 발명한 것은 아니지만, 2차 세계대전 이후 몇 년 동안 이 나라는 전 지구적 "반공의 요새"로 변모해 반공주의 확산에 엄청난 자원을 투입하고 세계 곳곳에서 유사한 운동들의 정당성을 위한 근거가 되었다.[38]

1940년대 말이면 제1세계와 제2세계를 정의하는 선들이 비교적 확실해진다. 그러나 아직도 불확실한 것이 있다면 그것은 제3세계의 미래였다.

37 Westad, *The Cold War*, 120[국역: 《냉전》, 213-214쪽]; Schrecker, *The Age of McCarthyism*, 101; Owen Lattimore, "Far East Scholar Accused by McCarthy, Dies at 88," *New York Times*, June 1, 1989.

38 Rodrigo Patto Sá Motta, *Em Guarda Contra o Perigo Vermelho: O anticomunismo no Brasil 1917–1964* (São Paulo: Editora Perspectiva, 2002), 2.

자카르타 공식

트루먼 독트린과 매카시즘이 시작된 이후, 공산주의자와 공산주의 정권이 미국의 적이라는 데 의문의 여지가 없어졌다. 1945년에 무엇을 바랐는지와는 상관없이, 호찌민과 마오쩌둥은 세계 무대에서 환영받지 못할 것이었다. 그러나 한편으로 점점 커지는 급진적 제3세계 운동의 물결에 관해 미국 정부가 어떤 입장을 취할지는 아직 그만큼 확실하지 않았다. 제3세계 운동은 유럽 제국주의에 반대하지만 공산주의 쪽은 아니었다. 그렇다고 소련에 반대하며 미국의 동맹이 되기는 또 거부했다. 흔한 일이었다. 많은 제3세계 독립운동 지도자들이 미국 및 서유럽 제국주의의 연합군과 동맹관계였지만, 소련이야말로 반제국주의 투쟁에서 중요한 벗이라고 여기는 이들도 있었다. 또한 그들은 소련의 지배를 받길 원하는 것은 아니었지만 최대한 많은 동맹을 확보하기를 바랐다.

그런 와중이던 1948년, 구 네덜란드령 동인도에서 벌어진 작은 권력투쟁의 결과가 한 가지 해결책을 내놓았다. 자바에서 독립운동 세력은 동남아시아 식민지를 다시 차지하려고 돌아온 네덜란드 군대와 전쟁을 벌이는 중이었다. 네덜란드는 2차 세계대전 중 이 광대한 군도를 일본군에게 빼앗겼지만, 1945년에 원주민이 세운 정부를 인정하지 않았다. 이 독립전쟁 와중에 동부 자바의 마디운 인근에서 봉기가 일어나 공산주의자들과 우파 공화국 군대가 충돌했다. 독립운동의 지도자 수카르노가 지휘하던 공화국 군대에 공산주의자들은 패배했고 PKI 핵심 인사들은 마디운 사태로 알려지게 되는 이 반란 와중에 처형당했다.[39] 1949년에 마침내 네덜란드 세력을 몰아내고 수카르노가 이끌게 될 이 거대한 나라, 이제는 인도네시아라고 부르는 이 나라는 공산주의 봉기를 진압할 의지가 충분하며 미국에 장기적인 이익을 가져다줄 것으로 보였다.

트루먼 정부의 대외정책 입안자들은 수카르노의 신생 인도네시아를 충분히 반공적인 반제국주의 운동의 자명한 사례로 보고 수도 자카르타의 이름을 따서 제3세계 중립국들에 대한 관용 원칙을 천명했다. 냉전 연구자 오드 아르네 베스타의 표현대로라면 미국 정부는 '자카르타 공식Jakarta Axiom'을 채택했던 것이다.[40]

이런 입장은 아주 탄탄하지도 않았을뿐더러, 미국이 실질적으로 보여준 국제적 행보는 신생 제3세계 지도자들에게 충분히 만족스럽지도 않았다. 그즈음 존 F. 케네디라는 이름의 매사추세츠 출신 젊은 하원의원에게는 의문과 야심, 그리고 제3세계 국가들이 왜 그런 태도를 취하는지 알아보고자 세계 구석구석을 둘러볼 수 있는 돈도 있었다. 여행에서 그가 얻은 것은 기나긴 잔소리였다.

애칭 잭 혹은 약칭 JFK로 불리던 케네디는 미국 지배층 치고는 흔치 않게 비상한 인물이었다. 그는 가톨릭 신자였고, 단순한 "최초의 아일랜드계 브라만(전통적 보스턴 지배층을 부르는 별칭_옮긴이)" 이상이었다. 식민 개척자가 아닌 가난한 이민자의 자손으로는 처음으로 미국 최고 지배층의 반열에 오른 인물이었다.[41] 그의 아버

39 마디운 사태의 전말, 특히 소련 및 유고슬라비아에서 벌어진 사건들과의 관계에 관해서는 Ruth McVey, *The Soviet View of the Indonesian Revolution: A Study in the Russian Attitude towards Asian Nationalism* (Singapore: Equinox, 1959), 63–87을 보라.

40 Westad, *The Global Cold War*, 119[국역: 《냉전의 지구사》, 204쪽].

41 Robert Dallek, *An Unfinished Life: John F. Kennedy 1917–1963* (New York: Little Brown, 2003), 175.

지 조셉 케네디는 편견과 싸우며 금융과 부동산으로 큰 재산을 모았고, 아들 존은 2차 세계대전에 참전하기 전에 유럽은 물론 남아메리카 곳곳을 둘러보고 하버드대학교를 졸업했다.

조셉 케네디는 미국에서 정치권력에 관한 근본적인 진실이 무엇인지 잘 알았다. 그 진실이란 돈으로 살 수 있다는 것이다. 1946년 있었던 아들의 하원의원 선거에 그가 "어마어마한 액수"를 썼다고 한 사촌이 밝힌 바 있다. 조셉은 기자 둘에게 이렇게 말하기도 했다. "정치와 전쟁은 비슷합니다. 이기려면 세 가지가 필요하죠. 첫째도 돈, 둘째도 돈, 셋째도 돈입니다." 조셉의 비서는 보안상의 이유로 공중화장실에서 현금을 살포하기를 선호했다.[42] 바람둥이로 알려진 아버지와 크게 다르지 않던 잭은 아버지 덕에 쉽게 당선됐다. 그러나 미국 정치가 돈만 있다고 되는 것은 또 아니었다. 대중의 지지도 확보해야 했다. 노동계급 가톨릭 지지자들이 그를 살짝 '진보' 쪽으로 이끌었고, 루스벨트의 뉴딜 정책 지지자들과의 동맹으로 이어졌다.

그러나 존 F. 케네디에게는 공산주의에 쏟을 시간이 없었다. 첫 선거운동에서 그는 이렇게 말했다. "오늘날 세계가 직면한 큰 이슈에 대해 이야기해야 할 시간이 왔습니다. 그것은 소비에트 러시아입니다."[43] 그는 노동조합이 사리사욕만 채우고 있으며 공산주의자들이 잠입한 곳이라고 보고, 의회 청문회에서 노조원들에게 그렇게 알렸다. 1954년 상원 특별위원회가 조셉 매카시에 대한 비난 결의안을 채택할 때, 존 F. 케네디는 민주당 의원 중 유일하게 반대

42 Ibid., 130.

43 Ibid., 132.

표를 던졌다.[44] 그럼에도 어쩌면 세계 곳곳을 여행한 덕분인지 혹은 아일랜드계로서 억압받는 민족 출신이라는 것이 어떤 것인지를 조금은 알아서였는지, 존 F. 케네디는 대부분의 워싱턴 지배층과는 다른 방식으로 제3세계를 이해했다. 다른 이들이 누군가가 친미 동맹에서 조금이라도 벗어나면 공산주의의 세계질서 전복 음모라고 여길 때, 그는 신생국들이 자신의 미래를 스스로 결정할 권리를 주장하는 것은 전적으로 타당하다고 주장했다.

1951년, 존 F. 케네디는 모로코, 이란, 인도차이나, 말라야, 버마, 인도, 파키스탄을 둘러보고 미국이 "서구 식민주의 정책에 맞서는 것을 기본 방향으로 하는… 민족주의적 열정"을 이해하는 데 실패했다고 결론 내렸다.[45]

같은 해 후반기에 케네디는 다시 긴 여행길에 올라 이스라엘, 이란, 파키스탄, 싱가포르, 프랑스령 인도차이나, 한국, 일본, 인도네시아를 방문했다. 그는 확실히 미국이 유럽 제국주의 세력과 "같은 부류로 여겨지고 있다"는 점을 알아보았다. 워싱턴은 절실하게 신생국들과 동맹을 맺어야 했지만 쉽지 않았다. 미국인들이 "그들 눈에 갈수록 더 식민주의자가 되어 가고 있었"기 때문이었다.[46]

베트남의 상황을 지켜보며 케네디는 미국이 "제국의 잔해에 필

44 David M. Oshinsky, *A Conspiracy So Immense* (Oxford: Oxford University Press, 2005), 33, 490.

45 Dallek, *An Unfinished Life*, 165.

46 Speeches, 1947–1952, Boston Office Speech Files, 1946–1952, Trip to Middle and Far East, November 14, 1951, JFKREP-0095-037, John F. Kennedy Presidential Library and Museum; Dallek, *An Unfinished Life*, 165–166. 이 여행 중 자카르타에서 받은 인상에 관한 기록은 이 여행과 관련한 별도의 폴더에 있다. Papers of John F. Kennedy: Personal Papers, Boston Office, 1940–1956: Political Miscellany, 1945–1956, Asian trip, 1951을 보라.

사적으로 매달리는 프랑스 체제와 동맹을 맺었다"라고 썼다. "중동과 극동에서의 경험으로 내가 깨달은 것이 하나 있다면, 공산주의는 단지 무력으로 이뤄지는 것이 아니라는 점이다."[47]

그러나 케네디 형제가 새로운 세계 지도자 중 하나로부터 제대로 교훈을 얻은 곳은 바로 인도였다. 인도의 초대 총리 자와할랄 네루는 1952년 권좌에 오른 이집트의 가말 압델 나세르처럼 사회주의 사회를 세우고자 애쓰던 쪽이었다. 네루와 나세르는 레닌주의 모델을 거부하고 독자적인 경로를 모색하려 했지만, 상황이 나빠지면 미국이나 유럽보다는 소련과 동맹하는 쪽을 택했다. 네루가 1930년대 소련에서 벌어진 최악의 참사를 잘 알았다 해도, 그가 서구 강대국을 불신하는 것을 비판하기는 어려웠다. 2차 세계대전 중 영국의 정책이 4백만 명의 목숨을 앗아 간 기근을 초래했기 때문이다.

그러나 영국 총리 윈스턴 처칠은 식민 정부가 일으킨 기근을 인도인의 탓으로 돌렸다. 그는 기근에 대해 인도인들이 "토끼처럼 자식을 낳아 대서" 벌어진 일이라고 했으며, 미워해 마지않던 간디가 왜 아직 죽지 않았냐고 묻기까지 했다.[48]

1951년 케네디 남매와 저녁식사를 같이 했을 때, 네루는 시종 거만하고 지루해 보였고 누나 패트리샤에게만 관심을 보였다고 로버트 케네디는 적었다. 존 F. 케네디가 베트남에 관해 묻자 네루는 프랑스가 벌이는 전쟁이야말로 망해 가는 식민주의의 좋은 예이며,

47 Ibid.

48 Shashi Tharoor, "In Winston Churchill, Hollywood Rewards a Mass Murderer," *Washington Post*, March 10, 2018, www.washingtonpost.com/news/global-opinions/wp/2018/03/10/in-winston-churchill-hollywood-rewards-a-mass-murderer/?utm_term=.a162f746f9ab. 다음도 보라. Shashi Tharoor, "The Ugly Briton," *Time*, November 29, 2010, https://time.com/archive/6597994/the-ugly-briton/

미국이 "밑바닥 없는 구멍"에 원조금을 쏟아붓고 있다고 했다. 로버트는 네루가 어린아이에게 설명하듯이 차근차근 케네디 남매에게 강의하며 공산주의가 제3세계 인민에게 "목숨을 바쳐도 좋을 무언가"를 준다고 말했다고 자기 수첩에 적었다. "하지만 우리[미국인]는 이 인민들에게 현상 유지staus quo만을 줄 뿐이다."[49] 그는 이어지는 네루의 말까지 마저 받아적었다.

미소 짓는 존스와 위즈너의 괴짜들

전에 없던 세계 초강대국으로 떠오른 미국 정부에게는 나머지 세계와 관계를 맺을 방법이 몇 가지 있었다. 먼저 미국 대통령이 통솔하는 전쟁부, 곧 얼마 후 국방부로 개명할 펜타곤이 있었다. 1789년 이래 미국의 대외정책과 외교 업무를 맡아 온 국무부도 있었다. 그러나 첩보 업무를 맡은 곳은 없었다. 곧 해외에서 정보를 수집하고 세계 곳곳에서 벌어지는 사건을 바꿔 놓는 비밀작전과 첩보 활동을 하는 영구적인 기관이 없었다는 말이다. 미국에는 영국처럼 세계 제국을 운영하며 쌓은 첩보 경험은 물론 소련처럼 러시아제국에서 물려받은 자체 방어를 위한 첩보기구 같은 것조차 없었다. 그러나 워싱턴은 아주 빠르게 새 정보기구를 만들어 냈다. 미국의 방대한 부를 이용해 재정을 지원하고, 2차 세계대전 중 처음 해외에서 복무한 젊은이들을 채용했다.

49 이 에피소드는 Arthur M. Schlesinger, Jr., *Robert Kennedy and His Times* (London: Andre Deutsch, 1978), 91에 나온다.

그렇게 고용한 인물 중 가장 중요한 사람은 프랭크 위즈너였다. 그는 자신이 미국 정부를 위해 한 일들을 왜 했는지에 대해서 늘 할 말이 많은 사람이었다. 위즈너는 1944년 9월, 루마니아로 가서 전쟁 중 미국이 임시로 세운 첩보기구인 전략사무국(이하 OSS로 표기함) 지국장을 맡았다. 그곳에서 그는 소련이 루마니아를 차지하려는 계획을 세우고 있다는 말을 듣고 그렇게 믿었으나, 본국의 상관들은 동맹이 그런 짓을 할 리 없다는 분위기였다. 1945년 1월, 스탈린은 루마니아에서 독일계 남녀 수천 명을 소련으로 데려가 "노동동원"하라고 명령했다. 대상자 중 몇은 위즈너와 아는 사이였다. 강제 이주가 시작되자 그는 미친 사람처럼 시내를 돌아다니며 그들을 구출하려 했다. 하지만 위즈너는 실패했고, 수천 명이 유개화차에 실려 강제노동수용소로 끌려갔다. 그의 가족들은 그 장면들이 뇌리에 박혀 파란만장한 삶 내내 그를 괴롭혔다고 말했다.[50]

"위즈"라고 불리던 위즈너는 1909년 미시시피주의 부유한 대지주 집안에서 태어났다. 미시시피는 아프리카계 미국인을 차별하는 짐크로법이 살아 있던 남부 주 중 하나였다. 어린 시절 위즈너는 옷도 제 손으로 입지 않았다. 드러눕거나 팔다리만 올리면 흑인 하녀가 바지와 셔츠를 입혀 주었다.[51] 그가 제일 좋아한 책은 영국과

50 가족의 증언은 2018년과 2019년 프랭크 위즈너 2세와의 인터뷰에서 얻은 것이다. 위즈너의 루마니아 시절에 대해서는 Tim Weiner, *Legacy of Ashes: The History of the CIA* (New York: Doubleday, 2007), 11–12[국역: 《잿더미의 유산》, 이경식 옮김, 랜덤하우스코리아, 2008, 38-39쪽]; Evan Thomas, *The Very Best Men: Four Who Dared: The Early Years of the CIA* (New York: Simon & Schuster, 2006), 19–22; George Cristian Maior, *America's First Spy: The Tragic Heroism of Frank Wisner* (London, Washington DC: Academia Press, 2018), chaps. 1–12을 보라.

51 2018년, 프랭크 위즈너 2세와의 인터뷰.

러시아제국 사이의 "그레이트 게임"을 배경으로 하는 러디어드 키플링의 《킴》이었다.[52] 그는 버지니아주에 있는 귀족적 기숙학교 우드베리포리스트에 다니면서 열심히 역기를 들며 몸을 키웠고, 경쟁심이 무척 강한 학생이었다. 버지니아대학교 재학 중에는 더세븐스The Sevens라는, 사후에야 회원의 이름을 밝힐 정도로 바로크적인 비밀 클럽에 가입했다. 위즈너는 진지하고 치열했지만 파티에서 술과 함께라면 신나게 놀 줄도 알았다. 졸업 후에 그는 월스트리트의 명문 로펌 소속 변호사가 되었다. 지칠 줄 모르고 강력한 윤리적 사명의식에 사로잡혔던 위즈너는 진주만 공격이 있기 1년 전에 해군에 입대했다.[53]

OSS는 최고 학벌의 지배층 출신 기업 변호사를 찾고 있었고, 위즈너는 그 조건에 완벽하게 부합했다. 한 노교수의 도움으로 정보부에 들어간 그는 물 만난 물고기 같았다. 그가 루마니아에서 정보를 수집하고 독일인들을 구하려고만 했던 것은 아니다. 왕족들과 어울리고 술을 마시고 춤추고 저택에서 살며 마술도 했다.[54] 게다가 더 노련한 소련 정보 요원들과 어울리기도 했다. 위즈너가 구축한 조직망 전체에 소련 정보국이 깊이 침투해 있었던 것이 그가 루마니아를 떠난 후 확실히 밝혀졌다.[55]

52 Maior, *America's First Spy*, 190–191.

53 위즈너의 어린 시절과 청년기에 대한 세부 사항은 Thomas, *The Very Best Men* 1장과 Maior, *America's First Spy*, 1-8장을 보라.

54 같은 시기 루마니아에 파견되었던 베벌리 보위는 후일 발표한 소설 《벅하우스 작전》에서 위즈너를 큰 유곽을 열고 당장 소련과 전쟁을 선포하려 드는 미치광이 요원으로 그렸다. Beberly Bowie, *Operation Bughouse* (New York: Dodd, Mead, 1947)를 보라.

55 Weiner, *Legacy of Ashes*, 18[국역: 《잿더미의 유산》, 49쪽].

전쟁이 끝나고 월스트리트로 돌아온 위즈너는 다시 지루하고 무기력해졌다. 그래서 다시 한번 조국을 위해 일하며 공산주의자들과 싸울 기회를 찾기로 했다.[56] 그는 명칭은 평범해 보이는 신설 정보기관 정책조정국(이하 OPC로 표기함)에 들어가 베를린에서 활동하기 시작했다.

같은 시기, 미국 외교 정책 기구의 정반대 부분에서 일하는 하워드 팔프리 존스라는 아주 다른 류의 인물이 위즈너의 OSS 전 상사였던 앨런 덜레스와 함께 베를린에 도착했다. 그는 외교관이자 참전용사로 일찌기 독일 국가사회주의의 참상을 목격했다. 그는 1934년 독일에 여행을 갔다가 나치 깃발에 제대로 경례하지 않았다는 이유로 나치 군인에서 두들겨 맞은 적도 있었다.[57] 2차 세계대전이 발발했을 때 이미 성인이었던 존스는 참전해서 독일에 있었다. 종전 직후 그는 국무부에 들어갔다. 존스는 단호한 전사인 위즈너와는 완전히 다른 방식으로 세계에 접근했다. 모든 상황을 전 지구적인 흑백 대결로 보지 않고 각 상황의 복잡성을 깊이 파고들어 해결책을 찾고자 했다. 그는 그렇게 잘 해내고 있었다.

거의 모든 사진 속에서 존스는 덩치도 크고 성격도 좋은 바보 같아 보인다. 자바의 무용수들 사이에서 있건 다른 외교관들과 어울릴 때건, 얼굴 가득 환한 미소는 이곳에 있어 너무 좋다고 말하는 듯하다. 그를 만난 사람들의 기억도 크게 다르지 않았다. 그는 광택이 나는 하얀 정장을 차려입고 전 세계 곳곳에서 최선을 다해

56 2018년, 프랭크 위즈너 2세와의 인터뷰.

57 독일 군인에 관한 일화는 존스의 자서전 초고 메모에서 발견한 것이다. Howard Palfrey Jones Papers, Box 51, Biographical Materials, Hoover Institution Library and Archives.

그곳 말을 써 가며 모두와 친구가 되었다. 그를 적이라고 여기던 이들, 그러니까 공산주의자들조차 그를 미소 짓는 존스라고 불렀으며 그의 사람 좋은 태도에 넘어가지 말라고 동지들에게 경고했을 정도였다.[58]

하워드 팔프리 존스는 1899년, 시카고의 중산층 가정에서 태어났다. 시카고는 북적거리고 혼잡한 도시였고 그는 동네의 폴란드, 이탈리아, 보헤미아, 노르웨이 이민자의 아들들과 어울려 온갖 종류의 말썽을 피우며 자랐다.[59]

전 지구 기준에서 볼 때 그의 유년시절은 꿈같이 풍족한 것이었다. 그러나 위즈너나 케네디에 비교하면 그저 평범할 뿐이다. 후일 인생에서 가장 자랑스러운 일이 무엇이냐는 질문을 받자, 존스는 미국의 인종주의와 싸우던 시절이라고 대답했다. 위스콘신대학교를 졸업한 후 그는 인디애나주 에번즈빌에서 신문 기자가 되었다. 그가 일하던 신문은 지역에서 KKK단이 각종 범죄 활동을 하며 경찰마저 손안에 넣었다는 사실을 알게 된다. 기자들은 폭로 기사를 준비했고, KKK단 지도부가 존스에게 직접 연락해 협박을 하기까지 했다. 어쨌거나 존스는 기사를 냈다. KKK단은 시내 곳곳에서 십자가를 불태웠고, 광고주의 절반가량이 광고를 끊었다.[60]

국무부는 위즈너가 일하던 맷집 센 정보기관과는 달랐다. 그

58 "'Soft-Sell' Envoy; U.S. Accused of Meddling," *New York Times*, April 5, 1962; Howard Palfrey Jones Papers, Biographic Sketch of Ambassador Howard Palfrey Jones, Box.

59 존스의 어린 시절에 관해서는 Howard Palfrey Jones Papers, Box 51, Biographical Materials, Hoover Institution Library and Archives를 보라.

60 Howard Palfrey Jones, "The Life of an American Diplomat," in Marcy Babbit, *Living Christian Science: Fourteen Lives* (Prentice Hall, 1975), 34–35.

러나 국무부의 외교관 대다수와 비교한대도 존스는 특히 공감 능력이 뛰어났다. 아마도 약간은 낮춰 보는 투로 "부드러운 영업soft sell"의 귀재라고 불렸는데, 미국 정부의 공식 입장을 가능한 한 가장 온건하게 내놓는다는 뜻이었다. 그에게 대외정책이란 그곳 사람들이 원하는 바에 대한 깊은 이해를 바탕으로 해야 하는 것이었으며, 그 말은 어디서나 통하는 단일한 방식 같은 것은 없다는 뜻이다. 그는 미국이 세계를 변화시키는 동시에 스스로의 이해도 추구하는 것이 가능하다고 굳게 믿었다. 그러나 다른 문화를 고유의 방식으로 이해하지 않고서 어떻게 그런 것이 가능하겠는가?

1948년, 베를린에서 존스와 위즈너는 둘 다 분단국 독일의 금융이라는 현안을 위해 일했다. 위즈너는 모스크바를 향해 으르렁대며 적대적인 태도를 취하는 데 열심이었다. 그는 연합군 점령 지역에서 새로운 통화의 발행을 지지했다. 1948년 6월, 연합군 군정 당국이 일방적으로 서독에서 새 도이체마르크화를 발행하기로 한다. 소련의 허를 찌르는 동시에 독일 분단을 장기화하려는 의도까지 담긴 조치였다.[61]

그 후, 하워드 존스는 국민당 정부가 들어선 대만으로 파견됐다. 국민당이 본토의 마오쩌둥 공산당 정부를 인정하지 않았기 때문에 이 섬에 원래 살던 원주민이 있고 그들이 고유한 정체성을 가졌음에도 불구하고 미국 정부는 도착하기 전부터 대만이 "진짜" 중국이라고 승인했다. 이런 것은 민주주의가 아니었다. 1947년 2월,

61 새 통화에 대한 위즈너의 입장에 관해서는 Maior, *America's First Spy*, 179를 보라. 1947-1949년 베를린에서 벌어진 일에 대해 스탈린이 이해한 바에 관해서는 Zubok and Pleshakov, *Inside the Kremlin's Cold War*, 50–53을 보라. 분단 독일에서 새 통화의 중요성에 관해서는 Westad, *The Cold War*, 111–116[국역: 《냉전》, 166-173쪽]을 보라.

새 정부는 국민당 통치에 반대하는 수천 명을 학살하고 또 다른 백색 테러와 반체제 인사에 대한 주기적인 검거가 이루어지는 시대를 열었다. 이 모든 일이 반공을 내세워 정당화됐으며 오랫동안 지속되었다.[62]

1951년, 위즈너가 일하던 OPC는 CIA라는 이름의 새로운 상설 기구로 통합되었으며, 그의 직함은 기획부 국장이 됐다. 이제 "위즈"가 비밀작전의 책임자가 된 것이다. 워싱턴에서 "괴짜들"이라고 부르던 그의 팀은 가능한 모든 방식으로 전 세계에서 비밀리에 냉전을 벌일 방법을 찾기 시작했다.

프랭크 위즈너는 진짜 명문가 출신이었다. 그러나 초창기 CIA 요원들 대부분이 위즈너보다 더 높은 계급 출신이었다. 상당수가 예일대학교 졸업생이었으며, 자신만의 기숙학교나 비밀 클럽 출신이라서 그런 데 끼지 못한 다른 예일 동문마저 내려다보는 그런 부류들이었다. 그러나 반공에 관한 한, 위즈너가 그들을 능가했다. 독일에서 OSS 정보분석관으로 일했던 아서 슐레진저 2세는 이렇게 말했다. "나 역시 소련이 별로였고, 전쟁 후에 우호적인 관계가 가능하리란 기대는 전혀 없었다. 하지만 내가 보기에도 프랭크는 좀 과했다."[63]

CIA 괴짜들과 그 아내들은 워싱턴 DC를 중심으로 활발하게 교류했다. 당시 그 도시의 거주자 대다수보다 훨씬 세련되고 자유주의적이던 그들은 조지타운의 자택에서 흥겨운 디너 파티를 열곤 했다. 다른 CIA 요원, 국방부 관료, 영향력 있는 언론인을 초대

62 Kyle Burke, *Revolutionaries for the Right* (Chapel Hill, NC: University of North Carolina Press, 2018), 14.

63 Burton Hersh, *The Old Boys*, 159; Thomas, *The Very Best Men*, 23 재인용.

하기도 했다. 식사가 끝나고 당시 관습대로 여자들이 다른 방으로 옮기면, 남자들은 정치에 관해 이야기했다.[64] 그들은 제임스 본드처럼 완전히 취하기도 좋아했다. 아닌게 아니라 그들은 영국의 비밀정보부(이하 MI6으로 표기함)를 진심으로 동경했다. 이 영국 정보기관은 몇 세기 동안 제국을 운영하면서 첩보 기술에 관한 방대한 전문성을 축적해 왔다. 제임스 본드 자체를 사랑하는 이들도 있었다. CIA 창립 멤버 중 하나인 트레이시 반즈는 1953년에 이언 플래밍이 창조한 이 캐릭터를 너무나도 좋아해서 추수감사절에 가족들에게 이 시리즈 소설책을 돌리기까지 했다.[65]

냉전이라는 청사진의 설계자 중 하나인 폴 니츠는 영국 지배층 학교를 모델로 했으며, CIA의 초창기 핵심 인물 상당수를 배출한 사립학교 그로튼Groton에서 학생들이 흡수한 상층 계급의 제국주의적 가치에 대해 이렇게 설명했다.

"역사적으로 모든 종교는 적을 무너뜨린 이들을 아주 존경합니다. 쿠란, 그리스 신화, 구약 모두 그렇지요. 그로튼 학생들은 이렇게 배웁니다…. 적을 무찌르는 것은 옳은 일입니다. 물론 그 목적과 수단에는 제약이 좀 있지요. 고대 그리스의 역사학자 투키디데스를 읽어 보면, 같은 문화 출신인 다른 그리스인과 싸울 때는 일종의 제약이 있습니다. 하지만 페르시아인에게는 무엇이든 해도 됩니다. 페르시아인은 야만인이니까요." 공산주의자들은 "야만인입니다"라고 그는 마무리했다.[66]

64 2018년, 프랭크 위즈너 2세와의 인터뷰.

65 Thomas, *The Very Best Men*, 207.

66 Ibid., 91.

창립 당시부터 CIA는 크게 두 부서로 나뉘었다. 한쪽에서는 스파이 활동을 통해 정보를 수집했다. 그 일은 대통령을 위한 일종의 맞춤형 뉴스 서비스와 비슷했다. 다른 쪽에서는 비밀공작, 그러니까 어렵고 힘든 일이자 세계를 바꾸기 위한 적극적인 시도를 맡았다. 프랭크 위즈너가 하던 일이 바로 그쪽이었다.

위즈너는 서유럽에서 스파이와 "후방" 요원들의 네트워크를 만들기 시작했다.[67] 독일에서 CIA는 반공주의자이기만 하다면 암살단 출신을 포함해 구 나치 인사를 채용하는 데도 거리낌이 없었다. 그리고 위즈너는 소련 영토를 뚫을 방법을 열심히 찾았다. 그는 상당수가 과거 나치에 협력했다가 쫓겨난 절박한 우크라이나 난민들을 고용해 낙하산을 타고 소련 영토로 들어가 반란을 일으키게 했다. 작전에 투입된 인원 중 아무도 살아남지 못했다.[68] 그래도 위즈너는 멈추지 않았다. CIA는 알바니아 출신 요원 수백 명을 고국으로 되돌려 보냈다. 이들 역시 작전 중 거의 전부가 죽거나 잡혔다. 꼭 소련의 동맹국 정부들에서 CIA가 오기만을 기다리고 있는 듯했다. 사실이 그랬다. CIA와 긴밀하게 협력했던 영국 첩보 요원 킴 필비가 처음부터 소련 스파이였으며, 위즈너의 초기 작전 거의 모두가 어떤 식으로건 유출되었다. 위즈너는 이 사실을 알고 나서도 또 알바니아에 요원들을 보냈다. 그들은 모두 붙잡혀서 재판을 받았다.

서서히 하지만 확실하게 위즈너와 CIA 괴짜들은 소비에트 영토 자체가 바윗돌처럼 단단하다는 것을 깨달았다. 그것을 뚫으려다가

67 Weiner, *Legacy of Ashes*, 33[국역: 《잿더미의 유산》, 71쪽].

68 Thomas, *The Very Best Men*, 25–36.

는 실패할 것이 분명했다. 공산주의와 싸우기를 원하던 아주 간절하게 그러기를 바라던, 그들은 다른 곳을 찾아야 했다. 제3세계가 그럴 기회를 주었다. 하지만 그들이 간과한 문제가 있었다. 언론인 에번 토머스가 쓴 대체로 우호적인 역사책에 나온 표현처럼 "그들이 소위 발전도상 세계에 대해서 거의 아무 것도 모른다는 사실"이 문제였다.[69]

69 Ibid., 111.

2 \ 독립 인도네시아

프란치스카의 새로운 삶

1951년, 스물네 살이 된 프란치스카는 고국으로 돌아왔다. 아직 신혼이던 그와 남편은 자카르타 시내에서 15킬로미터 이상 떨어진 공군기지의 창고에 들어가 살게 됐다. 프란치스카가 살아온 삶에 비하면 말할 수 없이 초라했지만, 사촌이 그 창고를 구해 주자 부부는 두말없이 거기서 살기로 했다. 프란치스카는 매일 새벽 6시에 일어나 자전거를 타고 제일 가까운 정류장까지 가서 버스를 타고 다시 오토바이를 6인승으로 개조한 차로 바꿔 탄 후에야 일터에 도착할 수 있었다. 당시에는 교통량이 많지 않았고 히잡을 쓴 여성도 거의 없었지만, 높은 습도와 연중 30도가 넘는 기온 때문에 자카르타에서 출퇴근하기란 지금이나 그때나 땀에 푹 젖는 고단한 일이다.

그러나 그는 조금도 개의치 않았다. 다른 수많은 인도네시아 사람들처럼 프란치스카는 흥분과 기대로 이 모든 고난을 극복했다. 수백 년간의 착취와 노예 생활 끝에 내 나라를 갖게 됐고, 그 나라는 이제 겨우 한 살이 되었기 때문이었다.

그는 매일 자카르타를 가로지르면서도 자신이 포기한 안락한 삶을 뒤돌아보지 않았다. 머릿속에는 무에서부터 인도네시아를 건설하고 있다는 생각뿐이었다. 그는 "우리가 할 수 있는 모든 것을 해내려면 최선의 삶을 살아 내야 한다"라고 생각했다. "나 자신보다 훨씬 큰 이런 목표를 위해 일할 때면 일한다는 생각조차 거의 들지 않는답니다."[1]

1926년생인 프란치스카 파티필로히는 사실 왕족이었다. 인도네시아에는 수많은 작은 왕국(과 큰 왕국)이 있었고 프란치스카의 가족은 암본의 지배층이었다. 암본은 자카르타에서 2400킬로미터 떨어진, 하얀 모래와 푸른 바다로 둘러싸인 조용하고 풍요로운 작은 섬이다. 암본의 지배층은 네덜란드 식민 체제 아래서 특권을 부여받았지만, 그의 아버지는 특권을 버리고 당시에 바타비아라고 부르던 수도에서 건축가로 생계를 꾸렸다. 큰 섬인 자바는 세계에서 가장 인구밀도가 높은 지역 중 하나로 수많은 도시가 별자리처럼 점점이 있으며, 그중 상당수가 수천 년의 역사를 자랑하는 곳이지만, 바타비아는 어떤 왕국에서도 중요한 도시인 적 없었다. 세계 자본주의와 식민주의 발전의 역사에서 가장 중요한 조직일 네덜란드 동인도회사VOC가 1619년에 바타비아를 차지했을 때, 이곳은 후추 수출항 반튼Banten의 외딴 전초기지에 불과했다.[2] 오늘날의 거대도시 자카르타는 대부분 네덜란드가 건설한 것이며 그래서 이 도시는 지금도 자바의 다른 도시들과는 확연히 다른 느낌이다.

건축가로 성공한 프란치스카의 아버지는 바타비아에 근사한 집을 가지고 있었다. 어릴 때는 사실 형편이 아주 여유로워서 프란

1 프란치스카의 이야기는 2018년부터 2020년 사이 암스테르담에서 직접 만나거나 전화로 한 인터뷰를 재구성한 것이다.

2 Anthony Reid, *A History of Southeast Asia* (Oxford: Wiley Blackwell, 2015), 70–73.

치스카는 네덜란드인 어린이들과 함께 유럽식 학교에 다닐 수 있었다. 그는 집의 아버지 서재에서 아버지가 사 준 어린이책을 읽으며 시간을 보내기를 좋아했다. 가족 중 유일한 어린아이였던 그는 집에 혼자 있을 때가 많았다. 당시 동화책은 모조리 네덜란드어로 된 것이었고, 이야기는 온통 네덜란드나 독일의 백인 어린이에 관한 것뿐이었다. 프란치스카는 그림 형제의 동화, 카우보이와 인디언에 관한 책, 안데르센의 이야기에 너무 빠져들어 그 배경이 인도네시아라고 철썩같이 믿었고, 10대가 될 때까지 라인강이 인도네시아 어딘가에 있는 줄로만 알았다. 그러나 그는 다른 인도네시아 사람들에 관해서는 아무 것도 읽어 보지 못했다. 집에서는 식민주의자의 언어인 네덜란드어를 썼고 가족들이 암본에서 쓰던 지역어도 조금 사용했다. 그의 가족들은 "외곽 도서" 출신 인도네시아인이 대개 그렇듯 개신교도였고, 그는 가까운 사립 미션스쿨에 다녔다. 그는 똑똑하고 호기심이 많았다. 지금도 새로운 것을 배우는 일의 즐거움에 대해 말할 때면 흥분 때문에 목소리가 한 톤 높아지곤 한다.

그는 백인이 다스리는 식민지에서 갈색 피부를 지닌 소녀라는 것이 무엇을 뜻하는지도 아주 빨리 배웠다. 학급에 '원주민' 학생은 딱 5명이었고 인종적 위계는 뚜렷했다. 그러나 그런 잔혹한 현실을 깨닫게 된 것은 학교 안에서가 아니었다. 그날은 유난히 무더운 날이었다. 프란치스카는 학교 친구와 그 친구의 네덜란드인 가족과 함께 수영장에 갔다. 입구에서 표를 내밀었지만 검표원은 프란치스카를 들여보내 주지 않았다. 인도네시아인은 입장 금지라고 했다. 상대적 부유함도, 백인 친구들의 항의도 소용없었다. 프란치스카는 '원주민'이었기 때문이다.

1942년, 프란치스카가 막 열여섯 살이 되었을 때 일본군이 쳐들어왔다. 히로히토 천황 아래 일본은 나치 독일과 동맹을 맺고 공격적인 제국주의 열강이 되어 점령 정부를 세웠다. 처음에 인도네시아인은 일본을 환영했다. 수십 년간 끓어올랐던 이 나라의 작은 독립운동을 이끈 지도자들도 그랬다. 적어도 일본인은 아시아인이지 않은가라고 생각했다. 일본의 승리는 백인이 난공불락이 아님을 증명해 보여주었고 일본인은 네덜란드인보다는 이곳 사람들을 더 대우해 줄 것이다. 일본의 점령 후 하루가 지나고 프란치스카의 아버지는 집으로 돌아와 가족들에게 이렇게 말했다. "일본은 우리의 해방군이다."[3]

그러나 어린 프란치스카는 남들보다 먼저 그것이 환상임을 알아차렸다. 며칠 지나서 가족들과 동네인 멘텡의 녹음이 우거진 거리를 산책하는데 한 일본군이 아버지에게 소리를 지르기 시작했다. 아버지는 당연히 일본어를 몰랐고 몸을 숙여 절을 해야 하는지도 몰랐다. 그래서 그는 절하지 않았다. 일본군은 아버지에게 다가와 온 가족이 보는 앞에서 세게 따귀를 때렸다. "그 일이 있고 난 후 우리는 일본을 증오하게 됐어요. 그자들의 진짜 목적이 뭔지 알았던 거죠." 프란치스카는 나중에 이렇게 그 일을 돌아보았다.

상황은 점점 나빠져 갔다. 인도네시아 여성 수천 명이 강제로 성노예가 되어 점령군 일본 부대의 '위안부'로 동원됐다. 네덜란드인들은 수용소에 갇혔다. 프란치스카는 다른 학교로 배정받았다.

새로 간 학교는 두 가지 이유 때문에 꽤 충격적이었다. 첫째,

3 인도네시아 민족주의 운동과 일본 점령과의 상관관계에 대해서는 J. D. Legge, *Sukarno: A Political Biography* (New York: Praeger Publishers, 1972) chap. 7을 보라.

프란치스카는 다른 학생들과 똑같이 대우받았다. 둘째, 바하사 인도네시아Bahasa Indonesia를 배웠다. '인도네시아어'라는 뜻의 이 말은 말레이어의 일종이며 현재는 인도네시아의 국어다.[4] 프란치스카는 언제나 언어에 뛰어난 재능을 보였지만 이 언어는 처음부터 배워야 했다. 하지만 그만 그런 것은 아니었다. 인도네시아인 중에 그 말을 제1언어로 쓰는 사람은 아주 소수에 불과했다. 말레이어는 꽤 오랫동안 항구와 무역 분야에서 공용어로 쓰이긴 했지만 너무나 다채로운 1만 3천 개의 섬으로 이루어진 이 나라 사람 대다수는 모르는 말이었다.[5]

1945년 일본이 항복한 직후, 프란치스카의 집에서 아주 가까운 곳에서 수카르노라는 사람이 독립을 선언했다.[6] 사실 수카르노는 독립선언을 망설였다. 그래서 성질 급한 세 청년이 수카르노와 또 다른 지도자 하타를 납치해서(당시에는 이런 방식이 거칠긴 하지만

4 그런 이유로 인도네시아어를 그냥 "바하사"라고 부르는 것은 정확한 표현이 아니다. "바하사 자와(Bahasa Jawa)"(자바어), "바하사 잉그리스(Bahasa Inggris)"(영어) 등도 있기 때문이다. 따라서 올바른 표현은 "바하사 인도네시아"나 "인도네시아어"이다.

5 1930년 인구조사에 따르면 네덜란드령 동인도에서 말레이어를 제1언어로 쓰는 주민은 전체의 2퍼센트밖에 되지 않았다. 1980년이 되면 가족끼리도 인도네시아어를 사용하는 인구는 12퍼센트, 도시 지역의 여러 연령대에서는 36퍼센트까지로 크게 늘어났다. 오늘날 인도네시아에서는 가족끼리나 출신 지역에서는 다른 언어를 쓴다 해도 거의 모든 이가 어느 정도는 인도네시아어를 말할 수 있다. Reid, *History of Southeast Asia*, 397을 보라.

6 이 지역에서의 이름에 관한 메모. 인도네시아인 중에는 이름이 한 단어이거나 두 단어인 사람도 있지만, 뒤에 오는 이름이 아버지 쪽을 따르는 부계 "성"이 아닐 때가 많다. "수카르노"의 경우 그 자체로 실명이자 본명이며 인도네시아에서 그를 일컫는 유일한 이름이다. (이름에 관한 다른 전통을 가진) 말루쿠 출신인 프란치스카의 경우 성이 있긴 하지만, 인도네시아에서 모두가 그런 것은 아니다. 누군가를 이름만으로 부르는 것은 흔한 일이며 절대 약칭 같은 것이 아니다. 그런 이유에서 나는 서구인은 성으로 부르겠지만 인도네시아인은 이름만으로 칭할 것이다.

빨리 결단을 내리게 하는 방법으로 대체로 용납되었다) 수카르노가 인도네시아 독립을 선언하게 만들었다.

어쩌면 수카르노가 염려한 바가 맞을지도 몰랐다. 독립을 선언하고 얼마 지나지 않아 수카르노의 독립운동은 난항에 빠졌다. 프랑스가 인도차이나에 돌아왔듯이 네덜란드도 다시 식민 지배를 시작하려 했다. 네덜란드는 이 재정복 시도를 으스대는 완곡어법으로 '치안활동'이라고 불렀지만, 실제로는 무자비하기 짝이 없었다. 일본이 그랬듯이 네덜란드도 새 공화국의 지지자들을 진압하기 위해 대량학살과 폭력을 저질렀다. 여기에 민족주의자, 좌파, 이슬람주의자가 다 동참한 독립운동의 지도자들이 군도 곳곳을 돌며 지역의 왕국들과 연합해 저항했다.[7]

이 모든 일이 벌어지던 와중인 1947년, 프란치스카는 네덜란드로 건너가 작은 대학도시 레이던에서 공부하기 시작했다. 그는 유럽의 식민지들을 연구하는 왕립연구소[지금의 왕립 네덜란드 동남아시아 및 캐리비안 연구소KITLV_옮긴이]에 다녔다. 네덜란드에 도착하자마자 그는 당시의 거의 모든 유학생이 그러했듯 인도네시아 학생단체에 가입했다. 그러고서 곧 자인Zain이라는 5년 연상의 남자를 알게 됐다.

처음에 프란치스카는 자인이 별로였다. 아주 어릴 때부터 자신을 "일종의 페미니스트"라고 여겨 온 그는 절대 결혼하지 않을 생각이었다. 그는 네덜란드령 동인도에서 가장 똑똑하고 최고의 교육을 받은 여자들이 결혼을 하자마자 자신이 배운 굉장한 지식을 전혀 사용하지 못하는 것을 봐 왔다. 프란치스카는 일이 하고 싶었다. 자

7 Tim Hannigan, *A Brief History of Indonesia* (Tokyo: Tuttle, 2015), chap. 8.

인은 잘생긴 것은 물론 용맹하기도 했지만, 어쩌면 자신감이 과해서 프란치스카에게 학생단체의 재무를 맡아 달라고 부탁하면서도 꽤 명령조였다. 프란치스카는 절대 다른 여자들처럼 자인에게 반한 것처럼 보이기 싫었다. 그래서 처음에는 좀 뚱하게 자인의 청을 거절했다.

그러나 프란치스카는 점차 자인을 알아 가게 되었다. 둘은 몇 시간씩 역사와 반식민주의 투쟁, 유럽의 지배로 그들의 어린 시절이 어떻게 뒤틀렸는지에 대해 이야기했다. 이 모두를 올바르게 만들려면 어떻게 싸울 것인가. 짜릿한 일이었다. 자인은 짜릿한 남자였고 프란치스카는 그 사실을 받아들이게 되었다. 두 사람은 지칠 줄 모르고 함께 일하면서 공통의 목표를 위해 하나가 되었다. 그 목표는 물론 독립이었다.

아이러니하게도 식민지인이 유럽과 직접적으로 접촉한 일은 언제나 제3세계에서 혁명적 운동이 조성되는 중요한 계기가 되었다. 인도네시아 독립운동의 초기 연원은 네덜란드에 있으며, 베트남의 호찌민이 정치적으로 각성하고 교육받은 곳은 파리였다. 식민지 출신들은 제국의 수도에서 공부하거나 일하면서 절대 식민지에는 도달할 수 없는 사상을 가진 이들과 마주치곤 했다. 식민주의의 상당 부분은 “내가 하는 대로가 아니라 내가 시키는 대로 해라”라는 식의 논리에 의존해 왔다. 혹은 현실에서는 “백인이 하는 대로가 아니라 백인이 시키는 대로 해라”였다. 그래서 유럽에서는 교육을 국민 전체로 확대하며 지식인들은 사회주의와 마르크스주의의 장점에 대해 논쟁하곤 했지만, 이 두 사상은 상당 부분 식민지에서는 금지되었다. 원주민들이 그 사상을 받아들일지도 모를 일이기 때문이었다. 예를 들면 1885년에 벨기에 국왕 레오폴드 2세가 콩고자유국을 세운 (그리고 미국이 전 세계에서 제일 먼저 이 식민지를 허둥지둥 인정한) 이래로, 벨기에인의 잔인한 지배를 받던 콩고에서 식민당국은 유럽에서는 자유롭게 유통되던 좌익 출판물과 진보적 생활 잡지들을 금지하고, 도시 지역에서 노동계급 흑인들이 함께 모여 사는 것마저 두려워했다. 이런 것들이 폭동이나 최악의 경우 볼셰비즘으로 이어지는 것 아닐까? 콩고 학생들은 벨기에 왕족에 대해서는 배워도 미국의 민권운동에 대해서는 배우지 않았고, 아프리카판 교과서에서 프랑스대혁명은 매력적으로 보이지 않도록 아주 신중하게 그려졌다.

콩고 식민당국은 이 모두를 이렇게 정당화했다. "식민지에 살고 있는 우리 모두는 흑인이 지적으로나 도덕적으로나 아직 어린아이와 같다는 데 만장일치로 동의한다."[8]

1940년대 후반부터 본격적으로 사귀기 시작한 프란치스카와 자인에게 반식민 독립 투쟁은 좌파 정치와 긴밀하게 연관된 것이었다. 그래서 인도네시아 독립을 진심으로 염원했던 프란치스카는 자연스럽게 사회주의자 서클에 관여하게 되었다. 식민지와 사회주의 투쟁이 오래전부터 하나로 합쳐졌던 탓이다. 1930~1940년대에는 좌파를 제외하면 식민지의 독립을 지지하는 유럽인은 거의 없었다. PKI는 1914년 네덜란드 좌파의 도움을 받아 동인도사회민주연합으로 설립되어 1920년대에는 수카르노 및 독립을 지지하는 무슬림 그룹과 연대했으며 일본 점령기에는 반파시즘 운동을 활발하게 펼

8 David Van Reybrouck, *Congo: The Epic History of a People* (London: Fourth Estate, 2014), 168–170.

쳤다.[9]

프란치스카는 학생 모임에서 사회주의에 대해 듣고 괜찮은 생각이라 여겼지만 복잡한 이데올로기 투쟁에 깊이 관여하지는 않았다. 소위 '마디운 사태'를 비롯해 혁명 와중에 공산주의자와 수카르노의 공화국 군대가 충돌한 일에 대한 논쟁에도 끼지 않았다. 그러나 네덜란드가 인도네시아를 재정복하려는 두 번째 군사작전을 개시하자, 어느 편에 서야 할지 명백해졌다. 항의의 표시로 네덜란드의 장학금을 받은 학생들은 모두 장학금을 반납했고, 프란치스카도 수업을 거부하며 동참했다. 그 후 그는 부다페스트에서 열린 세계청년학생축전에 참가할 기회를 얻게 된다. 세계민주청년연합이 조직한 행사였다. 물론 여기서 '민주'라는 말이 '사회주의'를 뜻한다는 것도, 헝가리가 소련의 동맹국인 것도 잘 알았지만, 그렇다고 해서 여행에 대한 기대는 조금도 퇴색되지 않았다.

인도네시아 학생 중에는 참가 비용을 댈 수 없는 이들도 있었지만, 프란치스카는 비용을 댈 수 있었으므로 기차를 타고 미국인들이 '철의 장막'이라고 부르는 곳을 지났다. 그는 아무 장막도 보지 못했다. 그에게 이 여행은 경이 그 자체였다. 그는 창문 밖으로 전후의 독일, 오스트리아, 헝가리를 차례로 지켜보았다. 유럽은 폐허였지만 부다페스트는 여전히 매혹적이었다. 그곳에서는 아무도 고국에서처럼 그를 2등 시민 취급하지 않았다. 그러나 프란치스카는

9 Saskia Wieringa and Nursyahbani Katjasungkana, *Propaganda and the Genocide in Indonesia: Imagined Evil* (London and New York: Routledge, 2018), 61–65. 1914년에 네덜란드인 헹크 스네이블릿이 주도해 동인도사회민주연합(Indies Social Democratic Association(ISDV))을 결성했고, 1920년 공산주의연합(PKH)으로 이름을 바꾸었다가 1924년 마침내 인도네시아공산당(Partai Komunis Indonesia(PKI))으로 안착했다.

청년학생축전 현장이 어떨지는 전혀 짐작하지 못했다. 그는 아시아와 아프리카 전역은 물론 심지어 미국에서 온 전 세계 좌파 학생들을 만났다! 미국인을 영화에서밖에 본 적 없었던 그에게 이 일은 큰 충격이었다.

프란치스카는 미국 학생들과 이야기하면서 흑인 남성과 백인 여성이 함께 있는 것을 보고 더 큰 충격을 받았다. 그는 국제정치에 대해 많이 알지는 못했지만 미국의 인종차별에 대해서는 잘 알았다. 그래서 미국 학생들에게 물었다. "어떻게 여기 함께 온 거죠? 어려운 일 아닌가요? 따로 있어야 한다고 들었는데요."

미국 학생들은 웃으며 고개를 끄덕였다. "맞아요. 하지만 함께 왔답니다." 미국 여학생이 말했다.

다음에 그는 북한과 콩고 학생들을 만났다. 프란치스카는 콩고 참가단 중에 루뭄바라는 이름의 잘생긴 청년을 분명 만났다고 주장했지만, 당시에는 그 사람에 대해 거의 알지 못했다.[10] 학생들은 전 세계의 민속무용과 문화 공연을 선보였다. 국제 연대와 각국의 자부심을 선보이는 장이었다. 후일 그 공연들을 묘사할 때 프란치스카는 흥분 때문에 목소리가 너무 높아져서 거의 호루라기 소리처럼 들릴 정도였다.

1950년, 프란치스카와 자인은 부모의 허락 없이 결혼했다. 둘은 몰래 체코슬로바키아 프라하로 가서 결혼해야 했다. 네덜란드에서 결혼하려면 프란치스카 아버지의 허락이 필요했는데[당시 네

10 우리는 이때 파트리스 루뭄바가 실제로 헝가리에 있었는지는 확인하지 못했다. 따라서 이 기억은 사실이 아니거나 프란치스카가 그해 콩고에서 온 비슷한 이름의 다른 누군가를 만난 것일 수 있다. 어쨌거나 노년의 프란치스카는 헝가리에서의 행사에 관해 읽기 시작하자마자 곧바로 이 남성을 만난 일을 떠올렸다.

덜란드 정부는 30세 미만의 여성이 결혼할 때 아버지의 허락을 요구했다_옮긴이] 무슨 이유에서인지 아버지는 결혼을 허락하지 않았고, 둘은 그 이유에 대해서는 별로 신경쓰지 않았다. 이 여행도 또 다른 작은 모험이었고, 이 조촐한 결혼식은 독일어로 진행되었으므로 둘은 외국어 실력도 발휘해야 했다. 당시에 자인은 영어, 인도네시아어, 네덜란드어, 바탁어(수마트라섬 출신인 자인의 가족이 쓰던 지역어)를 할 줄 알았고 프란치스카는 독일어, 프랑스어, 인도네시아어, 네덜란드어, 영어와 약간의 암본어를 구사했다.

다행히 프란치스카의 아버지는 너무 늦지 않게 마음을 돌려 두 사람을 축복해 주었다. 더 중요한 것은 둘 다 새로운 사회의 건설적인 일꾼으로 일자리를 금세 찾았다는 것이었다. 신생 독립국 인도네시아로 돌아온 프란치스카는 사서로 일하게 되었다. 그에게는 다시 책에 둘러싸여 지낼 수 있는 꿈의 일자리였다. 그에게 그 일자리를 얻기란 어려운 일은 아니었다. 새 공화국에는 자격을 갖춘 인력이 너무나 부족해서 네덜란드인 사서들에게 의존하며 함께 일해야 했다. 네덜란드가 의도적으로 교육 분야를 방치한 결과 인도네시아인은 교육의 기회를 거의 박탈당한 수준이었다. 네덜란드가 떠날 즈음 6500만 인도네시아 인구 중 겨우 5퍼센트만이 읽고 쓸 수 있었다.[11]

"이거야말로 식민주의의 가장 큰 범죄라고 생각해요. 350년간의 네덜란드 점령 이후 우리는 우리 자신과 우리 고유의 문화에 대해 거의 아무 것도 모르게 됐거든요." 프란치스카는 말했다.

11 Washington P. Napitupulu, "Illiteracy Eradication Programme in Indonesia," 탄자니아 아루샤에서 1980년 11월 27일부터 12월 2일까지 열린 전국 문해 프로그램 계획과 관리 워크숍에서 발표한 내용.

한편 자인은 언론 쪽에 자리를 잡아 《하리안 라캿Harian Rakyat》, 곧 인민일보에서 일하기 시작했다. 이 신문은 PKI가 내는 일간지였다. 자인에게 잘 맞는 일자리여서 프란치스카는 무척 기뻤다. 그가 아는 한 당시에 공산당 신문에서 일하는 것은 극히 자연스러운 일이었다. 남편이 공산당과 무척 가까운 것을 알았고 어쩌면 당원일지도 모르지만, 하등 문제될 일이 없었다. 1948년 반란과 진압 이후 공산당은 다시 조직을 꾸리고 신생국의 일부로 자리 잡았다. PKI는 여러 정당이 함께한 독립을 위한 혁명의 한 축이었다. PKI는 수카르노의 새 인도네시아의 일부였다.

자인은 외국어 능력 덕분에 아주 흥미로운 일을 맡게 됐다. 그는 해외 소식을 번역해서 국내 독자에게 전하는 국제 기사를 쓰기 시작했다. 제3세계 해방과 (《하리안 라캿》의 표현대로) "제국주의"에 맞선 싸움에 관심 있는 사람에게 1950년대 초반은 믿을 수 없을 정도로 흥미로운 시기였다.[12]

먼저, 그해에는 예상치 못했던 전쟁이 터져 미군이 한반도에 들어와 있었다. 인도네시아에서보다 훨씬 잔인하게 지배하던 일본이 떠난 후 한반도는 두 개의 국가로 분단되었다. 일본이 통치하던 시기 고려공산당(1930년대 후반 지도부 대다수를 숙청한)은 시베리아로 강제 이주당하기 전까지 한반도와 만주 전역에서 일본에 맞서 치열한 게릴라전을 벌였다. 그런 공산주의자 중 하나였던 김일성이 1945년, 북한을 차지했다.[13] 남한을 점령한 미군은 수십 년간 미

12 *Harian Rakjat* archives, 쿠알라룸푸르 말라야대학교.

13 Westad, *The Cold War*, 161[국역: 《냉전》, 236-237쪽] ; Michael J. Seth, *A Concise History of Modern Korea* (Lanham, Maryland: Rowan & Littlefield, 2010), 88.

국에서 살았던 기독교도이자 반공주의자인 이승만을 내세웠다. 이승만 정권은 좌파 척결을 내세우며 전쟁 직후부터 독자적인 "인민위원회"가 다스리던 제주에서 수만 명을 학살하고는 공산주의의 위협 때문에 어쩔 수 없다는 핑계를 댔다.[14] 1950년에는 삼팔선에서 전쟁이 벌어졌다. 북쪽의 공산주의 군대가 빠르게 서울을 차지하자 미국은 유엔을 통해 참전국을 모아 반격하고자 했다. 여전히 밝혀지지 않은 이유로 스탈린은 소련 대사에게 유엔 투표를 거부하지 말고 기권하도록 했고 덕분에 미국은 표결에서 쉽게 이길 수 있었다. 미국-유엔 연합군은 북한을 기존의 삼팔선 이북으로 밀어냈지만, 멈추지 않고 한반도 전체를 차지하기 위해 북으로 진격했다. 소련은 별다른 지원을 하지 않았지만, 미국에게는 놀랍게도 마오쩌둥의 지친 넝마주이 인민해방군이 북한을 도우러 나섰다. 만주에서 일본에 맞서 싸운 김일성 유격대에게 빚이 있다고 여겼기 때문이었다. 그 결과 이어진 3년간의 교착상태 동안 미국은 한반도에 폭탄 6천 톤 이상을 떨어뜨렸는데 그 양은 2차 세계대전 중 태평양전쟁 전체 기간 동안 쓴 양보다 많았다. 게다가 네이팜탄 3만 톤도 쏟아부었다. 북한 지역의 건물 80퍼센트 이상이 파괴됐고 공중폭격으로 민간인 백만 명가량이 죽었다.[15]

한반도에서 CIA는 동유럽에서와 같은 작전을 펼쳤다. 전쟁 중 한국인과 중국인 수천 명을 모집해 북한에 잠입시켰다. 또다시 이 침투 작전은 완전 실패로 돌아갔다. 후일 CIA 기밀문서는 그 작전

14 Bruce Cumings, *The Korean War: A History* (New York: Modern Library, 2010)[국역: 《브루스 커밍스의 한국전쟁》, 조행복 옮김, 현실문화, 2017] 5장에 나오는 제주 반란과 여수 반란 부분을 보라.

15 Ibid.

이 "효과가 없었을 뿐 아니라 인명 손실의 규모 면에서 도덕적으로도 비난받아야 한다"라고 결론 내렸다.[16] CIA는 전쟁 중 자신들이 수집한 모든 비밀 정보가 실은 북한과 중국 국가안전부가 만들어낸 가짜 정보인 것을 나중에야 알았다.

다시 한번 CIA가 엄청난 예산을 투여한 비밀작전은 승리에 헌신하고 전장에서 단련된 실제 공산주의자 군인들 앞에서는 턱없이 부족한 것으로 드러났다. 그러나 그렇게 단련된 집단이 없었던 이란에서는 CIA 풋내기들이 첫 번째 큰 승리를 거두었다.

아약스 작전

1952년 말, 테헤란에서 활동하던 영국 스파이 몬티 우드하우스는 워싱턴에 가서 프랭크 위즈너를 만났다. 영국에 문제가 생겨 도움이 필요한 상황이었다. 2차 세계대전이 끝난 이래 영국은 대영제국이 공식적으로 해체되는 것을 지켜보았으나, 제국의 해체가 천연자원의 통제권까지 잃는 것일 줄은 예상치 못했다. 그런데 이란에서 새 총리 모하마드 모사데크가 석유 산업의 국유화를 진두지휘하기 시작했다. 그리고 그 때문에 자신을 축출하려고 계획하던 영국 MI6를 이란에서 추방하는 일이 벌어졌다.

모사데크와 이란 입장에서는 영국에 반감을 가질 이유가 수없이 많았다. 대영제국이 영광을 누리던 바로 그 시기에 이란은 2백만 명이 목숨을 잃은 기근에 시달렸다. 그리고 2차 세계대전 이후 이란

16 Weiner, *Legacy of Ashes*, 54[국역: 《잿더미의 유산》, 104쪽].

인 석유 노동자들은 수돗물도 안 나오는 움막에서 살며 일했는데, 영국은 그렇게 퍼 올린 석유로 이란보다 두 배의 수입을 올리는 이상한 계약을 맺었다. 모사데크와 이란 의회가 샤를 움직여 영국의 코를 납작하게 만들자, 영국 정부는 그간 자기 것이라 여겨 온 것을 되찾을 궁리를 하기 시작했다. 위즈너를 포함한 미국인들은 영국의 제국주의적 사안에 얽히는 것을 경계했다. 그러나 이번에는 바다 건너편 동맹국이 반공주의에 호소했다. 모사데크는 공산주의자들을 중심으로 잘 조직된 투데당을 (다른 모든 정당과 함께) 합법화했는데, 영국은 어쩌면 투데당이 정권을 잡는 일이 벌어지거나 심지어 소련이 개입할지도 모른다고 미국을 넌지시 자극했다.

1953년 초 미국에서 새 대통령의 취임은 이란의 정권 교체를 바라는 이들에게는 큰 희망이었다. 새로 당선된 드와이트 아이젠하워 대통령은 존 포스터 덜레스를 국방부 장관으로, 동생 앨런 덜레스를 CIA 국장으로 임명했다. 역사학자 제임스 A. 빌에 따르면 포스터에게는 평생 두 가지 집착이 있었는데 하나는 공산주의와 싸우는 것이었고 또 다른 하나는 다국적기업의 권리를 보호하는 것이었다. 이 두 가지가 딱 이란의 상황에 걸려 있었다. 빌은 이렇게 썼다. "공산주의에 대한 염려와 석유 확보는 뒤얽혀 있었다. 두 가지가 동시에 미국을 직접 개입으로 몰아갔다."[17]

이는 덜레스 형제와 CIA에게는 청신호였다. 시어도어 루스벨트 전 대통령의 손자이자 1950년에 위즈너가 영입한 커밋 루스벨

17 이란의 기근에 관해서는 Weiner, *Legacy of Ashes*, 81[국역: 《잿더미의 유산》, 143쪽]을, 제임스 A. 빌 인용에 관해서는 Stephen Kinzer, *Overthrow: America's Century of Regime Change from Hawaii to Iraq* (New York: Times Books, 2006), 122을 보라.

트가 아약스Ajax 작전이라고 부르기로 한 이 임무를 총지휘했다. 루스벨트에게는 마음대로 쓸 수 있는 백만 달러가 있었고, 그가 매수하고자 하는 것들을 사들이기에 충분한 액수였다. CIA는 가능한 모든 정치인에게 뇌물을 뿌리며 현 정권을 무너뜨리고 샤를 독재자로 내세울 길을 찾았다. 요원들은 거리의 깡패, 차력사, 괴력사를 매수해 시위를 벌이게 했다. CIA 테헤란 지국장이던 로저 고이란이 미국이 영국 식민주의와 동맹하는 중대한 역사적 실수를 저지르고 있다고 주장하자, 앨런 덜레스는 그를 워싱턴으로 소환해 버렸다.

CIA는 모사데크가 이슬람의 적인 공산주의자라고 주장하는 선전물과 포스터를 제작했다. 기자들에게는 돈을 주고 모사데크가 유대인이라는 기사를 쓰게 했다. 폭력배를 고용해 투데당 당원인 척하면서 모스크(이슬람 성원)를 공격하게 했다. 루스벨트 밑에서 폭력배를 고용하는 일을 맡았던 이란인 요원 두 명이 어느 시점에 일이 너무 위험해지고 있다며 공작을 그만두겠다고 하자, 루스벨트는 그러면 둘 다 죽여 버리겠다고 협박했고, 공작은 그렇게 다시 진행됐다.

샤는 어느 무엇도 좋은 생각이라고 여기지 않았다. 그는 어느 시점에 로마로 가 버려서 그를 왕으로 만들려던 미국인들의 분노를 샀지만, 1953년 8월에는 궁으로 돌아와 의회 투표를 조작하고 이란의 통치자로서 CIA와 국제 석유 기업들을 성심껏 섬겼다. 공산주의자들의 기반이 그렇게 강력하다는 나라에서 벌어지는 일에 소련은 개입하려 들지 않았다. 워싱턴은 환호했고 커밋 루스벨트는 영웅이 되었다. 마침내 위즈너가 윗층 사람들에게 자기가 부리는

괴짜들의 쓸모를 증명해 보여준 것이었다.[18]

1954년, CIA는 필리핀에서 작전을 벌여 다시 큰 성공을 거두었다. 일본 점령기에 시작된 좌익 '훅Huk 반란'은 일본이 떠나고 미국이 (공식적으로) 필리핀인에게 권력을 넘겨준 후에도 계속됐다. 일본 점령을 반대했던 '훅' 게릴라들로서는 권력의 축에 적극적으로 협력해 온 새 대통령과 봉건적 대지주들이 좌우하는 과두적 경제 체제를 용납할 수 없었던 것이다. 후일, 버딕과 레더러가 쓴《추악한 미국인》의 등장인물인 에드윈 바르눔 힐렌데일 대령의 모델이기도 한 미군 고문 에드워드 랜스데일은 일기에 훅 반란군들에 대해 "대다수가 그들이 하는 일이 옳다고 믿는다. 일부 지도자가 공산주의 쪽인데도 불구하고… 개혁이 필요한 나쁜 상황이라서… 무장 반란이 터져 나오는 것이 당연하다고 본다"[19]라고 적었다. 미국은 필리핀 정부가 대對반란전counterinsurgency[군사적으로는 게릴라전, 유격대 활동, 무장 반란을 진압하기 위한 소규모 전술, 특수부대 작전, 정보전 등을 일컫지만, 냉전의 맥락에서는 제3세계에서 공산주의 확산을 막기 위한 정치 사회적 작전이 결합된 종합 전략이었다_옮긴이] 작전을 펴도록 도왔고, 네이팜탄을 퍼부으며 상당한 성과를 봤다.[20] 랜스데일은 좀 괴상한 심리전을 벌이기 위해 위즈너가 선발한 CIA 요원 데스먼드 피츠제럴드와 긴밀하게 협력하여 흡혈귀를 만들어 내기도 했다.

게릴라 진압 작전과 함께 진행된 심리전의 일환으로 CIA 요원

18 이란에서 CIA의 활동 전반에 관해서는 Weiner, *Legacy of Ashes*, chap. 9[국역:《잿더미의 유산》, 9장]을, 이란인 요원을 협박한 루스벨트에 관해서는 Kinzer, *Overthrow*, 127을 보라.

19 랜스데일의 일기는 Westad, *The Global Cold War*, 115[국역:《냉전의 지구사》, 198쪽] 재인용. 버딕과 레더러가 랜스데일을 모델로 한 것에 관해서는 Thomas, *The Very Best Men*, 57을 보라.

20 Westad, *The Global Cold War*, 117[국역:《냉전의 지구사》, 199쪽].

들은 필리핀 전설에 나오는 흡혈귀 아스왕aswang이 풀려나와서 마음 속에 악마가 있는 인간을 죽인다는 소문을 퍼트렸다. 그러고는 자신들이 죽인 훅 반란군의 목에 구멍을 두 개 내고 피를 빼서 길가에 던져 두었다.[21]

수년에 걸친 분쟁으로 훅 반란군은 지쳐 갔고, 필리핀은 이후 수십 년 동안 친미 우익의 안정권이 되었다. 그러나 미국과의 협력이 가져다준 특권 속에서도 랜스데일이 묘사한 필리핀 인민의 처절한 조건은 전혀 달라지지 않았다.

《하리안 라캿》은 물론 이란과 필리핀에서 벌어진 사건을 상세히 보도했다.[22] 당시에는 미국 정부의 개입이 비밀이었지만, 자인이 일하던 《하리안 라캿》을 비롯한 전 세계 좌파 언론은 미국의 개입을 미국 언론보다 훨씬 더 정확히 간파해낼 때가 많았다. 미국 언론은 위즈너와 그의 부하들이 넘겨준 공식 정보를 받아쓰는 것을 자신들이 할 일이라고 여겼기 때문이다.[23]

모든 뉴스를 읽고 번역할 수 있는 소수 중 하나였던 자인은 이 시기에 자카르타에서 매일 밤 늦게까지 일하며 몸을 혹사했다. 야간 근무를 위해 허둥지둥 보도국으로 가느라 집에서 프란치스카와 함께할 시간이 거의 없었다. 인민일보 《하리안 라캿》의 발간은 자카르타 시내 한복판에서 이삼십 명이 온종일 일해야 하는 바쁘고

21 Thomas, *The Very Best Men*, 57.

22 이란에 관해서는 《하리안 라캿》 1953년 8월 18, 21, 22, 24일 자 기사를 보라. 1954년 6월 26일 자 1면은 필리핀에서의 네이팜탄 사용에 대해 보도했다. 쿠알라룸푸르 말라야대학교 문서고.

23 미국 언론을 통제하는 데 성공한 위즈너의 노력에 관해서는 Maior, *America's First Spy*, 197–198을 보라.

정신없는 일이었다.[24]

혁명 이후 흥분이 아직 식지 않은 환경에서 공산주의 신문《하리안 라캿》은 놀라우리만치 쾌활한 어조를 지닌 읽을거리였다. 이 신문에는 우왕좌왕하는 서구 제국주의자들을 놀리는 만평, 매일 연재되는 소설, 어린이 코너, 알베르트 아인슈타인이나 찰리 채플린 등의 세계적 좌파 인사를 소개하는 에세이 같은 교육적 내용도 들어 있었다. 자인이 담당하던 국제뉴스 지면은 상당한 분량이었고, 특히 다른 제3세계 지역에서 벌어지는 사건들에 각별한 관심을 기울였다.

미국에서 온 뉴스

1953년, 자카르타 공식은 종말을 고했다. 좌파 세력을 억누르고 있다는 이유만으로 더 이상 신생 독립국들을 용인하지 않기로 한 것이었다. 이란에서 모사데크 정권이 전복된 이후, 아이젠하워 정부는 중립 정부도 잠재적 적으로 여기고 제3세계 독립국이 충분히 반공적이지 않은지 그 여부와 시기를 미국 정부가 판단할 수 있다고 보았다. 이란에서의 성공으로 용기백배한 위즈너와 부하들은 이제 중앙아메리카로 눈을 돌려 향후 수십 년간 이어질 은밀한 개입의 원형이 될 만한 승리를 준비하고 있었다.

10년 전, 과테말라에서 작은 혁명이 일어났다. 혁명은 계속된 파업으로 대지주 귀족 및 외국 기업과 손잡고 20년간 소농들을 노

24 2019년 자카르타에서《하리안 라캿》직원이었던 마르틴 알레이다와 진행한 인터뷰.

예제에 가까운 강제노동 체제로 몰아넣었던 친나치 독재자 호르헤 우비코를 축출하는 데 성공했다. 과테말라공산당을 포함한 좌파는 우비코에 맞서 과테말라노동당(이하 PGT로 표기함)를 결성해 오랫동안 노동자들을 조직해 왔다. 혁명은 1944년에 일어났는데, 그때는 미국도 소련과 연합군으로 함께 2차 세계대전에 참전하느라 무척 바쁜 시기였다. 아마도 그런 이유에서 미국 정치인들이 과테말라의 새 정부를 크게 염려하지 않았던 듯하다.[25]

1944년부터 1951년까지는 교사 출신인 후안 호세 아레발로가 중앙아메리카에서 가장 큰 나라의 아주 어린 민주주의를 책임졌다. 그러나 1951년 선거에서 하코보 아르벤스가 당선되자 북쪽(미국)의 경계가 시작되었다.

아르벤스는 중간계급 출신 군인으로 대지주가 된 인물이었다. 그가 급진적인 사상을 가졌다면, 그보다 훨씬 복잡하고 흥미로운 인물인 캘리포니아에서 유학한 엘살바도르 출신 아내 마리아 빌라노바의 영향을 받았을 가능성이 높다. 여러 언어를 구사하는 사회운동가였던 빌라노바는 만연한 불평등에 충격을 받아 중앙아메리카 상류사회를 거부하고, 두루두루 책을 읽으면서 라틴아메리카 전역의 좌파 인사들과 교류했다. 한편 아르벤스는 자신의 연립정부 안에 작지만 잘 조직된 PGT를 받아들였다. 그럼에도 과테말라는 유엔에서 소련에 반대표를 던졌고, 새 대통령은 취임사에서 자신의 목표가 "과테말라를 광범위한 봉건 경제에서 근대 자본주의 국가로

25 과테말라 혁명의 배경과 후안 호세 아레발로 대통령 재임기에 관해서는 Ralph Lee Woodward Jr., *A Short History of Guatemala* (La Antigua, Guatemala: Editorial Laura Lee, 2008), chap. 7과 Stephen Schlesinger and Stephen Kinzer, *Bitter Fruit: The Story of the American Coup in Guatemala* (Cambridge, MA: Harvard University Press, 2005), chaps. 2–3을 보라.

전환"하는 것임을 분명히 밝혔다.[26]

그 목표는 쉬운 일이 아니었다. 1952년, 아르벤스 정부가 토지개혁 법안을 통과시키자, 이 노력은 가장 큰 권력을 가진 이들의 이해관계와 상충했다. 정부는 미사용 토지를 대거 사들여 원주민과 소농에게 분배했다. 이런 식의 과정을 보통 전 세계 경제학자들은 일반 국민들에게 혜택을 줄 뿐 아니라 전 국토를 생산적으로 이용하고 시장과 기업의 힘을 키울 수 있는 방법이라고 본다. 그러나 과테말라 토지개혁법은 토지를 공시가격으로 매입했고, 수십 년간 이 나라의 경제를 좌지우지해 온 미국 기업 유나이티드프루트가 세금을 회피하려고 자사 소유 토지의 가치를 거의 범죄 수준으로 낮게 책정해 온 것이 문제가 되었다.

유나이티드프루트사는 토지개혁법을 강력하게 반대했다. 아이젠하워 행정부 인사들과 긴밀하게 연결되어 있던 이 회사는 미국에 아르벤스가 공산주의자라고 떠벌렸으며 미국 기자들을 과테말라로 시찰하라고 보냈다. 그 결과 《뉴욕타임스》, 《뉴스앤월드리포트》, 《뉴스위크》 같은 매체에 문제투성이 기사들이 보도됐다.[27] CIA는

26 Walter LaFeber, *Inevitable Revolutions: The United States in Central America* (New York: Norton, 1993), 120–121; Schlesinger and Kinzer, *Bitter Fruit*, 51–53, 58.

27 유나이티드프루트사의 워싱턴 정가 로비 작전의 세부 사항에 대해서는 Schlesinger and Kinzer, *Bitter Fruit*, 88–97을 보라. 유나이티드프루트사는 아이젠하워 행정부의 주요 인사들과 아주 직접적인 관계도 맺고 있었다. 존 포스터 덜레스와 앨런 덜레스는 이 회사의 자회사인 중앙아메리카국제철도(IRCA)를 통해 법적 업무를 해 주었으며, 국무부 차관보 존 무어스 캐벗은 유나이티드프루트사 주주였고, 형제인 토머스는 1948년 이 회사 대표를 역임했다. 주유엔 미국 대사 헨리 캐벗 로지 또한 이 회사 주주였으며 아이젠하워의 개인 비서 앤 위트먼은 이 회사 홍보국장의 아내였다. 국무부 차관보 월터 베델 스미스는 반아르벤스 쿠데타 계획을 돕는 동시에 유나이티드프루트사의 임원직을 노렸다. Schlesinger and Kinzer, *Bitter Fruit*, 106–107.

다시 커밋 루스벨트에게 작전을 지휘하게 했다. 그러나 루스벨트는 이번에는 과테말라 인민과 군대가 "우리가 원하는 것을 원하"지 않는다면 쿠데타는 성공하지 못할 것이라고 말하며 임무를 맡기를 거부했다.[28] 프랭크 위즈너는 루스벨트 대신 트레이시 반스를 책임자로 보냈다.

미국은 세 번 쿠데타를 시도했는데, 그중 세 번째가 성공했다.[29] 1953년 11월, 아이젠하워는 주과테말라 대사를 해임하고 그 자리에 존 프리포이를 보냈다. 그는 1950년부터 아테네에 있으면서 우익 정부를 미국과 그리스 왕조가 원하는 방향으로 빚어 놓은 사람으로 좌파들은 그를 "그리스의 백정"이라고 불렀다.[30]

미국인들은 과테말라에서 온 힘을 다해 개입의 구실을 만들었다. CIA는 공산주의의 상징인 낫과 망치가 찍힌 상자에 소총을 가득 넣어 여기저기 숨겨 놓고, 소련이 잠입한 증거를 "발견"할 수 있게 해 두었다. 과테말라군이 다른 공급처를 찾지 못해 체코슬로바키아산(후일 쓸모없는 것으로 밝혀진) 무기를 사들이자, 위즈너의 부하들은 쾌재를 불렀다. 개입할 핑계가 생겼기 때문이었다. 아르벤스는 1954년 1월 세 번째 쿠데타 음모를 발견하고, 과테말라 언론에 이를 보도하도록 했다. 그럼에도 CIA 요원들은 자신감이 넘친 나머지 계획을 계속 진행하는 한편 미국 언론에는 쿠데타 음모를 부인했다.

28 Ibid., 101

29 1952년, 첫 쿠데타 시도인 포춘 작전은 딘 애치슨이 지지를 거두겠다고 강력하게 반대하며 트루먼을 설득해 불발로 그쳤다. 두 번째 시도는 유나이티드프루트사의 자금을 과테말라군의 불만에 찬 좌파 장교들에게 지원해 살라마에서 봉기를 일으켰으나 실패했다. Schlesinger and Kinzer, *Bitter Fruit*, 102–103.

30 Ibid., 132.

그들은 과테말라군의 보수적인 장교들마저 하찮게 보는 카를로스 카스티요 아르마스 장군을 중심으로 작은 세력을 조직했다. 이들은 미국이 통제하는 라디오 방송국에서 반군이 승전보를 울리며 행진 중이며 과테말라시티가 공중폭격을 당하고 있다는 허위사실을 방송했다. 진짜 공격이 아니라 심리전이었다. 온두라스와 엘살바도르 국경의 오합지졸들은 진짜 군대를 물리치고 국경을 넘을 수 있는 수준이 아니었으며, 미 공군이 수도에 떨어뜨린 폭탄은 술파토sulfatos, 곧 황산염 설사제sulfate laxative라고 불렸는데, 그 목적이 파괴가 아니라 아르벤스와 측근들을 겁줘서 바지를 적시게 하는 것이었기 때문이었다.[31]

아홉 살이던 미겔 앙헬 알비수레스는 가까운 데서 폭탄이 터지는 소리를 들었고 그 충격으로 크게 겁을 먹었다. 폭격이 시작될 때 그는 과테말라시티의 학교에 가기 전에 아르벤스 정부가 세운 공공식당에서 아침을 먹던 중이었다. 그는 정말이지 너무 겁에 질려서 바지에 실례를 할 뻔했고, 그렇게 바로 이 폭격의 목적이 달성되었다. 그는 가까운 성당으로 달려가 신도석 아래 숨었다.[32]

아르벤스는 미국이 자신을 축출하기로 마음먹었다는 것을 알아차리고 항복을 고심하기 시작했다. 아르벤스 정부는 유나이티드 프루트사에 그들이 원하는 것을 정신없이 내주었다. 그러나 너무 늦은 거래였다. 당시 과테말라시티에 살던 스물다섯 살 먹은 아르헨티나인 의사 에르네스토 '체' 게바라는 전선으로 나갈 것을 자원해 수도를 지킬 민병대를 조직하려 했지만, 허사였다.

31 Ibid., 183-190.

32 2018년 11월 과테말라시티에서의 인터뷰.

1954년 6월 27일, 아르벤스 대통령은 사임하고 군 총수 디아스 대령에게 권력을 넘겼다. 과거 프리포이 대사를 만난 적 있었던 디아스는 자신이 미국이 받아들일 만한 후임자라고 믿었다. 그는 아르벤스에게 자신과 미국 사이에는 암묵적인 합의가 있으며, 자신이 권력을 잡으면 적어도 아르마스가 나라를 차지하는 일은 막을 수 있다고 설득했고, 그 말을 들은 아르벤스는 사임을 결심했다.[33]

그러나 그 거래는 오래가지 않았다. 디아스가 권력을 잡고 며칠 지나지 않아 CIA 지국장 존 도허티와 부국장 엔노 호빙(전 《뉴욕타임스》 파리 지국장)이 그를 앉혀 놓고 말했다. "분명히 해 둘 것이 있소. 정부를 접수할 때 당신은 큰 실수를 저질렀다오." 호빙이 말했다. "대령, 당신은 미국의 대외정책에 걸맞는 사람이 아니오."

디아스는 충격을 받았다. 그는 프리포이 대사에게 직접 설명을 듣기를 요청했다. 디아스에 따르면 프리포이는 새벽 4시에 도허티와 호빙을 대동하고 그를 찾아왔다. 대사는 디아스에게 즉각 총살에 처해야 할 과테말라인들의 긴 명단을 보여주었다.

"하지만 어째서죠?" 디아스가 물었다. "이 자들이 공산주의자이기 때문이오." 대사가 대답했다.[34]

결국 미국이 가장 아끼는 아르마스가 권력을 차지했다. 과테말라에 노예제가 부활했다. 정권을 잡은 지 몇 달 지나지 않아 아르마스는 반공의 날을 제정하고 아르벤스 지지자 3천에서 5천 명을 검거하고 처형했다.[35]

33 Schlesinger and Kinzer, *Bitter Fruit*, 195–198.

34 Ibid., 205-208.

35 Greg Grandin, *The Last Colonial Massacre: Latin America in the Cold War* (Chicago: University of

아이젠하워는 의기양양해졌다. 위즈너는 작전 기간 내내 불안에 시달렸지만, 어쨌거나 그의 방식이 다시 승리를 거뒀다. 반스와 위즈너는 함께 대통령을 만난 후 조지타운에 있는 반스의 집 응접실에서 "신나게 춤을 좀 췄다."[36]

《하리안 라캿》은 지구 반 바퀴 떨어진 이 작은 나라에서 벌어지는 일을 매우 주의 깊게 지켜보았다. 매일매일 과테말라의 상황이 1면 최상단에 실렸고, 헤드라인은 명쾌하고 정확했다. "미국이 과테말라를 위협하다" 그리고 상황을 설명하는 긴 기사와 멀리 떨어진 나라의 위치를 알려 주는 지도가 "여기가 과테말라"임을 알리고 사태를 "미국의 침략"이라고 불렀다.[37]

같은 사건을 미국 언론은 다르게 보도했다. 《뉴욕타임스》는 쿠데타 주동자들을 "반란군"이라고 부르는 동시에 아르벤스 정부를 "좌파" 혹은 "공산주의의 위협"이라고 칭하며 미국 정부가 모든 것을 꾸민 것이 아니라 평화 협상의 중재를 "도왔"을 뿐이라고 적었다. 오늘날의 역사학자라면 대부분 인도네시아의 이 작은 공산당 신문이 《뉴욕타임스》보다 훨씬 정확하게 사건을 보도했다는 점을 금방 눈치챌 것이다.[38]

Chicago Press, 2004), 66–67. 프리포이가 이 일과 반공의 날을 고집한 것에 대해서는 Schlesinger and Kinzer, *Bitter Fruit*, 207–216를 보라.

36 Thomas, *The Very Best Men*, 124.

37 *Harian Rakjat*, June 21, 1953; June 23, 1953; and June 25, 1953. Harian Rakjat archives, 쿠알라룸푸르 말라야대학교 문서고.

38 《뉴욕타임스》의 보도 전반에 걸쳐 이렇게 주장할 수 있다. 특히 1954년 6월 20일, 6월 29일, 7월 1일 자가 그렇다. 말레이시아의 아카이브에서 《하리안 라캿》의 보도 내용과 꼼꼼하게 비교한 후 최근의 역사적 합의에 대한 내 지식에 근거해 내린 판단이다.

그런 데는 이유가 있었다. 《뉴욕타임스》의 진취적인 특파원 시드니 그루선은 "반란"군에 관한 취재를 시작할 계획이었다. 프랭크 위즈너는 그를 막고 싶었다. 그래서 상관 앨런 덜레스에게 《뉴욕타임스》 고위 간부들을 만나 달라고 부탁했고, 덜레스는 그렇게 했다. 《뉴욕타임스》 발행인 아서 슐츠버거는 자신이 애국적인 행동을 한다고 여기며 그루선이 취재를 포기하게 했다.[39]

자인과 동료들이 과테말라에 주의를 기울인 데는 다른 이유도 있었다. 6월 26일 자 《하리안 라캿》 1면 기사는 과테말라에서 벌어지는 일이 "세계 평화를 위협하며 인도네시아도 위협할 수 있다"고 밝혔다.[40]

현재 공개된 미국 국무부 내부 문서를 살펴보면 미국 정부가 과테말라를 즉각적인 "공산주의의 위협"으로 여겼다는 생각은 사라진다. 정책국장에게 보고하는 비망록에서 루이스 J. 홀은 과테말라의 군사행동은 위험이 아니라고 적었다. 진정한 위험은 이웃 나라들에 아르벤스가 선례가 되는 것이었다. 비망록은 "우리에게 군사적으로 위협이 될 사항은 전혀 없다. 과테말라가 석유 산지 텍사스에서 비행기로 세 시간, 파나마 운하에서 두 시간 거리에 있다는 사실을 고려한다 해도, 그들에게는 어디라도 공중폭격할 능력이 전무하다. 최근의 무기 반입으로도 이런 결론을 바꿀 수 없으며, 무기 수송이 다시 있다 해도 마찬가지다…."

홀은 상당히 명확하게 진정한 위험 요소에 대해 보고했다.

39 Thomas, *The Very Best Men*, 117. Schlesinger and Kinzer, *Bitter Fruit*, 154–155와 Maior, *America's First Spy*, 198도 보라.

40 *Harian Rakjat*, June 26, 1954.

미국 독립의 사례를 통해 과테말라가 라틴아메리카 전역의 민족주의자들에게 공산주의를 확산시킬 수 있다. 민족주의와 사회개혁의 사례를 통해 전파될 수도 있다. 마지막으로 가장 중요하게는 작은 나라 과테말라와 스스로를 동일시하는 라틴아메리카인의 기질을 통해서 퍼질 수도 있다. 자국의 안보 문제가 아니라 아니라 다윗 같은 과테말라와 골리앗 같은 미국의 대결처럼 상황을 받아들이게 되는 것. 이 마지막 상황이야말로 우리가 가장 두려워하고 철저하게 막아야 할 것이라고 생각한다.[41]

토지개혁 문제야말로 "내가 하는 대로가 아니라 내가 시키는 대로 해라"의 전형적이고 반복되는 사례였다. 맥아더 장군은 2차 세계대전 이후 일본에서 야심 찬 토지개혁 프로그램을 추진했고 같은 시기 남한에서도 미군정이 토지개혁을 지휘했다. 전략적으로 미국이 통제하는 국가에서는 역동적인 자본주의 경제를 건설하기 위해 봉건적 토지 지배를 해체할 필요성이 있다고 여겼던 것이다. 그러나 좌파 세력이나 지정학적 경쟁 국가가 시행하거나 미국의 경제적 이익을 위협할 경우, 토지개혁은 공산주의의 잠입이나 위험한 급진주의 취급을 당하기 일쑤였다.

덜레스 형제는 둘 다 월스트리트에서 일했을 뿐 아니라 유나이티드푸르트사에서도 일했다. 지금까지도 CIA가 이란과 과테말라에서 지휘한 쿠데타가 미국의 경제적 이해관계, 곧 사업가 친구들과

41 "Memorandum by Louis J. Halle, Jr. of the Policy Planning Staff to the Director of the Policy Planning Staff (Bowie)," Washington, May 28, 1954, *Foreign Relations of the United States (FRUS) 1952–1954, Vol. 4, The American Republics* (Washington, DC: Government Printing Office, 1983).

미국 자본주의를 돕기 위해서였는지 진정으로 "공산주의"의 위협을 느껴서였는지 확실하게 결론이 내려지지 않은 상태다. 과테말라의 PGT 대표는 "우리가 바나나를 키우지 않았더라도 그들은 우리를 축출했을 것이다"라고 말한 바 있다.[42] 위즈너가 집에서 가족들과 나눈 의견을 살펴보면, 그는 이란의 투데당과 과테말라의 PGT가 어떤 식으로건 미국에 위협이라고 여겼던 듯하다.[43]

그러나 이런 사건 관련 보도를 읽는 수백만 아시아인이나 가까이서 지켜보는 라틴아메리카인에게 미국의 동기는 중요하지 않았다. 이유가 무엇이건 간에 미국은 독립국가의 내정을 걸핏하면 폭력적으로 간섭하는 나라라는 오명을 얻었다.

1954년에 젊은 의사 체 게바라는 중요한 깨달음을 얻었다. 그는 미국 정부가 민주적 사회주의는 고사하고 어떤 형태의 온건한 사회 개혁도 자신의 뒷마당인 라틴아메리카에 꽃피게 두지 않을 것이며, 따라서 변화를 위해서라면 어떤 형태의 운동이라도 기강 있는 무장투쟁의 형태로 제국주의적 침략에 맞설 수밖에 없다고 결론 내렸다. 당시 스물여섯 살이던 그는 어머니에게 보내는 편지에서 아르벤스가 "이 문제를 어떻게 맞서야 할지 몰랐습니다"라고 적었다. 체는 아르벤스가 "무장한 인민이 난공불락임을 생각하지 못했어요"라고 이어 갔다. "인민에게 무기를 나누어줄 수 있었지만 그러길 원치 않았고, 그 결과는 우리가 보는 대로입니다." 체는 멕시코로 가 과테말라에서 본 것을 바탕으로 더 급진적인 혁명 전략을

42 Piero Gleijeses, *Shattered Hope: The Guatemalan Revolution and the United States, 1944–54* (Princeton, NJ: Princeton University Press, 1991), 366.

43 2018년 7월, 프랭크 위즈너 2세와의 인터뷰.

구상하기 시작한다.[44]

인도네시아에서 프란치스카는 자인만큼 뉴스를 많이 보지는 못했지만 인도네시아 혁명이 가야 할 길이 아직 멀다고 느꼈다. 백인 식민주의에서 벗어난 지 겨우 5년째였고, 이 자유가 지속된다는 보장이 없다고 생각했다. 그렇지만 도서관에서 일하며 첫 아이인 딸을 키우느라 바빴다. 자인이 늦게야 집에 돌아오면 두 사람은 마주 앉아 국제뉴스보다 대개는 유럽 문학인, 읽던 책에 대해 이야기를 나눴다. 자인은 이미 일터에 뉴스를 질리도록 봤을 터였다. 그러나 프란치스카는 이 상황이 위태로우며 서구 세력이 제3세계 인민에게 순순히 자유를 내주지 않을 것임을 잘 알았다. 프랑스의 잔혹한 베트남 침공이 그 좋은 예였다. 수카르노 대통령은 라디오 연설에서 항상 화려한 수사를 동원해 인도네시아는 아직 싸워야 한다고 강조했다. 인도네시아가 보기에 이란과 과테말라에서 벌어진 일은 신생 민주주의 운동이 세계경제에 독립과 새로운 지위를 요구하자 새로운 서구 초강대국이 폭력적으로 반응하며 신생국을 기존의 종속적인 역할로 끌어내린 것이었다. 수카르노는 이를 '신식민주의neocolonialism', 곧 공식적 지배 없이 제국주의적 통제가 강요되는 조건이라고 불렀다. 신조어와 약어를 사랑하는 근대인이었던 그는 나중에 자신이 대면해야 하는 적 모두를 통칭해 신식민주의, 식민주의, 제국주의를 뜻하는 네코림NEKOLIM이라는 말을 만들었다.

1954년, 놀랍게도 잘 조직된 호찌민의 군대가 디엔비엔푸에서 승리를 거두자 마침내 프랑스는 베트남을 포기했다. 제네바에서 미국은 1956년 국민투표를 거쳐 통일하겠다는 규정하에 베트남의

44 Ernesto "Che" Guevara, *Back on the Road: A Journey to Central America* (London: Vintage, 2002), 67.

분단을 확정 짓는 데 한몫했다. 자카르타에서 수카르노는 서구의 새로운 대리인을 만날 참이었다. 언제나 환한 얼굴에 열정적인 하워드 팔프리 존스가 7월에 자카르타에 도착했다.

수카르노 대통령

환한 미소를 띤 존스는 자카르타에 처음 도착하자마자 황홀해했다. 그는 이 도시를 "풍요롭고 후끈한 메트로폴리스"라고 불렀다. 그는 소위 미국의 적들이 이 도시에서 활약하고 있다는 것 또한 무척 빨리 알아차렸다. 경제원조 사절단을 이끌고 온 그는 1945년에 수카르노가 그 유명한 독립선언을 한 곳이자 지금은 미국 대사관 맞은편인 독립광장의 나무마다 낫과 망치가 그려진 깃발이 걸려 있는 것을 보았다. 그런 깃발이 그의 집 앞에도 걸려 있었고, 그가 자바섬 곳곳을 차로 둘러보는 동안에도 그런 깃발이 걸린 아치를 자주 통과했다.

카리스마 넘치는 초대 대통령 수카르노가 늘 미국에 우호적이었을 뿐 아니라 여러 정당 중에서도 소수당인 PKI를 다양한 방식으로 억눌러 왔음에도, 지하에서가 아니라 공개적으로 활동하는 공산당의 존재는 미국의 근심거리였다.

자카르타에 도착한 지 며칠 지나지 않았을 때 《유에스뉴스앤월드리포트》의 선임 특파원 페퍼 마틴은 공산주의 상징들을 가리키며 존스에게 이렇게 말했다. "열기는 다 식고 구호만 남은 것 같은데요?"[45] 그러나 곧 존스는 이 열기가 쉽게 식지 않을 것임을 알아보았다. 그리고 수카르노를 처음 만난 자리에서 상황이 얼마나 복잡한지 알아차리고는 깜짝 놀랐다. 미국 정부에서 일하는 모든 이들처럼 존스 역시 반공주의자였고, 공산주의와 싸우는 것을 자신의 임무라고 생각했다. 그러나 그는 당시 미국 외교가 크게 실패한 이유를 제3세계 국가들 사이의 차이와 아시아 민족주의의 성격을 이해하는 데 지속적으로 무능했던 것에 있다고 보았다. 그는 2차 세계대전 이후 미국이 "그 전쟁에서 우리 동맹인 연합국들과의 밀접한 관계의 복잡성에 너무 얽힌 나머지 전 세계 절반을 차지하는 인민들의 외침을 듣지 못했다"고 여겼다. "우리는 아시아를 휩쓸던 정치·경제·사회적 혁명을 이해하지 못했을 뿐 아니라 이해하려는 노력조차 거의 하지 않았다."[46]

다른 미국인들과 달리 존스는 현지인들의 믿음과 관행을 무턱대고 미개하다고 묵살하지 않았다. 그는 유심히 관찰하는 쪽이었다. 물론 그는 인도네시아인과는 아주 다른 삶을 살았다. 국무부 관료들은 식민지 시절 지어진 저택에서 하녀와 요리사와 운전사를 두고 살았다. 정부 관료가 아니라 해도 미국 시민이라면 누구나 제3세계에서는 말도 못하게 부자로 여겨지던 시절이었다.

한번은 저택 수영장 하나에서 물이 계속 새기 시작했다. 대사관 직원들은 어떻게 해야 할지 잘 알았다. 그들은 메카로 순례를

45 Howard P. Jones, *Indonesia: The Possible Dream* (Stanford, CA: Hoover Institution, 1971; fourth printing, Singapore: Toppan Printing, 1980), 38–40.

46 이 인용은 존스의 자서전 초고에서 가져온 것이다. Draft book manuscript, Box 51, Folder 1, Howard Palfrey Jones Papers, Hoover Institution Archives and Library(이하 HI). 흥미롭게도 이 초고의 여백에는 누가 쓴 것인지는 알 수 없지만 "출판 불가"라고 쓰여 있었다.

다녀온 하지hadji를 불렀다. 하지는 미국인들에게 그 수영장이 의례를 제대로 치르지 않아서 그렇다고 말했다. 존스는 조금도 망설이거나 의심하지 않고 수영장 모서리마다 수탉 머리를 파묻어 주변의 영들을 달래는 슬라마탄selamatan 의식을 올렸다. 그 후로 수영장 물이 다시 새지 않았다. 어머니가 기도를 통해 기적적으로 회복하는 것을 목격한 크리스천 사이언스Christian Science[19세기 미국에서 창시된 영적 치유를 강조하는 종교_옮긴이] 신도였던 존스는 인도네시아에 미국인 대다수가 이해할 수 없는 미지의 힘이 있을 수 있음을 의심하지 않았다.[47]

다른 미국 정부 관료들과 어울리면서도 존스는 그들이 아시아인이나 아시아인의 정치적 지향에 관해 부적절한 표현을 쓰기라도 하면 서슴없이 바로잡아 주었다. 그의 생각에는 미국인이 신생국들의 맥락에서 민족주의가 무엇인지, 그 민족주의와 공산주의의 차이점이 무엇인지 이해하는 데 실패했다는 점이 가장 치명적이었다. 제3세계에서 민족주의는 10년 전에 독일에서 민족주의가 뜻하던 것과는 완전히 다른 것이었다. 제3세계 민족주의는 인종이나 종교 심지어 국경에 관한 것이 아니었다. 제3세계 민족주의는 몇 세기 동안 이어진 식민주의에 대항하여 만들어진 것이었다. 존스는 답답해하며 미국인들에게 제3세계 민족주의는 본능적인 반서구적 성향처럼 보일 수 있으며, 신생국들이 처음 정부를 세울 때는 실수를 저지를 수도 있다고 일깨워 주었다. 과거 우리 미국인도 같은 심정이었고, 우리도 스스로 실수를 저지를 권리를 요구하며 독립하지 않았느냐고 말이다.

47 Ibid.

마침내 수카르노를 만난 존스는 깊은 인상을 받았다. "수카르노를 만나는 일은 갑자기 태양빛 아래 선 것만 같았다. 그의 매력이란 그토록 강력한 것이었다." 존스는 재빨리 수카르노의 "번뜩이는 검은 눈과 모든 것을 품을 듯한 온기를 담은 환한 미소"를 알아보았다. 그는 수카르노가 "세계, 육신, 악마 그리고 영화배우들과 맬서스, 장 조레스와 제퍼슨, 민담과 철학"에 대해 유려한 언변을 펼치며 신나게 음식을 먹어치우고서 몇 시간이나 춤을 추는 것을 놀란 눈으로 지켜보았다. 비슷한 연배지만 비교적 순탄한 삶을 살아온 존스에게 더 깊은 인상을 남긴 것은 수카르노가 네덜란드 식민지배와 싸우느라 감옥과 유배지에서 오랜 시간을 보냈음에도 이렇게 미식을 즐길 줄 알고 방대한 지식도 쌓았다는 점이었다.[48] 거기다 수카르노는 독일어, 영어, 프랑스어, 아랍어, 일본어까지 배워 원래 알던 인도네시아어, 자바어, 순다어, 발리어, 네덜란드어에 보탰다.[49]

이 가운데 어떤 언어로건 수카르노가 입을 열면 온 나라가 경청하려고 멈춰 섰고, 존스는 이 점이 바로 수카르노를 우쭐하고 취하게 만드는 것임을 알아차렸다. 수카르노는 또 다른 암살 시도에서 살아남은 후 존스에게 이렇게 말하기도 했다. "어제 한 가지 든 생각이 있는데… 알라께서 내가 하는 일을 허락하신 게 분명합니다. 그게 아니라면 오래전에 살해당했을 겁니다."[50]

48 Jones, *Indonesia: The Possible Dream*, 47–49.

49 Arnold M. Ludwig, *King of the Mountain: The Nature of Political Leadership* (Lexington, KY: University Press of Kentucky, 2004), 150.

50 Jones, *Indonesia: The Possible Dream*, 49.

수카르노는 1901년 동부 자바에서 태어났다. 어머니는 발리 출신, 곧 힌두교도였고 아버지는 상위 중산층 출신 자바인 관료로 자바 출신 대부분이 그렇듯 무슬림이었다. 당시의 자바의 무슬림은 크게 두 부류로 나눌 수 있었다. 첫째는 아랍식 종교 문화의 영향을 받은 더 엄격하고 교조적인 무슬림 산트리santri. 둘째는 신비주의와 애니미즘의 자바 문화라는 깊은 바탕을 근간으로 한 무슬림인 아방안abangan이다. 수카르노는 후자의 전통 속에서 성장했다.[51] 어릴 때부터 수카르노는 이곳 인도네시아에서 그리스 신화와 같은 역할을 하는 대서사시를 주제로 밤새도록 공연하는 와양 그림자인형극의 지혜에 푹 빠져들었다.

상류층 출신은 아니었지만 수카르노는 식민지의 좋은 학교에서 교육을 받을 수 있었다. 공식적으로는 건축 전공이었지만 독학으로 정치철학을 공부했다. 그는 광범위한 반식민주의 사상을 포용했던 인도네시아 민족주의자 서클에서 활동하기 시작했다. 당시에 핵심적인 민족주의 조직은 사레캇이슬람, 곧 이슬람연합이었는데, 그 안에는 보수적인 이슬람 사상가뿐 아니라 공산당에 충성하는 이들도 많았다. 당시에는 동인도공산당이라고 부르던 공산당은 지도부의 판단 아래 모스크바의 지시를 종종 거부하고 단결한 무슬림이 혁명적인 반식민 세력이라고 보았다. 다양한 수준에서 마르크스와 쿠란의 영향을 받아 평등한 사회를 만들고자 한 헌신적 무슬림 공산주의자들은 외국 이교도들이 자신들을 방해한다고 여겼다. 이 나라에서 살아가는 거의 모든 이들에게 '사회주의'는 정의상 외국의 지배에 반대하고 인도네시아 독립을 지지한다는 뜻으

51 수카르노의 성장기에 관해서는 Legge, *Sukarno*, chap. 1을 보라.

로 통했다.[52]

이 절충주의는 인도네시아 사람들을 하나로 만들었다. 어느 12월 24일 날, 사레캇이슬람 본부에서 열린 PKI 회의에서는 벽을 (크리스마스 이브를 맞이해) 초록과 빨강으로 장식하고 자바식 바틱 문양이 찍힌 낫과 망치 로고를 걸 정도였다.[53]

수카르노는 타고난 절충주의자여서 날카로운 이데올로기 논쟁보다는 섞고 합치고 우리 편에 포함시키는 쪽에 늘 관심이 많았다. 1926년 발표한 〈민족주의, 이슬람, 마르크스주의〉라는 논문에서 그는 이렇게 물었다. "이 세 가지 정신이 식민주의적 상황에서 함께 힘을 합쳐 하나의 큰 정신인 통일의 정신이 될 수는 없는가?" 그로서는 될 수 있다가 당연한 대답이었다. 그는 이슬람과 마르크스주의의 적은 자본주의이며 마르크스주의는 불변의 교리가 아니라 다양한 필요와 상황에 적응하는 역동적인 힘이라고 주장하면서 그 신봉자들에게 무슬림과 민족주의자들과 함께 싸우자고 호소했다.[54]

다음 해에 그는 인도네시아국민당PNI를 창당해서 네덜란드 제국주의 지배에 맞서 싸우는 여러 세력 사이에서 중도에 자리 잡았다. 그 왼쪽에는 공산주의자가, 오른쪽에는 무슬림이 있었다. 융합과 포용을 선호하는 수카르노의 자연스러운 성향은 그의 시대와 너무나 잘 맞아떨어졌다. 인도네시아는 320만 제곱킬로미터가 넘는 바다 위에 흩뿌려진 섬들로 이루어진 군도이자 700개가 넘는 언어

52 사회주의와 독립의 동일시에 관해서는 McVey, *Rise of Indonesian Communism*, 20을, 무슬림 공산주의 사상에 관해서는 171–176을 보라.

53 Ibid., 73.

54 Legge, *Sukarno*, 97–98.

를 쓰는 수백 종족으로 이루어진 나라다. 인종주의적 외국 세력이 멋대로 그은 인위적인 국경 말고는 그 모두를 하나로 만들어 주는 것이 없었다. 이 젊은 신생국에게는 무엇보다 공통의 정체성이 필요했다.

수카르노는 그런 정체성의 선지자였다. 1945년에 그는 판차실라, 곧 5대 원칙을 제정하여 인도네시아인이라는 것의 의미를 정의하는 독창적이고 열정적인 토대를 마련했다. 지금까지도 살아남은 5대 원칙은 신에 대한 믿음, 정의와 문명, 인도네시아의 단결, 민주주의, 사회정의이다. 현실에서 판차실라는 종교(이슬람, 힌두교, 기독교, 불교를 뜻함), 혁명적 독립, 사회민주주의를 폭넓게 인정하고 융합하는 원칙이었다. 이 원칙은 결코 공산주의자를 배제하지 않았다. 공산주의자 절대다수가 수카르노 같은 아방안 무슬림이거나 수카르노의 어머니 같은 발리 힌두교도였기 때문이다. 극소수의 고위 공산주의자들은 무신론자였지만, 그들조차 수년 안에 기꺼이 판차실라를 수용했다. 후일 PKI를 이끄는 D. N. 아이딧은 마르크스주의를 창의적으로 변형하는 방식으로 판차실라를 정당화했다. 인도네시아에서는 유일신에 대한 광범위한 믿음이 "객관적 사실"이므로 "유물론자로서 공산주의자는 이 객관적 사실을 받아들여야 한다"는 것이었다.[55]

인도네시아공화국은 '비네카 퉁갈 이카', 곧 고전 자바어로 "다양성 속의 통일"을 국가 슬로건으로 채택했다. 자바어는 인도

55 PKI는 1954년에 판차실라를 공식적으로 수용했다. Rex Mortimer, *Indonesian Communism under Sukarno: Ideology and Politics 1959–1965* (Ithaca, NY: Cornell University Press, 1974), 66–67. D. N. 아이딧의 이론적 정당화에 관해서는 같은 책 92쪽을 보라.

네시아에서 가장 많은 사용자를 거느린 언어이며, 그 대다수는 자바섬 중부에 모여 산다. 판차실라의 기원은 이슬람 이전 시대에 인도네시아 군도에서 쓰이던 산스크리트어이다. 이슬람이 전해지기 전, 이 군도의 많은 섬들은 인도 아대륙의 문화적 종교적 요소에 강력한 영향을 받았다('인도네시아' 그 자체도 '인도 제도'를 뜻하는 말이며, 인도라는 이름은 인더스강에서 파생한 것이다).

신생국이 바하사 인도네시아를 인도네시아의 공식 언어로 확립한 것은 수카르노 시절의 일이었다. 그가 덜 현명한 지도자였다면 자신의 모어인 자바어를 국어로 채택했겠지만, 자바어는 배우기 어려운 언어인 데다가 그랬다가는 일종의 자바주의, 더 나아가 강력한 섬의 식민주의적 강요처럼 받아들여지기 십상이었다. 대신 인도네시아는 쉽고 외견상 중립적인 언어를 택했고 한두 세대만에 나라 전체가 이 언어를 익혔다. 이는 굉장한 성취이다. 당시 동남아시아의 이웃 나라들이 아직도 진정한 국어를 확립하지 못했던 점을 생각하면 더욱 그렇다.[56]

하워드 존스와 미국인들이 곧 진저리치게 깨닫겠지만, 수카르노는 좌파 성향의 제3세계 민족주의자였고, 꼼꼼한 관리자라기보다는 선지자 유형의 정치인이었다. 타고난 조정자답게 그는 미국과 소련 양쪽 모두와 우호적인 관계를 유지했고, 미국 정부의 신경을 긁지 않으려고 상당히 애를 썼다.

56 처음으로 동남아시아 지역 보도를 맡았을 때 나는 말레이시아에서 말레이인은 말레이어를, 중국계는 각종 중국 남부 방언을, '인도'계는 타밀어를 쓰는 것에 큰 충격을 받았다. 인도네시아와 비교하면 말레이시아에는 누구나 유창하게 쓰는 언어가 없다. 마찬가지로 필리핀의 두테르테가 타갈로그어를 제대로 구사하지 못하는 것에 깜짝 놀랐다. 그는 영어로 국정 연설을 하는데 모든 필리핀인이 영어를 다 잘하는 것은 아니다.

존스는 미국인 동료들이 인도네시아 공산주의에 "지고 있다"고 여기고 있는 데도 불구하고 수카르노와 일종의 우정을 쌓기 시작했다. 사실 존스는 급진적 좌파를 포함한 인도네시아 사람들에게 전화를 걸어 대화를 청하곤 해서 여러 사람을 놀라게 했다. 그즈음은 좌파라면 자동적으로 미국을 의심의 눈초리로 보던 시절이었다. 호찌민이 미국 정부에 청신호를 보내던 시절은 끝났다. 존스는 자신이 관장하던 원조 프로그램이 효과적이려면 절대 시혜적이거나 인도네시아인의 독립에 대한 강렬한 자긍심을 해쳐서는 안 된다고 신속하게 결론 내렸다. 원조에 관해서라면, 그는 인도네시아인들에게 열려 있었다. 미국 정부는 인도네시아가 "공산주의 블록"에 들어가기를 원치 않았다.[57]

수카르노가 대통령인 것은 분명했지만, 통치를 위해서는 의회제 안에서 끊임없는 조정이 필요했다. 수카르노는 연립정부를 이끌었고, PKI가 그 구성을 지지했으나, 더 영향력이 큰 다른 정당들이 있었고 내각에 공산당 출신은 없었다.[58] 늘 그래왔듯이 존스는 아시아 나름의 방식을 이해하지 못하는 다른 미국 관료들의 오류를 계속해서 바로잡아 주었다. 그는 수카르노가 자신에게 "나는 민족주의자이지 공산주의자가 아니"라고 했을 때 그 뜻을 잘 이해했다. 그는 자신이 "수카르노가 공산주의자가 아니라고 확신한 단 한 명의 미국인"이라는 사실에 자부심을 느끼면서도 낙담하지 않을 수 없었다.[59]

57 Jones, *Indonesia: The Possible Dream*, 42–44.

58 Legge, *Sukarno*, 260–261.

59 Jones, *Indonesia: The Possible Dream*, 80.

제3세계 대국의 지도자로서 수카르노는 미국 정부에 꽤 알려진 편이었다. 그러나 존스가 도착한 지 1년이 지나, 수카르노는 자신을 세계 무대에 등극시키고 인도네시아 혁명의 의미를 영원히 바꿀 행사를 열게 된다.

반둥

'제3세계'라는 말은 1951년 프랑스에서 태어났지만, 진정으로 그 의미가 빛을 발한 것은 1955년 인도네시아에서부터였다.

역사학자 크리스토퍼 J. 리의 말대로, 제3세계라는 구상을 제대로 확립한 것은 그해 4월 반둥에서 열린 아시아-아프리카 회의였다.[60] 이 놀라운 회합은 식민지 세계의 인민들을 유럽의 제국주의에 반대하고 미국과 소련의 세력으로부터 독자적인 운동으로 결집시켰다.

반둥 회의가 저절로 열린 것은 아니었다. 새로운 세계의 여러 지도자들이 애쓴 노력의 결과였다. 1954년, 인도네시아, 버마(미얀마), 실론(스리랑카), 파키스탄 그리고 케네디 남매에게 만찬 자리에서 강의를 했던 지도자 네루가 이끄는 인도가 한자리에 모였다. 이 다섯 나라는 모임 장소였던 스리랑카의 수도 이름을 따서 콜롬보 그룹을 결성하고 더 큰 회의를 계획하기 시작했다. 처음에 인도

60 Christopher J. Lee, "Between a Moment and an Era: The Origins and Afterlives of Bandung," in *Making a World after Empire: The Bandung Moment and its Political Afterlives*, Christopher J. Lee, ed. (Athens, OH: Ohio University Press, 2010), loc. 217 of 4658, Kindle.

네시아 총리는 1955년 회의를 북대서양조약기구NATO를 본따 미국 주도로 창설한 동남아시아조약기구SEATO에 대항하는 것으로 제안했다. 그러나 네루가 중국을 초대하면서(그렇다면 대만은 제외해야 했다) 초청국 명단은 빠르게 늘어났다. 반면 아파르트헤이트의 남아프리카공화국과 (엄밀히 따지면 아직 전쟁 중인) 남북한과 (아랍국들을 자극할 우려가 큰) 이스라엘은 제외되었다.

반둥 아시아-아프리카 회의에 온 이들은 유엔 가입국의 절반가량과 전 세계 인구 28억 중 15억 명을 대변했다. 수카르노가 억양이 있으나 완벽한 영어로 개회를 선언하자 이 자리는 "인류 역사 최초로 열린 유색인들colored peoples의 국제회의!"가 되었다.[61] 어떤 나라는 최근 독립했지만 어떤 나라는 여전히 독립을 위해 싸우는 중이었다. 라틴아메리카에서 가장 큰 나라인 브라질은 아시아와 아프리카 밖의 친선 '옵서버' 자격으로 참여했다.

반둥 회의 개최는 그 자체로 수카르노와 네루를 세계적 지도자의 위치로 끌어올렸다. 바로 3년 전에 아랍 세계의 최대 국가인 이집트를 장악한 가말 압델 나세르에게도 이 회의는 전 세계로 나서는 무대였다. 네루와 마찬가지로 나세르도 세속주의자이자 좌파였고, 소련을 포함한 모든 나라와 동맹을 맺을 권리를 주장했다. 중국의 외교부장 저우언라이는 이웃 국가 사이에서 중화인민공화국을 공식적으로 승인받고자 애쓰며 제3세계 편에 섰다.[62]

61 여기서는 아래 링크를 비롯한 여러 웹사이트에서 찾아볼 수 있는 공식 연설문을 인용했다. www.cvce.eu/content/publication/2001/9/5/88d3f71c-c9f9-415a-b397-b27b8581a4f5/publishable_en.pdf. 하지만 (역시 온라인에서 쉽게 찾아볼 수 있는) 개막 연설 영상에서 수카르노는 이 지점에서 잠시 멈췄다가 "… 소위 유색인들(so-called colored peoples)"이라고 말한다.

62 Lee, "Between a Moment and an Era," loc. 195 of 4656, Kindle.

반둥 회의에서 논의된 내용은, 일부는 지금까지도 활동하는 국제 조직들의 결성으로 이어졌다. 이 조직들은 수카르노가 강렬한 개막 연설에서 분명하게 밝힌 "반둥 정신"에 영감을 받았다.

> 오늘 우리는 희생의 결과로 이 자리에 모였습니다. 우리 선조들과 우리 세대 그리고 젊은 세대 인민들의 희생 말입니다. 제가 보기에 이 회의장에는 아시아와 아프리카의 지도자들만이 있는 것이 아닙니다. 이 안에는 우리보다 앞서간 불멸의 영혼들도 있습니다. 그들의 투쟁과 희생이 지구상에서 가장 큰 두 대륙의 독립 주권국 대표들이 모인 이 회의를 일궈냈습니다….
>
> 나를 포함한 우리 모두는 표면적으로 우리를 갈라놓는 것들보다 훨씬 중요한 것들로 하나가 됩니다. 예를 들어 우리는 형태를 막론한 식민주의의 공통된 목표에 의해 하나가 되었습니다. 우리는 인종주의의 공통된 목표에 의해 하나가 되었습니다. 그리고 우리는 세계 평화를 지키고 보전하려는 공통의 결심으로 하나가 되었습니다….

하얀 맞춤 양복에 안경을 끼고 작은 페치peci 모자를 쓴 수카르노가 입을 열자 작은 회의실에 둘러앉은 각국 지도자들은 박수를 치며 귀를 기울였다. 수카르노는 자신의 특기인 수사법을 동원하여 서구 제국주의를 비판하며 관중의 이목을 집중시켰다.

> 어떻게 식민주의에 무관심할 수 있습니까? 우리에게 식민주의는 멀리 있지 않습니다. 우리는 식민주의가 얼마나 잔인한지 잘 압니다. 우리는 식민주의로 인한 엄청난 인간 생명의 희생을, 식민주의로 인한 빈곤을

봐 왔습니다. 그리고 마침내 거역할 수 없는 역사의 전진으로 식민주의가 우물쭈물 물러난 뒤에도 남은 유산을 봐 왔습니다. 우리 인도네시아 인민 그리고 아시아 아프리카 여러 나라의 인민은 식민주의를 겪었기 때문에 이런 것들을 잘 압니다….

그렇습니다. 우리 중 일부는 아직도 자유롭지 않습니다. 바로 그것 때문에 아직 우리 모두가 그 여정의 끝에 달했다고 느끼지 못합니다. 조국의 일부가 자유롭지 않다면 누구도 자신이 자유롭다고 느낄 수 없습니다. 평화가 그렇듯이 자유 또한 나눌 수 없습니다. 절반만 살아 있는 것이 불가능하듯, 절반만 자유로운 것 또한 불가능합니다….

회의실 안에 있던 거의 모두가 수카르노가 뜻하는 바가 무엇인지 정확히 알았다. 그날 그곳에 있던 사람들은 수카르노가 청중에게서 끌어낸 에너지를 설명하는 데 남은 인생을 보낼 것이다. 연설은 이어졌다.

그리고 나는 식민주의를 우리 인도네시아에서 그리고 아시아와 아프리카의 다른 곳에서 우리 형제들이 알던 그 고전적인 형태라고만 생각하지 않기를 여러분께 간청합니다. 식민주의도 현대적 복장으로 갈아입고서 한 국가 안의 소수 외국인 집단에 의한 경제적 통제, 지적 통제, 실질적인 물리적 통제라는 형태로 작동합니다. 그 식민주의는 기민하고 강력한 적이며 다양한 가면을 쓰고 있습니다. 그들은 자신의 전리품을 쉽게 포기하지 않습니다. 어디서나 언제나 어떤 식으로건 식민주의는 악하며, 지구상에서 반드시 사라져야 할 것입니다.

수카르노와 반둥 회의 주최자들에게 노골적인 반제국주의적 수사를 써서 지구상에서 가장 힘센 나라를 적대시하고 자극하는 것은 피해야 할 일이었다. 그래서 그들은 미국 역사책을 샅샅이 뒤져 반둥 회의 개최일과 미국을 연결할 방법을 하나 찾아냈다.[63]

> 식민주의에 맞선 전쟁은 오래된 것입니다. 그리고 오늘이 바로 그 투쟁에서 아주 유명한 기념일인 것을 아십니까? 딱 180년 전인 1775년 4월 18일, 폴 리비어는 한밤중에 뉴잉글랜드 들판을 달려 영국 군대가 오고 있으며 미국 독립전쟁이 시작되었음을 알렸습니다. 이 한밤의 질주를 시인 롱펠로우는 "두려움이 아닌 투쟁의 외침, 어둠 속의 목소리, 문을 두드리는 소리, 영원히 메아리로 울려퍼질 말"이라고 노래했습니다. 그렇습니다. 그 외침은 영원히 메아리로 울려 퍼질 것입니다.

하워드 존스가 이해한 대로 반둥 회의는 유럽에 존재하던 것과는 완전히 다른 종류의 민족주의를 내세웠다. 수카르노와 네루 같은 지도자들에게 '민족nation'이란 인종이나 언어를 바탕으로 한 개념이 아니라(인도나 인도네시아처럼 다채로운 곳에서는 영토조차 민족을 정의하는 근거일 수 없다) 반식민주의 투쟁과 사회정의를 위한 노력으로 만들어진 것이었다. 반둥을 통해 반인종주의와 경제주권 같은 공통의 목적을 위해 제3세계가 하나가 될 수 있다고 수카르노는 믿었다. 제3세계는 힘을 합쳐 집단적으로 부자 나라들에게 제3세계 상품에 대한 관세를 낮추라고 요구하고, 신생국들은 자

63 Dipesh Chakrabarty, "The Legacies of Bandung: Decolonization and the Politics of Culture," in *Making a World After Empire*, loc. 641 of 4658, Kindle; Richard Wright, *The Color Curtain: A Report on the Bandung Conference* (Jackson, MI: Banner Books, 1956), 158–165.

국 경제발전을 위해 관세 장벽을 이용하는 식으로 세계 경제체제 안에서 더 나은 규범을 만들어 낼 수도 있었다.[64] 수백 년간 착취당한 끝에 신생국들은 부자 나라들에 비하자면 훨씬, 훨씬 뒤처진 상태였으며 그런 상황의 변화를 요구할 작정이었다.

반둥 회의에는 공식 참가국 29곳과 옵서버 국가들이 참석했다. 남북 베트남 양국은 당시만 해도 1956년 국민투표로 통일한다는 규정 아래 평화롭게 공존하고 있었으므로 반둥에 왔다. 수카르노처럼 미국과 소련 양쪽으로부터의 독립을 지지하던 캄보디아의 노로돔 시아누크도 그 자리에 있었다. 시리아공화국, 리비아, (샤의 통치하에 있던) 이란, (아직 왕국이던) 이라크도 대표단을 보냈고 파키스탄의 총리 무함마드 알리도 참석했다. 19세기에 미국의 노예였던 사람들이 세운 나라 라이베리아의 대표로는 모몰루 두클리가 참석했다.

수카르노 자신도 반식민주의 투쟁과 세계 자본주의에 맞선 싸움을 자주 연결시켰다. 그러나 반둥 회의는 PKI 내의 수카르노 지지자들에게는 작은 충격이기도 했다. PKI는 소련과 직접 동맹을 맺길 원했기 때문이다. 프란치스카의 남편 자인은 외국어 능력 덕분에 반둥 회의를 취재하는 운좋은 인도네시아인 기자 중 한 명이 되었다. 그는 《하리안 라캿》에 관련 기사를 썼고, 약간의 충격에도 불구하고 이 신문에는 반둥 회의에 대한 상찬이 가득찼다.

"아프리카와 아시아 인민 간 친선과 협력 만세!" 개막 당일 《하리안 라캿》 1면에는 근육질의 남자가 제3세계 깃발을 들고 역사의 수

64 Prashad, *Darker Nations*, 12, 33, and 68[국역: 《갈색의 세계사》, 33쪽, 60-61쪽, 106쪽]. 각각 반둥 민족주의, 수카르노의 구상, 국제 무역 규범에 관하여.

레바퀴를 돌리는 삽화가 크게 실렸다. 수카르노의 개막 연설 후 다음 날 신문에는 영국, 미국, 네덜란드, 프랑스를 상징하는 캐리커처 인물들이 끔찍한 두통에 시달리며 멍하게 있는 모습이 실렸고 말장난 섞인 농담을 곁들였다. "아시아-아프리카"(AA) 회의 때문에 제국주의 열강들은 아스피린-아스프로(AA)가 절박해졌다. 신생 독립국들의 단결을 지켜보자니 머리가 지끈거리기 때문이다.[65]

미국인으로서 반둥 회의를 가장 가까이서 지켜본 사람은 흑인 소설가이자 언론인인 리처드 라이트였다. 과거에 공산주의자였고 소설 《흑인의 아들》의 저자이기도 한 그는 반둥 회의에서 경험한 것을 책으로 썼고, 그 책은 반식민주의와 반인종주의 사상에 큰 영향을 끼쳤다. 라이트는 "지구 중력의 주요 지정학적 중심지에 사는 거의 모든 인종이 모인 회의", "경멸당하고, 모욕받고, 상처 입고, 빼앗긴 자들, 짧게 말해 인류라는 종의 약자들"의 모임에 대해 알게 되자 거기 가서 기록을 남겨야 한다고 했다고 썼다.[66]

반둥으로 향하기 전에 라이트는 북미인, 유럽인들과 이야기를 나눴는데, 이들은 이 회의에 대한 생각만으로도 경악을 금치 못하며 이 회의가 그 나라들에 "역인종주의", 곧 공산주의자 또는 전 지구적 반백인 연대가 부추긴 백인에 대한 혐오를 부추길 것이라고 확신했다.[67] 라이트 자신도 식민주의의 유산을 직접 보고 연설을 직접 듣기 전까지는 반둥에 회의적이었다. 그는 인도네시아인들이

65 *Harian Rakjat*, April 18, 1955, and April 19, 1955. Harian Rakjat archives, 쿠알라룸푸르 말라야대학교 문서고. 우연이겠지만 뒷면에는 만병통치약 광고가 실려 있었다. 공산주의 신문이지만 광고로 수입을 얻었던 듯하다.

66 Wright, *The Color Curtain*, 12.

67 Ibid.,16, 35–60.

백인이 없을 때면 자신을 완전히 다르게 대한다는 것을 금방 알아차렸다. 라이트는 뉴욕에서 넉 달간 엔지니어로 일했던 인도네시아인을 만났는데 그는 길거리에서 인종차별을 당할까 무서워 자기 아파트 밖으로 거의 나가지 못했다고 했다.[68] 그 후 라이트는 식민 관료와 관광객을 위한 1949년 판 인도네시아어 교재를 발견했다. 이 책에는 대화를 위한 표현은 전혀 없고, 느낌표로 끝나는 명령문뿐이다.

> 정원사, 마당을 쓸어라!
> 빗자루가 부서졌어! 새 빗자루를 만들어!
> 여기 더러운 옷이 있다!

이어서 "도둑을 잡아라"라는 장이 나왔다.

> 은식기가 모두 사라졌어.
> 찬장의 서랍이 텅 비었어.[69]

라이트는 조국 미국에 비해 아시아에서 반공주의가 얼마나 미약한지도 깨달았다. CIA의 자금을 받던 무슬림 정당 마슈미의 대표조차 서구에 만연한 "공산주의에 대한 공포" 때문에 제1세계 지도자들을 믿기 어렵다고 말할 정도였다.

68 Ibid., 78, 103.

69 Ibid., 180–181. 라이트는 이 책이 S. 판 데르 몰런(S. van der Molen)(영어판은 해리 F. 시마크(Harry F. Cemach) 번역)의 *Bahasa Indonesia*라고 밝혔다.

"우리는 늘 서구의 진짜 목적이 무엇인지에 관해 의구심을 떨칠 수 없습니다. 과거사가 그런 의심에 좋은 구실이 되어 주기 때문이죠." 마슈미 대표의 말이다. 반대하는 자는 누구나 공산주의자로 모는 미국 정부의 욕망에 기반한 동반자 관계와 같은 "허약한 지반 위에서는 어떤 협력을 한다 해도 진정한 성공을 기대하기 어렵습니다."

반둥의 모든 것이 매끄럽지만은 않았다. 회의장에는 냉전의 그림자가 짙게 드리워져 있었고, 강대국들로부터 어떻게 벗어날지에 관해서 모두가 동의하는 것도 아니었다. 예를 들어 네루는 이라크, 이란, 튀르키예 등 서구 지향적인 제3세계 국가들이 아시아의 소비에트 운동을 식민주의라고 비판하려는 시도에 반발했다. 대표단은 여전히 식민 지배하에 있는 지역을 어떻게 효과적으로 지원할지에 대한 합의안도 도출하지 못했다. 마지막에야 참가국들은 제3세계 국가들 간의 관계를 관장하는 10대 기본 원칙을 채택했다.

1. 기본적 인권 및 유엔 헌장의 목적과 원칙에 대한 존중
2. 모든 국가의 주권 및 영토 보전에 대한 존중
3. 모든 인권의 평등 및 크고 작은 국가 간의 평등
4. 타국 내정 개입 및 내정 간섭 금지
5. 유엔 헌장에 따른 개별적·집단적 자위권 행사 존중
6. 강대국의 특수 이익을 위한 집단방위협정 사용 금지 및 타국에 대한 압력 행사 삼가
7. 타국의 영토 보전 및 정치적 독립에 대한 침략 및 침략 위협 및 무력 사용 회피
8. 모든 국제적 분쟁의 평화적 해결

9. 상호 이익과 협조 증진

10. 정의와 국제적 의무에 대한 존중

무엇보다도, 반둥 회의는 1961년 유고슬라비아 베오그라드에서 시작될 전 지구적 비동맹 운동으로 성장할 구조를 만들어 냈다. 더구나 아시아와 아프리카에서 반둥 회의는 즉각 체감할 수 있는 변화를 이끌어냈다. 단체들, 교류를 위한 네트워크들, 국제 조직들이 우후죽순처럼 생겨났다. 각국 지도자들은 아시아, 아프리카 전역에서 여전히 식민주의와 싸우는 인민들을 향해 "반둥 정신"을 전하는 연설을 라디오로 방송했다.[70] 콩고에서는 인민들이 이집트의 아프리카의 목소리La Voix de l'Afrique 방송과 스와힐리어로 방송하는 전 인도 라디오를 듣기 시작했고, 파트리스 루뭄바라는 사람이 종족 분리를 거부하고 반식민 투쟁을 통해 콩고라는 민족을 만들고자 한, 너무나도 "반둥 정신"에 입각한 '콩고민족운동MNC'을 결성했다.[71]

1958년에는 스리랑카[당시 이름 실론_옮긴이] 콜롬보에서 첫 아시아-아프리카 여성회의가 열리면서 국경을 넘는 제3세계 페미니스트 운동이 시작되었다. 1961년 카이로 여성회의에서 주최국 이집트의 바히아 카람은 회의록 서문에 이렇게 썼다. "현대 역사에서, 그러니까 여성의 역사에서 최초로 아시아와 아프리카 여성들이 모이는 회의가 열리고… 제국주의자들이 결코 영토를 떠나는 것을 허용하지 않았던 아프리카 국가들의 대표들을 만나게 된 것은 더더욱

70 James R. Brennan, "Radio Cairo and the Decolonization of East Africa,1953–1964," in *Making a World After Empire*.

71 Van Reybrouck, *Congo*, 233.

큰 기쁨이자 격려가 아닐 수 없다."[72] 예를 들어 이집트 언론은 인도네시아를 포함한 제3세계 전역에서 여성의 삶에 관해 보도하기 시작하며 "아시아 아프리카 여성 간의 자매애와 연대"를 논했다.[73]

그리고 반둥 회의 참가국들은 아시아아프리카언론인연합을 결성하여 수십 년 아니 수백 년간 자기네 이야기만 해 온 부자 나라 출신 백인 특파원에 의존하지 않고 제3세계 출신이 제3세계에 관해 보도하고자 했다.

인도네시아 안에서 수카르노는 인민들의 마음속에 새로운 종류의 혁명을 이끄는 지도자로 굳게 자리매김했다. 프란치스카는 한참이 지난 후에도 수카르노의 반둥 회의 개막 연설 일부를 줄줄 외울 정도로 큰 감동을 받았다.

그러나 워싱턴의 태도는 사뭇 달랐다. 그들의 반응은 인종주의적 무시와 거들먹거림 쪽이었다. 한 국무부 관리는 반둥 회의를 "꺼꺼한 동네 사람들의 으스대는 파티"라고 불렀다.[74]

그러나 아이젠하워, 위즈너, 덜레스 형제에게 수카르노의 언행은 농담이 아니었다. 이제 그들에게 중립주의는 그 자체로 미국에 대한 공격이었다. 적극적으로 소련에 반대를 표하지 않는다면, 수카르노가 제아무리 목소리 높여 폴 리비어를 칭송했다 해도 미국에 반대하는 것이나 마찬가지였다.

이제 상원의원이 된 존 F. 케네디는 반둥 회의 이후 몇 년간 연

72 Laura Bier, "Feminism, Solidarity, and Identity in the Age of Bandung," in *Making a World After Empire*, loc. 1789 of 4685, Kindle.

73 Ibid., loc. 1695 of 4685, Kindle.

74 Thomas, *The Very Best Men*, 157.

설을 통해 미국 정부의 이런 접근법에 대해 아주 공개적으로 반대했다. 무력으로 알제리를 차지하려는 프랑스의 시도를 맹렬하게 비판한 연설에서 그는 "오늘날 미국의 외교 정책이 처한 가장 중요한 하나의 시험대는 우리가 제국주의의 도전을 어떻게 대할 것인가 그리고 인간의 자유를 향한 열망을 지지하기 위해 무엇을 할 것인가입니다. 무엇보다 이 시험에서 미국은 아시아와 아프리카에 있는 아직 누구와도 동맹하지 않은 수백만 아시아, 아프리카인들에게 날카로운 판단을 받을 것이며, 철의 장막 뒤에서 여전히 자유를 사랑하는 이들은 미국을 불안하게 지켜볼 것입니다."[75]

케네디의 별은 떠올랐고, 미국 정치인 가운데 이런 입장을 가진 이는 드물었다. 수카르노는 케네디의 발언이 남다르다는 것을 알아보았다. 그러나 케네디는 야당 정치인이었다. 그리고 1955년 인도네시아에서 벌어진 또 다른 사건이 미국 정부의 반공주의자들에게 더 큰 경각심을 안겨 주게 된다.

CIA는 그해 9월 총선 공작금으로 백만 달러를 썼고, 그들이 밀어 준 정당 마슈미는 확실하게 자리를 잡았다. 하지만 수카르노와 그의 지지자들도 선전했다.[76] 미국에 더 안 좋은 소식은 PKI가 17퍼센트가량을 득표해 원내 제4당이 되었다는 것이었다. PKI 역사상 최고의 선거 결과였다.

75 John F. Kennedy, Remarks to the US Senate, July 2, 1957, www.jfklibrary.org/archives/other-resources/john-f-kennedy-speeches/united-states-senate-imperialism-1957070

76 Thomas, *The Very Best Men*, 157–158; Jess Melvin, *The Army and the Indonesian Genocide: Mechanics of Mass Murder* (New York: Routledge, 2018), 7.

3＼발밑에는 불벼락, 하늘에는 포프

사코노와 축구를

1956년 3월, 소련의 새 지도자 니키타 흐루쇼프가 공산주의 세계를 충격으로 몰아넣었다. 당원을 상대로 한 원래는 '비밀 연설'에서 그는 스탈린이 저지른 수많은 범죄 행위를 한참 동안 꿋꿋하고 맹렬하게 비난했다.[1] 흐루쇼프는 스탈린이 2차 세계대전을 치를 준비가 되어 있지 않았다고 주장했다. 스탈린은 동지들을 고문하여 저지르지도 않은 죄를 지었다고 고백하게 만들어 그들을 총살할 핑계로 삼고 자신의 권력을 공고히 했다.

스탈린이 죽은 지 겨우 3년째였다. 사망 당시만 해도 수많은 이들이 장례식 행렬에 몰려들어 대혼란이 벌어졌을 정도였다. 당시 소련과 다른 공산국가 시민들은 진정으로 스탈린을 존경했고 그를 집단적 사회주의 프로젝트 전체와 동일시했다.[2] 그런 상황에서 지구상에서 가장 중요한 마르크스-레닌주의 정당 지도자가 스탈린을

1 Nikita Khrushchev, "On the Cult of Personality and Its Consequences," February 25, 1956, https://digitalarchive.wilsoncenter.org/document/115995[국역: 《개인숭배와 그 결과들에 대하여》, 박상철 옮김, 책세상, 2024].

2 Suny, *The Soviet Experiment*, 413.

공격한다는 것은 전 세계 공산주의자들에게는 예기치 못한 충격이었다.

좌파 일부, 특히 서유럽 좌파는 소비에트 프로젝트 전체와 거리를 두는 방식으로 여기에 대응했다. 다른 일부, 특히 마오쩌둥은 흐루쇼프가 스탈린의 과오를 왜곡하거나 과장해서 자신에게 유리하게 써먹는다고 비판했다. 마오는 흐루쇼프가 마르크스-레닌주의 노선에서 "수정주의"라는 범죄를 저질렀다고 주장하기 시작했고, 이는 중국과 소련 간에 커져 가던 갈등의 첫 번째 큰 균열이었다.[3] 새 지도자 흐루쇼프 아래서 소련은 서방과의 평화공존을 추구하고, 비동맹 국가들에 우호적이었으며, 인도네시아, 이집트, 인도, 아프가니스탄 같은 제3세계 국가들에게 원조를 확대했다.

공식적으로 PKI는 흐루쇼프의 탈스탈린 중도적 미래 노선을 따랐다. 그러나 현실에서 공산 세계는 냉전이 시작되던 시기보다 훨씬 더 분열된 상태였다. 인도네시아 공산주의자들은 인도네시아의 중요성을 잘 인식하면서 당의 크기와 세력을 키워 왔고, 과거 어느 때보다 더 외국으로부터 명령을 받을 필요가 없다고 확신했다.

1948년 마디운 봉기가 실패한 이후, PKI는 D. N. 아이딧의 지도하에 다시 조직되었다. 당당하고 사교적인 아이딧은 수마트라 한 섬의 독실한 무슬림 집안에서 태어나 일본 점령기에 마르크스주의자가 되었다. 아이딧의 지휘 아래 PKI는 무장투쟁을 거부하고 모스크바의 지시를 자주 무시하며, 친수카르노적이면서 선거 정치를 포용하는, 이념적으로 유연한 대중 기반의 합법 운동으로 거듭났

3 중소 분쟁의 근본 원인이 된 이 "비밀 연설"의 중요성에 관해서는 Lorenz M. Luthi, *The Sino-Soviet Split: Cold War in the Communist World* (Princeton, NJ: Princeton University Press, 2008), chap. 2를 보라.

다. 당은 소련이나 중국 공산당과는 아주 다른 방식으로 일했다. PKI의 대내외적 목표는 지역 부르주아지와 함께 반봉건 "연합민족 전선"을 결성하는 것이었으므로, "세기 말"까지는 사회주의 실현에 대해서는 걱정하지 않기로 했다.[4]

PKI는 국제적으로는 반제국주의에 복무하고, 국내에서는 당원들이 선거에서 승리하면서 운동을 키워 나갔다.

1956년, 흐루쇼프가 헝가리에 탱크를 보내 시위를 진압하고 소련의 영향력을 다시 천명하자 공산 세계의 분열은 심화되었다. 1956년 10월과 11월의 폭력은 소련 정부로서는 외교적 대재앙이었다. 그 일은 프랭크 위즈너에게도 개인적으로 굉장한 실패였다. 미국은 공식적으로는 부인했지만, CIA는 헝가리에서 봉기를 부추겼고 많은 헝가리 사람들이 미국의 지원이 있을 것이라 기대했다. 그러나 덜레스 형제가 개입하지 않고 시위대가 학살당하는 것을 말 그대로 내버려두자, 위즈너는 큰 배신감을 느꼈다.

위즈너는 점점 더 이상해졌다. CIA 로마 지부의 고위 간부 윌리엄 콜비는 1956년에 이렇게 말했다. "위즈너가 횡설수설하며 열변을 토하는데 도무지 통제 불가다. 그는 계속해서 이 사람들이 다 죽게 됐다고 말했다." 위즈너의 아들은 아버지가 과로하면서 유럽에서 벌어진 일에 감정적으로 깊이 동요하는 것을 눈치챘다. 위즈너는 같이 일하는 동료들이 이해하기 어려운 방식으로 행동하기 시작했다. 동료들은 그가 그러는 이유가 그리스에서 상한 조개를 먹고 생긴 병 때문이라고 생각했다.[5]

4 Mortimer, *Indonesian Communism Under Sukarno*, 26, 36, 44–45, 57–65, 171.

5 Thomas, *The Very Best Men*, 145–147.

제2세계 공산주의가 깊은 균열에 시달리는 와중에 제3세계는 제1세계의 우왕좌왕으로 인해 더 단결했다. 나세르가 수에즈 운하를 국유화하자, 프랑스와 영국은 미국의 반대에도 이집트를 침공해 운하 통제권을 되찾고 나세르를 축출하고자 했다. 여기에 미국과 소련 양쪽의 지원을 받아 건국된 이스라엘이 가세했으나 결국은 미국의 압력으로 손을 뗐다. 아이젠하워가 신생 유대인 국가에 격노했음에도 미국은 냉전 때문에 어쩔 수 없이 1950년대 중반부터 이스라엘에 대한 지원을 점차 늘려 나갔다. 오늘날, 우리는 소련과 아랍의 급진적 민족주의 정권들 간의 동맹이 미국-이스라엘 동맹을 강화했다는 사실을 잘 알고 있다.[6]

1956년에는 다른 일도 있었다. 더 정확히 말하자면, 아무 일도 일어나지 않았다. 그해, 남북으로 분단된 베트남은 국민투표를 거쳐 하나의 정부로 통일하기로 되어 있었다. 그러나 가망 없이 부패한 독재자임이 드러나기 전에 미국이 직접 고른, 불교도가 다수인 남베트남의 가톨릭교도 대통령 응오딘지엠은 선거에서 자신이 호찌민에게 완패할 것임을 잘 알았다. 그래서 그는 선거를 취소하기로 했고, 미국은 그 결정을 받아들였다. 온갖 부정으로 얼룩진 1955년 선거에서 지엠이 자신이 득표율 98.2퍼센트로 승리했다고 선언했을 때도 그랬듯이 말이다.[7] 바로 그 순간부터 북베트남 정권과 남쪽

6 Westad, *The Global Cold War*, 125–128[국역: 《냉전의 지구사》, 212-214쪽]. 베스타에 따르면 아이젠하워는 두 가지 이유로 (다른 곳에서 열성적으로 지지한 것과 달리) 이집트 개입을 반대했다. 먼저, 미국은 자신들이 소련이 헝가리 시위를 폭력적으로 진압했던 것과는 다르게 행동한다는 것을 보여주고 싶었고, 둘째, 유럽인들이 수에즈 운하를 되찾건 말건, 나세르는 정권을 유지할 것이기 때문이었다.

7 Stanley Karnow, *Vietnam: A History*, 2nd ed. (New York: Penguin, 1991), 238–239.

의 수많은 공산주의자들은 친미 지엠 정권에 직접적으로 맞설 권리가 있다고 믿기 시작했다.

다사다난했던 그해, 수카르노는 워싱턴에 갔다. 수카르노 본인도 알았는지는 확실치 않지만 그 방문은 실패였다. 그가 지구상 최고의 권력자들에게 남긴 인상은 결코 좋은 것이 아니었다. 인도네시아에서 수카르노의 여성 편력은 유명한 것이었지만 미국인에게는 충격이었다. 고지식한 장로교 신자였던 존 포스터 덜레스는 수카르노가 "역겹다"고 생각했다. 집에서는 일 이야기를 좀체 하지 않던 프랭크 위즈너도 아들에게 "수카르노는 자기 침대를 제대로 채워 놓기를 바랐고, CIA는 인도네시아 대통령의 욕정을 채워 줄 능력이 없지 않았다"라고 털어놓았다.[8]

설상가상으로 수카르노는 워싱턴에서 곧바로 모스크바와 베이징으로 날아갔다. 그로서는 독립 세계의 지도자인 자신의 당연한 권리라고 여겼겠지만, 아이젠하워 정부로서는 견디기 어려운 종류의 일이었다.

1956년 가을, 위즈너는 CIA 극동지국장 앨 울머에게 "수카르노에게 뜨거운 맛을 보여줄 때라고 본다"라고 말했다.[9]

그다음 해 지방선거에서 PKI는 1955년 총선 때보다 더 나은 성과를 냈다. 특히 부정부패와 후원과 보은인사로 얼룩진 나라에서 공산당은 주요 정당 중 가장 청렴하다는 평가를 받았다.[10] 공산당 지도

8 위즈너가 과로에 시달렸고 감정적이었다는 주장은 프랭크 위즈너 2세와의 인터뷰에서 인용한 것이다.

9 Joseph Burkholder Smith, *Portrait of a Cold Warrior* (New York: G. P. Putnam,1976), 205.

10 Geoffrey B. Robinson, *The Killing Season: A History of the Indonesian Massacres, 1965–66* (Princeton, NJ: Princeton University Press, 2018), 43–44. 1960년 12월 19일, 국가안보위원회는 PKI가 다른 비공산주

부는 헌신적이고 기강과 규율이 잡혔으며, 하워드 존스는 특히 그들이 농민과 빈민에게 약속한 바를 실제로 지킨다는 것을 금세 알아차렸다. 왜 공산주의자들이 계속 선거에서 승리하는지 이해한 미국 관료가 존스만은 아니었다. 당시 부통령 리처드 닉슨도 워싱턴 관료들 사이에 퍼져 있던 생각을 대변해 “인도네시아에서는 민주 정부가 최선이 아닐지도 모른다”라고 말한 적 있다. “공산당이 너무 잘 조직되었기 때문에 선거운동으로 이들을 이기기가 거의 불가능”하기 때문이었다.[11] 그리고 무엇보다 더 중요하게 존스는 PKI가 농촌으로 들어가 인민이 원하는 것을 직접 요구할 수 있게 해 주는 프로그램들을 진행하는 것을 알아보았다. 공산당이 “열심히 그리고 효과적으로 사회적 혜택에서 배제된 이들의 마음을 얻고 있다”고 존스는 걱정했다.[12]

중부 자바 한 마을 농민의 아들인 사코노 프랍토유고노는 그런 프로그램을 아주 잘 기억했다. 사코노는 네덜란드가 아직 인도네시아 독립운동을 짓밟던 중인 1946년, 푸르발링가에서 칠 남매 중 여섯째로 태어났다. 인도네시아가 세워진 후 그의 아버지는 혁명 정부에서 쌀을 조금 받았고 가족들은 작은 농지에서 일했다. 부모는 자바어밖에 할 줄 모르는 소농이었지만 신생국 정부는 사코노에

의 조직들의 “부정부패와 무능”과 뚜렷한 대조를 보이고 있음을 인식했다. National Security Council Report, NSC 6023, Draft Statement of US Policy on Indonesia, December 19, 1960, Document 293, FRUS, 1958–1960, Indonesia, Volume XVII, https://history.state.gov/historicaldocuments/frus1958-60v17/d293

11 Editorial Note, NSC Meeting on April 5, 1956, *FRUS, 1955–1957*, Vol. XXII, 254. Simpson, *Economists with Guns*, 32 재인용.

12 Jones, *Indonesia: The Possible Dream*, 45.

게 교육받을 기회를 주었고 그는 물 만난 고기처럼 그 배움을 빨아들였다.[13]

누군가는 사코노를 선생님의 강아지라고 부를지도 모른다. 그는 매일 신문을 첫 장부터 마지막 장까지 읽고 친구들과 방과 후 학습을 조직하는 그런 학생이었다. 역사와 정치를 아주 좋아했고 아홉 살 나이에 자신의 영웅 수카르노의 라디오 연설을 매일같이 챙겨 듣고 선거 결과도 확인했다.

작지만 단단한 체구와 반짝이는 눈을 가진 사코노는 늘 생글거리며 여러가지 사실과 외국어 인용과 경구를 쏟아내느라 신이 나 상대가 화제를 바꾸고 싶어 하는지도 알아차리지 못하는, 그런 사람이다. 그는《하리안 라캿》을 읽었고, 마을에서 계속 활동하던 젊은 당원이 가르치는 방과 후 학습 모임에 들어갔다.

그 지역에서 가장 중요한 공산당의 프로그램은 인도네시아농민전선BTI를 통해 기존 법률체계 안에서 소농의 권리를 옹호하고 토지개혁을 추진하는 것이었다. 농민전선 사람들은 사코노와 가족에게 "땅은 거기서 일하는 사람의 것이며 빼앗을 수 없는 것"이라고 말해 주었고, 더 중요하게는 토지 소유 현황을 조사하고 기록해서 법이 잘 지켜지는지 확인하고 농업 생산성 향상을 도왔다.

일주일에 두 번, 사코노와 친구들은 수트리스노라는 키 크고 낙천적인 곱슬머리 당원에게 마르크스주의 정치학 기초를 배웠다. 사코노는 봉건제에 대해 그리고 인도네시아가 사회주의화된다면 자기 가족이 겪고 있는 비효율적인 토지 분배가 어떻게 달라질지

13 스포일러 경고. 사코노에게 무슨 일이 벌어졌는지 알고 싶지 않다면 여기서 멈추시라. 그의 삶에 관한 모든 정보를 나는 2018-2019년 인도네시아 솔로에서 그와 진행한 인터뷰에서 얻었다.

배웠다. 사코노와 친구들은 신식민주의와 제국주의 개념과 자본주의 미국에 대해 공부했다. 수트리스노는 흐루쇼프와 마오쩌둥, '수정주의' 논쟁에 대해 알려 주었지만 PKI는 수카르노 대통령의 혁명 안에서 평화로운 경로를 통해 권력을 얻기로 했다고 했다. 사코노는 자신이 기자로 있던 《하리안 라캿》을 살 돈이 없어서 신문 파는 사람 집에 찾아가 공짜로 읽곤 했다.

10대들이 흔히 그러듯 사코노도 한 가지에만 몰두했다. 좌파 이론에 대한 애정이 삶의 모든 부분을 잡아먹었다. 그는 친구들과 마을 한복판에서(물론 자바의 작은 마을에는 제대로 된 축구장이 없다) 축구를 하곤 했는데, 공을 이리저리 차면서도 자신이 중요한 정치 수업을 받고 있다고 여겼다. "축구는 인민의 스포츠입니다. 돈이 안 드니까요." 사코노는 후일 그렇게 말했다. "그리고 스포츠는 집단정신을 키워 주죠. 남들과 함께 일하라고, 혼자서는 아무 것도 이루지 못한다고 가르쳐주고요. 축구는 무언가를 이루고 싶다면 남들과 힘을 합쳐야 한다고 알려 주었어요."

PKI는 레닌주의 노선을 따른다고 주장했지만, 사실 꼭 그렇지만은 않았다. 당의 표현대로 "광범위한 대중정당"이었던 PKI는 레닌이 주장한 엄격한 위계질서를 유지하기에는 너무 빠르게 커지고 있었다.[14] 공산당에는 사코노의 스승인 수트리스노처럼 당규를 지키겠다고 맹세한 당원들과 대중 참여를 위한 농민전선BTI 같은 산하 조직이 여럿 있었다. 산업 부문에는 노동조합의 연대체 솝시SOBSI가 있어서 마르크스주의에 동의하는지 여부를 떠나 노동계급의 상당수를 포괄했다. 그리고 문화 단체인 레크라LEKRA는 오락거리가 없는

14 Mortimer, *Indonesian Communism under Sukarno*, 64–65.

작은 마을로 찾아가 문화 행사를 열었다. 그런 연극, 무용, 코미디 공연은 보통 밤새도록 진행됐고 그 마을에서 볼 수 있는 최고(이자 아마도 유일한)의 오락이었다.[15] "오, 다들 거기에 갔죠. 정치색이 무엇인지는 상관없었어요. 공연이 열리면 가서 봐야 했어요." 사코노가 말했다.

이 모든 공산당과 연계된 조직들은 비록 비판적일지라도 대체로 수카르노를 지지했다. 인도네시아 여성운동 단체 그르와니Gerwani는 일부다처제에 반대했으나, 수카르노는 재임 중 공개적으로 여러 아내를 거느렸다. 세계 최대의 여성단체로 성장한 그르와니는 여성주의, 사회주의, 민족주의 노선에 따라 조직되었고, 여성에게 전통적으로 가해지던 제약에 반대하고 여성 교육과 공적 공간에서 여성의 자리를 요구하는 데 집중했다.[16]

사코노가 살던 중부 자바에서 그르와니는 기본적인 문제에 집중했다. 수미야티라는 이름의 젊은 여성은 10대 시절 고향인 자티놈의 마을에서 그르와니에 가입했다. 그르와니는 노래하고 춤추고 운동하고 무엇보다 "여성주의의 이상과 여성을 묶어 두는 굴레를 부수도록 싸울 권리와 배우고 꿈꿀 권리"를 가르쳐 주었다. 일부다처 문제에 관해서라면 그르와니는 결코 타협하지 않는 편이었지만, 수카르노의 일부다처 앞에서는 타협했다.

"완벽한 남자는 없다"는 것을 수미야티는 깨달았다. "지금은

15 인도네시아어로 BTI는 Barisan Tani Indonesia, LEKRA는 Lembaga Kebudayaan Rakyat, SOBSI는 Sentral Organisasi Buruh Seluruh Indonesia이다. 각각 인도네시아농민전선, 인민문화기구, 전인도네시아노동자단체중앙연합으로 번역할 수 있다.

16 Wieringa, *Propaganda and Genocide*, 106. 그르와니에 관한 더 자세한 사항은 Saskia Wieringa, *Sexual Politics in Indonesia* (The Hague: Palgrave, 2002)를 보라.

변화의 시기이고 우리는 우리가 원하는 변화를 위해 싸워야 해요. 우리는 한 걸음씩 앞으로 나아가고 있을 뿐, 손바닥 뒤집듯 세상이 쉽게 달라질 것이라고 기대할 수는 없지요."[17]

쾌활하고 학구적인 사코노는 좌파 사상이 자신을 체제 전복적으로 만들었다고 생각하지 않았다. 그는 오히려 책벌레 혹은 인도네시아 혁명에 너무 몰입한 어린 광팬 쪽이었다. 사코노는 "공산주의자들은 좋은 사람"이라고 생각했다. 공산당은 선거에서 승승장구했을 뿐만 아니라 그의 영웅 수카르노 대통령의 친구이기도 했다.

사코노는 학습을 통해 경제적 조건과 이데올로기의 관계에 대한 정교한 이해도 키워 나갔다. "미국공산당이 성장하지 못하는 이유는 올바른 뿌리가 없기 때문"이라고 그는 결론지었다. "하지만 인도네시아에는 엄청난 부정의와 착취가 있어요. 우리 사회의 물질적 조건과 여기서 꽃핀 이데올로기에는 관계가 있고요. 부정의는 공산당이 자라나기에 아주 비옥한 토양이고요."

1957년에 이미 인도네시아 좌파는 미국 정부를 적까지는 아니더라도 국가 발전의 장애물이라고 보기 시작했다. 그러나 곧 상황은 훨씬 나빠졌다. 수카르노 정부에 맞선 반란이 자바와 발리 동북쪽의 '외곽 도서'뿐 아니라 수마트라에서도 일어난 것이다. 반란의 동기는 경제적일뿐 아니라 이념적이기도 해서 반란 세력은 해당 지역에서 나오는 수익의 통제권 확대와 공산주의 금지를 요구했고, 미국은 이를 크게 반겼다.

반란군이 너무 좋은 무기로 무장했기 때문에 사코노와 그의 스승 같은 사람들은 미국이 뒤에 있다고 믿었다. "디비데 에트 임페

17 2018년 인도네시아 솔로에서 진행한 수미야티와의 인터뷰 중에서 인용함.

라Divide et impera 전략이죠." 그는 "분할해서 지배하라"라는 뜻의 라틴어를 써 가며 말했다. "그게 바로 냉전입니다. '냉전'이란 미국이 인도네시아 같은 나라를 지배하려는 과정을 부르는 이름이에요."

암본 폭격

인도네시아 좌파가 반란군의 뒤에 어떤 식으로건 미국이 있음을 점점 확신하게 된 어느 날, 사코노의 마을로 1면에 만평이 실린 《하리안 라캿》이 도착했다. 만평 위 헤드라인에는 "두 개의 체제-두 개의 도덕"이라고 적혀 있었다. 왼쪽의 소련은 무언가를 하늘 위로 날려보내는 중이다. 소련이 쏘아올린 인류 최초의 인공위성 스푸트니크호는 그해 내내 세계 공산주의의 환상적인 선전 수단이었다. 오른쪽의 미국은 하늘 위에서 무언가를 떨어뜨리고 있는데, 다름 아닌 인도네시아를 폭격하고 있었다.[18]

이 모든 일이 벌어지는 동안 하워드 존스는 잠시 워싱턴에 돌아와 있었다. 얼마 후 아이젠하워 대통령이 그에게 인도네시아로 돌아가라고 했다. 이번에는 미국 대사로서였다. 존스는 인도네시아에 도착하자마자 미국을 점점 더 의심하는 정부와 대면해야 했다.

1958년 3월, 존스가 신임장을 제정한 지 며칠 지나지 않아 수카르노 정부의 외교부 장관이 면담을 청했다. 마른 체구에 안경을 쓴 수반드리오 장관은 인도네시아가 독립을 위해 싸우던 시절 런던에서 국제적 지지를 호소했던 신중한 외교관이었다. 장관은 신임

18 *Harian Rakjat*, May 19, 1958.

대사에게 최대한 예의를 갖춰 공중에서 반란군을 위해 투하된 무기에 대해 설명해 주기를 요청했다. 이렇게 은닉된 무기 중에 기관총, 스텐 총, 바주카포는 미시건주 플리머스에서 제작된 것들이었다.

존스는 자신은 전혀 모르는 일이며 미국산 무기는 전 세계 시장에서 구입할 수 있다고 답했다.

수반드리오는 미국 정부가 인도네시아에서 분리하려는 반란군을 무장시키고 있다고 말하는 것은 아니라며 한 발 물러섰다. 그러나 그는 신중하고 분명하게 이 문제를 최대한 조심스러운 방식으로 다시 언급했다. 수반드리오는 신임 대사와 정면으로 부딪히거나 기분을 상하지 않게 하기 위해 극도로 신중을 기했다. 민감한 사안을 다루는 전형적인 자바식 화법이다. 친한 친구끼리도 민감한 사안을 바로 말하지 않고 그 주변을 빙빙 돌곤 하는데, 지금 상대는 하물며 지구상에서 가장 힘 센 나라의 대표였다. 존스는 외교부 장관이 반란군이 외부의 지원을 받고 있음을 확신하고 있다는 것을 서서히 알아차렸다. 그러나 사실을 대놓고 말하지는 않았다. 종국에 수반드리오가 인도네시아인은 반란군 뒤에 누군가 있다고 믿는다고 말했지만, 거기까지였다. 존스는 자기 윗사람들이 모두 반란군 편이라는 것은 알고 있었지만, 그로서는 인정할 것이 아무 것도 없었고 면담은 그렇게 끝났다.

곧이어 존스는 수카르노 다음으로 중요한 인도네시아의 2인자 하타를 만났다. 수반드리오처럼 하타도 안경을 쓰고, 무슬림의 상징인 페즈 모자의 인도네시아 버전인 페치를 썼는데 이 모자는 초창기 인도네시아 혁명가들 사이에서 인기였다. 두 사람은 반란군의 무기 보급로에 대해 이야기를 나눴고, 하타는 자신이 공산주의와 싸우는 미국 정부와 견해를 공유한다는 점을 분명히 했다. 그렇지만 그는 반란군은 완전히 다른 문제이며, 반란은 인도네시아 자체에 대한 위협이라고 말했다. 두 사람은 면담을 끝냈다. 그러나 존스가 일어서려는 순간 하타는 신임 대사에게 근심거리에 관한 정보를 흘렸다.

"미국의 관점에서 보자면 지금 인도네시아군 참모총장은 최고입니다." 하타가 말하는 이는 나수티온 장군이었다. "당신네들에겐 나수티온이 괜찮단 말입니다."

"무슨 뜻입니까, 하타 박사?" 존스가 물었다.

"공산주의자들은 나를 적 1호라고 부르죠. 그리고 나수티온을 적 2호라고 부릅니다." 하타가 말했다.

존스는 깨달았다. "그렇다면 인도네시아에서 일어난 일은… 반공주의자들이 반공주의자들과 싸우는 것이었다. 이 분쟁에서 공산주의는 큰 문제가 아니다." 맞는 말이었다. 인도네시아 군부는 극단적 이슬람주의자를 제외하면, 이 나라에서 가장 반공적인 세력일 것이다. 고위 장성 중 몇몇은 미국에서 공부하기도 했다.[19]

분리주의 반란이 이어지자 그 뒤에 미국이 있다고 확신하는 시위대가 존스의 대사관저 앞에 모이기 시작했다.[20] 《뉴욕타임스》는 미국 정부의 편을 들며 5월 9일 사설에서 미국은 절대 개입하지 않았다며 수카르노와 인도네시아 정부를 맹공격했다.[21] 존스는 할 수 있는 한 최선을 다해 시위대를 맞이했다. 그러나 반란은 모든 것이

19 Jones, *Indonesia: The Possible Dream*, 115–118.

20 Ibid., 119–120.

21 "Aid to Indonesian Rebels," *New York Times*, May 9, 1958.

가장 안락한 수도 자카르타에서 일어난 것이 아니었다. 싸움은 서쪽의 큰 섬 수마트라와 북동쪽의 작은 섬들에서 벌어지고 있었다.

더 결정적으로, 폭격기들은 프란치스카 가족의 고향인 암본 상공를 돌며 섬 주민들에게 불벼락을 내렸다. 매일같이 인도네시아군 선박과 상선 위로 폭탄이 떨어졌다. 그러다가 5월 15일에는 시장에 폭탄이 떨어져 아침에 장을 보러 온 이들과 교회에 가던 교인들이 목숨을 잃었다.[22]

1958년 5월 18일, 인도네시아인들이 폭격기 한 대를 격추시키자 무언가가 야자수 숲 위로 천천히 떨어졌다. 하얀 낙하산이 키 큰 야자수 가지에 걸려 잠시 매달렸다가 곧 땅으로 떨어지면서 조종사의 엉덩이뼈가 부러졌다. 그는 금세 인도네시아군에 발견되어 체포되었는데, 군대가 성난 현지인들에게 맞아 죽지 않게 구해 준 쪽에 가까웠다.

그의 이름은 앨런 로렌스 포프로 플로리다주 마이애미 출신 CIA 요원이었다.[23] 하워드 존스는 모르고 있었지만, 프랭크 위즈너의 부하들은 1957년부터 적극적으로 반란군을 지원해 왔다.[24] 공산주의와 싸우는 존스와 위즈너의 상이한 접근법이 정면으로 충돌한 것이었다.

22 조종사 입장에서 서술된 포프의 암본 공격에 관한 기록은 Kenneth Conboy and James Morrison, *Feet to the Fire: CIA Covert Operations in Indonesia, 1957–1958* (Naval Institute Press, 1999), 115–140을 보라. 시장 폭격과 교인들의 죽음에 관해서는 Jones, *Indonesia: The Possible Dream*, 129를 보라. 토머스는 폭탄이 교회에 떨어졌다고 주장했다. Thomas, *The Very Best Men*, 158.

23 Conboy and Morrison, *Feet to the Fire*, 166.

24 "Indonesian Operation-Original Concept of Operation," CIA Library, 2002년 기밀 해제, www.cia.gov/readingroom/document/cia-rdp89b00552r000100040006-9

1957년, 병가에서 돌아온 후 위즈너는 덜레스 형제에게 반란은 예측 불가능할뿐더러 파괴적인 일이 될 가능성이 높다고 경고했다. 덜레스 형제는 이 조언을 무시하고 위즈너에게 인도네시아에서 반란을 지원하는 데 1천만 달러를 쓰도록 승인했다. CIA 조종사들은 당시 떠오르는 냉전 동맹이던 싱가포르의 비행장에서 인도네시아 정부를 박살내거나 인도네시아를 여러 개로 분리할 목적을 띠고 이륙했다. CIA는 하워드 존스의 전임자였던 존 무어 앨리슨에게는 이 비밀작전에 대해 알리지 않기로 했다. 위즈너가 쓴 대로 이 작전이 "대사의 부정적인 반응을 야기"할 수 있기 때문이었다. 그래서 앨리슨을 체코슬로바키아로 보내고 사정을 잘 모르는 존스를 데려온 것이었다.[25]

존스가 인도네시아인들에게 계속 미소를 짓는 동안, 미국 정부의 다른 기관에서는 작은 열대 섬들에 폭탄을 쏟아부었다. 존스는 인도네시아 신문 《빈탕티무르》(동방의 별)에서 이런 상황을 담은 만평을 보았다. 만평에는 존 포스터 덜레스가 권투 링 안에 서 있었다. 글러브 한쪽에는 "선의의 존스"라고 써 있고 다른 쪽에는 "살인자 포프"라고 써 있었다.[26]

CIA의 역사에서 이런 역학은 자주 반복될 것이다. CIA는 외교관들과 국무부의 전문가들 배후에서 움직인다. CIA가 성공하면 국무부는 CIA가 만들어 낸 새로운 상황을 지원해야 했다. 작전이 실패하면 요원들은 그냥 떠났고, 난처해진 외교관들이 뒷수습을 맡아야 했다.

25 Thomas, *The Very Best Men*, 158.

26 Jones, *Indonesia: The Possible Dream*, 130.

존스에게 벌어진 일도 그런 종류였다. 지금도 이해할 수 없는 일이지만, 어째서인지 앨런 포프는 체포 당시 자신의 신분을 밝히는 서류를 가지고 있었다. 그는 재판을 받았고 미국이 반란에 개입했다는 강력한 상징이자 인도네시아인 특히 좌파가 옳았다는 반박할 수 없는 증거가 되었다. 그런 가운데도 존스 대사는 포프 건을 포함해 미국이 인도네시아의 주권을 침해하는 어떤 작전도 벌이지 않았다고 단호하게 부인하는 성명을 발표하라는 명령을 받았다.

얼마 지나지 않아 존스는 인도네시아 총리에게 쌀 3만 5천 톤을 제공해도 좋다는 본국의 승인을 받았다. 여기에는 인도네시아 정부가 "국내에서 공산주의 확산을 저지하는 조치를 취해"야 한다는 조건이 붙었다.[27] 당근과 채찍이라 할 수 있겠지만 이 경우 채찍은 거의 감춰지지 않았다.

인도네시아에서 1958년 작전은 CIA 사상 가장 큰 작전이었으며 성공한 과테말라 쿠데타와 같은 양상이었다. 달리 말하면 자인과 같은 《하리안 라캬》 필자들이 4년 전 중앙아메리카의 사건들을 조심스럽게 보도하면서 걱정하던 정확히 그런 일이었다.[28]

그러나 이번 작전은 실패했다. 인도네시아군이 반란을 진압했고, 그 결과 군부 권력이 훨씬 강력해졌으며, 미국의 군사작전은 더 이상 없었다.

물론 수카르노는 심하게 배신당한 느낌이었다. 그는 그 배신감

27 Ibid., 135. 다른 자료들은 쌀 지원량이 3만 7천 톤이었다고 한다. 예를 들면 Thomas, *The Very Best Men*, 159와 Maior, *America's First Spy*, 251.

28 과테말라와 인도네시아에 대한 CIA의 이해와 작전 계획의 유사성에 관해서는 Maior, *America's First Spy*, 250을 보라.

을 아주 개인적인 방식으로 표현했다. "미국을 사랑하지만, 나는 실망한 연인이 되었다."[29]

존스는 위즈너가 지휘한 CIA 작전 때문에 아주 곤란한 입장에 처한 것이 불만이었다. 후일 그는 이 비극적이고 불합리한 작전의 실패를 돌아보며 합당한 설명을 찾기 위해 자기 조국의 본질로 되돌아갔다. 그는 "워싱턴의 정책 입안자들은 팩트를 공유하지도 상황의 진상을 제대로 파악하지도 않고 공산주의가 주요 의제라는 추측만 계속해 나갔다"라고 썼다. "이야말로 미국인의 너무나 흔한 약점이다. 갈등을 흑백논리로만 보는 것은 분명 청교도 선조들로부터 이어받은 유산이다. 미국인이 보는 세계의 풍경에는 회색지대가 없다. 선하거나 악하거나, 옳거나 그르거나, 영웅 아니면 악당만 있을 뿐이다."[30]

존스는 인도네시아가 공산 진영에 경제·군사 원조를 요청한 것은 미국으로부터 같은 종류의 도움을 받으려고 애쓰다 지쳐 버린 후에야 벌어진 일일 뿐이라고 강조했다.[31] 1955년에 소련이 상당한 원조를 제공하겠다고 했지만 인도네시아는 미국이 준 이상은 받지 않겠다며 엄격하게 중립적인 입장을 취했다. 그때조차 정부는 소련으로부터 무엇도 받지 않아야 하는 것 아닌지 확신하지 못해 망설였다. 1958년까지는 그랬다. 앨런 포프와 CIA 요원들이 인도네시아인을 산 채로 태워 버린 그해 이후로 인도네시아는 소련의 원조를 받기 시작한다.

29 Jones, *Indonesia: The Possible Dream*, 342.

30 Ibid., 121.

31 Ibid., 122.

위즈너의 부하들이 이란과 중앙아메리카에서 개발한 각본은 훨씬 더 큰 나라이자 국제 무대에서 핵심적인 역할을 해 온 인도네시아에서는 철저하게 실패했다. 미국 정부가 전 세계에서 가장 중요한 중립국을 침략한 사실이 가장 믿을 만한 방식으로 아시아에서 폭로된 것이었다. 미국 국내에는 거의 보도되지 않았지만, 제3세계 사람들은 이 사건을 잘 알았다.

프랭크 위즈너는 1958년 연말에 가까워지면서 점점 더 미치광이처럼 굴었다. 어쩔 때는 너무 흥분한 사람처럼 너무 빨리 말을 했다. 어쩔 때는 두 눈을 게슴츠레 뜨고 아무 말도 하지 않았다. 그는 조지타운의 정신과 의사를 찾아가 상당한 양의 약물을 처방받고 쇼크 요법을 받았다.[32]

존스는 미군의 파견 무관과 하타의 조언을 받아들였다. 존스는 미국 정부에 미국이 효율적이고 장기적인 반공 전략으로써 인도네시아군을 지원해야 한다고 강력하게 주장했다. 세계 사회주의의 발전을 저지하기 위해 인도네시아라는 나라를 여러 개로 나눌 수는 없는 노릇이므로, 주어진 조건 안에서 미국이 할 수 있는 방법은 그것이었다. 이 전략적 변화는 즉각 시작되어야 하며 매우 효과적이라는 것이 증명될 것이다.

그러나 뒤에서 CIA는 더 요란하고 거창한 계획을 세우고 있었다. 문화 쪽에서는 세계 곳곳의 문예지와 미술계에 자금을 대던 세계문화자유회의CCF를 통해, 조지 오웰의 《동물농장》과 유명한 반공 선집 《실패한 신》 같은 책을 인도네시아에서 출판하고 보급했

32 Thomas, *The Very Best Men*, 160; Maior, *America's First Spy*, 251–252.

다.[33] 그리고 수카르노 암살을 실제로 논의하기도 했다. 위즈너의 후임자인 부국장 리처드 M. 비셀에 따르면 이 계획은 암살을 맡을 "요원asset"을 정하는 단계까지 갔다가 중단됐다.[34] 대신 CIA는 수카르노를 닮은 사람을 비롯한 포르노 배우들을 고용해 성인 영화를 제작해서 그의 평판을 망가뜨리려는 기이한 시도를 했다.

CIA는 수카르노가 걸핏하면 혼외정사를 벌인다는 것을 알았다. 인도네시아인이라면 누구나 아는 사실이기도 했다. 인도네시아 지배층은 워싱턴의 언론사들이 존 F. 케네디 같은 바람둥이를 애써 보호하듯이 호색한 수카르노를 부끄럽게 여기거나 그 사실을 감추려 들지 않았다. 수카르노 지지자의 일부는 그의 바람기를 권력과 남성성의 징표로 보기도 했다. 수미야티와 그르와니 회원들처럼 수치스러운 결함이라고 여기는 이들도 있었다. CIA는 수카르노의 정체를 폭로할 수 있는 좋은 방법이라고 여겼다. 그리하여 헐리우드 영화 제작진까지 동원했다.[35]

CIA는 수카르노가 KGB 요원인 금발의 미녀 승무원과 정사를 가졌으며 따라서 부도덕하고 타협한 지도자라는 루머를 퍼트릴 작정이었다. 영화 제작자들(빙 크로스비와 형 래리)은 수카르노 역으로 "히스패닉 외모"의 배우를 고용하고 두꺼운 분장을 해서 인도네시아인처럼 보이게 만들었다. 또 배우를 대머리로 만들어 언제나 모자를 쓰는 수카르노가 실은 대머리라고 폭로해서 그를 더 망신

33 Simpson, *Economists with Guns*, 29–30.

34 "Summary of Facts, Investigating CIA Involvement in Plans to Assassinate Foreign Leaders," Executive Director of the CIA Commission, May 30, 1975, 4, www.archives.gov/files/research/jfk/releases/docid-32112745.pdf

35 Thomas, *The Very Best Men*, 158.

줄 생각이었다. 어린 사코노, 프란치스카 그리고 수백만 인도네시아 사람들이 수카르노를 국부로 여기고 흠모하는 마음을 박살내려는 의도였다.

그러나 그 영화는 영원히 공개되지 않았다. 그런 공작이 부도덕하거나 좋은 생각이 아니어서가 아니라 그 영화가 너무 별로여서 전혀 설득력이 없었기 때문이었다.[36]

서뉴기니

앨런 포프라는 대재앙 이후 인도네시아와 미국의 관계 또한 급격하게 얼어붙었고, 그런 상황을 풀어 나가야 할 사람은 존스였다. 카리스마와 에너지가 넘치는 수카르노는 쾌활한 신임 대사와 친구가 되고자 발빠르게 움직였다. 몇 달 지나지 않은 1958년 10월, 존스 대사 부부는 서부 자바 고산지대 푼착에 있는 별장으로 수카르노를 초대했다. 수카르노는 경호원 80명과 운전기사 20명을 대동하고 나타나 모두를 놀라게 하고, 즉각 존스를 수행하던 미군 해병들을 매료시키기 시작했다.

닭고기와 소고기 사테satay 꼬치, 각종 야채, 망고스틴, 파파야, 망고, 람부탄을 잔뜩 먹고 나서 수카르노는 음악과 춤을 청했다. 그가 요청한 말루쿠 음악은 CIA가 폭격한 암본과 그 주변 섬이 속

36 Smith, *Portrait of a Cold Warrior*, 238–240; and Robert Maheu and Richard Hack, *Next to Hughes: Behind the Power and Tragic Downfall of Howard Hughes by His Closest Advisor* (New York, NY: HarperCollins, 1992), 71–115.

한 지역의 것이었다. 곧 그 자리의 미국인과 인도네시아인 모두, 숟가락과 총검으로 주전자를 두들기는 소리에 맞춰 빙빙 돌며 땀에 젖어 몸을 흔들었다.[37]

이 새로운 우정은 1958년의 폭격(존스의 책임이 아님을 누구라도 아는)을 잊는 데 도움이 되었다. 그러나 미국과 인도네시아의 관계를 위협하는 것이 그 사건만은 아니었다.

동남아시아에서 탈식민화는 아직 끝나지 않았다. 1949년, 네덜란드는 결국 인도네시아 혁명가들에게 백기를 들며 기존 영토 거의 대부분의 통제권을 신생 공화국에 넘겼다. 그러나 네덜란드는 자바의 동쪽이자 오스트레일리아의 북쪽에 있는 섬의 거대한 영토, 곧 세계에서 두 번째로 큰 섬 뉴기니의 서쪽 절반은 포기하지 않았다. 지금 그대로도 인도네시아는 이미 믿을 수 없이 다양한 나라이지만, 파푸아(혹은 뉴기니) 사람들은 외모로나 문화적으로나 다른 섬 사람들과는 완전히 달랐다. 파푸아인은 피부색이 검고 머리카락은 곱슬이며, 네덜란드 식민 통치는 이 지역에 거의 영향을 미치지 못했다(네덜란드는 뉴기니섬 전체를 차지한 적이 없으며 지금은 파푸아뉴기니가 된 동쪽 절반은 당시에는 오스트레일리아의 영토였다).

수카르노에게 이 문제는 간단하기 짝이 없었다. 네덜란드는 자기 나라 네덜란드 말고 다른 곳에서는 아무 권한이 없다. 인도네시아는 민주적인 다종족 다민족 공화국이다. 인종은 물론이고 서뉴기니의 경제발전 수준 또한 문제될 것이 없다. 이 문제로 벌써 몇 년째 자카르타 정부는 네덜란드와 협상을 벌였으나 아무 성과를 얻지 못했다. 그러다가 수카르노는 1954~1958년, 이 문제를 유엔으로

37 Jones, *Indonesia: The Possible Dream*, chap. 9.

들고 갔다. 인도네시아에서 시위를 조직해서 네덜란드에 최대한 많은 압력을 가하겠다는 뜻이기도 했다. 미국은 서유럽의 중요한 냉전 동맹인 네덜란드와 소원해지기를 원치 않았으므로 인도네시아의 주장을 무시했다.

인도네시아인에게는 국가적 자존심이 걸린 문제였다. 1957년 말, 7년 동안 무시당한 것에 분통이 터진 인도네시아 정부는 남아 있던 네덜란드 국민을 전부 추방했다.[38] 이런 조치는 언제나 경제적인 대재앙을 몰고왔다. 독립한 지 겨우 8년차인 데다 공교육 체제를 이제 막 시작한 인도네시아는 수백 년간 식민주의 아래 세워진 기업을 운영할 인력을 아직 양성하지 못한 채였다.

프란치스카는 네덜란드인들이 떠날 즈음 갑자기 자신이 일하던 도서관과 그 주변이 처음으로 인도네시아인들로 채워졌다고 기억했다. 그의 조국은 20년도 채 안 되는 사이에 백인들의 교실에 극소수의 갈색 피부를 가진 학생만 있던 곳에서 이제는 동료 인도네시아인들로만 도서관을 운영하는 곳으로 빠르게 변신했다. 이곳이 이제는 셋으로 늘어난 아이들을 키울 세상이었다.

아이들의 이름을 지으면서 자인과 프란치스카는 지역적 전통과 국제적 이상을 섞었다. 첫째의 이름은 다마이아티 나니타였는데 다마이는 인도네시아어로 '평화'를 뜻한다. 프란치스카는 둘째의 이름을 유럽 시절 좋아하던 볼테르의 유명한 소설 《캉디드》를 따서 짓고 싶었다. 그래서 둘째는 칸디다 미라나가 되었다. 미라나는 자인이 러시아어로 '평화'를 뜻하는 미르를 따서 지은 것이고, 그렇게 자식들의 이름은 평화가 주제가 되었다. 셋째이자 첫 아들

38 Ibid., chap. 10.

은 프란치스카 가족의 말루쿠 전통을 따라 기독교 이름인 앤서니와 폴에 평화의 미르를 추가해 안토니 파울미로가 되었다. 이 아이들은 새 나라에서 태어난 인도네시아인 1세대였다.

프란치스카 가족이 살던 자카르타에서는 1945년에 토대를 둔 가치들을 보고 배우며 자라난 새 세대가 등장하고 있었다. 온갖 정치색의 학생, 노동자, 보통 사람들이 '제국주의'에 반대하는 온갖 형태의 시위를 벌였다. 하워드 존스는 바로 자기 집 앞에서 그런 이들과 마주쳤다.

자카르타에서 대학에 다니던 부유한 경제학도 베니 위디요노도 그런 시위에 참여했다. 시위대에 휩쓸려 (과거에는 워털루 광장이었던) 라팡안 반텡 광장까지 간 베니는 사방에서 벌어지는 운동에 감전된 듯한 충격을 받았다. 사람들이 스스로를 위해 일어나 완전한 독립을 **요구**했다. 서구 세력에 부탁하는 것이 아니라 당당하게 선언하고 있었다. 네덜란드 식민 시기에 조용히 사업을 시작해 일본 점령기에 고통받았던 베니의 부모는 불과 10여년 후 아들이 자카르타 거리에서 공공연히 제국주의를 반대하는 시위에 참여할 줄은 꿈에도 상상하지 못했을 것이다.

하워드 존스는 전국 방방곡곡을 돌며 인도네시아인들에게 네덜란드로부터 뉴기니의 독립이 정말 중요한 일이냐고 물었다. 그 대답에는 예외가 없었다. 인도네시아인에게 이 문제는 정말 중요한 일이었다. 그러나 그렇다고 해서 워싱턴의 입장이 달라지지는 않는다. 존스는 수시로 자신을 찾아와 정말로 궁금해서 이렇게 묻던 인도네시아인들에 대해 이야기했다. "우리는 정말 미국이 왜 그러는지 모르겠어요. 미국도 식민지였잖아요. 식민주의가 어떤 것인지 잘 알지 않나요? 자유를 위해 싸우고 피 흘리고 목숨을 바쳤잖아요. 그런데 어떻게 현상 유지를 지지하는 건가요?"

아시아에서 10년 넘게 미국을 대변해 온 존스로서는 할 말이 없었다. 미국의 행동거지는 그런 비판에 힘을 더 실어 주었으며 존스는 "우리 자신이 제국주의 세력이 되었다는 것"을 깨달았다.[39]

39 Jones, *Indonesia: The Possible Dream*, 181.

4 진보를 위한 동맹

베니

베니 위디요노는 1936년, 중부 자바 마글랑의 한 중국계 집안에서 태어났다. 중국인, 특히 남부 출신들은 수백년 전부터 동남아시아의 섬들로 이주하기 시작했다. 주로 기근과 환란을 피해서, 일자리 혹은 적어도 언제나 따뜻해서 배가 고프면 코코넛을 따서 먹을 수 있는 땅을 찾아서였다. 중국계 중에는 이르게는 11세기부터 동남아시아로 건너온 이들도 있었고 이주의 물결은 아주 최근까지도 이어졌다.[1]

동남아시아 전역에서 중국계는 노동자나 장사치 혹은 작은 사업가가 되었다. 일부는 상당한 부를 쌓아 신흥 사업가 계급의 최상층에 오르기도 했다. 근세 동남아시아 사회에서 중국계의 위치는 아주 넓은 의미에서 유럽의 유대인과 견주어지기도 했다. 중국계는 이주민인 데다 농민도 왕족도 아니어서 봉건제 안에서 확실한 지위가 없어 열심히 일해야 했고, 그 결과 후일 자본주의가 발전하면서 급속도로 성장하게 될 산업으로 일찍부터 유입될 수밖에 없었다.

1 중국인의 동남아시아 이주에 관해서는 Reid, *A History of Southeast Asia*, 특히 81–85, 191–195를 보라. 베니 위디요노의 삶에 관한 모든 정보는 인터뷰를 통해 얻은 것이다.

그들은 지나치게 부유해서만은 아닌 이유로 주기적인 인종주의적 폭력을 겪었고, 그 때문에 중국인 구역에 모여 살았는데, 그것 때문에 더 수상해 보였다.

베니의 부모는 가게 주인 정도가 아니었다. 그들은 훨씬 더 부유했다. 아버지는 담배 농장을 운영했다. 담배는 지금도 인도네시아에서 가장 중요한 작물 중 하나다. 그는 일본 점령기에 장제스의 국민당에 후원금을 보낸 죄로 옥살이를 하며 고문을 당해 장애를 얻었다. 그러나 네덜란드가 떠나자 사업은 다시 활기를 띠었고 노동자를 많이 고용할 수 있었다. 어린 시절 베니는 자바인 노동자들이 밤새도록 농장을 돌며 자기 몸뚱이보다 더 큰 자루를 나르는 것을 보았다. 노동자들은 임금 인상을 간청했지만, 농장주에게는 그럴 마음이 없었다. 베니의 아버지는 이 지역의 유일한 고용주였고 노동자들에게는 다른 일자리를 찾을 방법이 없었다.

베니는 따뜻하고 상냥한 얼굴의 소유자이며 인생의 어리석음을 기꺼이 웃음으로 응대하려는 사람이다. 그러나 그때의 장면들은 그의 가슴에 박혀 버렸다. 그는 인도네시아 최고 석학들 밑에서 경제학을 공부하러 자카르타로 떠났다. 그리고 착취와 독점, 축적과 이윤에 대해 배우기 시작했다. 그 후로 방학 때마다 집에 돌아오면, 베니와 아버지는 자식을 대학에 보냈거나 자신이 대학에 들어간 이들이라면 익숙할 종류의 논쟁을 벌이곤 했다.

베니는 새로 배운 급진적 사상을 적용해 아버지를 착취 계급이라고 불렀다.

"그랬다가 집에서 쫓겨날 뻔했지요!" 훗날 베니는 그 일을 기억하며 웃음을 터트렸다. 경제학을 전공한 것은 가족 사업을 물려받기 위한 것이었는데, 최신 좌파 사상을 배워 와서는 가업을 잇기에 자신은 너무 선량한 사람이라고 주장했던 것이다. 그러나 결국 아버지와 아들은 싸우기를 그만두고 다른 친척이 사업을 맡기로 하면서 문제는 일단락됐다.

아버지는 유교를 숭상했지만, 베니는 가톨릭 신자로 자랐다. 베니는 어머니의 종교를 따라 자카르타의 명문 가톨릭 고등학교에 다녔다. 학생들은 모두 부유했고 대부분 반공주의자였다. 완전히 보수적인 친구들도 있었다. 그러나 정치색과 상관없이 거의 모두가 수카르노를 그리고 국제적 제국주의에 맞서는 혁명을 지지했다. 자카르타의 학교에서는 우익에 가까운 학생들도 인도네시아 혁명의 지도자들을 지지하고 그들의 신생 민주주의를 무척 자랑스럽게 여겼다.

그러나 베니가 대학을 졸업한 1959년, 인도네시아 민주주의의 성격은 달라졌다. 크게 뒷걸음질쳤다.

CIA가 지원한 지역 반란들이 진압되고 몇 달 지나지 않아 수카르노는 수년간 논의해 온 '교도민주주의Guided Democracy'라는 체제를 도입하겠다고 선언했다. 이 체제는 자유민주주의의 약점에 대한 일종의 국가 차원의 응답이었다. 수카르노는 서구에서 수입된 자유주의와 정당민주주의가 모든 이들이 이전투구하며 저마다 자신의 이기적인 이해를 위해 싸우게 만든다고 했다. 그런 것은 인도네시아식이 아니라고 그는 주장했다.[2] 수카르노는 모두가 한자리에 모여 신중하게 논의한 후 저마다 할 일을 정하는 전통적인 마을 원로회에 바탕을 둔 의사결정 과정을 원했다. 마을의 전 구성원이 함께 일하는 전통을 가져와 고통로용Gotong Royong 내각이라고 부를, 모든 정

2 Legge, *Sukarno*, 282–283.

당을 대변하는 각료가 있는 내각과 노동자, 농민, 지식인, 각 종교, 사업가 등 시민 집단을 대변하는 "국가위원회"를 두겠다는 것이었다. 이런 구상 속에서는 소수 의견도 절대 배제되지 않는다는 것이 수카르노의 주장이었다.

그러나 이 체제를 시작한다고 선언한 1959년 7월, 수카르노는 초헌법적 권한을 휘둘렀다. 그는 자신을 정부의 지도자로 공고히 하고, (1955년 CIA 자금을 받고 지역 반란을 지원했던 이슬람 정당) 마슈미와 사회당 등 주요 정당을 이 새로운 체제에서 실질적으로 배제했다. 수카르노 대통령 아래서 서구식 선거는 다시는 없을 것이다.

워싱턴의 일부 인사들은 이렇게 인도네시아가 반자유주의적 포퓰리즘으로 치닫는 상황을 자신들의 수카르노 정부에 대한 반감을 사후적으로 정당화하는 핑계로 이용했다. 그러나 교도민주주의로의 전환은 CIA가 인도네시아를 폭격하고 그 지도자를 죽일 궁리를 한 이후 벌어진 일이다. 또한 미국 정부가 동남아시아에서 가장 미워했던 PKI는 민주적 선거가 계속되기를 가장 바라던 정치집단이었다.[3] 그들이 선거를 계속 원했던 이유는 간단했다. 공산당이 선거에서 점점 더 좋은 결과를 내고 있기 때문이었다. 싱가포르의 영국 정보부는 1958년에 선거가 있었다면 공산당이 최다 의석을 차지했을 것이라고 분석하기도 했다.[4]

예정된 1959년 선거를 취소하게 만든 것은 인도네시아 최대 반공 세력인 군부였다. 군부는 존스 대사의 제안 이후 미국과 점점 더

3 Jones, *Indonesia: The Possible Dream*, 242; Mortimer, *Indonesian Communism under Sukarno*, 120–122.

4 Telegram 272 from Singapore to the Foreign Office, April 25, 1958, Records of the Prime Minister's Office (PREM) 11-2370, UK National Archives, Simpson, *Economists with Guns*, 35 재인용.

긴밀한 협력관계를 발전시켜 나가던 중이었다.[5] 지역의 분리주의 반란은 지난 2년 사이 인도네시아 사회에서 군대의 영향력을 엄청나게 키워 주었다. 군대는 반란군을 진압하기 위한 비상 권력을 부여받았고, 중앙정부에 맞선 반란을 진압하는 데 성공하자 나수티온 장군 휘하 군의 특권은 더욱 강력해졌다.[6] 교도민주주의가 시행되면서 군대는 인도네시아 사회에서 핵심 권력 중 하나가 되었다. 수카르노는 자신의 오른쪽에는 군대, 왼쪽에는 공산당을 두고 각 정치 세력이 서로 견제하게 두면서 권력의 미묘한 균형을 조율했다.

미국 정부는 존스의 조언대로 인도네시아 군부와 긴밀한 관계를 유지하며 반공 전선을 결성하고자 했다. 1953년과 1954년에는 인도네시아군 장교 여남은 명이 미국에서 교육을 받았으나 앨런 포프가 암본을 폭격한 1958년에는 단 한 명도 없었다. 1959년에는 0에서 41명으로 늘었고, 1962년경에는 1천 명 이상이 작전, 정보, 보급 등을 포트 레번워스 육군 기지에서 배우고 있었다.[7]

이 새로운 접근법은 당시 미국에서 힘을 얻어 가던, 민주주의가 침해받는다 해도 제3세계 군대가 더 많은 권력과 영향력을 가져야 한다는 견해와 딱 들어맞았다. 1950년대에 근대화론이라고 부르던 학술 이론이 워싱턴에서도 힘을 얻기 시작했다. 근대화론은 기본적으로는 사회가 단계적으로 진보한다는 마르크스주의 공식을 따르지만, 그 이론이 탄생한 반공적·자유주의적 미국이라는 환경의 영

5 Jones, *Indonesia: The Possible Dream*, 160.

6 Legge, *Sukarno*, 297.

7 Bryan Evans III, "The Influence of the United States Army on the Development of the Indonesian Army (1954–1964)," *Indonesia* 47 (April 1989): 27, 44.

향을 강하게 받았다. 근대화론을 개척한 사회과학자들은 '전통적' 원시사회는 특정한 단계들을 거쳐 진보하는데 미국과 비슷한 '근대' 사회에 당도하는 것이 이상적이라고 보았다.[8]

테크노크라트적이며 포퓰리즘에 반대하는 근대화론은 가능할 때는 민주주의를 지지했지만, 그 주창자들은 점차 "근대성"을 향한 힘겨운 도약을 이룰 핵심 세력으로 친미 장군들 같은 단호한 지배층이 낫겠다는 결론에 도달했다.

1959년, 미 국무부는 이 논리에 따른 대규모 연구를 마쳤다. 이 연구는 라틴아메리카의 최근 역사가 "후진적 사회가 사회 경제 혁명으로 가려면 독재가 필요하다는 것을 보여주며… 발전 문제가 더 첨예해질수록 군사독재로 가는 경향이 가속화될 것"이라고 주장했다. 이 보고서를 대통령과 의논하고 그 결론에 찬사를 퍼붓기 위한 국가안보위원회가 소집됐다. 특히 인도네시아에서는 군대를 미국 자신과 거의 동일시하기 시작했다. 곧 군대는 공산주의에 맞서는 수호자이자 근대화를 추진하는 정치적 경제적 권력이었다.[9]

동시에 여러 장학금과 지원 프로그램을 통해 인도네시아 젊은 이들을 미국의 대학으로 보냈다. 그렇게 해서 젊은 지식인들에게 미국이 어떻게 돌아가는지 보여주고, 그들이 친미 사상을 가지고 귀국하기를 바랐다. 1956년부터 포드 재단은 젊은 인도네시아 경제학

8 근대화론의 지성사에 관한 걸작에서 닐스 길먼은 근대화론이 소련의 매력적인 제3세계 발전 모델에 대한 대응이었으며 여러 측면에서 반공주의를 "매카시의 히스테릭한 빨갱이 사냥 포퓰리즘에서 사회과학적으로 인정할 만한 정치적 위치"로 올려놓았다고 설명한다. Nils Gilman, *Mandarins of the Future: Modernization Theory in Cold War America* (Baltimore, MD: Johns Hopkins Press, 2003), loc. 221 of 4567, Kindle.

9 Simpson, *Economists with Guns*, 36.

도를 위한 펠로우십을 제공했다.[10]

1959년에 베니는 미국에서 공부할 수 있는 장학금을 받게 됐다. 그 자신도 깜짝 놀랄 일이었다. 인도네시아에서의 미래가 불확실한 데다가 가족과의 갈등도 해소되지 않았던지라 그에게는 참으로 다행스런 일이기도 했다. 그러나 염원하던 캘리포니아는 아니었다. 로렌스에 있는 캔자스대학교에서 공부하는 조건으로 장학금을 받았던 것이다. 그때까지 베니는 인도네시아 밖으로는 한번도 나가 본 적 없었다.

그는 고등학생 때 사귀던 여자친구에게 미국은 좀 이상하다는 내용의 긴 편지를 보냈다. 무슨 이유에서인지 경제학 석사과정 대학원생이 체육 교육 수업을 들어야 했다. 한편, 미국인들은 고기를 엄청나게 먹어 댔는데 그건 별일은 아니었다. 하지만 캔자스 사람들이 음식을 먹으면서 큰 잔에 든 우유를 마시는 것은 결코 이해할 수 없는 일이었다. 베니의 생활은 가난한 대학원생의 전형이었다. 우중충한 기숙사에 살면서 수업과 끝없는 연구 속에서도 틈틈이 즐거운 시간을 가져 보려 애썼다. 베니와 인도네시아인 유학생들은 인도네시아 음식을 먹고 싶었지만 캔자스에는 그런 것이 없었다. 베니는 친구들에게 작은 캠퍼스타운에는 미국식 "엉망진창 중국 식당"이 하나 있을 뿐이라고 말했다.

한데 로렌스는 인도네시아 장교들이 훈련받던 포트 레번워스 기지에서 차로 40분밖에 걸리지 않는 곳이었다. 거기다 미국 정부는 군인들을 아주 잘 대우해 주었다. 베니와 가난한 학생들이 보기에 군인들은 칙사 대접을 받는 듯했다. 차도 있고 돈도 있던 군인들

10 Ibid., 19.

은 대학 도시까지 차를 몰고 와서는 미국 정부가 준 돈으로 최고급 식재료를 사고 인도네시아 음식을 만들어 기숙사에서 잔치를 벌여 주었다. 군인들은 대부분 장군들로 일부는 CIA가 꾸민 지역 반란을 진압한 전과도 있었다. 젊은 학생들과 군인들은 정치에 대해 많이 이야기하지는 않았지만, 대학원생들이 보기에 그 모두는 베니의 표현에 따르면 "반수카르노 장군으로 길들이기" 위한 것이었다. "그 사람들은 잘 훈련받고 미국화되었어요. 상당수가 캔자스에 와서 반공주의자가 되었거든요."

학생들과 군인들은 고국의 음식과 향수를 나누며 어울렸다. 가끔 술에 취해 시내로 놀러 나가기도 했다. 이 인도네시아 남자들은 한데 어울려 캔자스시티로 가서 스트립클럽에 가기를 좋아했다. 인도네시아는 청교도적인 나라는 아니지만 이런 종류의 쇼를 보기는 어려운 곳이었다.

베니는 또 다른 미국적 스펙터클도 목격했다. 본토에서 미국 대선 과정을 지켜봤던 것이다. 그가 도착한 지 얼마 안 됐을 때 대통령 선거가 있었다. 이 선거에서 존 F. 케네디가 리처드 닉슨을 이겼다. 베니와 친구들은 1960년 9월 26일의 그 유명한 텔레비전 토론을 함께 보았다. 토론에서 케네디는 당당하고 매력적인 데다 텔레비전 토론에 완벽하게 준비된 모습이었던 반면, 닉슨은 고리타분했고 진땀을 흘리며 고전했다. 뿐만 아니라 불안정한 경제 상황, 소련에 대한 불안, 부통령 후보 린든 B. 존슨이 남부에서 가진 영향력, 소수 인종 유권자의 지지 또한 케네디의 승리를 거들었다. 하지만 아슬아슬한 승리였다. 총 6900만 표 중 케네디가 얻은 표는 닉슨보다 겨

우 11만 표 더 많았다.[11]

파트리스, 잭, 피델, 넬슨, 나수티온, 사담

미국은 청교도적이던 아이젠하워의 후임자로 수카르노 같은 바람둥이 케네디를 대통령으로 뽑았다. 케네디와 수카르노는 곧 만나 화기애애한 시간을 보내게 된다. 케네디의 선거는 미국의 외교 정책, 특히 제3세계 정책에 큰 변화를 예고하는 듯했다. 많은 인도네시아인이 그랬듯이 수카르노 역시 젊은 케네디를 식민주의와의 싸움에서 흔치 않은 동맹으로 보았다. 케네디가 프랑스의 알제리 식민 통치를 맹비난한 일에 대해 읽어 본 적이 있었기 때문이었다.[12]

대통령 후보 케네디는 물론 확고한 반공주의자였다. 그가 선 곳은 미국이었다. 그러나 그는 취임 연설에서 제3세계를 향해 맹세했다. "지구상의 절반을 차지하는 세계 곳곳의 오두막과 마을에서 집단적 고난의 사슬에서 벗어나고자 투쟁하는 이들에게, 아무리 오랜 시일이 걸리더라도 그들이 자립할 수 있도록 최선을 다할 것을 우리는 맹세합니다. 공산주의자들이 그렇게 하기 때문도 아니고, 그들의 표를 얻기 위해서도 아닙니다. 그것이 옳기 때문입니다. 자유 사회가 빈곤한 다수를 돕지 못한다면, 부유한 소수도 지킬 수 없습니다. 특별히 국경 남쪽의 중남미 우방들에게 진보를 향한 새로운 동맹을

11 Dallek, *An Unfinished Life*, 294.

12 Telegram 2154 from Jakarta to State, January 25, 1961, RG 59, Central Files, 611.98/1-2561, NA. Simpson, *Economists with Guns*, 39 재인용.

통해 우리의 말을 올바른 행동으로 실천할 것을 맹세합니다."[13]

그렇다고 케네디가 미국을 처음부터 다시 시작할 것은 아니었다. 그는 기존 국가 체계와 전 세계에서 진행 중인 CIA의 작전들도 함께 물려받을 것이다. 취임식을 사흘 앞두고 그가 아직 저 이상적인 연설문을 쓰고 있던 1961년 1월 17일, 전 세계는 그 사실을 극명하게 떠올렸다. 콩고의 젊고 열정적이고 인기 있는 총리 파트리스 루뭄바가 처형당하는 사건이 벌어졌다.

루뭄바는 10년 전 인도네시아보다 더 혼란스러웠던 콩고의 탈식민 과정 중에 총리가 되었다. 벨기에의 지배가 종식되자 콩고에서는 몇몇 지도자들이 나서 저마다의 정부를 꾸리려고 했다. 열정적인 루뭄바는 콩고 전역에 송출되는 라디오 전파에서 빠른 어조의 연설로 유명해졌다. 콩고가 독립하자 루뭄바는 스푸트니크 위성에 비견됐고, 보통 사람들은 그가 우주적 반전을 가져오길 기대했다.[14]

사실 쾌활한 루뭄바는 좌파라기보다는 고전적인 자유주의자에 가까웠다. 그는 자주 보타이를 매고 유럽식 정장을 차려 입는 콩고 에볼루에évolué[벨기에령 콩고에서 교육받아 프랑스어를 구사하고 사무직에 종사한 원주민 신흥 중산층_옮긴이] 계급의 일원이었고, 경제적 민족주의자이지 국제주의 혁명가는 아니었다. 흐루쇼프조차 "루뭄바는 딱 내가 가톨릭 신자인만큼만 공산주의자"라고 보았을 정도였다.[15]

그러나 이 젊고 경험 없는 정치인은 선거 몇 달 후, 적어도 전

13 John F. Kennedy Presidential Papers, President's Office Files, Speech Files, Inaugural Address, January 20, 1961, www.jfklibrary.org/asset-viewer/archives/JFKPOF/034/JFKPOF-034-002

14 Van Reybrouck, *Congo*, 259.

15 Ibid., 299.

지구적 냉전 상황에서는 치명적인 실수를 저질렀다. 벨기에 군대(와 광업계)가 카탕가주의 분리 독립을 지원하자 루뭄바는 유엔에 도움을 청했다. 유엔이 강경한 말만 내세울 뿐 별다른 도움을 주지 못하자, 절박했던 루뭄바는 자신에게도 무력이 필요하다고 생각하게 된다. 그리하여 1960년 7월 14일, 루뭄바는 소련 정부에 도움을 청하는 전보를 보냈고, 이 전보는 곧장 CIA 손에 들어갔다.

다비트 판 레이브라우크가 콩고의 파란만장한 역사에 관한 저서에서 지적했듯이 "그 움직임의 중요성은 아무리 강조해도 지나치지 않다. 이 전보가 단숨에 냉전의 새로운 전선, 아프리카를 열어젖혔다." 루뭄바와 참모들이 그 전보가 가져올 충격이 어떤 것인지 알았을까? "아마 몰랐을 것이다. 경험이 부족한 그들로서는 콩고의 탈식민화 과정에서 벌어진 분쟁을 해결하기 위해 외국의 지원을 얻고자 했을 뿐이었다."[16]

그러나 루뭄바의 실수는 그뿐만이 아니었다. CIA에 떠도는 소문에 따르면 그는 워싱턴에서도 큰 실수를 저질렀다. 워싱턴에서 광분의 회의를 마친 후, 루뭄바는 사적인 부탁을 했다. 4년 전 수카르노가 그랬듯 루뭄바도 성노동자를 불러 달라고 했다. 이 일로 안 그래도 루뭄바를 탐탁치 않아 하던 미국 관료들은 그에게 "혐오감"마저 갖게 되었다. 20세기 중반의 미국은 흑인 남성이 백인 여성에게 휘파람을 부는 수준의 성적 위반을 저질렀다는 혐의만으로도 잔인하게 고문당하고 살해당하던 곳이었다. 미국 정부는 루뭄바가 정치적 견해를 밝히는 방식 또한 못마땅했다. 국무부 차관 C. 더글러스 딜런은 "그자는 나로서는 메시아적이라고 할 수밖에 없는 이상한

16 Ibid., 296–298.

열정에 사로잡혀 있었다"라고 했다.[17] 신임 CIA 기획 부국장 리처드 M. 비셀은 그를 "미친 개"라고 불렀다. 7월 21일, 앨런 덜레스는 루뭄바가 "공산주의자들에게 매수"됐다고 봐도 된다고 말했다.[18]

8월 25일 백악관의 명령이 떨어지자, CIA는 암살 계획을 세웠다.[19]

비셀은 CIA 소속 과학자 시드니 고틀립 박사에게 독극물을 준비하라고 요청했다. 고틀립은 악명 높은 MK 울트라 계획, 곧 미국의 흑인 빈민들을 납치해 LSD를 투약한 후 이들의 정신을 통제할 수 있는지 알아보는 인체 실험 프로젝트의 지휘자였다.[20] 처음에 CIA는 루뭄바의 음식이나 치약에 독극물을 주입할 계획을 세웠다.[21] 그러나 이 계획이 흐지부지되자 CIA는 루뭄바를 유엔의 보호 밖으로 끌

17 "Alleged Assassination Plots Involving Foreign Leaders, an Interim Report of the Select Committee to Study Governmental Operations with Respect to Intelligence Activities," US Senate, November 20, 1975 (US Government Printing Office, Washington, DC: 1975), 53, at www.intelligence.senate.gov/sites/default/files/94465.pdf.

18 Thomas, *The Very Best Men*, 221. Senate Report, "Alleged Assassination Plots Involving Foreign Leaders," 57도 보라.

19 8월 26일, 덜레스는 루뭄바 "제거"가 급선무임을 강조하는 전신에 서명했고, 콩고의 CIA 요원들은 이를 "대통령이 루뭄바가 죽기를 원한다고 암시하는 암묵적 수단"으로 여겼다. Senate Report, "Alleged Assassination Plots Involving Foreign Leaders," 15–16을 보라.

20 MK 울트라 계획에 관해서는 Thomas, *The Very Best Men*, 211–212와 Stephen Kinzer, *Poisoner in Chief: Sidney Gottlieb and the CIA Search for Mind Control* (New York, NY: Henry Holt and Co., 2019)을 보라. 현재는 이 불법 실험 관련 비밀 해제된 정보가 상당히 많다. 이 실험은 거대한 국제 작전으로 10년 넘게 진행되었으며 성매매 중 자신도 모르게 "실험 대상"이 된 이들(토머스에 따르면 대부분 흑인이었으나 전부는 아니었다)에 대한 실험 외에도 죄수, 마약 중독자, CIA 직원들을 대상으로도 실험을 벌여 끔찍한 결과를 야기했다. 고틀립이 외국의 지도자 암살용으로 독을 준비한 것은 처음이 아니었다. 1955년 반둥 회의에 참석한 저우언라이의 음식에 넣을 독을 준비하기도 했으나, 이 작전은 실행되지 않았다. Kinzer, *Poisoner in Chief*, 133–134를 보라.

21 Van Reybrouck, *Congo*, 304.

어내 콩고의 라이벌들이 그를 죽일 수 있게 하는 작전을 벌였다.[22] 결과적으로 CIA는 직접 손을 쓰지 않고도 원하는 바를 이뤘다. 루뭄바는 11월 22일 총회 표결에서 패배해 유엔의 인정을 잃고 닷새 후 가택연금 중이던 레오폴드빌에서 탈출했다. 그의 옛 친구이자 CIA가 지원한 콩고 육군 참모총장 조제프 모부투에게 충성하는 군대가 루뭄바를 추적해 납치한 뒤 카탕가의 친벨기에 반군에게 넘겼다. 벨기에인 네 명과 한 패인 카탕가 반군들은 루뭄바를 차 뒷칸에 싣고 근처 얕은 우물가에 내려놓았다. 반군은 루뭄바를 총으로 세 번 쏘고 시신을 묻었다.[23]

루뭄바의 죽음은 전 세계에 파장을 일으켰다. 오슬로, 텔아비브, 빈, 뉴델리의 거리에서 시위가 벌어졌다. 카이로, 바르샤바, 베오그라드에서 벨기에 대사관이 공격받았다. 소련 정부는 한 대학 이름을 루뭄바대학교로 개명했다. 모부투는 이렇게 사하라 이남 아프리카에서 두 번째로 큰 나라를 차지하고는 정적들을 공개적으로 처형하고서 독재정권을 세웠고, 그렇게 콩고는 아프리카에서 가장 친미적인 냉전 동맹이 되었다.[24]

그러나 집권 첫 달 내내 케네디의 가장 큰 관심사는 플로리다에서 150킬로미터밖에 떨어지지 않은 작은 나라 쿠바였다.

1959년 1월, 피델 카스트로의 게릴라 부대가 바티스타 독재정권을 무너뜨렸을 때, 카스트로는 공개적으로 공산주의를 천명하지도 소련과 동맹을 맺지도 않았다. 물론 카스트로의 곁에는 체 게바라가

22 Thomas, *The Very Best Men*, 222–224.

23 Van Reybrouck, *Congo*, 306–308.

24 Ibid., 336–339.

있었다. 헌신적인 마르크스주의자 체 게바라는 1954년 과테말라 쿠데타를 지켜보며 미국을 믿을 수 없다고 결론 내린 바 있었다. 체 게바라는 자본주의적 제국주의capitalist imperialism는 어떤 민주적 사회주의 정부와도 전쟁을 벌일 것이므로 제3세계 혁명가들에게는 무장투쟁과 엄격하게 통제되는 국가만이 유일한 선택지라고 생각했다. 그럼에도 카스트로는 초반에는 미국과 좋은 관계를 유지하기를 원했고, 미국 정부 요인 중 일부는 카스트로의 승리를 반기기도 했다. 그런 희망은 오래가지 못했다. 미국 정부는 카스트로가 농지 개혁과 국유화에 착수하자 가혹한 무역 규제로 대응했고, 쿠바는 절실했던 연료 수입을 위해 소련 쪽으로 기울었다.

선거운동 중에 케네디는 쿠바를 무르게 대한다고 아이젠하워를 공격했었다.

케네디 취임 이전부터 계획된 피그스만 침공은 두 가지 이유에서 미국과 케네디에게 참사였다. 첫 번째 이유는 관료주의적 실패였다. CIA는 대통령과 작전 성공의 가능성에 대해 소통하는 것은 물론이고 쿠바인 용병들이 쿠바 해안에 상륙한 후 반카스트로 봉기를 선동하는 데 필요한 지원을 합의하고 전달하는 데도 실패했다. 작전 준비만으로도 온갖 문제가 벌어졌다. CIA는 작전 취소도 고려하긴 했으나 과테말라에서 훈련시키던 용병들이 해산될 경우 케네디 대통령을 공개적으로 비난할 것이라고 경고했다.[25] 그리고 과테말라에서는 쿠바인 용병들의 존재가 여론을 자극해 친미 독재정권에 대한 군사 반란으로까지 이어졌다. 1954년 쿠데타 이래로 서서히 끓어오른 격렬한 전쟁이 폭발한 것이었다. 두 번째 이유는 미국이 쿠바에

25 Dallek, *An Unfinished Life*, 357.

서 반공 반란이 벌어지면 쿠바인들이 진심으로 동참할 것이라고 믿었기 때문이다.

그러나 케네디 취임 후 석 달이 지난 1961년 4월, 미국의 예상과는 정확히 반대의 일이 벌어졌고 용병들은 즉각 체포됐다. 체 게바라가 재무장관으로서 고난의 시간을 보내는 등 사회주의 국가를 빠르게 건설하는 법은 잘 몰랐을지 몰라도, 과테말라에서 직접 목격했던 것과 같은 미국의 작전에 무방비 상태로 나라를 내버려둘 만큼 안이한 인물은 결코 아니었다.

쿠바를 더 압박하거나 완전히 다른 전략을 개발했더라면 지난 수년간 라틴아메리카의 여러 정부를 전복했던 것처럼 카스트로도 실각시킬 수 있었을 가능성이 아주 높아 보인다. 그러나 피그스만의 실패가 너무나 굉장하고 너무나 명백했던지라 미국은 손발이 묶여 버렸다. 가진 패를 다 써 버려서 이제 아무 것도 공개적으로 시도할 수 없게 되어 버린 것이었다.

피그스만 공격 후 며칠 동안 주변에 있던 모두에게 케네디가 "비통과 울분"에 차 있음이 명백했다. 국무부 차관 체스터 볼스는 케네디가 분명 "엄청난 충격을 받았다"라고 말했다. 케네디 자신도 이 사건이 자기 인생 최악의 경험이라고 밝혔다.[26] 그는 개인적으로 이 침공으로 희생된 이들에게 죄책감을 느끼기도 했다. 그리고 이 일은 국가적 망신이었다. 피그스만 침공 이후, 이상주의로 출발한 케네디 재임기는 두 가지 측면에서 달라졌다. 먼저 케네디는 위즈너의 CIA 그리고 CIA가 그에게 물려준 문제들을 처리해야 했고, 이제는 그 자신이 공산주의를 무르게 대한다는 비판을 받으며 통치를

26 Ibid., 367.

해 나가야 했다.

심지어 흐루쇼프마저 쿠바 일을 가지고 케네디를 놀릴 정도였다. 그는 케네디에게 카스트로가 공산주의자는 아니지만 "당신이 그를 훌륭한 공산주의자로 만드는 길에 올려놓았다"라고 했다. 흐루쇼프는 공산주의 동맹들에게는 케네디가 미국의 거대한 군산복합체와 대적하기에는 역부족이지 않은지, 젊은 대통령이 미국의 "어두운 세력들"을 막지 못한 것은 아닌지 걱정된다고 털어놓았다.[27]

피그스만 침공이 있고 겨우 나흘이 지나 케네디가 아직 이 모든 일을 수습하기 전, 수카르노가 미국을 방문했다. 인도네시아 대통령의 눈에 피그스만에서 벌어진 일과 1958년 인도네시아가 겪었던 일은 다르지 않았다. 그러나 예의 바른 자바인인 수카르노는 그 일을 거론하지 않았다. 대신 백악관은 존스의 주인도네시아 대사관이 조언한 대로 수카르노를 요란하게 환영하는 한편 그의 "지칠 줄 모르는, 계속 여자를 불러 달라는 요구"를 들어 주었다.[28] 수카르노는 서뉴기니에 대한 케네디의 의견을 바꾸지는 못했으나 새 대통령에 대해 깊은 인상을 받았으며, 케네디가 수카르노를 가리켜 "불가해한 아시아인"이라고 칭했다 한다.[29]

케네디는 수카르노와 만나고 얼마 지나지 않아 자카르타의 하워드 존스에게 서신을 보내 인도네시아에서 존스가 "미국의 모든 기관"을 포함한 미국의 존재를 책임진다고 못박았다.[30] 이 조치는 확

27 Zubok and Pleshakov, *Inside the Kremlin's Cold War*, 245–253.

28 Simpson, *Economists with Guns*, 51.

29 Jones, *Indonesia: The Possible Dream*, 197.

30 Ibid., 144.

실히 피그스만의 실패 이후 CIA의 외교권을 박탈하려는 시도의 일환이었다.

동남아시아의 다른 곳에서도 CIA의 움직임은 노골적이었다. 캄보디아에서는 미국의 비밀 음모가 발각되면서 이 지역에서 미국에 대한 신뢰가 심각하게 훼손됐다. 수년간 노로돔 시아누크는 자신이 중립적 입장을 취해 왔다는 이유로 미국이 자신을 제거하려고 한다며, 아이젠하워의 반공주의를 맹렬하게 비난해 왔다. 당시에 시아누크의 주장은 너무 터무니없는 것으로 여겨졌다. 그러나 그가 옳았다. 1959년에 한 CIA 요원이 시아누크의 내무부 장관에게 접근해 쿠데타를 일으키려고 했지만, 그 시도는 실패했다.[31]

남베트남의 응오딘지엠 정부도 미국의 승인을 받아 캄보디아에서 쿠데타를 시도했다가 실패했다. 몇 달이 흐른 뒤 시아누크는 선물을 받았다. 상황을 무마하려는 시도였을지도 모른다. 그러나 시종이 선물 상자를 열자 폭탄이 터졌고, 두 사람이 죽었다.[32] 시아누크를 제거하려는 세 번째 시도인 상자 폭탄의 발신지를 추적했더니 사이공에 있는 미군 기지가 나왔다. 폭탄에 대해 미국이 몰랐을지도 모른다. 그러나 워싱턴의 승인을 받지 못하리라고 여겼다면 남베트남인들이 이런 짓을 저질렀을 리 없었으며, 이런 역학은 냉전 내내 반복되었다. 미국의 개략적인 음모는 미국이 예견한 대로 진행되지 않을 때가 많았다. 어쨌거나 시아누크와 미국의 관계는 회복 불가능

31 Philip Short, *Pol Pot: Anatomy of a Nightmare* (New York: Henry Holt, 2004), 124–128[국역: 《폴 포트 평전: 대참사의 해부》, 이혜선 옮김, 실천문학사, 2008, 242~247쪽].

32 Prince Norodom Sihanouk, *My War With the CIA: The Memoirs of Prince Norodom Sihanouk, as related to Wilfred Burchett* (London: Penguin, 1974), 110.

한 수준으로 악화되었다.[33]

케네디의 백악관, 특히 동생 로버트 케네디는 카스트로 제거에 집착하게 되었고 CIA에 이 임무를 맡겼다. 1961년부터 1968년까지 국방부 장관이었던 로버트 맥나마라는 후일 케네디 형제가 쿠바를 대하는 방식이 "히스테리적"이었다고 회고했다. 필리핀에서 흡혈귀에 대한 공포를 퍼트리는 것을 거들었던 데스먼드 피츠제럴드는 한 파티에서 친구에게 쿠바 태스크포스에서 맡은 새 임무에 관해 "내가 아는 건 카스트로를 증오해야 한다는 것"이라고 말했다.[34] CIA는 벌써 괴상한 카스트로 암살 시도들을 승인한 참이었다. 아이젠하워 시절에는 독이 든 시가를 써 보려고도 하고 카스트로의 수염이 빠지게 하려고도 해 보았다(쿠바인들이 수염이 없는 카스트로를 덜 존경할 것이란 생각에서였다). 카스트로를 암살할 마피아와 접촉하기도 했다(이 만남을 주선한 FBI 전 요원 로버트 매휴는 수카르노의 가짜 섹스 영화 제작을 지휘한 CIA 프리랜서와 동일인이다).[35] 피그스만 침공 이후 CIA는 이런 류의 공작에 몰두했다. 포자로 오염된 스쿠버다이빙 슈트를 제작하기도 했지만 카스트로에게 슈트를 입힐 방법을 찾지 못했다. 또 다른 암살 계획은 조개껍질을 폭발시키는 것이었다.[36] CIA 마이애미 지부는 세계 최대 규모가 되었고, 필리핀에서 흡혈귀 희생자를 조작했던 당사자인 에드워드 랜스데일은 쿠바의 사탕수수 노동자들에게 생물학적 무기를 분사하자는 것과 가짜 재림 예수를 내세우는 것 따위

33 Short, *Pol Pot*, 128[국역: 《폴 포트 평전》, 247쪽].

34 Thomas, *The Very Best Men*, 286–291.

35 Ibid., 207, 225–229.

36 Ibid., 294–295.

를 제안했다.[37]

볼스가 보기에 "공격적이고, 독단적이고, 악의에 찬" 인물인 로버트 케네디는 라틴아메리카를 자신의 원하는 방식으로 만드는 데 심지어 더 극단적인 수단을 사용할 작정이었다. 도미니카공화국의 독재자 라파엘 트루히요가 암살당한 뒤, 케네디 형제는 해병대 파병이 어떨지 의논했다. 그냥 파병하면 모양새가 좋지 않으므로 로버트는 미국 영사관을 폭파시키자고 했다. 괜찮은 파병의 구실이 될 테니 말이다.[38]

케네디는 라틴아메리카에서 진보를 위한 동맹이라는 경제협력 프로그램을 시작하고 평화봉사단과 국제개발처AID도 발족시켰다. 그러나 공산주의와 싸우려는 케네디 행정부의 적극적인 개입은 주로 현지 군대를 중심으로 이루어졌다. 그의 행정부는 근대화론을 전폭적으로 수용해 제목은 그럴싸한 《경제성장의 단계: 반공산주의 선언》을 쓴 경제학자 W. W. 로스토를 대통령 자문위원으로 위촉했다. 케네디 행정부의 '진보를 위한' 가장 중요한 동맹은 전 세계 군대와 맺어졌으며, 그들의 임무는 자국 경제를 미국식 경제체제에 더 가깝게 만드는 것이었다.

로버트 케네디는 제3세계 군부가 "대반란전"뿐 아니라 국가 건설에도 집중(곧 내부의 적들과 전쟁을 벌이는 동시에 사회 전반에서 더 광범위한 정치적 역할을 수행)해야 한다는 미 국무부의 제안을 받아들이도록 하는 데 특별한 역할을 했다. 처음부터 미국 정부는 인도네시아를

37 Ibid., 287–289.

38 Dallek, *An Unfinished Life*, 400. 이 계획은 실현되지 않았다. 볼스는 이 생각이 "설익은" 것이라고 봤다.

이 비전의 핵심 시험장으로 여겼다.[39] 케네디 행정부는 당시 수카르노가 소련으로부터 받고 있던 지원의 균형추 역할을 하도록 인도네시아군에 대한 지원을 점점 늘렸다. 케네디 형제의 쿠바에 대한 집착에도 불구하고 1961년에 국가안보위원회는 인도네시아와 서뉴기니를 "급선무 처리 지역"으로 선정했다. 미국과 소련이 영향력을 놓고 가장 첨예하게 경쟁하는 지역이기 때문이었다. 몇 년 안에 인도차이나가 전 세계 헤드라인을 장악할 테지만, 1960년대 중반까지는 관료 대다수가 인도네시아를 베트남이나 라오스보다 훨씬 중요하다고 여겼다.[40]

워싱턴에서 돌아온 후에도 수카르노는 서뉴기니 문제를 놓지 않았다. 1961년 말 그는 트리코라Trikora, 곧 "인민의 세 가지 명령"이라는 제목으로 네덜란드의 "꼭두각시 국가"를 해체할 것을 요구하고, 영토를 되찾기 위해 "전 인도네시아 인민"의 총동원을 촉구하는 연설을 했다. 나수티온 장군과 다른 군 장성들은 네덜란드와의 전쟁을 선동하는 것을 경계했지만 민병대를 조직했고 해군은 네덜란드 선박과 충돌했다. 존스가 워싱턴에 말해 왔던 대로 이 일은 수카르노에게 영토 한 뙈기에 관한 문제가 아니었다. 수카르노의 혁명과 정부의 정통성을 완성하는 일이자 필요하다면 인도네시아가 전쟁도 불사할 그런 문제였다. 케네디는 동맹 네덜란드가 고집을 피워 짜증이 난 데다 서뉴기니를 인도네시아를 소련의 동맹으로 잃지 않으려면 치러야 할 작은 대가로 보고, 영토를 인계하는 협상으로 네덜란드를 밀어넣었다.

39 Simpson, *Economists with Guns*, 73–75.

40 National Security Council, "Urgent Planning Problems," June 9, 1961, NSF, Komer Series, Box 438, JFK Library, Simpson, *Economists with Guns*, 53 재인용.

이는 인도네시아인들에게는 적어도 아이젠하워 재임기와 위즈너의 방식으로부터 한 걸음 나아간 것이었다. 동시에 워싱턴과 미국 관료들의 지속적인 관여로 반공주의 인도네시아군의 권력과 영향력이 지속적으로 강화되고 있었다. 케네디 정부는 인도네시아에서 "시민 행동 프로그램CAP"를 도입해 "선발된 인사와 민간인"을 비밀리에 교육·훈련시키고 50년이 지난 지금까지도 대부분의 내용이 비밀 해제되지 않은 다양한 반공 활동을 펼쳤다.[41] CAP는 장군들이 이끄는 느가라 달람 느가라negara dalam negara, 곧 "국가 안의 국가"를 만들어 내는 데 있어 핵심적이었다. 이 과정은 1958년 군이 CIA와 싸우기 위해 비상권력을 가진 시점부터 시작되었다. 이제 인도네시아군은 미국으로부터 농어업과 건설 관련 장비 및 교육을 받았고, 그로 인해 국내에서 군의 경제적 이해관계와 역할이 더 강화되었다.[42]

아프리카에서 미국은 다른 방향으로 움직였다. 1962년, 남아프리카공화국 백인 정권은 CIA의 지원을 받아 넬슨 만델라를 체포했다. 미국 관료들은 1963년 중동에 새로운 길을 놓았다. 반둥 회의 참가국 중에서 PKI 다음으로 가장 큰 공산당은 독재자 아브드 알 카림 카심에 반대하며 성장한 이라크공산당(이하 ICP로 표기함)이었다. ICP는 혁명을 시도해 보려 했으나 소련이 막아섰다. 그러는 사이 미국이 지원한 반공 바트당의 쿠데타가 성공했고, 곧바로 ICP는 박살났다. CIA는 바트당 정권에 공산주의자와 동조자 명단을 전달했고, 셀 수 없이 많은 이들이 희생당했다. 당시 고작 스물다섯 살이던 사담 후세인이라는 이름의 바트당 당원도 쿠데타 이후의 반공

41 CIA paper for the Special Group, December 11, 1961, and December 14, 1961,mentioned in FRUS 1964-1968, Vol. XXVI, 234–35. Simpson, *Economists with Guns*, 75 재인용.

42 Thomas, *The Very Best Men*, 36–37.

폭력에 가담했다.[43] 공산주의자 일부는 자기 집에서 총에 맞았고, 일부는 투옥됐으며, 감옥에서 살아남은 이들에게 후세인은 가장 악랄한 고문 기술자로 악명이 높아서 제발 그가 비번일 때 심문받게 해달라고 기도할 정도였다. 새 바트당 정권은 카심이 통과시킨 토지개혁안도 되돌려 놓았다.[44]

인도네시아 장교들은 캔자스에 계속 몰려왔고 베니의 집으로도 계속 찾아왔다. 장교들은 대반란전 전략을 배우는 한편 미국의 반공사상을 흡수했다. 그러나 그 시절에 대한 베니의 기억은 그것만은 아니었다. 베니가 박사과정을 밟고 결혼해 가정을 이루러 떠나기 전날 모두 모여 성대한 전야제를 벌였다. 미주리주와 캔자스주 사이에는 스테이트라인로드라는 거리가 있다. 베니와 유학생 친구들 그리고 교육받던 반공 장교들은 그 길을 건너 칵테일을 마시러 미주리주 쪽으로 갔다. 군인들은 자기들이 좋아하는 한 클럽으로 향했는데, 완전 나체의 쇼걸들이 있는 곳이었다. 그들 모두 완전히 취해서 바라마지 않던 것을 즐겼다.

43 쿠데타 당시 사담 후세인은 이집트 카이로에서 망명 중이었으나 쿠데타 직후(사이드 아부리시에 따르면 2주 후) 이라크로 돌아와 단명한 바트당 정권 동안 고문에 가담했으며, 살인도 저질렀을 것이다. 린든 존슨과 닉슨 행정부의 국가안보위원회에서 국무부 대외 행정관으로 일한 로저 모리스에 따르면 사담이 이집트 체류 당시에 바트당의 주요 인사가 아니었음에도 CIA와 일했다고 한다. Roger Morris, "A Tyrant 40 Years in the Making," *New York Times*, March 14, 2003을 보라. Bryan R. Gibson, *Sold Out? US Foreign Policy, Iraq, the Kurds, and the Cold War* (New York, NY: Palgrave Macmillan, 2015), 45–59; Said K. Aburish, *Saddam Hussein: The Politics of Revenge* (London, UK: Bloomsbury, 2000), 46–61; Geoff Simons, *Iraq: From Sumer to Saddam* (London, UK: Macmillan Press Ltd., 1994), 274–275.

44 2019년 9월, 주하이르 알-제자이리(Zuhair Al-Jezairy)와 진행한 인터뷰.

5 다시 브라질로

내몰리다

베니가 캔자스에 있던 바로 그 시기에 그와 같은 중국계 인도네시아인의 삶은 말도 못하게 어려워졌다. 오래전부터 걸핏하면 인종주의 폭력에 시달려 왔지만, 수카르노의 교도민주주의 아래서 전선이 자꾸 새로 그어지면서 중국계의 운신은 점점 더 어려워지는 듯했다. 첫 타격은 베니가 캔자스로 떠난 1959년에 통과된 법안이었다. 명목은 외국 국적자의 경제권을 제한한다는 것이었지만, 실제로는 주요 소수민족인 중국계를 겨냥한 것이었다. 수카르노가 이 법안 통과를 추진한 것은 아니었지만(그 장본인은 군부였다), 그는 인도네시아의 근간을 잠식하는 인종주의적 법이 통과되는 것을 막지 않았다. 군은 폭력적인 반중국계 폭동을 조직하기도 했는데, 이에 관해서는 수카르노의 승인을 받으려는 노력조차 하지 않았다. 군은 미국의 지원금을 가지고 이런 일들을 꾸미고 실행했다.[1] 무시무시한 상황이었다.

많은 중국계 인도네시아인이 탈출할 기회를 찾기 시작했다. 서

1 Peter Dale Scott, "The United States and the Overthrow of Sukarno, 1965–1967," *Pacific Affairs* 58, no. 2 (Summer 1985): 249.

두에서 잠깐 소개한 탄씨네 가족도 그중 하나였다. 탄티옹빙과 트위니오는 프란치스카의 자카르타 집에서 그다지 멀지 않지 않은 곳에 살았다. 가장인 티옹빙은 농부 집안 출신으로 자카르타 북쪽의 중국인 구역에서 엔지니어로 일했는데, 그 동네에서의 삶은 긴장이 커져 갔다. 중국 본토로 돌아간 이들도 많았지만 그의 가족은 다른 기회를 찾던 중이었다. 캐나다나 미국으로 갈 수 있는 가능성은 없었다. 그러나 중국계 인도네시아인 중에 브라질에 간 이들이 있고, 그곳에는 기회도 많고 차별도 훨씬 덜하다는 소문을 들었다.[2] 1960년대 초반에 시작된 이민 물결의 결과 자카르타에도 이민자들의 소식이 전해졌고, 이것이 탄씨 가족 귀에까지 들어갔던 것이었다.

그렇게 탄씨 가족은 세 아이를 데리고 2차 세계대전 당시 전쟁포로를 나르던 크고 오래된 네덜란드 병원선 티트얄렝카호를 타기로 했다. 딸 잉기옥은 아버지 티옹빙이 엔지니어 일을 정식으로 그만두지 않았다고 기억했다. 그러니까 그냥 도망친 것이다. 출국 서류는 위조문서였을 것이다. 그는 "일단 배를 타면 다 잘 될 것"이라고 딸들에게 말했다. 지구를 도는 긴 여행 중 어린 세 딸의 몸과 마음을 건강하게 유지하기란 쉬운 일이 아니었다. 잉기옥은 계속 토했다. 그렇게 6주만에 가족은 브라질 상파울루주에 있는 산투스항에 도착했다.

2 상파울루에 몰려 사는 인도네시아계 브라질인 사회에 떠도는 말로는 1960년경 한 인도네시아 선원이 처음으로 브라질에 온 후 친지들에게 이런 말을 퍼트리면서 이민의 물결이 시작되었다고 한다.

1960년대의 중국

처음으로 브라질을 봤을 때 잉기옥은 어린 소녀였고, 그곳은 자신이 알던 곳과는 아주 다른 곳이었다. 아마도 그런 이유에서 북미인이나 브라질인에게는 그렇게 크게 다가오지 않는 이 나라의 특성들이 그에게 아주 명확하고 생생하게 느껴졌을지 모르겠다.[3] 첫째, 잉기옥은 브라질이 극단적인 불평등과 노골적인 인종적 위계질서가 있는 서유럽 출신 정착민 식민지인 것을 아주 빨리 알아보았다. 이 모든 것이 그의 가족이 뉴욕의 지역 이름을 딴 상파울루의 브루클린 구역에 있는 아파트로 이사해서 잉기옥을 중상층 계급이 다니는 가톨릭 학교에 보내자 더 확실해졌다.

학생들은 거의 백인이었다. 그리고 이 백인들이 이 나라를 좌지우지하는 것도 분명했다. 대부분이 노예의 후손인 갈색이나 검은 피부를 지닌 사람들은 아직도 이등시민으로 취급받았다. 잉기옥은 흑인과 백인 사이 어디쯤에 걸친 최근의 이민자들로 이루어진 세 번째 집단에 속했다. 이 신흥 계층은 중간계급으로 올라갈 수는 있지만 언제나 놀림을 당했다. 아이들은 잉기옥을 '하파Japa'라고 불렀다. 상파울루에는 큰 일본인 사회가 있었고, 잉기옥은 인종 사다리에서 흑인보다 위에 있는 일본계 브라질인으로 자주 오인받았다. 그리고 자주 볼 일은 없지만 저 멀리 어딘가에는 네 번째 인종인 브라질 원주민이 있다는 것도 알았다. 원주민은 거의 인간 취급을 받지 못하는 존재였다.

3 잉기옥과 탄씨 가족에 관한 정보는 모두 2017~2019년 상파울루에서 진행한 인터뷰에서 알게 된 것이다.

다른 것들은 그에게 새로운 것들이었다. 브라질의 언어는 포르투갈어 하나뿐이었는데, 브라질의 것이 아니라 유럽에서 온 것이었다. 백인 식민주의자들이 가져온 이 언어는 지역의 모든 언어를 실질적으로 잠식해 버렸다. 물론 인도네시아와는 아주 달랐다. 인도네시아에서는 잉기옥이 태어나기도 전에 토착어가 태풍처럼 네덜란드어를 날려 버리고 사용되지 않았던가. 그리고 종교는 가톨릭 단 하나뿐이었다. 이 종교는 식민주의자들이 가져온 것이었고, 브라질의 전통 종교들은 저멀리 정글에서만 믿는 것이었다. 그런 정글은 잉기옥이 갈 일이 없는 곳이었다. 이것 또한 세는 방식에 따라 다섯 혹은 여섯 개의 공식 종교가 있는 인도네시아와는 아주 달랐다.

잉기옥이 할 일은 꽤나 분명했다. 열심히 공부해서 백인들이 차지한 사회 상층으로 올라가 그들의 방식을 배우는 것이었다. 그는 똑똑한 소녀였고 또 해야 할 일들을 잘 해냈다.

탄씨 가족은 1962년에 도착할 때까지도 브라질이 처한 정치적인 위기에 대해 몰랐다. 그렇지만 적어도 미국이 보기에는 이 나라가 위기에 처한 것이 분명했다. 라틴아메리카에서 가장 큰 나라이자 오랫동안 이 지역에서 가장 중요한 미국의 동맹인 브라질이 미국의 궤도에서 벗어나려는 듯했다. 이 사실은 미국인뿐 아니라 브라질의 지배층에게도 문젯거리였다. 인도네시아에서와는 달리, 여기서 미국 관료들은 완전히 다른 지역 문화를 배우고 익힌 후에 반공 운동의 씨앗을 심지 않아도 됐다. 브라질에서는 자체 역사의 산물인 보수 정치 세력과 협력할 수 있었기 때문이다.

포르투갈인들이 이 지역에 도착한 것은 1500년경이었고, 식민 세계의 다른 많은 곳이 그렇듯, 이곳에서 나는 원자재 수출품인 브라질목pau brasil의 이름을 따서 나라 이름을 지었다.[4] 남아메리카의 이 거대한 땅덩이는 유럽연합 전체 영토의 두 배에 달했으며 1494년 토르데시야스 조약, 그러니까 교황이 대충 그린 지도에 대강 선을 그어 '신세계'를 스페인과 포르투갈에게 나눠주는 바람에 포르투갈의 차지가 되었다. 이렇게 포르투갈 영토가 된 땅에 살던 원주민들은 오늘날의 멕시코나 페루에 살던 사람들과는 달랐다. 여기에는 아즈텍이나 잉카 같은 중앙집권적 대제국은 없었고 자급자족하는 작은 부족들만 있었다. 아주 초기에 유럽인들은 이 부족들과 잠정적인 동맹을 맺고, 인종 간 결혼을 하고, 전투에서 싸우거나 지고, 새로운 동맹을 맺고, 포로가 되었다가 도망치고, 이들의 식인에 대한 기록을 유럽에 보냈을 뿐이었다. 이런 경험을 하고도 살아남은 가장 유명한 유럽인은 울고불며 살려 달라고 애원해서 원주민들이 잡아먹기에는 너무 약하고 한심하다고 여기게 만든 사람이었다. 그는 베스트셀러 작가가 되었다.[5] 원주민을 거의 평정할 즈음 유럽인들은 질병과 고된 노예 생활로 죽어 가던 원주민만으로는 수출용 천연자원을 채취할 공짜 노동자가 부족하다고 결론 내렸다.

그래서 브라질에 거의 5백만 명에 가까운 노예가 아프리카에서 수입되었다. 미국으로 끌고 온 노예보다 많고 아메리카 대륙 전체에 데려온 노예의 거의 절반에 달하는 수였다. 미국에서 그랬듯이 브

4 탈식민 국가 중에는 유럽인과 접촉한 초창기에 수출하던 상품의 이름이 국명이 된 경우가 많다. 아르헨티나(은), 골드코스트(금, 현재의 가나), 아이보리코스트(상아, 현재의 코트디부아르) 등이 그 예다.

5 Hans Staden, *True Story and Description of a Country of Wild, Naked, Grim, Man-eating People in the New World, America* (Andreas Kolbe Publishing, 1557, with woodcuts). 해당 글에 관한 논의로는 Vincent Bevins, "The Correct Way to Be a Cannibal," *The Outline*, September 20, 2017도 보라.

라질의 노예제도 상상 이상으로 잔인했다. 노예주는 채찍, 형구, 가시 박힌 무쇠 목줄을 쓰는 것은 물론이고 노예가 입 안에 흙을 퍼 넣어 자살하는 것을 막기 위해 철가면을 안면에 고정하기도 했다.[6]

브라질이 유럽으로부터 독립할 즈음, 라틴아메리카 국가 대부분은 19세기 초 폭력적인 혁명을 거쳐 스페인을 몰아냈다. 그러나 브라질에서는 포르투갈 왕족들이 나폴레옹 군대를 피해 1808년 리우데자네이루에 건너와 이곳을 제국의 수도로 만들었다. 유럽인 수천 명이 리우에 왕실을 세우기 위해 온 힘을 다해 브라질 왕조를 열어 1889년까지 다스렸고, 지금도 (비공식적) 영향력을 행사하고 있다.

1888년에 아프리카계 브라질인이 해방된 직후, 남미 최대 국가 브라질은 곧바로 브랑케아멘투branqueamento, 곧 '표백' 정책을 시작했다. 백인 이민자를 받아들여 '인종 간 출산miscegenation'을 통해 아프리카계 혈통을 약화시킨다는 정책이었다. 새로운 체제 아래서 해방된 흑인 노예들은 돈을 받고 일하기보다는 빈곤 속에 의도적으로 방치됐다. 이 정책은 바로 잉기옥의 일본계 급우들을 브라질로 데려온 것이기도 했다. 브라질은 일본인을 '아시아의 백인'으로 분류하고 가장 바람직한 아시아 이민자라고 여겼다.[7] 이런 인종주의는 공공연하고 만연해서, 문화 단체들이 일본인 남성과 브라질 여성이 '백인' 자녀를 낳을 것이라고 '보여주는' 포스터를 만들기도 했다.[8]

이웃 나라들보다 훨씬 보수적이던 브라질은 가까운 스페인어권 라틴아메리카보다는 워싱턴 쪽을 더 바라보았다. 왕조 멸망 이

6 Lilia M. Schwarcz and Heloisa M. Starling, *Brazil: A Biography* (London: Allen Lane, 2018), 86.

7 Thomas E. Skidmore, *Brazil: Five Centuries of Change*, 2nd ed. (Oxford: Oxford University Press), 83.

8 Jeffrey Lesser, "Negócios com a 'raça brasileira,'" *Folha de S.Paulo*, June 6, 1999.

후 20세기 중반까지 브라질은 미국과 '특별한 관계'를 누렸고, 미국과 스페인어권 라틴아메리카 사이에서 조정자 역할을 자주 맡았다. 1940년에 브라질은 워싱턴에서 미군과 군사협정을 맺은 첫 라틴아메리카 국가가 되었다. 미 국무부는 국토 면적과 풍부한 광물자원 때문에 브라질을 "남아메리카의 열쇠"로 보았다. 1949년에는 브라질인들이 교육받기도 했던 미국의 국립 육군참모대학교를 모델로 한 고위급 군사학교(이하 ESG로 표기함)가 설립되었다.[9]

그러나 냉전이 시작되자 군사 측면을 제외하고는 이 특별한 관계는 유명무실해졌다. 이우리쿠 가스파르 두트라 대통령(1946~1951년 재임)은 소련과 단교하고 라틴아메리카에서 가장 강력한 공산당이던 브라질공산당을 해산시키는 등 최선을 다해 미국의 반소련 운동에 동참했다.[10] 두트라 대통령은 미국이 브라질의 경제발전도 지원해 줄 것으로만 알았다. 그러나 2차 세계대전이 끝나고 브라질에 필요한 어마어마한 공적 투자의 유일한 자금원인 미국이 차관 제공을 거부하자, 동맹국 브라질은 크게 놀랐다. 두 나라는 브라질에게 절대적으로 중요한 수출품 커피의 가격을 놓고도 부딪혔다. 그러나 아메리카대륙 남북에서 가장 큰 두 나라가 충돌한 가장 큰 요인은 석유 분야에서 미국 기업의 개입 문제 때문이었다. 브라질 의원들은 자국 석유 기업을 원했으나 미국은 미국 기업이 브라질에서 조업하기를 요구했다. 1949년경이 되면 브라질의 경제 사정에 무관심한

9 W. Michael Weis, *Cold Warriors and Coups d'Etat: Brazilian-American Relations, 1945–1954* (Albuquerque, NM: University of New Mexico Press, 1993), 11, 21–22.

10 Schwarcz and Starling, *Brazil*, 450. 브라질이 미국보다 훨씬 더 일찍부터 그리고 더 열성적인 반공 국가였다는 점을 염두에 둘 법하다. Patto Sá Motta, *Em Guarda Contra O Perigo Vermelho*, 3도 보라.

것이 분명한 북쪽의 그링고들에 대한 브라질인들의 분노가 치밀어 올랐고, 1950년 한국전쟁에 참전해 달라는 요청을 정중하게 거절하면서 두트라는 공개적으로 미국을 비난했다.[11]

1951년, 브라질 정계의 오랜 거물 제툴리우 바르가스가 다시 대통령이 되자 미국과의 관계는 더 악화되었다. 1930~1940년대에 독재자였던 그는 이번에는 민주적으로 선출된 포퓰리스트로 자신을 재발명했다. 그는 공산주의를 혹독하게 억압한 전적이 있었고, 브라질은 과테말라 쿠데타 직전에 열린 카라카스 회의에서 존 포스터 덜레스가 소중히 여긴 반공 선언을 지지했지만, 원조를 둘러싼 또 다른 갈등 끝에 바르가스는 미국이 브라질의 경제발전을 반대한다고 결론 내리고 유엔에서 브라질은 식민지의 독립 투쟁을 지지할 것이라고 선언했다(이 시점의 냉전에서 이런 행동은 미국 정책에 대한 명백한 모욕이었다).[12] 바르가스는 한술 더 떠 분명히 해외 투자자들을 겨냥한 초과이윤세를 도입한 후 국영 석유 독점기업 페트로브라스를 설립하도록 했다. 이 모든 조치에 대한 미국의 반응은 예상대로 험악했다.[13] 《뉴욕타임스》는 브라질이 자국의 석유를 채굴할 자본을 절대 확보하지 못할 것이라며 실질적으로 "정부의 조치는 브라질에 석유가 얼마나 있건 땅속에 파묻는 것"이나 다름없다는 "전문가적 의견"

11 Weis, *Cold Warriors*, 24–30. "그링고"라는 단어는 내가 택한 것이다. 브라질 포르투갈어에는 이 단어에 부정적인 의미가 전혀 없다.

12 1953년 3월, 바르가스는 브라질 의회 연례 연설 중 그전 해 10월 유엔 총회에서 표명한 브라질의 식민지 독립 투쟁에 대한 지지를 더 상세히 설명했다. Getúlio Vargas, Mensagem ao Congresso Nacional, Rio de Janeiro, March 15, 1953, 17–19, www.biblioteca.presidencia.gov.br/publicacoes-oficiais/mensagem-ao-congresso-nacional/mensagem-ao-congresso-nacional-getulio-vargas-1953/을 보라.

13 Weis, *Cold Warriors*, 71–75.

을 보도했다.[14]

이런 이유로 ESG에서는 미국의 지원을 받아 바르가스를 제거할 계획을 세웠다.[15] 그러나 계획은 결코 실현되지 않았다. 최저임금을 두 배로 올리는 법안이 브라질 지배층의 분노를 산 지 얼마 지나지 않아 모든 것이 뒤죽박죽 되어 버린 것이다.

바르가스의 최대 정적인 카를루스 라세르다가 리우의 카파카바나를 걷다가 총을 든 괴한에게 공격당하는 사건이 벌어졌다. 라세르다는 총알을 발에 맞고 살아남았으나, 함께 있던 군 장교는 사망했다. 곧 암살 시도가 대통령 경호대 누군가의 명령에 의한 것일지 모른다는 정황이 드러났다. 군은 바르가스를 확실히 제거하려고 했고 이번에는 거의 성공할 듯했다. 바르가스는 그런 일이 벌어지는 것을 막고자 1954년 8월 24일, 브라질에 바치는 유서를 남기고 권총으로 자살했고, 이 일은 정치적 상황을 반전시켰다.

뒤이은 대통령 선거의 승자는 친미 중도파이자 경제 민족주의자인 주셀리누 쿠비체크였다. 그럼에도 워싱턴은 그를 의심에 찬 눈으로 보았다. 선거운동 중 미국 공보원은 "브라질인을 대상으로 한 공산주의와 공산주의 전선 조직의 위험성을 교육하는 프로그램"에 쓸 예산을 두 배로 늘렸다.[16] 미국 관리들은 해산된 브라질공산당과 소련 간의 연관성을 드러내려고도 애썼다. 공산당이 약칭 "JK"(브라질 대통령은 모두 별명이 있다), 곧 쿠비체크 지지를 선언하자 공산당

14 "Brazil Oil Monopoly Created by New Law," *New York Times*, October 5, 1953.

15 Weis, *Cold Warriors*, 77.

16 Ibid., 85. 이에 관한 웨이스의 주석은 다음과 같다. "브라질 미국 공보원의 목표와 활동상에 관해서는 다음을 보라. Trimble to Kemper, Sept. 28, 1954, file 320, Rio Post file, State Department archives. 1955년 미 공보원 예산은 1954년의 36만 달러에 비해 훨씬 증가한 49만 달러였다."

이 작은 불법 정당이고 JK가 그들의 지지를 거부했음에도, 문제는 더 커졌다.[17]

대통령이 된 JK는 많은 것을 지었다. 야심차게 사회기반시설을 건설하고 브라질 내륙 한복판에 거의 무에서부터 새 수도 브라질리아를 세웠다. 아직도 아이젠하워 정부는 브라질에 장기 원조 프로그램을 제공하기를 거부하고 있었는데, 특히 쿠비체크의 인기가 높아지는 것을 경계했기 때문이었다.

그러나 미국을 진정으로 근심하게 만든 것은 어린 시절의 별명 "장구"라는 별칭으로 널리 알려진 좌파 성향의 젊은 보헤미안 부통령 주앙 굴라르의 부상이었다. 그는 바르가스 정부의 노동부 장관으로 비싼 대가를 치른 1954년 최저임금 두 배 인상을 추진한 장본인이기도 했다. 그는 신실한 가톨릭교도 백만장자 대지주 집안에서 태어난 확고한 브라질 지배층의 일원이었다. 그러나 굴라르가 제안한 개혁안들은 워싱턴의 비상벨을 눌렀다. 워싱턴 관료들은 브라질은 작은 나라 쿠바가 아니라고, 세계에서 가장 큰 나라 중 하나라고 걱정했다. 주브라질 미국 대사 링컨 고든은 장구를 막지 못한다면 브라질이 "1960년대의 중국"이 될 수 있다고 경고했다.[18]

하버드 비즈니스스쿨 교수였던 고든은 근대화론을 받아들이고 진보를 위한 동맹의 설계를 돕기 전에는 마셜 플랜을 위해 일했다.[19] 프랭크 위즈너가 선발한 CIA 요원이자 루뭄바 암살과 피그스만 침

17 Ibid., 128.

18 주브라질 대사(고든)이 미 국무부에 보낸 전신, Rio de Janeiro, March 28, 1964, *FRUS*, 1964–1968, Vol. XXXI, 187, https://history.state.gov/historicaldocuments/frus1964-68v31/d187.

19 Bruce L. R. Smith, *Lincoln Gordon: Architect of Cold War Foreign Policy* (Lexington, KY: Kentucky University Press, 2015), chaps. 8–10, chaps. 12–13.

공 작전을 지휘한 리처드 비셀의 오랜 친구이기도 했다.[20] 1962년 브라질에 도착한 고든은 초-거대 도시 상파울루가 자신이 나고 자란 뉴욕과 많이 닮았다는 것을 금세 알아차렸다. "이 도시에는 사회·경제적 삶을 지배하는 400개 가문으로 이루어진 지배계급이 있을 뿐 아니라, 그 자신이 속했던 아메리칸 드림을 이루고자 분투하는 이민자 가족 계급도 많다"[21]는 점에서 그랬다. 2차 세계대전 이후 브라질이 세운 민주주의는 아주 제한적인 것이었다. 파업은 불법이었다. 글을 읽을 줄 몰라서 (대다수가 흑인과 극빈층인) 국민의 상당수가 투표권을 누리지 못했다. 장구와 그의 지지자들은 이런 것들을 바꾸고자 했다. 떠오르던 미국 민권운동이 미국 정부가 인종주의적 선거권 제한을 폐지하도록 압력을 넣고 있던 것과 비슷한 맥락이었다.

굴라르는 JK 밑에서 1955년부터 1960년까지 부통령이었다. 그 후 1960년에 다시 부통령직을 맡았는데, 이번에는 우파 정당 국민민주연합UDN의 지원을 받는 주지사 출신 정치인 자니우 쿠아드루스 대통령 밑에서였다. 쿠아드루스는 우파 성향이었음에도 금방 케네디 행정부와 소원해졌다. 쿠아드루스는 이집트의 나세르나 인도의 네루 같은 중립주의자를 존경하긴 했으나, 그 자신이 중립주의자가 될 생각은 전혀 없었다. 그는 브라질이 친서방으로 남을 것을 천명했으나, 제3세계의 지도국이 되기 위해 남반구의 나라들과도 가까워지길 바랐다. 확실하게 공산 진영으로 돌아설 생각은 전혀 없었지만, 사회주의 세계와 경제 관계를 개선하고자 했다. 케네디에게

20 Ibid., 150–155, 202, 224. 책 전반에 걸쳐 두 사람의 관계에 대한 언급이 있으나, 2차 세계대전 중 만나 하버드 비즈니스스쿨 입학에 대해 의논한 이래로 1960년대 초에는 분명 "오랜 친구"였다.

21 Ibid., 237.

는 이조차도 위험천만한 일이었다.[22]

이것이야말로 "내가 하는 대로가 아니라 내가 시키는 대로 해라"의 적확한 예인 듯하다. 쿠아드루스는 "어째서 미국은 자기들은 소련 및 위성국들과 무역하면서 브라질은 미국하고만 교역하라고 하는가?"라고 물었다.[23] 그는 곧 있을 베오그라드 비동맹 운동 회의에 브라질이 참석한다고 선언했다. 그러나 그는 결국 베오그라드에 가지 못했다. 취임 후 몇 달 지나지 않아 쿠아드루스는 체 게바라에게 브라질에서 외국인에게는 최고 영예인 남십자성 훈장을 수여했는데, 이데올로기가 아니라 실용적인 이유에서였다. 쿠바 정부가 사회주의 국가들과 브라질의 교역을 도와주기를 바랐던 것이다. 그러나 이제 브라질 정계의 거물이 된 카를루스 라세르다는 모든 수단을 동원해 대통령을 비난하기 시작했다. 이 일로 쿠아드루스는 갑작스럽게 사임했지만, 군대와 대중이 자신에게 다시 권력을 돌려줄 것이라고 기대했다. 그러나 그런 일은 일어나지 않았다.[24]

9월, 유고슬라비아에서 열린 첫 비동맹 운동 회의에 브라질은 다른 대표를 보냈다. 회의장에서는 워싱턴과 모스크바 사이 어디쯤에 있는 다양한 성향의 정치 지도자들이 모여 평화와 발전을 위해 노력하겠다고 맹세했다. 그러나 쿠아드루스의 사임 후 대통령직을 물려받은 "장구" 굴라르에게는 더 시급한 문제가 있었다. 국내 지배층과 군부는 장구와 그의 브라질노동당을 늘 깊은 의심의 눈초리로 바라보았지만, 노동조합을 때려부수는 쿠아드루스 아래 이인자로

22 Weis, *Cold Warriors*, 143.

23 John Gerassi, *The Great Fear in Latin America* (New York: Collier Books, 1971), 83.

24 Marcos Napolitano, *1964: História do Regime Militar Brasileiro* (São Paulo: Contexto, 2014), 32–33.

서는 받아들일 만하다고 여겼다. 그러나 장구가 대통령이라니 말도 안 되는 일이었다. 카를루스 라세르다, (대개 보수적인) 언론 매체들, 일부 군 인사가 장구가 권좌에 오르는 것을 막으려고 다급하게 움직였다. 그럼에도 1961년 9월 7일, 마흔 넷의 장구는 푸른 정장을 갖춰 입고 미소를 지으며 취임 선서를 했다.

취임 당시부터 장구에게는 정치적 자본이 거의 없었다. 브라질의 지배층, 군부, 미국의 입장을 고려했을 때 그의 치명적인 실수는 브라질 정치의 내부자가 아니라 이전에는 배제되고 무시당하던 계층의 지지를 동원해서 이 문제를 돌파하려고 했다는 점이다. 이전에 한번도 성공하지 못한 접근법이었다. 장구는 브라질 정치의 상당 부분을 바꿔 놓을 "기본 개혁 방안reformas da base"이라는 일련의 개혁안을 내놓았다. 그중에는 전국에서 문해 프로그램을 운영해 문해율을 높이고 투표권을 모든 브라질 국민에게 확대하겠다는 계획도 있었다. 굴라르 자신도 브라질의 정치 지배층 대다수와 마찬가지로 대지주 라티푼디스타latifundista 출신이었지만, 토지개혁도 추진했다. 이 모두가 도박인 것을 그도 잘 알았다. 이런 개혁 프로그램을 지속한다는 것은 풀뿌리운동, 노동조합, 조직된 좌파의 지지에 의존해야 한다는 뜻이기 때문이다.[25]

군대에 직접적인 영향을 미치게 될 개혁안 문제로 굴라르는 군 고위 인사들과도 척을 지게 됐다. 그가 추진한 투표권 확대는 글자를 모르는 이들뿐 아니라 하급 군인까지 대상으로 한 것이었다. 당시 브라질 법은 복무 중 군인은 어떠한 정치 행위도 할 수 없게 되어 있었다. 하급 군인들은 이 개혁안을 반겼던 반면, 보수적인 고위 장

25 Ibid., 33–38.

교들에게는 의심을 샀다. 그들은 대통령이 자신들의 권위보다 하급 군인들을 중시하려 든다면, 그것은 군을 흔들려는 시도라고 믿었다. 지난 500년 동안 브라질 지배층은 아래로부터의 반란을 두려워해 왔고, 그런 위협을 언제나 폭력으로 성공적으로 진압해 왔다.

이 모든 일에 케네디의 백악관이 응답하기까지는 오래 걸리지 않았다. 1962년 초 장구가 워싱턴을 방문했을 때는 원조나 무역에 관해 얻은 것은 없었지만, 큰 문제는 없어 보였다. 그러나 7월 30일에 케네디는 주브라질 대사 고든과 만났고, 그 대화는 녹음되었다. 두 사람은 그해 있을 대선에서 굴라르 반대 공작에 수백만 달러를 쏟아붓고, 고든의 표현대로라면 "만약의 경우, 그자를 몰아내기 위한" 군부 쿠데타의 밑작업을 하는 것에 동의했다.

고든은 이렇게 말했다. "우리의 중요한 임무 중 하나는 군의 척추를 강화하는 것이라고 생각합니다. 더 확실하게 말하자면 어떤 종류건 군의 움직임에 적대적이지 않아도 됩니다. 그 작전이…"

"좌파에 반대하는 것이 확실하다면 말이지요." 케네디가 문장을 맺었다.[26]

고든: "그자는 그 망할 놈의 나라를…"

케네디: "공산주의자들에게 갖다 바치고 있어요."

고든: "맞습니다."

고든과 케네디의 7월 회의 이후, CIA 자금이 브라질로 쏟아져 들어왔다. CIA가 보낸 "위장" 요원 팀 호건은 "농민과 노동자를 조

26 "Meeting on Brazil on July 30, 1962," Presidential Records, Digital Edition. Recording of the conversation hosted by the University of Virginia at https://prde.upress.virginia.edu/v1/documents?uri=8010002.xml.

직"하기 시작했다.[27] 케네디 행정부는 윌리엄 H. 드레이퍼 2세 장군에게 "대반란전" 평가를 의뢰했고, 그 보고서는 현지 군대가 미국식 훈련을 받을 수 있게 "모든 노력을 기울여야 한다"라고 결론 내렸다.[28] 수년 전부터 드레이퍼는 브라질이 군대를 이용해 제3세계에서 내부의 적과 싸우고 경제를 현대화하는 완벽한 모델이라고 주장해 왔었다.[29] 또한 백악관은 브라질군과 인연이 깊은 버논 월터스를 무관으로 파견해 고든과 함께 워싱턴을 공식적으로 대변하도록 했다.[30]

1962년 쿠바 미사일 위기 당시 장구가 케네디의 편에 섰다는 사실은 중요하지 않았다. 장구는 쿠바 봉쇄를 공개적으로 지지했을 뿐 아니라 월터스에게는 사적인 자리에서 미국이 쿠바를 폭격한다 해도 이해한다고 말하기까지 했다.[31] 그러나 워싱턴이 보기에 장구는 단지 공산주의의 위협일 뿐이었다. 케네디 시절 브라질에서 미국의 활동은 1950년대 이란과 과테말라에서 벌인 일들과는 달랐다. 미국이 직접 손을 댄 것이 명백한 요란한 대규모 개입은 없었다. 미국은

27 Thomas, *The Very Best Men*, 323. 이 내용은 토머스가 호건 또는 피츠제럴드와 인터뷰한 것을 바탕으로 한 것으로 보인다. 출처로 밝힌 John Ranelagh, *The Agency* (London: Weidenfeld and Nicolson, 1986)의 해당 부분에는 아무 언급이 없기 때문이다.

28 "대반란전 평가(counterinsurgency assessment)"의 정의에 관해서는 Weis, *Cold Warriors*, 156을 보라. 결론에 관해서는 "Report From the Inter-Departmental Survey Team on Brazil to President Kennedy," *FRUS, 1961–1963, Vol. XII*, 228을 보라.

29 Weis, *Cold Warriors*, 131.

30 Elio Gaspari, *A Ditadura Envergonhada* (Coleção Ditadura Livro 1), chap. 1, "O Exército dormiu Janguista," loc. 1088 of 13184, Kindle. 가스파리는 월터스가 이 브라질 파견을 원하지 않았다고 보았다. 분명 승진은 아니었고 문제들의 "해결"사로 보내진 것(브라질에서 널리 받아들여지듯) 쪽에 가까웠기 때문이다. 이 장 마지막 절에서 다시 월터스와 그의 회고록을 살펴볼 것이다.

31 Vernon A. Walters, *Silent Missions* (New York: Doubleday, 1978).

조심스럽게 강력한 반공 집단을 양성하고, 그들이 필요할 때 어떻게 움직여야 할지를 일러 주었다.

이는 케네디가 제3세계에게 했던 약속, 그리고 진보를 위한 동맹에 담긴 원래 의도에서 많이 멀어진 것이기도 했다. 그즈음에 진보를 위한 동맹은 라틴아메리카에서 미국의 전통적 대외정책을 덮는 어설픈 포장 정도로 여겨졌는데, 워싱턴이 이 지역 전역에 개입하기를 멈추지 않아서만이 아니었다. 그 점에 관해 한 케네디 전기는 이렇게 평가했다.

> 케네디가 어떻게 진보를 위한 동맹의 핵심 원칙인 자결이라는 공언과 쿠바, 페루, 영국령 가이아나, 아이티, 도미니카공화국 및 좌파의 체제 전복에 취약해 보이는 모든 나라에 미국이 비밀리에 개입하던 현실을 조화시킬 수 있었을까? (그리고 그것은 시작일 뿐이었다. 대통령이 승인한 6월 국가안보 지침에는 "공산주의에 영감을 받은 분란에 의해 충분히 위협받고 있는" 라틴아메리카 4개국 에콰도르, 콜롬비아, 과테말라, 베네수엘라가 추가되었다….)[32]

굴라르의 개혁안 중 가장 큰 논란을 야기한 것은 아르벤스의 과테말라에서도 그랬듯 토지개혁이었다. 브라질의 지주 계층은 토지개혁안에 몸서리를 치며 협상의 여지없이 무조건 굴라르를 끌어내리고자 전력을 다했다. 인플레이션은 이미 통제 불능이었지만 미국의 원조가 모두 끊기고 국제 채권단이 추가 대출을 중단하자 경제 상황은 훨씬 더 악화되었다. 반면 워싱턴은 쿠데타에 협력하기로

32 Dallek, *An Unfinished Life*, 522.

한 주지사들에게 몰래 현금을 보냈다.[33] 미국의 지원을 받는 한 기관이 반대파 정치인들에게 자금을 보내는 창구로 이용된 것을 브라질 의회가 적발하고 장구가 이를 폐쇄했지만, 정부를 흔드는 지속적이고 효율적인 움직임을 막기에는 역부족이었다.[34] 미국이 국제 자금의 흐름을 확실하게 막고 있는 상황에서 장구는 정부 기본 행정을 위한 재정을 확보하기도 어려웠다. 그가 모스크바로부터 아무런 도움을 받지 못하는 것은 분명했다. 쿠바 미사일 위기 이후 소련은 미국의 뒷마당에서 어떤 문제도 일으키고 싶어 하지 않았다.[35]

그때 카를로스 라데르다가 다시 움직이기 시작했다. 바르가스와 쿠아드루스, 두 대통령의 임기 말에도 움직였던 그 정치인 말이다. 1963년 10월, 그는 《로스앤젤레스타임스》 브라질 특파원 (따라서 내 선임자인) 줄리언 하트와의 인터뷰에서 장구가 쿠데타를 꾸미고 있다며 그를 골피스타golpista(반란자)라고 부르고 워싱턴의 개입을 촉구했다.

모두가 알듯, 워싱턴의 관리들도 장구가 실각한다면 그를 끌어내릴 세력은 군부일 것을 잘 알았다. 인도네시아처럼 군대야말로 브라질에서 가장 믿을 만한 반공 세력이었다. 그러나 반공에 대한 브

33 Schwarcz and Starling, *Brazil*, 501–507.

34 Weis, *Cold Warriors*, 161. 해당 기관은 브라질민주행동연구소(Instituto Brasileiro de Ação Democrática)이다. 페르남부쿠(Pernambuco) 주지사 미겔 아하이스(Miguel Arraes)가 이 기관이 여러 선거에 활용된 증거들을 제시하자 미국은 아하이스의 지역에서 원조를 중단했고, 양국 정부 사이에 긴장이 커졌다.

35 Weis, *Cold Warriors*, 231. 주석에서 1963년 무역 증대를 위해 소련에 파견된 미겔 오조리우 드 알메이다와 진행한 인터뷰를 출처로 제시한다. 그에 따르면 소련 측은 브라질은 미국의 위성국이며 "브라질 공산주의와 섞이기를 원하지 않는다"라고 했다고 한다.

라질군의 충성심은 인도네시아군에 비하면 너무 멀리 나갔다. 냉전보다도 더 깊고 넓을 정도였다. 미국으로서는 더할 나위 없이 완벽한 동맹이었고, 이 완벽한 반공 협력관계는 1935년까지 거슬러 올라가는 어떤 강력한 전설로부터 시작됐다. 당시 대통령 바르가스는 공산주의자들을 강력하게 탄압하고 독재를 시작하기 위해 한 좌파 반란을 이용했다.

인텐토나 전설

브라질공산당(이하 PCB로 표기함)은 1922년에 창당했고 그 주역은 이민자와 아나키스트였다.[36] PCB가 갓 결성된 코민테른에 참여하자 모스크바는 이들과 무엇을 어떻게 해야 할지 난감해했다. 코민테른은 브라질을 중국과 같은 범주인 "반식민 상태"의 대국으로 분류하고 뒷전으로 제쳐두었다. 당시 PCB가 소련으로부터 받은 지령은 민족주의 "부르주아지"와 함께 반제국주의 연합전선을 결성하라는 것이었다. 아주 엇갈린 결과를 낳은, 마오쩌둥에게 장제스와 협력하라고 한 것과 같은 종류의 지시였다.[37]

PCB는 대체로 그 노선을 따랐다. 그러나 그들이 활동하는 나라는 정치적 변동이 있을 때마다 군이 음모를 꾸미는 것이 일상인 곳이

36 Schwarcz and Starling, *Brazil*, 377

37 Marly de Almeida Gomes Vianna, *Revolucionários de 35* (São Paulo: Companhia das Letras, 1992) 40–43. 가장 급진적 입장을 택한 1928년에도 코민테른은 식민지와 반식민지에서의 즉각적인 혁명을 결코 믿지 않았으며, 식민지 공산당의 노선은 어떤 일이 있어도 지역 자본가 "부르주아지"를 포함한 민족주의 세력과의 공개적 분쟁을 피하는 것이었다.

었다. 1930년, 군사 쿠데타로 제툴리우 바르가스가 권력을 차지하고 이탈리아와 스페인의 파시스트들에게 동조하기 시작하자, 좌파-포퓰리스트 반란을 일으켰다 실패한 적 있는 카리스마 넘치는 공산주의자 장교 루이스 카를루스 프레스치스라는 사람이 민족해방동맹(이하 ANL로 표기함)을 결성했다.[38] ANL은 파시즘과 광신적 반공주의이자 일종의 가톨릭이자 브라질식 파시즘의 한 형태인 통합주의integralismo에 반대했으며, 그 안에는 대통령이 옳은 방향으로 돌아오기를 바라는 온건한 바르가스 지지자도 상당수 있었으며 공산당의 지지 또한 받고 있었다.

모스크바는 ANL 결성에 관여하지 않았고 어떻게 움직이라고 지시하지도 않았다. 오히려 소련은 브라질인들이 무모하거나 모험적인 일을 벌일까봐 우려하는 편이었다. 그러나 프레스치스가 다시 반란을 일으킬지도 모른다는 사실을 알게 되자, 소련도 거기서 빠지고 싶어 하지는 않았다. 그들은 독일인 전문가 한 명과 소련 공산당 지도부와 소통할 미국인 통신 전문가 빅터 앨런 배런을 포함한 소규모 자문단을 보냈다.[39]

PCB 당원 대다수와 ANL은 반란이 준비 중인 것을 전혀 몰랐다.

38 브라질 남부 출신 프레스치스는 비밀투표와 전 국민을 대상으로 한 교육을 도입할 것과 아르투르 베르나르드스 대통령 퇴진을 요구하는 전국 행진을 이끌었다. 당시 시위대는 의도적으로 정부군과의 충돌을 피하고 요구안에 더 많은 군인과 시민의 참여를 독려하고자 애썼다. 그후 프레스치스는 5년간 망명을 떠났으며 더 급진화되어 공산당에 입당하려고 했다. 처음에 PCB와 모스크바는 그에 관해 확신하지 못했다. 그를 "프티부르주아지" 카우디요라고 불렀는데, 중국에서 국민당과의 합작으로 공산주의자들이 학살당한 전력이 있었으므로 브라질 판 장제스를 입당시키기에는 우려할 점이 많았던 것이다. 프레스치스는 제툴리우 바르가스 정부가 파시즘으로 급선회한 1934년에야 마침내 공산당에 받아들여졌다(Vianna, *Revolucionários*, 50–51).

39 Ibid., 117.

그리고 반란은 빈곤한 동북부의 나탈Natal에서 군인들이 동료들이 해고된 것에 분개하면서 일어났다. 지역 공산당은 군인들에게 기다려 보자고 요청했으나 소용이 없었다. 반란이 불붙자 반란군은 일시적으로 도시를 장악해 차량을 징발하고 은행을 털었다. 반란이 동북부의 헤시프Recife에까지 이르자 정부는 학살로 대응하여 군대가 반란을 진압하고 좌파 반란군을 처형했다.

"잔인하고 어마어마한 진압이었소! 좌건 우건 꾸부러지건 똑바르건 다 죽였으니까. 공산주의자의 목숨은 생꿀 열 쪽만도 못한 것이었소." 라마르티느 코티뉴 중위는 "똥만도 못한"으로 번역할 수 있는 옛 포르투갈어 표현을 써 가며 이렇게 말했다.

그리고 반란의 마지막 장은 리우데자네이루 코바카바나Cobacabana의 작은 해변에서 벌어졌다. 1935년 11월 27일 아침, 공격이 시작됐다. 군대가 막사를 향해 던진 수류탄이 기둥 앞에서 폭발했다. 그리고 사격이 시작됐다.

"추악하고 끔찍한 전투였소!" 그날 아침에 공격당한 군인 한 사람이 말했다. "온 데다 총을 쏴 댔지!" 그러나 전투가 끝나고 사망자는 군인 2명이 다였다.

ANL은 전국에서 수십 명에 달하는 인명을 무모하게 희생시켰고, 무엇보다도 정부가 원하는 대로 그들을 이용할 수 있도록 넘겨주고 말았다.[40]

아니나 다를까 실패한 공산주의 쿠데타 서사는 당시 점점 오른쪽으로 향하던 지배층의 이해관계에 완벽하게 부합했다. 진작부터 6월에 영향력 있는 신문 《우 글로부》가 완전히 날조된 기사를 보도했

40 이 반란에 관한 설명은 다음을 참고했다. Vianna, *Revolucionários*, 230–248.

다. 사주인 호베르투 마리뉴가 쓴 이 기사는 공산주의자들이 "공산주의자가 아닌 공무원을 모조리 총살"해서 나라를 차지하라는 명령을 받았으며 "공무원의 집 앞이나 집 안으로 쳐들어가서 죽이면 더 바람직"하다고도 했다고 적었다.[41]

바르가스 정부는 이 실제 사건을 좀 부정확하게 "인텐토나 코무니스타", 곧 공산주의 봉기라고 부르며 좌파와 정권에 비판적인 인사 모두를 검거하고 독재 권력을 강화하는 구실로 이용했다. 바르가스는 비상사태를 선언하고 "공산주의탄압위원회"를 설치하고 개인의 자유를 제한하며 전국에서 좌파 검거를 시작했다. 대중에게 인기가 있던 프레스치스는 옥중에서 살아남았으나, 인텐토나 지도부 상당수는 사형당했다. 정부는 좌파 서적도 금지했다.[42]

폭력적인 공산주의 반란의 서사가 군과 정부의 우익들의 이해관계와 요구에 너무나 부합했던지라 그들은 또 다른 이야기를 만들어 냈다. 1937년에 한 장군이 (우파 파시스트들의 반유대주의를 겨냥한) 유대인-공산주의자들의 음모 "코엥 계획Plano Cohen"의 내용이 담긴 문서를 "발견"했다. 문서에는 브라질 부유층의 집에 쳐들어가 여자들을 강간하라는 명령이 담겨 있었다.[43] 바르가스는 이 날조된 음모를 핑계로 새로운 군사 쿠데타를 정당화하고 새 헌법을 제정해서 완벽한 독재 체제를 구축했다.[44]

1935년에 인텐토나는 브라질군의 토대가 되는 전설이 되었을 뿐

41 O Globo, June 26, 1935, 1st ed. Cited in Vianna, *Revolucionários*, 132–133.

42 Rodrigo Patto Sá Motta, *Em Guarda Contra O Perigo Vermelho*, 223.

43 Patto Sá Motta, *Em Guarda Contra O Perigo Vermelho*, 60, 66–67.

44 Schwarcz and Starling, *Brazil*, 419–422.

아니라 군대와 사회 일반에서 점점 매서워지던 반공 운동의 땔감이 되었다. 매년 11월 27일, 군은 프라이아 베르멜랴Praia Vermelha 곧 "붉은 해변" 기념비 앞에서 공산주의 반란을 막아 낸 일을 기념했다. 그리고 강력한 신화가 만들어졌다. 군은 1935년 11월의 사건이 그저 흔했던 군 막사에 대한 공격 수준이 아니었다고 말했다. 사건은 공산주의자들이 장교 숙소에 침입하여 자고 있던 장교들을 찔러 죽였다는 이야기로 바뀌어 있었다.

이 악마 같은 공산주의자들에 대한 우화는 수십 년 후 면밀한 역사 연구를 통해 사실이 아닌 것으로 판명되었다. 역사학자 호드리구 파투 사 모타는 다음과 같이 검시 보고서를 인용했다. "그날 아침 칼에 찔려 죽은 사람은 없었다…. 정치적 신념에 상관없이 브라질군 소속 직업군인이 군 반란에서 단검을 사용하는 것은 상상하기 어려운 일이다!"[45]

그후 수십 년 동안, 잠든 사이에 우리를 찔러 죽이려고 칼을 뽑아 든 공산주의자라는 표현은 광신적 브라질 반공주의자들이 늘 동원하는 비유가 되었다. 언론 매체에서 공산주의자를 자유, 가족, 도덕을 통해 "박멸"해야 할 벌레로 그린 만평을 쉽게 볼 수 있었다. 공산주의는 역병, 바이러스, 암 등으로도 불렸는데, 이웃한 아르헨티나에서도 공산주의자들에게 퍼붓던 표현이다.[46] 공산주의는 악마나 용, 뱀, 염소 같은 악마의 짐승을 이용한 순수한 악이나 흑마술과도 자주 연결되었다. 성적 도착이나 일탈과 연관성이 있다는 식의 암시나 노

45 Patto Sá Motta, *Em Guarda Contra O Perigo Vermelho*, 116.

46 Federico Finchelstein, *The Ideological Origins of the Dirty War: Fascism, Populism, and Dictatorship in Twentieth Century Argentina* (Oxford: Oxford University Press, 2014), 47–48.

골적인 묘사도 흔했다.[47]

공산주의자라고 누명을 씌우면 얻는 것이 많았다. 경찰, 군, 하급 공무원이 누군가가 공산주의자라는 증거를 "발견"하면 그의 소속 부서는 더 많은 자원을 확보하거나 직접 뇌물을 받을 기회를 얻었다. 파시스트 정당인 브라질통합주의행동(이하 AIB로 표기함)은 소상인을 대상으로 아주 고전적이지만 반공주의 요소를 더한 갈취술을 이용했다고 한다. 그 당의 당원들은 한밤중에 특정 가게와 집 담에 공산주의자들이 그렸을 법한 그래피티를 그려 놓고 며칠 후 해당 점포나 집 주인을 찾아와 공산주의자가 아님을 이웃에게 증명해 보이려면 AIB에 후원금을 내야 한다고 협박했다.[48]

1950년대와 1960년대 초, 브라질군은 워싱턴과의 관계를 더 돈독히했다. 미국은 브라질에 대규모 경제 및 군사 지원 인력을 두었고, 더 많은 브라질 장교들이 인도네시아 군인들과 함께 포트 레번워스에서 교육받을 기회를 얻었다.[49]

브라질의 우파들, 특히 군대에게는 장구가 대통령이라는 사실 자체가 있어서는 안 되는 잘못이었다. 그런데 1961년에 장구는 심지어 군을 더 분노하게 만들었다. 인텐토나 기념일을 며칠 앞둔 시점에 브라질과 소련과의 외교 관계가 재개된다는 발표가 나오자, 군은 이를 도발로 받아들였다. 얼마 지나지 않아 극우 집단 반공운동(이하 MAC로 표기함)이 온 리우데자네이루를 "배신자에게 죽음을", "브라질인이여, 모스크바의 세속 권력을 처단하자", 여전히 불법 정당

47 Patto Sá Motta, *Em Guarda Contra O Perigo Vermelho*, 49–52.

48 Ibid.,169.

49 Weis, *Cold Warriors*, 20.

이었던 "PCB에 죽음을 안겨 줄 전쟁" 같은 문구로 뒤덮었다.[50] MAC는 CIA로부터 자금을 지원받았고 몇 차례의 폭탄 테러와 전국학생연합 총격 사건 같은 테러까지도 저지른 것으로 알려진 집단이다.[51]

또 다른 반공 집단인 전통, 가족, 재산 수호회(이하 TFP로 표기함)는 1960년 상파울루에서 설립되어 청소년들에게 머리를 짧게 자르고 정숙한 옷차림을 하도록 하며, 텔레비전 시청을 금지하고 가라테를 배우도록 해서 국제 공산주의라는 퇴폐와 타락에 맞서고자 했다.[52] TFP는 국제적 단체를 지향했으며 곧 라틴아메리카 전역과 남아프리카 및 미국에 지부를 설립했다.

PCB는 1962년에 분열했다. 수십 년 후에도 여전히 영향력 있는 인사였던 루이스 카를루스 프레스치스의 지도 아래 PCB는 스탈린주의와 결별하기로 한 후르쇼프의 결정을 따라 브라질 민주주의 안에서 평화적으로 활동하고 있었다. 여기서 분리해 나간 이들은 마오쩌둥에게 영감을 받아 전면적인 혁명이 필요하다고 여기고는 "수정주의"를 거부하며 PCB와 거의 비슷한 이름의 브라질공산당PCdoB을 창당했다. 장구가 집권하던 시기에 PCB는 헌법 개정에 반대할 정도로 당시 다른 좌파 세력 누구보다도 온건했다.[53]

이 모든 반공이라는 지옥불은 아무리 진보적이래봐야 자유주의 개혁주의자 정도인 대통령에게 맞서기 위한 것이었다. 그러나 장구

50 Patto Sá Motta, *Em Guarda Contra O Perigo Vermelho*, 156.

51 Fundação Getúlio Vargas, CPDOC, "Verbete: Movimento Anti-Comunista(MAC)," 요약본은 다음 주소에서 확인하라. www18.fgv.br/cpdoc/acervo/dicionarios/verbete-tematico/movimento-anticomunista-mac

52 Patto Sá Motta, *Em Guarda Contra O Perigo Vermelho*, 149–152.

53 Napolitano, *1964*, 38–39.

와 그가 시행한 개혁은 인기가 많았다. 대통령이 결국 더 많은 국민에게 투표권을 주는 데 성공한다면, 지배층의 눈에 이 나라는 눈에 띄게 변화할 것이었다. 그리고 그런 변화들은 한줌밖에 안 되지만 실존하는 브라질 공산주의자들이 지지하는 것이기도 했다. 공산주의자들이 바라는 무엇에도 반대한다면, 그리고 브라질 같은 나라에서 사회개혁이 가져올 후과를 두려워하는 사람이라면 장구에 반대할 이유는 수도 없이 많았다. 1940년대에 J. 에드거 후버가 창시하고 브라질 지배층과 미국 정부가 수용한 광신적 반공주의의 모든 교리를 받아들이고서 보면, 그런 반대는 납득할 만하다.

장구와 지하 공산주의의 연계설은 브라질 사회에서 우익의 어두운 언저리에서만 맴돌던 이야기가 아니었다. 지금도 브라질에서 가장 중요한 미디어 그룹이 발행하는 신문 《우 글로부》는 1964년 1월 "문해 캠페인"이라는 제목으로 더 많은 사람들에게 읽고 쓰기를 가르치겠다는 장구의 계획에 관한 만평을 실었다. 오른쪽에는 누더기를 입은 지저분한 남자가 무지한 얼굴을 하고 앉아 있다. 왼쪽에는 그를 가르치는 교사가 학생을 가리키며 웃고 있는데, 교사의 양복 뒤로는 기다란 악마의 꼬리가 보이고, 꼬리 끝에는 낫과 망치 모양이 찍혀 있다.[54]

세 사람의 최후

1963년 가을, 존 F. 케네디는 주남베트남 미국 대사에게 남베트

54 *O Globo*, January 25, 1964, Patto Sá Motta, *Em Guarda Contra O Perigo Vermelho*, 93에 재수록.

남 대통령 응오딘지엠 제거를 준비하라고 지시했다. 당시 지엠은 동맹으로서 자신의 값어치보다 훨씬 큰 골칫거리를 워싱턴에 안기던 중이었다. 1963년 11월 1일, CIA가 베트남 장군에게 메시지를 전하자 지엠과 그의 동생은 납치되어 장갑차 뒷칸에서 둘 다 총에 맞고 칼에 찔려 죽었다. 케네디는 사실 지엠을 죽이기까지 할 생각은 아니었으나 그의 죽음에 자신의 책임이 있다는 것을 잘 알았고, 그것 때문에 심각한 우울에 빠져들었다.[55]

몇 주 후에는 케네디 자신이 댈러스에서 차량 행진 중에 암살당했다. 카스트로를 제거하려 애쓰고 전 세계에서 갖은 비열한 방법을 동원하던 케네디의 최측근들은 암살이 누구 소행인지를 두고 격론을 벌였다. 로버트 케네디는 형의 암살이 CIA, 군중 또는 카스트로의 작품일지 모른다고 여겼다. 범인이 누구건 간에, 그 자신에게도 책임이 어느 정도 있다는 뜻이기도 했다. 부통령 린든 존슨은 처음에는 이를 지엠 암살에 대한 보복이라고 여겼다.[56] 존슨은 미국 정부가 카스트로를 죽이려고 애써 왔다는 사실조차 몰랐던지라, 대통령직을 승계한 후에 넘겨받은 비밀작전 네트워크를 이해하느라 고생했다.[57]

린든 베인즈 존슨은 텍사스 출신의 성실하고 전형적인 미국 기독교인이었다. 케네디보다 더 진보적이었을 테고, 상원 원내대표로 6년 동안 활약해 "상원의 명수"로 여겨졌다.[58] 그러나 대외정책에

55 Kinzer, *Overthrow*, 169.

56 Dallek, *An Unfinished Life*, 697–698.

57 Weiner, *Legacy of Ashes*, 225-226[국역: 《잿더미의 유산》, 378쪽].

58 대통령이 되기 전 존슨의 경력에 관해서는 Doris Kearns Goodwin, *Lyndon Johnson and the American Dream* (New York: Integrated Media, 2015), chaps. 1–6을 보라.

관한 한, 경험이 일천했다. 그는 케네디처럼 제국주의와 제3세계 민족주의 혁명 간의 역사적 대결에 관심이 있는 사람이 아니었다. 존슨을 잘 알았던 전기 작가 도리스 컨스 굿윈에 따르면, 존슨은 나머지 세계는 좀 뒤떨어졌을 뿐 미국과 크게 다르지 않다는, 미국인에게는 아주 흔한 믿음을 가지고 있었다. 굿윈은 그가 "미국적 가치가 보편적으로 적용된다는 국제적 합의가 존재한다는 믿음"을 가진 사람이었다고 썼다. 그러나 린든 존슨은 케네디가 남긴 참모들에게 맞설 만큼 대외정책에 관한 확신은 없었다.[59] 그래서 그는 외교 사안을 자문들에게 자주 떠넘겨 버렸다.

브라질에서는 비밀작전이 한참 진행중이었다. CIA 요원 팀 호건과 무관 버논 월터스가 이미 브라질에서 활동 중이었다. 둘은 군대와 경제를 다 대통령에게 불리하게 움직였다. 장구를 둘러싼 압력이 점점 심해졌다.

유력 일간지 《조르날 두 브라질》은 훗날 브라질 골피스타들을 향한 구호가 될 "이제 그만!"이라는 제목의 사설을 실었다. "혁명이 오기 전, 우리는 이제 그만이라고 말한다! 조직되고 응집력 있고 규율 잡힌 브라질군이 있는 한… 이제 그만! 대통령의 흑마술과 주문으로 만들어진 계급 화합이라는 가짜 정치가 종말을 고할 날이 왔다…. 국민의 인내심은 한계에 달했다."[60] 케네디가 암살당하고 며칠 지나지 않은 11월 말, 장구는 리우데자네이루의 붉은 해변에서 열린 인텐토나 코무니스타 연례 추념식에 참석했다. 그러나 그의 참석 소식은 강경 보수주의자들을 분노하게 만들었고, 그 일부는 추념식

59 Ibid., 175–177.

60 *Jornal do Brasil*, September 13, 1963, 6. Napolitano, *1964*, 46 재인용.

을 거부하고 가까운 곳에서 따로 반공 행사를 열 정도였다.

1963년 11월 27일 열린 그 추념식에서 자이르 단타스 히베이루 장군은 짧지만 의미심장한 연설을 했다. "고요한 밤, 결코 이해할 수 없는 원칙들로 무장한 극단주의자들이 불명예스런 시도를 감행했습니다. 깃발도 없고 이유도 없고 이상도 없고 목적도 없는 이 모험주의자들의 행동은 이 나라에 아무런 울림도 만들지 못했습니다. 이 나라의 기독교적 근간은 혐오와 극단주의에 어떤 영향도 받지 않기 때문입니다." 장구를 포함한 청중을 향해 장군은 연설을 이어 나갔다.

> 1935년의 혐오스런 테러리스트들은 파멸과 증오만을 뜻하는 공산주의 방패를 들고, 인도주의적 대중 정서를 내세워 그 뒤에 하급 장교들의 요구와 권력을 향한 갈망을 감추고, 밤의 그림자 속에서 비열하게 우리 군 형제들을 살해하고 브라질 역사의 어두운 장을 썼습니다…. 그러나 우리는 이 역사를 억눌러서는 안 됩니다. 그런 시도는 반민주적 정권을 세우고자 하는 이 해충들에게 한 사례로 남았습니다….
>
> 지금부터, 영원히 군과 군의 경계심의 사례는 살아남아 경고할 것입니다.[61]

61 Ordem do Dia do Exercito, General Jair Dantas Ribeiro, November 1963, General Fernando de Carvalho, *Lembrai-Vos de 35!* (Rio de Janeiro: Biblioteca do ExércitoEditora, 1981), 375–377에 수록. 《렘브라이-부스(Lembrai-Vos)》는 1936년부터 1980년까지 인텐토나 추념사 전부를 모아 놓은 기록물이다. 원문의 부자연스럽고 과도하게 격식을 차린 표현들을 그대로 번역했다. 미국 경찰들이 흔히 그러듯 브라질 경찰이나 군 간부들 또한 공적 발언을 할 때 이상한 문법 구조와 모호한 단어를 사용하며 과장된 어조를 사용하는 경향이 있다.

히베이루에게 "해충"은 공산주의자였다. 그리고 군 장교들은 이미 장구의 의도에 관한 나름의 이론을 세워 놓았다. 많은 장교들이 투표권을 주는 것 외에도 장구가 하급 군인들에게 직접 호소해서 군 간부들의 권위를 전복하려는 것이 분명하다고 믿고 있었다.

브라질 우파 세력은 쿠데타를 계획하고 있는 것이 실은 장구라는 소문을 퍼트렸다. 개혁안을 실행하기 위해 장구가 행정부를 폐쇄하고 의회를 폐지하거나 새 헌법을 선언할 것이라고 주장했다. 브라질 주요 신문들도 이 소문을 퍼트리는 데 일조했다. 이 모두가 사실이라면, 장구에게서 권력을 빼앗는 것이야말로 민주주의를 지키는 일이었다. 미국 대사 링컨 고든은 동의했다. 그는 장구가 강력한 대통령이 아니므로 당장 그를 멈추지 못하면 그보다 더 급진적인, 어쩌면 공산주의 세력이 그를 대체할지도 모른다고 걱정했다.[62]

배후에서는 미국인들이 군대와 협력하고 있었다. 3월에 고든은 워싱턴에서 온 전신에 회신했다. "숙고한 끝에 내린 내 결론은 현재 굴라르가 독재 권력을 확보하려는 움직임과 분명히 연결되어 있다는 것이다. PCB 및 다른 급진 좌파 혁명 세력들과 적극적으로 협력하기로 했을 것이다. 굴라르가 성공한다면 공산주의자들이 브라질을 완전히 장악하게 될 가능성이 높다…."

미국인들은 굴라르를 대체할 한 인물을 주시하고 있었다. 고든의 전신은 다음과 같이 이어진다.

> 가장 중대한 진전은 육군참모총장 움베르투 카스텔루 브랑쿠 장군의 지도 아래 군의 저항 그룹이 확고해진 것이다. 카스텔루 브랑쿠는 노련하

62 Napolitano, *1964*, 50, 61.

고, 신중하고, 정직하며, 신망받는 장교다…. 카스텔루 브랑쿠는 명백한 반헌법적 도발의 경우에만 움직이려고 할 것. 예컨대, 굴라르가 의회를 폐쇄하거나 반대파 주(과나바라나 상파울루일 가능성이 가장 높음)에 개입하거나. 그러나 브랑쿠(와 나 역시)는 굴라르가 그런 명백한 도발은 피하고, 배후에서 조종하는 파업이나 고의적인 주정부 재정 악화, 문맹자의 투표를 포함한 국민투표 실시 등의 수단을 통해 돌이킬 수 없는 기정사실 쪽으로 움직일 것으로 본다….[63]

과거 카스텔루 브랑쿠는 캔자스주 포트 레번워스에서 훈련을 받았다. 그는 그곳에서 후일 케네디가 브라질로 파견한 무관이 되는 버논 월터스를 만났다. 캔자스에서 함께 공부한 후 브랑쿠와 월터스는 이탈리아의 작은 호텔에서 함께 지내는 룸메이트가 되었다.[64]

장구에게는 대통령 취임을 둘러싼 상황으로 인해 의회에 지지 세력이 거의 없었고, 소수의 대지주 가문이 장악한 브라질 언론에도 아군이 거의 없었다. 자신의 개혁안에 대한 대중의 지지를 증명해 보이기 위해 그는 일련의 길거리 시위를 조직했다. 1964년 3월 13일, 장구와 다른 좌파 성향 지도자들은 20만 명에 가까운 인파 앞에서 연설하기 위해 리우데자네이루의 중앙역 앞에 섰다. 긴장한 장구는 연단에 올라 토지개혁을 촉구하고 "반인민, 반노조, 반개혁적" 우파 가짜 민주주의자들을 공격했다. "거리에서 인민들은 만나

63 Telegram from the Ambassador to Brazil (Gordon) to the Department of State, Rio de Janeiro, March 28, 1964, *FRUS, Vol. XXXI*, South and Central America; Mexico, 187, https://history.state.gov/historicaldocuments/frus1964-68v31/d187

64 Walters, *Silent Missions*, 77, 123.

는 것은 민주주의를 위협하는 일이 아닙니다. 민주주의를 위협하는 것은 기독교 신앙을 악용하고 반공 산업의 미신적 선동으로 인민을 짓밟는 자들입니다. 그들이 민주주의를 위협합니다." 일부 참석자들이 피델 카스트로의 사진이며 "라티푼디스타 타도"와 "공산당 합법화" 같은 구호가 적힌 팻말을 든 모습이 카메라에 포착됐고, 이는 우익 음모론자들에게 더 많은 빌미를 제공했다.[65]

보수파도 시위로 응답했다. 3월 19일 상파울루 탄잉기옥 가족의 새 집에서 멀지 않은 곳에서 열린 "해방을 위해 하느님과 함께하는 가족 행진"에는 거의 50만 명이 동원되었다. 시위대 대다수는 부유하고 보수적인 가족들(억지로 끌려온 하녀들도 있었지만)이었고, 존경할 만한 숙녀와 어린이들의 존재는 음모를 꾸미던 군 장교들을 더 대담하게 만들었다. 가까운 곳에 있던 잉기옥과 가족들은 이런 일을 경계하며 관여하지 않았다. 미국 정부는 달랐다. 워싱턴은 브라질 지배층이 주도한 이 행진에 물질적으로나 정신적으로나 지원을 아끼지 않았다.[66]

장구가 군대에 한해 저지른 최종적이고 치명적인 실수는 그 직후에 벌어졌다. 리우에 있던 기본 개혁을 지지하는 해병 2천 명이 근무조건 개선과 규율 완화를 요구하며 소규모 반란을 일으켰다. 반란군은 반제국주의 친봉기적 고전 소비에트 영화 〈전함 포템킨〉을 보여주었는데, 고위 장교들의 신경을 긁을 수밖에 없는 일이었다.[67]

65 브라질 EBC 방송에 포르투갈어 연설문과 사진 자료가 있다. "Discurso de Jango na Central do Brasil em 1964," www.ebc.com.br/cidadania/2014/03/discurso-de-jango-na-central-do-brasil-em-1964.

66 Benjamin Cowan, *Securing Sex: Morality and Repression in the Making of Cold War Brazil* (Chapel Hill, NC: University of North Carolina Press, 2016), 75–77.

67 Napolitano, *1964*, 56–57.

봉기를 지지하지도 않았지만 그렇다고 즉각 진압하지도 않은 장구의 초기 대응은 군에게는 대통령이 하급 군인들의 봉기를 지지하고 군의 위계를 전복할 수 있으리라는 결정적인 증거로 여겨졌다. 설상가상으로 다음 날 장구는 브라질 자동차 클럽에서 헌병들과 간담회를 가졌다. 그는 급진적인 이야기는 하나도 하지 않았지만, 그즈음에는 그런 행보가 대통령이 하사관이나 하급 장교들과 직접 소통하겠다는 의지를 보여주는 직접적인 도전이자 모욕으로 여겨졌다.

1964년 3월 31일, 장구를 끌어내리는 쿠데타가 시작됐고, 많은 가담자들은 공산주의자들이 장구를 중심으로 일종의 혁명 계획을 세웠다고 믿었다. 완전히 허위였지만 매카시 청문회와 인텐토나 신화로부터 시작된 당시의 광신적 반공주의의 맥락에서는 그 모두가 일관성이 있는 주장이었다. 어디건 공산주의자가 있는 곳이라면 그 수가 아무리 적고 그들의 발언이 어땠건 상관없이 사악한 비밀 음모를 꾸미고 있게 마련이다.

브라질식 반공주의의 신화 안에서 이는 공산주의자들이 무언가 근본적으로 비뚤어지고 뒤틀린 것을 준비했다는 뜻일 것이다. 지배층 중 다수는 공산주의자들이 "악마적 쾌락"을 느끼며 폭력을 저지르는 자들이고, 신실한 이들을 집단으로 죽여서 "붉은 지옥"으로 데려가는 것이 그들의 가장 은밀한 욕망이라고 믿었다.[68]

68 Patto Sá Motta, *Em Guarda Contra O Perigo Vermelho*, 74. 버논 월터스가 회고록에서 (내가 여기서 제시한) 반공주의적 가설과 추정 절대다수를 자신도 공유했다고 분명히 밝힌 점에 주목할 만하다. 첫째, 그는 인텐토나 코무니스타의 "사악한 선례"와 잠든 장군들이 살해당했다는 점 때문에 장구가 하급 군인들을 겨냥한 개혁안을 내놓는 것을 걱정해야 할 각별한 이유가 있다고 여겼다. 둘째, 그는 "브라질이 공산화된다면" 상황이 더 악화될 것임을 확신한다고 말하는 것으로 브라질 독재정권이 저지른 부정과 학대(그에 따르면 "과도한 열의")를 부정했다. 셋째, 그는 "권위주의적 우파 정권은 결국 사라지고, 공산 정권은 한번 권력을 잡으면 결코 놓치지 않는다"라는 (닉슨도 말한 바 있는) 믿음을 내세웠다. Walters, *Silent Missions*, 371–389.

고위 장성들과 워싱턴이 벌써 여러 주 동안 쿠데타 계획을 세웠음에도, 그 시작은 어설펐다. 1937년에 코엥 계획으로 알려진 가짜 유대계 공산주의자의 음모를 만들어 냈던 올림피우 모랑 필류 장군이 분노에 차서 제대로 무장하지도 않은 군인들을 이끌고 장구가 머물던 리우에서 행진을 벌였다. 장구는 비행기로 브라질리아로 피했다가 군 고위층이 자신을 제거하려고 작정한 것이 명백해지자 항공편으로 우루과이로 망명했다. 탱크가 의회 건물을 에워쌌다. 군부는 아무런 법적 근거도 없이 "제도법령Ato Institucional"을 선포하고 좌파 의원은 모든 법적 권리를 상실한다고 선언했다.[69]

쿠데타가 시작되자 미 국무부는 브라더 샘이라는 작전을 개시하고 공모자들이 유조선, 탄약, 항공모함을 사용할 수 있게 해 주었다.[70] 그러나 이 모든 것이 필요없었다. 브라질 의회는 명백한 헌법 위반임에도 불구하고 대통령석이 "공석"이라고 선언했다. 그리고 제도법령 1호를 통해 의원 40명가량의 의원직을 박탈한 후, 남은 브라질 의원 361명이 투표로 카스텔루 브랑쿠 장군을 대통령으로 선출하기로 했다. 거의 모든 브라질 언론매체에서 쿠데타를 지지했다.[71] 미국의 각종 원조가 쏟아져 들어오기 시작했다.[72]

장구가 사라진 후, 1964년 인텐토나 추념식에서 군은 이전과는 아주 다른 종류의 연설을 내놓았다. 페리 콘스탄트 베빌라쿠아 장군

69 여기서부터는 《뉴욕리뷰오브북스》 2018년 10월 12일 자로 실린 내 기사에서 사용한 언어와 접근법을 가져왔다. Vincent Bevins, "Jair Bolsonaro, Brazil's Would-be Dictator," *NYR Daily*, October 12, 2018.

70 *FRUS*, 1964–1968, Volume XXXI, South and Central America; Mexico, 198. Telegram from the Department of State to the Embassy in Brazil, March 31, 1964.

71 Bevins, "Jair Bolsonaro, Brazil's Would-be Dictator."

72 Ruth Leacock, *Requiem for Revolution: The United States and Brazil, 1961–1969* (Kent, Ohio: Kent State University Press, 1990), chap. 11.

은 이렇게 선언했다. "조국이 여기 있습니다! 이 아름다운 깃발에 있습니다. 응시하면 당신의 존재를 느낍니다, 그대 1935년 11월의 영웅들을!"[73]

링컨 고든 대사는 1964년 쿠데타를 "20세기 중반에 얻어 낸 자유를 위한 가장 결정적인 승리"라고 불렀다.[74]

브라질 역사학자 마르쿠스 나폴리타누가 쓴 대로 "헐리우드 영화처럼 (쿠데타 공모자들에게는) 해피엔딩이었다. 공산주의자 악당들과 그 동조자들은 쫓겨났다. 선인들이 권력을 잡았다. 그리고 가장 좋은 점은, 미국이 음모의 중개자로 비쳐지지 않고도 이 모든 일이 이루어졌다는 것이다."[75]

거대하고 새로웠다. 1953년의 이란, 1954년의 과테말라, 1958년의 인도네시아, 1961년의 쿠바에서는 누구라도 조금만 주의를 기울이면 정권을 교체하려는 작전의 배후에 미국이 있다는 것을 알 수 있었다. 미국이 개입했다는 맹백한 징후들은 전 세계에서 미국의 이미지를 망쳤을 뿐 아니라, 작전이 성공해서 세운 정부의 정통성과 효율성도 갉아먹었다. 과테말라 정부는 쿠데타 직후 무너졌고, 이란의 샤 정권 또한 결국은 그렇게 되었다.

1964년 브라질에서 이룬 빛나는 성과는 군대와 동맹을 맺은 케

73 General-de-Exercito Pery Constant Bevilaqua, Alocucao Do Representante Das Forcas Armadas, December 1, 1964, *Lembrai-Vos De 35!*, 381에 수록.

74 Leacock, *Requiem for Revolution*, 197.

75 Napolitano, *1964*, 62. 쿠데타에 관한 소련의 반응에 관해서는 Gianfranco Caterina, "Um grande oceano: Brasil e União Soviética atravessando a Guerra Fria(1947–1985)" (PhD diss., Fundação Getúlio Vargas, 2019), 267–275을 보라. 모스크바는 신정부의 반공적 태도에 대해 온건한 수준에서만 비판적 입장을 내고, 양국 간의 관계 발전을 이어 가자는 희망을 내비쳤다.

네디가 추진한 새로운 전술 덕분만은 아니었다. 미국도 운이 좋았다. 그리고 더 중요하게는 브라질에 지난 500년 동안 흑인, 빈민, 폭력적이고 주변화된 이들에 대한 공포로 쌓아올린 아주 뿌리 깊은 자체적인 반공주의 전통, 그리고 믿을 수 없을 정도로 그럴듯한 반공 신화와 연례 의례가 있었다.

합법적으로 선출된 장구는 국민의 지지에도 불구하고 반격에 나서지 않았다. 어쩌면 그는 이번도 브라질 역사에서 벌어진 다른 쿠데타들처럼 체제의 재설정 같은 것이어서, 금방 지지자들을 재조직해서 다음 선거에 출마할 수 있으리라 믿었을 것이다. 하지만 그런 일은 벌어지지 않았다. 브라질에서는 그후 25년 동안 민주적 선거가 열리지 않았다. 워싱턴의 군 주도 근대화에 대한 약속과 지지는 존슨 행정부 아래서 확고했으며, 브라질은 이제 냉전 시기 가장 중요한 친미 동맹 중 하나가 되었다. 라틴아메리카에서 가장 큰 나라 브라질은 곧 다른 나라들을 서방 진영으로 돌아서게 하는 데 핵심적인 역할을 하게 될 것이다.

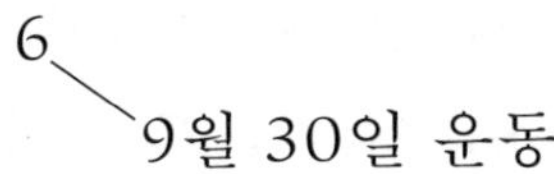

6 9월 30일 운동

라틴아메리카의 쿠데타가 일으킨 물결은 전 세계로 퍼졌고, 인도네시아에도 이르렀다. 인도네시아의 주류 언론들은 물론 공산당의 《하리안 라캿》도 이 사건을 크게 보도했다. 자카르타에서 발행하던 새 영어 정기간행물 《아프로-아시안 저널리스트》는 브라질 "군사정권"이 "미국의 제국주의 음모"를 실행하는 데 일조했다고 논평했다.[1] 이 기사는 어쩌면 그즈음 이 매체에서 일하게 된 프란치스카가 번역한 것일지도 모른다.

1960년대 초에 프란치스카는 전보다 더 정치에 관여하게 됐다. 그만 그런 것이 아니라 CIA의 폭격 이후 서뉴기니를 찾기 위한 운동이 거세지면서 나라 전체가 왼쪽으로 움직였고, 사회 전반이 혁명의 열기로 끓어올랐다. 그러나 프란치스카를 세계사의 한복판으로 데려온 것은 그의 빼어난 외국어 실력이었다.

지난 10년간 도서관에서 일하며 아이들을 학교에 다닐 만큼 키우고 나자, 프란치스카는 각국 대사관 직원을 상대로 영어 개인 교습을 시작했다. 처음에는 헝가리 영사 부인을, 이어 소련 대사관 직원들

1 *The Afro-Asian Journalist*, Djakarta 1964, 1-1964, no. 1, SOAS 런던대학교에서 열람함.

과 (당시에는 "북베트남"이라고도 부르던) 베트남민주공화국 외교관을 가르쳤다. 그는 자카르타 시내나 부유층이 사는 세노파티 구역의 대사관이나 화려한 대사 저택에서 수업을 했고, 회화 연습을 하다 보니 학생들과 국제정치를 주제로 대화를 더 많이 하게 됐다. 쿠바의 카스트로 정부가 인도네시아에 보낸 첫 대사인 베니그노 아르베수 카델로도 프란치스카의 수업을 들었다.

사실 프란치스카의 학생들은 전부 사회주의 국가 출신이었고 당시 그와 남편이 교류하던 이들이기도 했다. 그즈음 자인은 좌파 쪽에서 상당히 영향력 있는 인물이었다.[2]

수카르노는 아바나에 가서 피델과 체를 만났다. 그러고서 신임하는 혁명 시절의 친구 A. M. 하나피를 주쿠바 인도네시아 대사로 보냈고, 인도네시아와 쿠바는 1955년 "아시아-아프리카" 회의에 라틴아메리카를 포함하는 "삼대륙tricontinental" 회의를 준비했다. 이제 명실상부하게 제3세계 전체가 모이게 되었다.

수카르노는 다시 마르크스주의, 이슬람, 민족주의의 통일을 이야기하며 자신의 장기인 신조어를 또 만들어 냈다. 민족주의NASionalisme, 종교Agama, 공산주의KOMunisme의 머리글자를 따서 나사콤NASAKOM

2 비밀 해제된 동유럽 문서들을 통해 자인이 PKI 중앙위원이었음이 드러났고, 마르틴 알레이다가 이것이 사실이라고 확인해 주었다. 그러나 프란치스카는 자인이 어느 쪽인지는 명백했지만 당시에 당내 활동에 대해서는 구체적으로 이야기한 적이 없다고 했다. 따라서 여기서 나는 그를 "좌파 쪽에서 상당히 영향력 있는 인물"이라고만 부를 것이다. 뒤에서 그의 당내 직책에 관해 논할 것이다. "Memorandum about talks with the Deputy Head of the Department for International Relations of the Central Committee of the PKI, Comrade Zain Nasution, on 30 June 1965," Stiftung Archiv Parteien und Messenorganisationen der DDR im Bundesarchiv (SAP-MO-BArch) DY 30 / IV A2 / 20, 66. Baskara Wardaya and Bernd Schaefer (eds.), *1965: Indonesia and the World* (Jakarta, Kompas Gramedia, 2013), 289 재인용. 저자의 마르틴 알레이다 인터뷰.

으로 재포장한 것이다. 그는 나사콤 내각을 말했지만 인도네시아 정치의 우파들이 공산주의자들의 내각 참여를 막아 섰다.[3] 참모총장이자 워싱턴의 척후병 나수티온 장군은 1960년에 하워드 존스 미국 대사에게 군은 공산당이 정부 고위직으로 참여하는 것을 용납하지 않을 것이라고 말했다.[4]

현실에서 인도네시아 정치의 세 기둥은 민족주의, 종교, 공산주의가 아니라 PKI, 수카르노, 군부였다. 대통령은 자신의 영향력을 이용해 두 세력이 서로를 견제하도록 조율하며 미묘한 균형을 유지했다. 브라질과 다른 점이 있다면 인도네시아 사회에서는 광신적 반공주의가 대중적 지지를 받지 못했다는 점이다. 군 장성들은 미국인들에게 사적으로 말한 내용에도 불구하고 대체로 좌파에 크게 반감을 갖고 있지 않았고, 자신의 기록이나 공식 성명 등에도 수카르노의 혁명적 언어를 사용하는 일이 잦았다. 온 나라가 말그대로 반제국주의적이었다.

1963년 초, 반둥 회의 참가국들은 자카르타에서 회의를 열고 아시아아프리카언론인연합을 결성했다. 프란치스카는 공식 회의 통역사로 일해 달라는 요청을 받고 인연을 맺었다가 (암살당한 콩고 지도자의 이름을 딴) 루뭄바 재단이 자카르타에서 《아프로-아시안 저널리스트》를 창간하게 되자 계속 일하기로 했다. 프란치스카는 각국에서 온 여러 언어로 된 기사를 번역하느라 바빴다. 《아프로-아시안 저널리스트》는 “사회주의 코스모폴리탄 저널리즘”을 지향했고 세계 각지의 투쟁을 하나의 연결된 싸움으로 보았다. 이 잡지는 세계 각지

3 Mortimer, *Indonesian Communism under Sukarno*, 125–126.

4 Jones, *Indonesia: The Possible Dream*, 260.

의 기존 사회주의 출판물보다 훨씬 절충적이고 자유주의적이었다. 편집진은 문화 다원주의와 예술적 혁신을 중시하며 세계 구석구석에서 온 반제국주의 만평과 기사를 실었다.[5]

프란치스카에게는 짜릿한 일이었다. 세계를 여행하며 아시아와 아프리카 곳곳의 혁명적 지도자들을 만났기 때문만은 아니었다. 어린 소녀 때부터 꿈꿔 온 일들이 현실로 이루어지는 것만 같았기 때문이었다. 1963년 말에는 자카르타에서 "신흥국 경기대회", 곧 가네포GANEPO(수카르노가 지은 약어)가 개최됐다. 이 행사는 제3세계의 올림픽이었고 그 슬로건은 "전진! 후퇴는 없다!"였다. 가네포가 개최된 배경은 1962년 자카르타 아시안게임에서 주최국 인도네시아가 중화민국(대만)과 이스라엘의 참가를 거부하면서 벌어진 충돌 때문이었다. 이 일로 서구가 주도하는 국제올림픽위원회(이하 IOC로 표기함)에서 인도네시아의 회원국 자격을 정지시키자, 수카르노는 반제국주의 경기대회를 소집했고, IOC는 질색했다. 그러나 프란치스카의 "신흥국 경기대회"에 관한 기억은 그런 것이 아니었다. 그는 자카르타에서 일주일간 제3세계에서만 온 사람들, 선수들, 문화 공연으로 가득한 행사를 보았던 것을 평생 기억했다.

"태어나서 처음으로 내가 세련되지 못하거나 후진적인 나라 출신이 아니라는 것을, 그리고 다른 아시아와 아프리카 민족들도 후진적이지 않다는 것을 깨달았던 거예요. 인도네시아인은 너무 멍청해서 우리가 뭘 하는지도 모르고 교육이나 자원도 없이 나라를 세

5 《아프로-아시안 저널리스트》의 배경에 관해서는 Taomo Zhou, "The Archipelago Reporting Global: The Afro-Asian Journalist Association, the Indonesian Left, and the Print Culture of the Third World, 1963–65" *Medium*, https://medium.com/afro-asian-visions/the-afro-asian-journalist-association-the-indonesian-left-and-the-print-culture-of-the-third-7f6463b185b0를 보라.

우려고 한다는 말을 늘 듣다 보니 저마저도 그렇게 생각하곤 했거든요." 프란치스카는 이제 마흔에 가까웠다. "우리 전통 스포츠를 하고 민속무용을 무대에 올렸어요. 그게 우리에게는 정말 큰 각성이었어요. 서구가 수백 년 동안 그토록 억누르려고 했던 게 이거였구나, 그런데 그게 이렇게 밝혀지는구나 싶었던 거죠."

남편이 속한 PKI조차 이전보다 훨씬 더 자율적이고 독립적이었다. 1960년대에 PKI는 중소분쟁에서 점점 더 중국 쪽에 가까워졌다. 중국 정부가 인도네시아의 영토 분쟁을 더 적극적으로 지지했기 때문이었다. 그러나 엄밀히 따지자면 PKI는 여전히 소련의 반스탈린 노선을 따르고 있었다. 1958년 시작된 대약진운동의 재앙 같은 결과로 인해 마오쩌둥은 이 시기에 권력에서 밀려나 있었다. 그는 소련이 자신의 발목을 잡으려 한다고 의심한 나머지 농업에 관련 조언들을 무시하고 비현실적인 농업 증산 정책을 시행했다. 그 결과, 기근으로 수백만 명이 아사하자 중국공산당 지도부는 서기장 마오쩌둥을 비난했다. 마오쩌둥은 당과 국가 주석직에서 사임하고 1960년부터 류샤오치와 덩샤오핑이 경제를 통제하며 소규모 자본주의를 재도입하는 한편 일시적으로 자신을 명목상의 지도자로 격하하는 것을 지켜봐야 했다.[6]

더 중요한 것은 PKI가 누구로부터도 명령받을 필요가 없다고 생각했다는 점이다.[7] 이들은 세계에서 세 번째로 큰 공산당이자 중국과

6 Karl, *Mao Zedong and China in the Twentieth-Century World*, 109–113.

7 PKI 학교의 교사 수기오노는 한편으로는 "친인민적"이며 다른 한편으로는 "반인민적"인 "국가의 이중적 측면"을 상정하는 내용을 포함한 당의 대중적 접근법에 대한 테제를 제출했다. 북한 이론가들이 이 테제를 "반마르크스적"이라며 거부하자 그는 무척 상심했지만, 인도네시아인들은 결과적으로 이 철학을 폐기하지 않았다. 자세한 설명은 다음을 보라. John Roosa, *Pretext for Mass*

소련 밖에서 가장 큰 공산당이었으며, 비폭력 및 대중과 직접 연계하는 전략으로 인상적인 결과를 낳았다. 당원만도 3백만 명이었다. 솝시SOBSI, 레크라LEKRA, 농민전선BTI, 청년 단체 프무다 라캿(인민의 청년), 여성단체 그르와니 등 공산당에 연계된 조직 회원은 적어도 2천만 명이었다. 어린이까지 포함한 1억 인도네시아 인구의 거의 4분의 1이자 유권자 수의 3분의 1이 공산당과 어떤 식으로건 연계되어 있었다.[8] 그들은 공개적으로 온 나라 구석구석에서 활동했다. 그러나 국가적 차원에서 정책에 영향력을 행사하려면 거의 전적으로 수카르노를 통해야만 했다. 다른 선택지가 없었다. 공산당에게는 권력을 쟁취하는 수단이 되는 무기도 투표함도 없었다. 네덜란드를 몰아낸 후로는 비폭력을 견지해 왔고, 교도민주주의(와 공산당의 선전을 경계한 미국의 지원을 받는 군대)가 선거를 없애 버렸기 때문이었다.[9]

정치적 분할의 반대 쪽에서 군대는 이슬람 세력과 협력했고 점점 더 미국의 열성적인 지원에 의존했다. 1958년 CIA가 분리주의 반란을 시도하는 와중에 군의 영향력이 이미 급격하게 커진 데다가 존스와

Murder: The September 30th Movement and Suharto's Coup d'Etat in Indonesia (Madison, WI: University of Wisconsin Press, 2006), chap. 5.

8 당원 300만 명, 연계 조직원 2천만 명이라는 숫자는 PKI의 집계이자 역사학자들과 미국 정부 사이에서 널리 재생산된 것이다. 예컨대 Wieringa, *Propaganda*, 5, 와 Robinson, *The Killing Season*, 8을 보라. 1964년 기 J. 파커는 랜드연구소 보고서 〈인도네시아 공산주의에 관한 전망〉에서 등록된 유권자 25퍼센트의 3분의 1이라는 결론에 도달했으며 이 결론은 관련 조직원을 2천만 명이 아니라 1600만 명으로 놓고 도출한 것이다. 이들 추정치에서 중복 집계된 수가 얼마나 되는지를 알아내기란 어려운 일이다.

9 교도민주주의 아래서 총선을 요구한 PKI의 시위에 관해서는 Mortimer, *Indonesian Communism under Sukarno*, 120–122을 보라. 더 넓은 맥락에서 앞의 책 제2장은 이 시기에 수카르노와 더 가까워지기로 한 당의 결정에 대한 설명을 담고 있다.

케네디의 "시민 행동 프로그램CAP"이 군이 정치 경제 세력으로서 무시할 수 없는 존재로 성장하도록 자원과 교육을 제공했다. 조금만 자세히 들여다보면 인도네시아의 정치적 분할선은 아주 뚜렷했다. 공산주의자들과 수카르노가 한쪽에, 군대와 서구가 다른 한쪽에 있었다.

수카르노 또한 서구와 대결하는 것을 더 이상 주저하지 않았다. 그의 혁명은 1958년에 CIA를 물리쳤고, 케네디와 네덜란드에 맞서 서뉴기니를 받아 냈다. 브라질과 베트남에 점점 더 개입하는 모양새를 보니 미국은 제국주의 침략자가 맞았으며, 수카르노 자신은 역사의 정방향에 있다고 느꼈다. 그렇게 그는 스스로를 과신하고 국내 사정이 어려워지는 가운데도 영국과 정면으로 충돌하기를 택했다.

콘프론타시

태국 국경부터 남쪽 끝 싱가포르까지 말레이반도를 아우르는 영국령 말라야는 영국의 마지막 남은 그리고 가장 중요한 아시아 식민지였다. 영국이 마침내 이 지역을 탈식민화하고 새로운 나라 말레이시아를 세우려 하자 수카르노는 그 나라의 형태에 단호하게 반대 의사를 표했다. 그는 영국인들이 아시아의 혁명 세력을 약화시키려는 제국주의적 속임수를 쓰고 있다고 생각했다. 그 생각은 대체로 옳았고 하워드 존스도 그 점을 잘 알았다.[10]

영국은 중국계가 다수인 나라를 세우고 싶어 하지 않았다. 말라야의 중국계 중 절대다수가 특히 싱가포르에서 공산주의에 동조했기

10 Jones, *Indonesia: The Possible Dream*, 265.

때문이다. 이 "문제"의 해결책으로 영국 정부는 자기네 영토인 거대한 보르네오섬의 위쪽 절반을 말레이시아에 편입하는 한편 싱가포르섬은 제외하기로 했다. 이 계획대로면 사라왁, 보르네오, 사바의 완전히 다른 종족들이 신생 말레이시아에 편입되면서 중국계의 비중이 영국이 받아들일 수 있는 수준으로 낮아진다. 그런데 보르네오의 아래쪽 절반은 인도네시아 영토였다. 따라서 인도네시아는 단지 좌파 세력을 축소하기 위해 말레이시아로 욱여넣은 옛 영국 식민지와 긴 국경선을 공유하게 된다. 이 상황을 거칠게나마 이해하려면 혁명이 미국을 쓸고 간 후 조지 3세가 북아일랜드 개신교도들을 캐나다 시민으로 만들어 미국 북쪽의 영국 영토에서 왕당파가 선거에 이기게 한 것을 떠올리면 된다. 이런 의도적인 분할과 다른 종족과 민족을 멋대로 뒤섞는 일은 영국이 그간 아프리카와 중동에서 자주 써먹었던 방법이었고, 해당 지역들은 지금도 그 영향에서 자유롭지 않다. 수카르노는 싱가포르의 초대 총리 리콴유도 불신했다. 이 작은 도시 국가가 1958년의 인도네시아 공격 때 CIA에 협력했기 때문이었다.

존스는 영국이 무엇을 하는지 잘 알았다. 그러나 수카르노의 반응은 충격적이었다. 그는 북보르네오에서 일어난 작은 반란들을 보고 현지인들도 말레이시아 연방안에 반대한다고 확신하고 아주 노골적이고 아주 강경하게 반대의 목소리를 높였다. 1963년 초 수카르노는 말레이시아 연방안이 "교활한 머리 굴리기, 신식민주의의 사고방식이자 목표이고 그 시작"이라고 선언해 영국을 분노하게 만들었다. 이런 수카르노의 대립하는 접근법은 PKI의 열광적인 지지와 군대의 머뭇거리는 지지, 국민 전반의 광범위한 지지를 받았다.[11] 이

11 Simpson, *Economists with Guns*, 117.

모든 일은 외교부 장관 수반드리오가 콘프론타시, 곧 인도네시아어와 말레이어로 '대립'이라고 명명한 후, 그렇게 불리게 됐다.

수카르노가 이렇게 선언한 것은 그의 경제 자문들이 국제통화기금(이하 IMF로 표기함)과 협상하러 워싱턴으로 떠난 바로 그 시점의 일이었다. 인도네시아는 1960년대 초반부터 심각한 경제위기를 겪고 있었고 미국과 그 문제를 계속 의논하던 중이었다. 두 가지 중요한 문제가 있었다. 첫째, 수카르노가 1958년 이래 국가 세입의 큰 부분을 군대 그리고 서뉴기니에, 이제는 말레이시아 관련 분쟁에 쏟아붓고 있다는 점이었다. 둘째, 인도네시아가 네덜란드를 몰아낸 후 석유 산업에 관한 규제를 개정하기 시작한 것이 미국에 큰 근심거리였다는 점이었다. 《뉴욕타임스》는 수카르노가 "민족주의적 월권에 거리낌없이 집착"한다며 이렇게 덧붙였다. "그가 석유 기업들을 어떻게 대할지는 그의 진짜 의도가 무엇인지를 가르는 중요한 시험대가 될 것이다."[12]

IMF는 인도네시아에 구조조정과 다름없는 요구 조건들, 곧 비용 삭감, 수출용 원자재 생산 확대, 통화 평가절하, 재정 긴축, 정부 보조금 중단을 제시했다.[13] 수카르노 내각은 IMF의 요구를 수용했고 그 효과는 하룻밤 새 물가가 두 배, 세 배, 때로는 네 배까지 폭등할 정도로 즉각적이고 심각하고 광범위했다. 공산당은 이 조치들이 빈민에 대한 공격이라고 비난했지만 정부는 멈추지 않았는데, 그 대가로 미국으로부터 새로운 원조를 약속받았기 때문인 것으로 보였다.

콘프론타시는 이 모든 미묘하고 섬세한 외교적 협상을 물음표

12 "Crossroads for Sukarno," *New York Times*, May 30, 1963.

13 Simpson, *Economists with Guns*, 88–89.

로 만들었다. 인도네시아군이 보르네오섬 북쪽 말레이시아 국경에서 소규모 교전을 벌이기 시작하자, 미국 정부는 베트남을 지키기 위해서는 필요한 동맹인 영국과의 관계를 걱정했다.

수카르노는 이 문제에 관해 영국과 유엔을 압박할 수 있는 자신의 영향력을 완전히 과대평가했다. 그의 일부 언사는 자신이 이끌던 비동맹 운동의 동맹들마저 소원하게 만들었다.[14] 다른 제3세계 국가의 친구들마저 그가 너무 막 나가고 있다고 여길 정도였다. 그러나 그에게 말레이시아의 확장은 인도네시아 영토 보전에 대한 실질적 위협을 뜻했고, 그렇다면 탈식민 독립이 지속될 수 있을지도 확신하기 어려웠다. 그 자신이 수많은 암살 시도를 겪었고, 베트남에서 전쟁이 다시 시작되는 것을 보았으며, 바로 몇 년 전만 해도 미국이 인도네시아를 쪼개 버릴 의도로 나라 곳곳에 폭탄을 떨어뜨리지 않았던가.

인도네시아 좌파는 영국이 계획대로 탈식민화를 이루기 위해 "특별부" 혹은 경찰 정보를 이용해 말레이시아 공산주의 운동을 탄압하고, 매수하고, 잠입한 것을 잘 알았다.[15] (수카르노 자신이 세계에서 가장 요란스러운 주창자였을) 좌파 민족주의 세력을 억누르려는 명백한 의도로 영국이 다듬어 낸 말레이시아가 보르네오의 인도네시아 영토와 허술한 국경을 마주한다는 사실이 어느 정도 불안과 의심을 안겨 준 것은 어쩔 수 없는 일이었을지 모른다.

그러나 미국 정부는 수카르노의 반응을 비이성적인 피해망상

14 Ibid., 121.

15 Jim Baker, *Crossroads: A Popular History of Malaysia and Singapore* (Singapore: Marshall Cavendish, 2010), loc. 4000–4088 of 8869, Kindle.

으로밖에 보지 못했다. 그런 입장은 탈식민국가에서 반미주의를 정신병리학이라고 본 근대화론 연구자 루시안 파이의 견해와 일맥상통하는 것이었다.[16]

국제 무대에서 긴장이 고조되면서 인도네시아 보통 사람들의 삶도 점점 어려워졌다. 경제위기로 생필품을 구하기 어려워졌고, 이 갈등의 정치학에 휩쓸리지 않은 사람들의 삶마저 혼란스러워졌다.

막달레나

그러한 압력이 중부 자바 푸르워케르토 마을의 한 말 없는 소녀에게도 느껴지기 시작했다.[17]

막달레나는 가정불화, 질병, 가난이 쳇바퀴처럼 반복되는 불우한 농민 가족 출신이다. (중국계를 제외하고) 자바에 사는 사람들이 대개 그렇듯 무슬림이지만 쿠란 공부를 제대로 해 본 적은 없었다. 그는 학교에서 배우는 가믈란gamelan을 좋아했다. 자바의 전통음악인 가믈란은 타악기들로 구성된 합주단이 서서히 오르내리는 잔잔하고 명상적인 멜로디를 몇 시간이나 연주할 수 있는 그런 음악이다. 그러나 그 모든 것과 갑자기 멀어져야 했다. 그는 열세 살에 학교를 그만두고 가까운 집에서 입주 식모로 일했다. 열다섯 살에 어머니가 병들자 집으로 돌아와 동네에서 땔감, 밥, 카사바 튀김 등 뭐든 팔

16 Simpson, *Economists with Guns*, 34.

17 막달레나의 이야기는 2018-2019년 사이 인도네시아 솔로에서 막달레나 카스티나와 인터뷰한 것을 바탕으로 한다.

수 있는 것을 다 팔기 시작했다. 그가 열여섯 살이 되었을 때, 수도에서는 콘프론타시가 화제였고, 경제 상황은 곤두박질쳐서 작은 장사들은 살아남지 못했다.

막달레나는 큰 도시에 가 본 적은 없었지만, 자카르타에서는 일자리를 구하기 쉽다고 들었다. 친척 아주머니 한 분이 아는 사람이 있어 자카르타에 자리를 잡게 도와줄 수 있다고 했다. 그래서 그는 혼자 기차를 타고 백 년 전 네덜란드인들이 놓은 철길을 따라 천천히 하루 종일 서쪽으로 가서 수도에 도착했다. 독립기념탑 모나스를 지날 때는 평생 보았던 건물의 열 배는 족히 넘을 높이에 감탄했다.

일자리에 대한 사람들의 말은 사실이었다. 거의 도착하자마자 막달레나는 티셔츠 공장에서 일하기 시작했다. 공장 사무실에 딸린 작은 숙소에서 다른 여공들과 함께 지냈다. 아침이면 유니폼을 입고 기다렸다. 6시가 좀 지나면 여공들은 큰 트럭을 타고 자카르타 동쪽의 자티느가라에서 도시를 통과해 남쪽의 두렌티가로 이동했다. 그들은 아침 7시부터 오후 4시까지 일했고 급료는 괜찮은 편이었다. 원단을 남자들이 세탁하면 여자들은 재단했다. 재단된 옷감을 다른 누군가가 다른 어딘가에서 재봉질했다.

노동조건은 오케이라고 막달레나는 생각했다. 그리고 곧 그는 이 모든 것이 솝시SOBSI, 곧 온 나라의 노동자 대다수를 조직한 공산당 연계 노동조합 연합 덕분임을 알게 됐다. 그는 남들이 다 그러듯이 노조에 가입했고 몇 달 후에는 지역 노조에서 할 일이 거의 없는 작은 역할을 맡게 됐다. 그는 공장에 가 옷감을 자르고 숙소로 돌아갔다.

그것이 그가 처음이자 아주 소소하게나마 인도네시아 정치에 입문한 계기였다. 그는 일터의 라디오에서 나오는 혁명적 구호나 사상 용어는 거의 이해하지 못했다. "나사콤"이란 말을 들은 적은 있었지만 무슨 의미인지는 짐작도 하지 못했다. 공산당에 대해서도 공산당이 자기 일과 어떻게 상관이 있는지도 잘 몰랐다. 솝시는 잠깐 하는 일이었고, 많은 도움이 되었다.

"우리를 지원하고 우리 편이 되어 주었으니 전략이 잘 먹혔죠. 정말로 잘 먹혔어요. 그게 우리가 아는 전부였어요."

막달레나는 일터에서 돌아오면 대개 너무 피곤해서 다른 일은 많이 하지 못했다. 또 큰 도시를 탐험하기에는 너무 어렸고 혼자였다. 그는 조용히 그저 관찰하는 쪽이었다. 공장에서 돌아오면 정치 이야기는 하지 않았다. 빈둥거리거나 자카르타에서 단짝이 된 시티와 함께 남자들이나 누가 남자친구나 남편이 있는지에 관해 수다를 떨었다. 그는 남자를 사귀어 본 적은 없었지만 일찌기 고향에 있을 때부터 자기가 무척 예쁘다는 것을 잘 알았다. 하지만 연애는 먼 미래의 일이었다. 지금은 돈을 좀 모으는 데 전념하는 게 안전할 것이다.

라디오에서 뉴스가 나오는 사이에도 그는 일을 했다. 1963년 말에는 "린든 존슨"이라는 말을 들었지만 무슨 뜻인지 몰랐다.

그렇지만 존 F. 케네디의 죽음은 인도네시아에 정말로 큰 일이었다.

존스식 접근법의 종말

린든 존슨이 전임자 케네디와는 다른 접근법을 택한 나라가 바로 인도네시아였다. 존슨에게는 수카르노에게 할애할 시간이 훨씬 적었다. 피격당하기 사흘 전, 케네디는 수카르노와는 지속적으로 협력하는 전략을 유지할 것이라고, 다소 시니컬하기는 해도 확고한 입장을 반복했다. 존스가 오랫동안 주장해 온 바로 그 전략이었다. 백악관 보좌관 마이클 포레스탈에 따르면 케네디는 "인도네시아는 인구가 1억 명인 데다가 아시아의 어떤 나라보다도 자원이 많은 나라다…. 아주, 아주 설득력 있는 이유가 생기지 않는 한 땅밑에는 풍부한 자원을, 땅위에는 그 많은 인구를 가진 나라와 미국이 영원히 척을 진다는 건 말도 안 되는 일이다"라고 말했다. 케네디에게 콘프론타시는 수카르노와 존스를 버릴 만한 충분한 이유가 되지 못했다.[18]

그러나 린든 존슨은 인도네시아와 직접 관계를 맺는 데 관심이 없었고 의회에서 인기 없는 아시아 정책에 정치적 자본을 낭비하고 싶어 하지도 않았다. 반면 케네디는 수카르노를 만났고, 인도네시아를 이해했고, 관련 현안에 관심을 가졌다. 물론 그가 시작한 인도네시아군의 대반란전 프로그램이 여전히 진행 중이었지만, 대통령이 인도네시아를 방문해서 분위기를 유화시키는 것이 좋겠다는 존스의 제안에 케네디는 동의했었다. 그렇지만 린든 존슨은 1억 인구와 그들 발밑에 묻힌 자원을 확보할 정치적 싸움에 나서지 않을 생각이었다.

하워드 존스는 이런 변화를 안타깝게 회고했다. "아시아-아프리카의 신생국뿐 아니라 모든 '신흥 세력'의 지도자로 여겨지는 그[수카르노] 자신과 서구 세계의 지도자 사이에 동맹까지는 아니어도 서

18 Simpson, *Economists with Guns*, 125.

로 이해는 가능하다고 생각했을 것으로 나는 확신한다. 수카르노는 흐루쇼프와 마오쩌둥의 구애도 받고 있었다. 그렇다면 세계의 또 다른 진영 지도자도 똑같이 그와 협력하는 데 관심을 가지지 않을 이유가 있는가?"

존스는 국가적 망신으로만 확대되지 않는다면 수카르노가 말레이시아 문제에서 한발 물러설 것이라고 믿고 케네디에게 대통령의 인도네시아 방문이 필요한 시점이라고 건의했다. 케네디는 이에 동의했고, 방문 계획을 세우던 중이었다.[19] 케네디가 암살당한지 몇 달이 지나 존스는 미국의 국익을 위해 인도네시아에 원조를 지속할 것인지 공식적으로 결정해 달라고 요청했다. 린든 존슨은 거절했다. "케네디 대통령이라면 거의 당연한 일과처럼 그 서류에 서명했을 것"이라고 존스는 회고했다. 12월에는 케네디의 자문이었던 로버트 맥나마라가 대외원조를 크게 줄이자고 제안하기 시작했다. "그렇게 미국 대외정책의 방점이 강경 노선으로 움직이기 시작했다"라고 존스는 적었다.[20] 그것은 그가 양국을 결속시키기 위해 10년 가까이 개발해 온 전략인 미소 짓는 존스식 접근법의 종말이기도 했다.

린든 존슨은 영국과 거래를 했다. 전운이 고조되던 베트남에서 영국의 지원을 받는 대신 미국은 말레이시아 연방안을 지지하기로 했다.[21]

수카르노는 세계 최강국이 자신을 대하는 태도가 달라진 것을 눈치챘다. 그는 케네디가 인도네시아를 방문해서 양국 간의 동맹을

19 Jones, *Indonesia: The Possible Dream*, 297.

20 Ibid., 299–300.

21 Simpson, *Economists with Guns*, 133.

굳건히 하는 일이 벌어지는 것을 막고자 하는 세력에 의해 암살당했다는 의심까지 하게 되었다.[22]

워싱턴에서는 인도네시아에 더 지원을 할 필요가 있는지를 놓고 격론이 벌어졌다. 수카르노는 이를 지켜보았다. 그 격론에 대한 응답으로 수카르노는 1964년 3월, 브라질 장군들이 미국이 지원한 음모의 끝손질을 하던 그때 연설을 했다. 어떤 정치적 조건도 없이 제공된 원조에 대한 감사를 표했음에도, 영어로 말한 한 문장, 헤드라인을 장식할 것이 분명한 그 문장이 금방 워싱턴까지 전해졌다. 누구든 정치적 요구를 담아서 원조를 해 주겠다고 하면 그는 이렇게 말할 것이다. "그딴 원조 가지고 지옥에나 가라!"

존스가 쓴 대로 "그는 정말로 다 끝장내 버렸다."[23]

워싱턴에 어떤 식으로건 존재하던 수카르노를 향한 선의가 사라지기 시작했다. 몇 달 사이에 중앙정부를 위한 직접 원조가 완전히 중단됐다. 핵심적인 프로그램 하나만 계속됐다. 미국은 인도네시아군에는 계속해서 직접 돈을 쏟아부었고, 미국 군사고문들도 인도네시아 고위 장성들과 계속 긴밀하게 협력했다.

수카르노는 점점 더 노골적으로 반미적이 되었고 전보다 더 열성적이었다. 소련은 콘프론타시에 전혀 관심이 없었으므로, 인도네시아는 아시아의 사회주의 국가들과 가까운 관계가 되었다. 국내에서는 공산주의자들이 이끌 때가 많은 반미 시위가 늘어났다. 수카르노 그 자신이 언제나 미국 영화의 팬이었음에도, 인도네시아 정

22 Greg Poulgrain, *The Incubus of Intervention: Conflicting Indonesia Strategies of John F. Kennedy and Allen Dulles* (Petaling Jaya: Strategic Information and Research Development Centre, 2015), 247.

23 Jones, *Indonesia: The Possible Dream*, 321. Simpson, *Economists with Guns*, 131–134도 보라.

부는 미국 영화를 사실상 금지했다. 미국인과 미국 기업에 반대하는 시위도 자주 벌어졌으나, 존스는 인도네시아 정부와 언제나 정중한 관계를 유지했다.[24]

그리고 브라질보다 훨씬 가까운 곳에서 또 다른 폭발이 일어나 그 파동이 자바 해안까지 빠르게 밀려왔다. 통킹만에서 미국 구축함 매덕스호가 국제법상 12해리 한계를 위반하며 베트남 영해에서 북베트남 통신 감청을 시도하고 있었다. 8월 2일, 북베트남 순찰정 세 척이 매덕스호에 접근하자 미국이 선제 발포해 베트남 수병 넷이 죽었다. 베트남 측은 응사한 뒤 도주했다. 8월 3일, 존슨 대통령은 "추가적인 무모한 군사행동"에 대해 경고하며 통킹만에서 순찰은 계속될 것이라고 선언했다. 8월 4일, 아무 일도 일어나지 않았다. 그러나 미국 군함은 무슨 일이 벌어졌다고 여기고 "자기 그림자를 향해 발포"하기 시작했다.[25] 이 두 번째 있지도 않은 공격을 핑계로 미 의회는 "통킹만 결의"를 의결해 존슨에게 베트남에서 본격적으로 전쟁을 시작할 권한을 주었다.

사흘 후, 수카르노는 반항하듯이 북베트남의 호찌민 정부와 정식 수교했다. "나는 당신네들의 아시아 정책이 틀렸다고 생각합니다." 그는 하워드 존스에게 직설적으로 말했다. "아시아 사람들은 대개 당신네 정책을 싫어합니다. 마치 당신네가 아시아 나라들의 일에 끼어드는 것처럼 보이거든요…. 왜 그래야 하는 겁니까?" 이런 입장은 워싱턴으로서는 말도 안 되는 것이었다. 그러나 인도네시아인이라면 거의가 수카르노에 동의했다. 프란치스카, 사코노, 막달레나,

24 Jones, *Indonesia: The Possible Dream*, 325–326.

25 Weiner, *Legacy of Ashes*, 241[국역: 《잿더미의 유산》, 386쪽].

독립을 위해 싸우는 베트남인 같은 이들 말이다.[26]

8월 17일 독립기념일, 수카르노는 또다시 맹렬한 연설을 선보이며 그해를 "위험하게 산 해"라고 선언했다. 그는 "자카르타-프놈펜-하노이-베이징-평양을 잇는 축이… 역사의 전진과 함께 구축"되었다고 하면서 난데없이 국영기업을 장악해 이익을 얻는 장군들을 공격했다. 몇 달 후, 말레이시아가 유엔 안전보장이사회 이사국이 되자 분노한 수카르노는 항의의 표시로 유엔에서 탈퇴했다. 그는 CIA가 자신을 암살하려 시도해 왔다며 비난하기도 했다.[27]

하워드 존스는 자카르타를 떠날 예정이었다. 하와이대학교 동서문화센터 총재직을 맡아 호놀룰루로 옮기기로 한 것이었다. 떠날 준비를 하면서 그는 후임 대사에게 계속해서 수카르노와 사적 외교를 하는 것이 자카르타에 밀려드는 파도의 방향을 바꿀 최선의 방법이라고 간곡히 부탁했다. 그러나 그는 그런 입장을 가진 자신이 문자 그대로 섬에서 고립되었으며 물이 계속해서 차오를 것임을 잘 알았다. 하워드 존스식 인도네시아 접근법은 끝났다.

존슨 대통령에게 보내는 짧은 사직서에서 그는 이렇게 적었다. "인도네시아는 아름다운 나라이며 인도네시아인들은 점잖고 정이 많습니다. 저는 인도네시아인들에게 큰 신뢰를 갖고 있으며 이들이 결국에는 현재의 어려움을 극복할 것을 믿습니다…. 저는 미국과 인도네시아 국민 사이에 기본적인 공감대가 있다고 확신합니다."[28]

26 Simpson, *Economists with Guns*, 134 및 저자의 인터뷰.

27 Jones, *Indonesia: The Possible Dream*, 343–344, 359–360.

28 사직서 사본, Howard P. Jones to President Johnson, November 1, 1964, Box 10, Howard Palfrey Jones Papers, Hoover Institution.

존스가 인도네시아를 떠날 준비를 하는 동안, (1958년 분리주의 반란에서 CIA의 역할에 대해 존스가 의도치 않게 거짓말을 했던) 외무부 장관 수반드리오가 친필 초대장을 보냈다. 마지막으로 대사 부부와 식사하고 싶다고 했다. 5월 18일, 그들은 간단한 오찬을 함께했다. 그날의 메뉴는 룸피아lumpia(인도네시아식 춘권), 불문율인 쌀밥, 달고 신 소스를 얹은 민물고기 구라메gurame, 라임과 고추를 넣어 졸인 새우, 비둘기 튀김이었다.[29]

미국 언론의 송별 인사는 그만큼 다정하지 않았다. 존스가 사임을 발표하자 《워싱턴포스트》는 큰 지면을 할애해 그의 임기를 비판하며 존스가 "수카르노의 친구"였으며 "거의 천사처럼 순진무구"한 사람이었다고 평했다.[30] 《로스앤젤레스타임스》는 같은 이야기를 더 직설적으로 내놓고는 헤드라인에서 존스가 "호구"였던 것 아니냐고 물었다.[31]

비밀작전

존스식 외교적 접근법이 무너지자 미국과 영국 정부는 인도네시아에서 비밀 활동을 늘렸다. 그 전모가 다 드러나지는 않았지만 "흑색 작전"과 심리전 준비가 포함됐다. 영국은 1964년 싱가포르에

29 Dinner Invitation for May 18, Folder: Subandrio, Box 18, Howard Palfrey Jones Papers, Hoover Institution.

30 Warren Unna, "Jones Was Sukarno's Pal," *Washington Post*, January 17, 1965.

31 Warren Unna, "Our Man in Indonesia: Patsy for Sukarno or Unique Envoy?" *Los Angeles Times*, January 17, 1965.

"정치전략국장"이라는 직책을 신설했다. 미국 정부는 1965년 3월 4일에 비밀작전을 승인했는데, 이 계획에 투입된 자원과 자금 규모는 여전히 비밀 해제되지 않았다. 비밀 활동의 대부분은 CIA와 MI6가 진행했을 것이다. 두 조직의 활동 방식을 고려해 보면, 사실이 아닌 선정적인 루머를 인도네시아 및 국제 매체를 통해 퍼트리기가 작전의 일부였을 것임이 거의 확실하다. 그들은 공산당을 자극해서 움직이게 하려고 했다.

1960년대 초부터 미국과 영국 정부는 군대의 응답을 끌어낼 수 있는 "설익은 PKI 쿠데타"가 이상적인 상황이라 여기고 이에 관해 자주 논의했다. 1962년 이후 이 계획의 몇몇 버전이 비밀리에 케네디의 시민 행동 프로그램CAP의 탈을 쓰고 진행되었을 가능성도 있다.[32]

필리핀에서 열린 임기 말 회의 가운데 하나에서 하워드 존스는 국무부 직원들에게 비공개로 이렇게 말하기도 했다. "우리 입장에서는 PKI 쿠데타의 불발이야말로 인도네시아에서 정치적 물결의 방향을 반전시킬 가장 효과적인 방안일 것입니다."[33]

인도네시아 사회의 더 보수적인 일원들은 수카르노가 왼쪽으로 기운 것에 불만이 많았다. 이들 가운데 군대가 독보적이었지만 무슬림 조직들도 있었다. 또한 일부 지역에서 지주들은 PKI와 갈등을 겪고

32 제한적이나마 밝혀진 정보에 대한 정리는 Robinson, *Killing Season*, 105–115와 Simpson, *Economists with Guns*, 139–158을 보라. 인용한 "설익은 PKI 쿠데타"라는 표현은 주런던 뉴질랜드 고등판무관과의 대화 중에 미국 국무 차관보 에드워드 펙이 한 말이다(Simpson, 144 재인용). "정치전략국장"은 Simpson, 158에서, "거의 확실"은 있었을 법한 공작에 대한 로빈슨의 신중한 분석에서 인용한 것이다. Robinson, 110.

33 Howard Jones, presentation at 1965 Chief of Mission conference, "American-Indonesian Relations," Howard P. Jones Papers, Hoover Institution, Box 22, HI. Simpson, *Economists with Guns*, 157 재인용.

있었다. 아주 온건한 수준의 토지개혁안이 통과된 후 공산당은 앞장서서 지주들에게 법을 지키라고 압력을 넣었고, 그 결과 특히 동부 자바와 발리에서 잦은 충돌이 일어났다.[34]

수카르노는 이전부터 서민, 노동자, 농민으로 구성된 "제5군", 곧 정규군과 공존하는 국가 차원의 새 예비군의 일종을 창설할 것을 구상해 왔다. 중국은 인도네시아에 인민의 군대를 만들라고 촉구했다. 저우언라이가 외교부 장관 수반드리오에게 말한대로 "무장한 대중은 천하무적"이기 때문이었다. 그러나 군은 이 구상에 반대했고, 수카르노는 군과 이 문제를 다시 논의할 생각이었다.[35] 1965년 5월, CIA는 PKI가 자체적으로 "무장투쟁을 일으킬 가능성은 매우 낮으며, 군과 공개적으로 대립할 가능성도 거의 없다"라고 보고했다.[36]

1965년 8월, 수카르노의 건강이 악화되자 중국계 의사가 치료를 맡았다. 의사는 대통령에게 업무량을 줄이고 "성관계를 자제"할 것을 권했다. 수카르노가 이를 거부하자 정치계 인사들은 대통령이 죽으면 무슨 일이 벌어질지 걱정하기 시작했다.[37] 이즈음 PKI 지도자 아이딧이 베이징에 가서 마오쩌둥을 만났는데, 두 사람이 나눈 대화 녹취록 일부가 남아 있다.

마오: 내 생각에 인도네시아 우익은 권력을 쟁취하기로 결심했

34 Roro Sawita, "Tanah, *Landreform* dan Kemelut 1965," in *Melawan Lupa: Narasi-Narasi Komunitas Taman 65 Bali* (Denpasar, 2012), 3–13; Wieringa, *Propaganda*, 89–90.

35 Taomo Zhou, "China and the Thirtieth of September Movement," *Indonesia* 98 (October 2014): 35.

36 Simpson, *Economists with Guns*, 165–166.

37 Zhou, "China and the Thirtieth of September Movement," 48–49.

소. 동지도 결심했소?

아이딧: [고개를 끄덕임] 수카르노가 죽으면 누가 우위를 점하게 될지 궁금합니다.

마오: 동지가 외국에 너무 자주 나가지 말기를 제안합니다. 부대표가 대신 가게 하세요.

아이딧: 우익에게는 두 가지 가능한 방안이 있습니다. 첫째, 우리를 공격할 수 있어요. 그렇게 되면 우리에게도 그들을 공격할 이유가 생기죠. 둘째는 더 온건하게 나사콤 정부를 세울 수도 있는데…, 미국인들이 나수티온에게 침착하게 기다려야 한다고 했어요. 수카르노가 죽는다 해도 [참모총장 나수티온이] 쿠데타를 일으킬 게 아니라 유연해야 대처해야 한다고요. 나수티온은 그 조언을 받아들였어요."

마오쩌둥은 인도네시아군과 그 뒤에 있는 미국 정부를 훨씬 더 신뢰하지 않았다.

"그걸 믿을 순 없소. 지금은 상황이 달라졌어요." 마오쩌둥이 대꾸했다.

그 말에 아이딧은 공산당이 군사위원회를 세우는 반격 계획이 있다고 말했다. 좌파와 중도를 포괄해서 붉은 깃발을 올릴 것이니 즉각적인 반발을 사지는 않을 것이라고 했다. 마오쩌둥은 국민당과 합작했던 자신의 경험으로 화제를 돌렸다. 최근 이 녹취를 발굴한 역사학자 저우타오모에 따르면 마오쩌둥은 아마도 "아이딧에게 평화협상과 무장투쟁, 둘 다 준비해야 한다고 제안"했을 것이다.[38] 그러나 아이딧은 어떤 무장투쟁도 준비하지 않았다.

1965년 내내 자카르타에는 우익 장군들이 CIA 혹은 외국 세력과 음모를 꾸민다는 소문이 파다하게 퍼졌다. 인도네시아 정부는 영국 대사 앤드루 길크리스트가 썼다는 "인도네시아군의 우리 친구들에게 큰 사업이 성공하려면 규율과 조정이 필수적이라는 엄중한 주의를 다시 한번 강조하고자 한다"라는 내용의 편지를 입수했다. 수카르노는 참모총장을 불러 편지 속의 "우리 친구들"이 누구인지 밝히라고 요구했다. 길크리스트의 편지는 가짜였을 수도, 진짜였을 수도 있다. 아니면 좌파가 움직이도록 선동하려는 목적의 영국이나 미국의 일종의 심리전이었을 수도 있다.[39]

하워드 존스의 후임으로 누가 오는지 알려지자 수카르노와 인도네시아 정부 인사들의 의심은 점점 커졌다. 신임 대사는 마셜 그린이었다. 박정희가 쿠데타를 일으켜 한국의 단명한 내각제 제2공화국을 무너뜨리고 권력을 잡을 때 서울에 있던 바로 그 자였다. 아르벤스 시절 존 퓨리포이가 대사로 부임하자 과테말라인들이 그의 과거를 의심에 찬 눈으로 보았듯, 그린의 도착은 미국이 부드럽고

38 Ibid., 49–51. 저우타오모는 이 대목을 차후 9월 30일 운동으로 발전한 접근법의 큰 밑그림 같은 것으로 해석하지만, 이 대화는 수카르노가 죽거나 권력을 잃는다면 PKI가 무엇을 해야 할지에 대한 토론의 맥락으로 보인다. 나는 이 대화가(제프리 로빈슨과 비슷하게) 아이딧이 수카르노가 없는 미래를 대비한 계획에 대해 말한 것이거나 그저 우파를 자극하지 않고 어떻게 더 많은 권력을 얻을 것인가에 대한 임기응변이었을 수 있다고 생각한다. 1965년의 중국-인도네시아 대화에서 내가 가장 흥미롭다고 생각하는 점은 중국공산당이 폭력 투쟁의 가능성에 대비하고 미국을 등에 업은 권력 탈취 시도를 의심하는 쪽에 방점을 두었다는 것이다. 저우타오모 자신도 마오쩌둥이 9월 30일 운동의 설계자는 아니라고 분명히 결론 내린다.

39 Robinson, *The Killing Season*, 112.

외교적인 하워드 존스식 접근법을 폐기하고 정권 교체에 전념하겠다는 신호로 여겨졌다.[40]

전임자 케네디처럼 린든 존슨 행정부도 인도네시아가 베트남보다 훨씬 중요하다고 보았다. 국무부 장관 딘 러스크는 한 영국 관료에게 "존슨 대통령은 결국 인도네시아와 큰 전쟁을 치를 준비가 되었다는 결론에 점차 가까워지고 있다"라고 말했다.[41] 국가안보위원회 303비밀위원회 회의에서는 "인구 1억 500만인 나라를 '공산주의 진영'에 잃는다면 베트남에서의 승리는 무의미"하다고 결론 내렸다.[42] 국무부 차관 조지 볼과 국가안보위원회 자문 맥조지 번디는 인도네시아의 상실은 "중국 상실 이후 가장 큰 사건"일 것이라고 입을 모았다.[43]

1964년 12월에는 주프랑스 파키스탄 대사 J. A. 라힘이 본국의 외교부 장관 줄피카르 알리 부토에게 네덜란드인 첩보원과의 대화를 보고하는 전신을 보냈다. 그는 서구 정보기관들이 "설익은 공산주의 쿠데타"를 공작하고 있다고 썼다. 나토 요원이 그에게 말하기를 "인도네시아는 썩은 사과처럼 서구의 무릎 위에 떨어질 것"이라고 했다.[44]

40 Simpson, *Economists with Guns*, 156.

41 Ibid., 154.

42 Memorandum Prepared for the 303 Committee, *FRUS 1964–1968*, Vol. XXVI, 110, https://history.state.gov/historicaldocuments/frus1964-68v26/d110

43 George Ball Telephone Conversation (Telcon) with McGeorge Bundy, August 16, 1965, George W. Ball Papers, Mudd Library, Princeton, NJ. Robinson, *The Killing Season*, 103 재인용.

44 Robinson, *The Killing Season*, 110 재인용. 해당 문서에 관한 주석은 다음과 같다. "영국 학자 네빌 맥스웰이 파키스탄 외교부 아카이브에서 발견했다. 《뉴욕리뷰오브북스》에 보낸 그의 1978년 6월

프란치스카는 1965년에 꽤 오랫동안 알제리에 머물며 아시아아프리카언론인연합이 라틴아메리카 언론인들과 만날 회의를 준비했다. 그러나 알제리에서 쿠데타가 일어나 혁명적 사회주의자인 초대 대통령 벤 벨라가 실각하면서 회의 준비는 엉망이 됐다. 1965년 8월 집으로 돌아온 프란치스카는 분위기가 달라진 것을 감지했다. 긴장이 느껴졌다. 사방에서 좌파 쿠데타가 임박했다는 소문이 돌았다. 지인들은 우파 장군들이 수카르노를 제거하거나 좌파를 쓸어 버릴 계획을 세우고 있을지 모른다고들 했다.

어느 시점에 몇몇 중간급 군 장교들이 "9월 30일 운동G30S"이라는 조직을 결성하고 계획을 모의하기 시작했다. 그러나 자카르타의 정치 상황을 아주 가까이서 지켜보지 않는 한, 전국 거의 모든 이들에게 1965년 9월 29일은 그저 평범한 날이었다. PKI 당원과 관련 조직 회원들에게도 그랬다. 발리의 작은 마을 출신 힌두교 사제의 아들 와얀 바드라는 아침 일찍 일어나 바다 쪽으로 가다가 스미냑 해변에서 왼쪽으로 꺾어 텅 빈 백사장을 4킬로미터가량 걸어 쿠타에 있는 학교에 도착했다. 학교 선생님 중 두 명은 공산당원이었고 학생들 모두가 그들을 좋아했다. 민족주의자로 국민당원인 선생님도 몇 있었다. 축구와 마르크스주의를 사랑하는 중부 자바의 열혈 좌파 청년 사코노는 열아홉 살이 되었다. 그는 이제 공산당 연계 조직인 프무다 라캿의 회원이 되었고, 교사 자격증을 따서 무척 자랑스러워했다. 그는 발령을 받을 날을 차분히 기다리던 중이었다. 사코노의

5일 자 미출판 서신은 해당 문서의 내용이 나중에 Neville Maxwell, 'CIA Involvement in the 1965 Military Coup: New Evidence from Neville Maxwell,' *Journal of Contemporary Asia* 9, no. 2 (1979): 251–252로 출판되었다고 설명한다."

곱슬머리 교사이자 벗인 수트리스노는 공산당 간부로 마을에서 조직화 작업을 이어 갔다. 자카르타의 막달레나는 트럭을 타고 공장에 가서 9시간 동안 티셔츠 재단을 하고, 높은 모나스를 지나쳐 숙소로 돌아와 침대에 누웠다.

한밤의 부름

1965년 9월 30일 늦은 밤, 실은 이미 이른 10월 1일에 9월 30일 운동(이하 G30S로 표기함)의 조직원들이 할림 공군기지에 모였다. 그곳은 14년 전 프란치스카와 자인이 소박한 신혼 살림을 꾸렸던 바로 그 비행장이었다.

G30S의 지도부는 군인들이었다. 예를 들면 운퉁 중령은 서뉴기니 전투에서 네덜란드군을 공격했던 다부진 군인이었고, 압둘 라티프 대령은 1940년대 반네덜란드 혁명에서 싸웠던 빼어난 지휘관이었다.

그들은 휘하의 군인들로 구성된 일곱 팀을 조직했다. 각 팀은 비슷한 임무를 맡았다. 인도네시아군 최고위 장교 일곱 명의 집에 찾아가 그들을 체포해 데려오는 것이었다. 새벽의 깊은 어둠 속에서 이들은 군 수송 트럭을 타고 자카르타 시내로 향했다.

모두가 임무를 완수하지는 못했다. 여섯 팀은 참모총장 아흐마드 야니 장군을 포함한 목표물을 데려왔다. 그러나 가장 중요한 목표물이자 1958년부터 미국과 하워드 존스의 친구였던 나수티온 장군은 놓쳤다. 군인들이 고급 주택가 멘텡에 있는 자신의 집을 뒤지자 나수티온은 담을 뛰어넘어 친구인 이라크 대사의 집에 숨었다. G30S는 그 대신 나수티온의 군사고문을 데려왔다. 집을 뒤지던 중 나수티온의 다섯 살 난 딸이 총에 맞아 숨졌다.

대부분 정규 군인인 G30S 가담자 일부는 시내로 가서 막달레나가 자카르타에 처음 도착했을 때 그 규모에 깜짝 놀랐던 기념비 모나스가 있는 독립광장을 점령했다. 고위 장교 하나가 수카르노에게 반란 음모를 꾸미던 장군들을 체포했다고 알리러 대통령궁으로 갔다. 그러나 대통령은 거기 없었다. 대통령은 그날도 평소처럼 셋째 아내의 집에서 자고 있었다.

오전 7시 30분, 자카르타 시민들은 라디오에서 "G30S 지휘자 운퉁 중령으로부터의 성명문"을 들었다. 그 목소리는 수도 시민들에게 "공화국과 인도네시아와 수카르노 대통령에 맞선 사악한 계획을 모의"하던 장군 위원회의 "반혁명 쿠데타"를 막기 위해 G30S가 결성되었다고 주장했다. G30S는 대통령을 지키기 위해 장군들을 체포했으며 자세한 소식이 곧 뒤따를 것이라고 했다.

오전 9시경, 드디어 수카르노가 할림 공군기지에 도착해 몇 시간 전 그를 찾으러 온 대표를 만났다.

그 진상이 아직 파악되지 않은 이유들로, 수카르노가 도착했을 때 이미 여섯 장군은 다 죽었고 그 시체는 할림 공군기지 근처의 쓰지 않는 우물 안에 있었다. 수카르노나 그를 만나려 한 G30S 조직원이 그 시간에 그 사실을 알고 있었는지는 알 수 없다.

G30S의 지도자들은 모두 육군 소속이었다. 공군도 해군도 경찰도 없었다. 그러나 공군 간부들은 G30S가 성공했다는 소식을 듣고 환호성을 질렀다. 수카르노에게 충성하는 군 내부의 움직임이 우

파의 음모를 막아 낸 것으로 여겼기 때문이었다. 수카르노는 라디오 성명을 듣고 깜짝 놀랐지만, 행동을 취하기 전에 먼저 무슨 일이 일어났는지 그리고 어떻게 전개될 것인지 파악하려 했다고 한다.

PKI 지도자 아이딧과 프무다 라캿 회원 몇도 10월 1일의 어느 시점에 할림 공군기지에 도착했다. 그들은 다른 건물에 있었고, 군 반란의 지도자들과 직접 소통할 수 없었다. G30S가 도시 전체의 전화선을 끊었는데, 그들에게는 무전기도 라디오도 없었던 것이다. 그들은 그 시절 쿠데타에 필수 장비인 탱크도 없었다.[45]

이 혼란은 하루를 넘기지 못했다. 12시간 만에 쿠데타는 진압되었고 이제 우파 장군 수하르토가 이끄는 군이 직접 나라를 통제하게 됐다.

50년 넘는 세월이 지난 지금까지도 누가 G30S를 계획했는지 혹은 그날 밤 체포의 진짜 목적이 무엇인지 완전히 밝혀지지 않았다. 우리가 가진 것은 일련의 신빙성 있는 가설들이다.

역사학자 존 루사가 내놓은 한 가지 가설은, 아이딧이 군대 내 공산주의자 연락책을 통해 습격 작전을 계획하는 데 도움을 주었다는 것이다. 아이딧과 군인들 사이에 소통이 비밀리에 간접적으로 이루어지다보니 양쪽 모두 어설프고 실패가 예견된 미숙한 계획을 승인했다. 원래는 장군들을 조용히 체포해서(1945년에 수카르노도 그랬듯, 인도네시아에서 납치는 오랫동안 관행으로 받아들여졌다) 그 배신자들을 대통령 앞에 끌고 갈 계획이었다. 따라서 이 가설에서 장군들의 죽음은 계획에 없던 사고이자 주동자들이 허둥지둥하다 벌어진

45 Roosa, *Pretext for Mass Murder*, chap. 1. 나는 10월 1일의 서사에 관해서 대체로 루사의 책을 따랐지만, 루사만의 주장이나 논쟁적인 사항은 제외했다.

일일 것이다. 이 이야기는 믿을 만한 가설 중에서 가장 "보수적"인 동시에 가장 강력하게 PKI의 책임을 묻는 경우일 것이다. 이 경우, 아이딧은 당내에서 아주 극소수의 인물에게만 계획을 얘기했을 것이다. 중앙위원회는 물론이고 정치위원회 폴릿부로Politburo와도 내용을 공유하지 않았을 것이다. 이 가설에 따르자면 아이딧과 공산당의 극소수 고위 간부들이 장군들의 사고사에 책임이 있으며, 미국과 영국의 거짓정보 선동에 휘말린 것일 수 있다. 그 거짓정보 선동은 공산당이 직접 나서서 움직이는 것 말고는 다른 방법이 없다고 믿게 만들고자 계획된 것이었다.[46]

이 가설에 이의를 제기하는 이들이 있다.[47] 누군가는 수카르노 재임 중에 PKI의 입지가 그토록 확고했는데 도대체 왜 아이딧이 군을 상대로 무장 혹은 폭력적 행위를 했겠느냐고 묻는다. 아이딧은 PKI의 권력이 전적으로 소프트파워에 바탕을 두고 있으며 군대가 모든 무기를 가지고 있다는 것을 누구보다 잘 알았다. 또한 잠자는 상관들을 체포하는 임무를 맡은 훈련된 군인들이 어떻게 장군들을 실수로 다 죽이고 그 시체를 우물에 버린단 말인가?

물론 여러 경합하는 가설이 있다. 20세기 최고의 인도네시아 연구자일 베네딕트 앤더슨이 1966년에 루스 맥베이와 함께 G30S는 PKI가 지원하지 않은 군 내부의 움직임이었다는 요지의 분석을 내

46 Roosa, *Pretext for Mass Murder*. 루사의 책 전체는 여러 언어로 된 문서를 포괄적으로 분석해 이 가설을 만드는 데 집중한다.

47 로빈슨은 *Killing Season*, 65–80에서 여러 가설에 대해 논한다. 나는 아주 간단하게 이 가설들에 대해 논하고 다른 질문들을 덧붙였다. 대체로 사스키아 위어링가, 내가 만난 생존자들, 수반드리오가 (저서에서) 제기한 질문들이다.

놓았다.[48] 그 분석을 발표한 대가로 앤더슨은 26년 동안 인도네시아 입국을 거부당했다. 2015년 세상을 떠나기 직전에도 그는 여전히 자신의 분석이 옳다고 믿었다 한다.[49]

그리고 사태가 진정되자 권력을 차지한 수하르토 장군이 외국의 도움을 받아 권력을 잡고자 G30S를 계획했거나 그 내부에 잠입했다는 상당히 유력한 가설이 있다. 어쨌거나 그는 반란 지도자들과 가까운 편이었다. 수하르토는 나수티온 및 야니와 갈등의 골이 깊었고, G30S의 목표물이 되지 않은 유일한 우파 고위 장성이었다. 전 외교부 장관 수반드리오는 신빙성 있는 내부자 설을 내놓았는데, 그에 따르면 수하르토가 G30S의 친구들에게 거사 계획을 미리 전해들었으며, 반란을 지지하기로 맹세해 놓고는 되려 이 반란을 자신이 권력을 찬탈할 구실로 이용할 계획을 세웠다는 것이다.[50] G30S의 지도자 중 한 사람인 라티프 또한 후일 수하르토가 반란 계획에 대해 미리 전달받았다고 증언했다.[51]

여기에 일종의 음모론이 있다는 것을 우리는 잘 안다. CIA나 인도네시아군을 비롯한 다른 기관이 정보를 공개하지 않는 한, 우리는 가능한 증거들을 바탕으로 이 사건의 진짜 모습을 이론화할 수밖에 없다.[52] 그러나 이 이야기의 다음 부분은 의심의 여지 없는 사실이다.

48 Benedict Anderson and Ruth McVey, "A Preliminary Analysis of the October 1, 1965, Coup in Indonesia," Cornell Modern Indonesia Project, 1971.

49 이 일화는 2018년 당시 인도네시아 휴먼라이츠워치 대표였던 안드레아스 하르소노(Andreas Harsono)에게 전해 들은 것이다.

50 Soebandrio, *Kesaksianku tentang G30S*. 책 전체가 이 가설을 설명하는데 특히 2장과 3장이 그렇다.

51 Abdul Latief, *Pledoi Kol. A. Latief: Soeharto Terlibat G30S* (Jakarta, ISAI: 2000).

52 2019년에 나는 이 사건에서 CIA의 역할이 무엇이었느냐고 직접 물어보았다. 아쉽게도 새롭게

10월 1일 사건 이후, 수하르토 장군은 권력을 차지하고는 의도적으로 치밀하게 준비한 일련의 거짓말을 퍼트렸다. 그리고 이 거짓말들은 그후 수십 년 동안 이 나라의 공식적인 교리가 되었다.

군의 프로파간다

1965년 10월 1일에는 인도네시아 사람들 대다수가 수하르토 장군이 누구인지 몰랐지만, CIA는 그를 잘 알았다. 이미 1964년 9월에 CIA는 비밀 전신에서 수하르토를 군 장성 중 미국의 이해에 "우호적"인 반공주의자로 분류했다.[53] 같은 비밀 전신에는 후계 다툼이 벌어질 경우, 권력을 장악할 반공 군-민 연합 구상도 들어 있었다.

중부 자바 출신으로 과묵한 마흔넷의 수하르토 소장은 육군 전략예비사령부(이하 KOSTRAD로 표기함) 사령관을 맡고 있었다. 그는 수와르토라는 사람 밑에서 공부했는데, 수와르토는 랜드연구소 컨설턴트인 기 포커의 절친한 친구이자 인도네시아 장교 중에서도 군 주도 근대화론인 "국가 안의 국가"와 미국과 동맹한 대반란전 작전을 가장 적극적으로 도입한 인물이었다.[54] 수하르토는 군대 안에서 굴곡 많은 과거를 가진 사람이었다. 1950년대 말에는 밀수를 하다 적발되어 나수티온 장군의 손에 해임되기도 했다. 수반드리오에

비밀 해제된 정보는 없다는 것이 CIA의 답이었다.

53 CIA Intelligence Info Cable TDCS-315-00846-64, "US-Indonesian Relations," September 19, 1964, DDC, 1981. Robinson, *Killing Season*, 103 재인용.

54 Scott, "The United States and the Overthrow of Sukarno, 1965–1967," 245–249.

따르면 수하르토의 노골적인 부정부패에 야니와 나수티온은 대노했고, 야니는 직접 매질을 했다고 하고 나수티온은 재판에 회부하려 했다고 한다.[55] 콘프론타시 와중에 수하르토는 말레이시아 국경에 배치된 군의 인원과 장비가 턱없이 부족하게 두기도 했는데, 자신의 권한을 이용해 당시 영국(과 미국)과 인도네시아 간의 갈등을 최소화하려 한 것이었다.[56]

이상한 점은 10월 1일에 군 통수권을 차지한 이가 지난 밤 사건에서 운좋게 살아남은 미국의 오랜 친구이자 최고위 장성인 나수티온이 아니라 수하르토였다는 사실이다. 너무나 예상 밖의 역할 전도라 주요 관련자들조차 수하르토가 권한을 차지한 것을 납득하는 데 몇 주가 걸렸을 정도였다.

10월에 수하르토가 취한 모든 조치를 살펴보면, 그가 단순히 벌어진 사건에 대응한 것이 아니라 미리 계획된 반공 반격 계획을 실행에 옮겼다는 생각을 지울 수 없다.

10월 1일 아침, 수하르토는 KOSTRAD에 도착했다. G30S가 그날 아침 점령한 독립광장 바로 맡은 편에 있었음에도 불구하고 무슨 이유에서인지 KOSTRAD는 G30S 측의 목표물이 되지 않았거나 중립 지대였다. 이른 아침에 열린 비상회의에서 수하르토는 인도네시아군 참모총장 자리를 차지했다. 오후에는 독립광장에 있던 병력에게 해산하고 반란을 끝내지 않으면 자신이 공격하겠다고 말했다. 그렇게 총 한 발 쏘지 않고 자카르타 중심부를 탈환한 후, 수하르토는 G30S가 패배했다고 라디오 방송으로 선언했다. 수카르노 대통령은

55 Soebandrio, *Kesaksianku tentang G30S*, 5.

56 Roosa, *Pretext for Mass Murder*, 114.

또 다른 장군인 프라노토에게 할림 공군기지에서 만나자고 했는데, 그에게 임시로 군 지휘를 맡길 작정이었던 것 같다. 수하르토는 군 통수권자인 대통령의 직접 명령을 거슬러 프라노토를 못 가게 막고 오히려 대통령에게 공군기지를 떠나라고 명령했다. 수카르노는 기지를 떠나 자카르타 바깥의 대통령궁으로 피했다. 이어 수하르토는 손쉽게 공군기지를 차지하고는 마음대로 수카르노를 무시하고 나라 전체를 장악했다.

권력을 차지한 수하르토는 자신이 통제하는 군 매체 외에 모든 신문과 방송의 문을 닫으라고 명령했다. 그런데 이상하게도 자인이 10년 넘게 일해 온 공산당 신문 《하리안 라캿》은 10월 2일, 그러니까 쿠데타가 실패한 지 만 하루가 지나 군대가 이미 신문사를 점령했던 그 시점에 G30S를 지지하는 1면 사설이 실린 신문을 내놓았다. 그 날 정상적으로 발행된 신문이 그들뿐이었다는 사실은 군대가 사태의 원인을 공산당에게 뒤집어씌우려고 한 일이거나 아니면 공산당이 당시에 우파 쿠데타를 막는 것이 목적이었던 군 내부의 운동을 지지한다고 해서 당이 공격받을 일이란 없을 것이라고 판단했을 가능성을 시사한다.[57] 이에 관해서는 여러 가지 가설이 있다. 당시 《하리안 라캿》에서 일했던 마르틴 알레이다는 사설의 문투가 당시 사설을 도맡아 쓰던 당원 뇨토의 스타일과는 아주 달랐다고 말했다.[58] 1면에는 평소처럼 《하리안 라캿》 스타일의 만평이 실렸는데, G30S가

57 *Harian Rakjat*, October 2, 1965. "운퉁 중령과 자크라비라와 대대[대통령 경위대]가 대통령과 공화국을 장군 위원회 쿠데타로부터 구하다"라는 헤드라인 아래 "9월 30일 운동은 군 내부의 운동"이라는 부제가 달렸다. 코넬대학교 도서관에서 열람함.

58 2018년과 2019년 마르틴 알레이다와의 인터뷰.

"장군 위원회"를 주먹으로 치자 그가 쓰러지고 모자 속에 있던 CIA가 드러났다. 프란치스카는 《하리안 라캿》이 폐간되기 전까지, 그날도 자인이 평소처럼 일하러 갔다고 기억했다.

그후 수하르토는 모든 매체를 통제했다. 그는 의도적이고 선동적인 날조를 이용해 나라 곳곳에 좌파에 대한 적대를 부추기면서 충격적인 범죄를 저질렀다며 PKI를 비난했다.

군은 실패한 친공 쿠데타의 배후에 PKI가 있다는 소문을 퍼트렸다. 수하르토와 그의 부하들은 공산당이 장군들을 할림 공군기지로 데려가 타락하고 악마적인 의식을 벌였다고 주장했다. 여성운동단체 그르와니 회원들이 벌거벗고 춤추며 장군들을 난도질하고 고문하여 성기를 절단하고 눈알을 뽑아 결국에는 죽였다고 했다. 공산당에는 처단할 사람들의 이름이 적힌 긴 살생부가 있어서 벌써 거대한 구덩이를 준비해 놓았다고도 주장했다.[59] 중국이 몰래 프무다 라캿 연대에 무기를 가져다주었다고도 했다.[60] 군대 신문인 《앙카탄 브르슨자타》는 죽은 장군들의 시체 사진을 싣고 그들이 "인류를 모독"하는 고문 끝에 "잔인하고 끔찍하게 살해"되었다고 보도했다.[61]

처음 이런 상황이 알려지자 미 국무부 차관 조지 볼은 CIA 국장 리처드 헬름스를 불러 "현재 인도네시아 상황에서 CIA 작전의 연관성을 절대적으로 부정할 수 있는 위치에 있는지" 물었다고 한다. 헬름스는 그렇다고 대답했다.[62] 그런 대사는 10월 1일에 무슨 일이 벌어질

59 Simpson, *Economists with Guns*, 181.

60 Scott, "The United States and the Overthrow of Sukarno, 1965–1967," 260.

61 *Angkatan Bersendjata*, October 5, 1965. 코넬대학교 도서관에서 열람함.

62 Memorandum of Telephone Conversation Between Acting Secretary of State Ball and Secretary of

지 예상하지 못했을 것이며, 현재 공개된 모든 국무부 문서는 대사관이 10월 초 며칠 동안 상황을 파악하지 못하고 우왕좌왕했음을 보여준다. 전임자 하워드 존스의 임기 7년 동안 그랬듯이 신임 대사에게도 정보가 전달되지 않았던 것인지는 불명확하다.

초반의 혼란 이후 미국 정부는 수하르토가 프로파간다를 퍼트리고 반공 서사를 만드는 데 핵심적이었던 초기 단계에 그를 지원했다. 현재 공개된 10월 14일 자 전신은 워싱턴이 신속하고 은밀하게 인도네시아군에 필수적인 이동통신장비를 공급했다고 밝혔다.[63] 이 또한 아주 초반부터 미국 정부가 합법적인 대통령 수카르노가 엄연히 있는데도 불구하고 군을 인도네시아의 진짜 지도자로 인정했다는 암묵적인 승인이었다.

서구 언론 또한 한몫했다. 미국의 소리VOA, BBC, 라디오 오스트레일리아는 PKI를 악마화하기 위한 심리전의 일부로 인도네시아군의 프로파간다를 연일 보도했다. 이 외국 방송들은 인도네시아어로 인도네시아 전역에 전파를 송출했기 때문에, 공신력 있는 국제 방송에서 같은 내용이 나오자 인도네시아인들은 수하르토의 서사가 더 믿을 만하다고 생각했었다고 기억했다.[64]

인도네시아군이 퍼트린 서사의 모든 것이 거짓말이었다. 10월 1일에 벌어진 장군들의 살해 현장에 그르와니 회원은 단 한 명도 없었

Defense McNamara, October 1, 1965, *FRUS, 1964–1968*, Vol. XXVI, Indonesia; Malaysia-Singapore; Philippines, 143, https://history.state.gov/historicaldocuments/frus1964-68v26/d143

63 Telegram from the Embassy in Indonesia to the Department of State, October 14, 1965, *FRUS, 1964–1968*, Vol. XXVI, 155, https://history.state.gov/historicaldocuments/frus1964-68v26/d155

64 Melvin, *The Army and the Indonesian Genocide*, 9–10, 25; 중부 자바의 생존자들과의 인터뷰에서도 해외 매체에서 같은 내용의 프로파간다를 들었다고 확인해 주었다.

다.[65] 30년 넘은 세월이 흐른 후에야 베네딕트 앤더슨은 장군들이 고문당했다는 주장이 거짓일 뿐 아니라 수하르토가 이 모두가 사실이 아님을 10월 초에 이미 알고 있었음을 입증해 보일 수 있었다. 수하르토 자신이 장군들의 시신을 부검하라고 명령했고, 부검 결과 집 안에서 벌어진 싸움 끝에 총검에 찔려 죽은 한 명을 제외한 나머지 모두가 총에 맞아 죽은 것으로 밝혀졌기 때문이다.[66]

그러나 앤더슨이 찾아낸 증거들이 발표된 1987년에 그런 발견은 더 이상 중요하지 않았다. 어두운 밤에 악마 같은 공산주의자들이 신을 경외하는 선한 장군들의 신체를 절단해서 나라를 차지하려는 음모를 꾸몄다는 이야기는 수하르토 독재정권하에서 국민 종교 같은 것이 되었다. 권력을 차지한 지 얼마 지나지 않아 수하르토는 그날 밤 죽은 장군들을 위한 기념비를 세웠다. 브라질인들이 희생된 영웅들을 기리는 기념비를 리우데자네이루의 붉은 해변에 세운 것처럼 말이다. 두 구조물은 심지어 그 형태마저 비슷하다. 둘 다 하얀 대리석으로 향하는 계단이 있고, 앞에는 희생자 군인들의 청동상이 서 있다. 브라질의 인텐토나 코무니스타처럼 인도네시아에서도 해마다 일종의 국가적 반공 의식처럼 이날을 기념했다. 그리고 수하르토는 이 프로파간다를 기념비와 연례 연설 그 이상으로 확대했다. 이 서사를 자기 식대로 재현한 3시간짜리 섬뜩한 영화를 만들게 해서 매년 9월 30일에 공영방송에서 틀게 한 것이다. 인도네시아군은 지금도 이 영화를 튼다.

65 Wieringa, *Propaganda and the Genocide in Indonesia*, 102. 10월 1일에 벌어진 사건에 관한 군 프로파간다 가운데서도 특히 이 맥락에 관해서는 6장을 보라.

66 Benedict Anderson, "How Did the Generals Die?" *Indonesia* 43 (April, 1987): 109–134을 보라.

수하르토가 퍼트린 이야기는 인도네시아 그리고 전 세계 남성 일반의 마음속에 있을 가장 어두운 두려움과 편견을 건드린다. 한밤의 가택 습격, 칼로 서서히 고문당하기, 성 역할의 전도, 성적으로 타락한 악마 같은 여성 공산주의자들이 강한 남성의 성기를 문자 그대로 절단하는 등 이렇게 잘 계산된 반동적 공포영화의 각본을 수하르토가 혼자 썼다고 믿을 사람은 별로 없을 것이다.

이 이야기와 브라질의 인텐토나 코무니스타 전설이 닮은 정도 또한 놀라운 수준이다. 라틴아메리카에서 가장 중요한 국가에서 공산주의자 군인들이 잠자는 장군들을 칼로 찔러 죽였다는 전설에 부분적으로 영감을 받아 쿠데타가 일어난 지 불과 1년 만에, 동남아시아에서 가장 중요한 나라에서 수하르토 장군은 좌파 군인들이 한밤중에 장군들을 집에서 끌어내 칼로 서서히 죽였다고 말했다. 그리고 친미 동맹인 양국의 군사독재 정권은 수십 년 동안 해마다 이 반란을 거의 똑같은 방식으로 기념했다.

워싱턴 DC의 국가안보문서관NSA 역사학자 브래들리 심슨은 "미국과 영국의 수많은 기밀문서에 접근할 수 없긴 하지만, 이 시기 양국의 비밀작전에 참여한 핵심 인물들이 인도네시아 내에서 '흑색' 선전물을 만드는 데 관여했을 가능성이 아주 높다"라고 지적한다. 그 목적은 PKI를 악마화하는 것이었다.[67]

수하르토의 프로파간다 팀이 여러 가지 측면에서 브라질의 반공 전설에서 "영감"을 얻었을 수도 있다. 미국 관료들이 수하르토에게 아이디어를 주거나 서사를 만드는 데 도움을 주었을지도 모른다. 브라질과 인도네시아 장교 수천 명이 같은 시기에 포트 레번워스에

67 Simpson, *Economists with Guns*, 181.

서 교육받았으니, 누군가가 인텐토나 코무니스타에 대해 알려 주었을런지도 모른다. 당시에 이미 상당한 규모로 잘 조직되고 연계되어 있던 국제 반공 운동 사이에서 떠돌던 과장된 비유를 인도네시아 장교들이 그저 차용했을 수도 있다. 그 시점이면 이미 극우 동유럽인들의 반볼셰비키국가연합ABN, 반둥 그룹에 맞서 대만과 남한이 주축이 되어 만든 아시아민족반공연맹, 멕시코가 주도한 미주대륙방위연맹이 활동하고 있었다. 한 브라질 반공주의자가 주도해 이 세 조직이 1958년 멕시코시티에서 만났고, 이들은 그 후 협력을 이어갔다.[68] 평범한 북미인조차 "침대 밑의 빨갱이들"이라는 터무니없는 옛 표현을 알았다. 이 모두가 그저 우연일지도 모르겠다.

수하르토는 전 지구적 우익 사상의 터무니없이 광적이고 과장된 버전의 반공 서사에 공식적 정당성을 부여했다. 바로 몇 주 전에 비하면 놀라운 반전이었다. 그렇지만, 아직은 수카르노가 대통령이었고, 이 나라에는 공산주의자 또는 공산주의에 대체로 관대한 이들이 수없이 많았다. 이제 여섯 달 동안 군대가 이 두 가지 문제를 처리할 것이다.

68 Burke, *Revolutionaries for the Right*, 20–25.

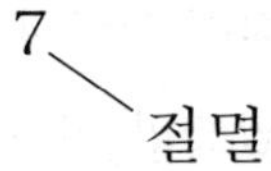

7 절멸

사람들은 혁명적이거나 역사적인 순간에는 마치 시간이 천천히 흐르는 것처럼 느낀다고 한다. 그리고 트라우마와 폭력의 순간, 시간이 거의 정지해 버린다는 것을 우리는 잘 안다. 목격자와 피해자들이 1965년 9월 30일 이후 여섯 달 동안에 대해 이야기할 때면, 말하는 방식이 달라졌다. 노인들은 인생의 다른 시점에 대해 말할 때는 1년이나 10년 단위로 말하다가 이 시기에 관해 말할 때는 주, 특정한 날짜, 시간, 분까지 짚어서 설명했다.

이제는 비밀 해제된 해당 사건들에 대한 미국 정부의 교신 내용도 아주 구체적인 날짜를 거론한다. 이 아주 다른 종류의 두 목소리가 이제 우리에게 무슨 일이 벌어졌는지 일러 줄 것이다. 다음은 그 몇 달 동안의 타임라인을 추린 것이다.

10월 5일

자카르타:

10월 5일은 인도네시아 국군의 날이다. 수도 자카르타에서는 보통 행진을 한다. 1965년에는 죽은 장군들의 국장을 치르고 군의 새로운 지배를 선포하는 자리였다.

수카르노는 자신의 안전을 염려해 참석하지 않았다. 이제 대통령은 새 군 지도부를 공개적으로 지지하지 않으면 이미 패배한 악마 같은 배신자 G30S를 지지하는 것처럼 보일 것이다.

국방부 장관 나수티온은 공산주의 반란자들의 배신을 비판하고 수하르토의 지휘를 인정한다는 내용으로 열정적으로 연설했다.

인도네시아 군도 전역에서 각 PKI 지구당도 해마다 그래 왔듯이 국군의 날 경축 행사에 참석하여 자랑스럽게 낫과 망치 깃발을 흔들었다.[1]

워싱턴, DC:

10월 5일, 국무부에 자카르타 미국 대사관발 대사 마셜 그린이 서명한 전신이 도착한다.

그린은 인도네시아 상황을 다음과 같이 정리했다.

> 다음 지침이 우리가 어떤 태도를 취해야 할지에 대한 대답의 일부가 될 수 있을 것이다.
>
> A. 권력투쟁이 진행 중이니 공개적인 관여는 피할 것.
>
> B. 그러나 은밀하게 나수티온이나 수하르토 같은 군 핵심 인사에게 우리가 가능한 지원을 하겠다는 의사를 명료하게 전할 것. 동시에 어떤 방식으로건 공개적인 관여나 개입은 피해야 한다는 점 또한 주지시킬 것.
>
> C. 우리와 군과의 연락을 유지하고 가능하다면 확대할 것.
>
> D. (우리 부서의 황급한 철수나 직원 감축 등) 군에 대한 불신으로

1 Melvin, *The Army and the Indonesian Genocide*, 127.

해석될 수 있는 행동을 피할 것.

E. PKI의 죄악, 배신, 잔임함에 대한 이야기를 퍼트릴 것(미국이 단독으로 혹은 주로 주도한 것이 드러나지 않을 방법만 찾는다면, 군에 즉각적인 지원이 필요한 급선무임).

같은 날 다시 신임 대사는 인도네시아에서 벌어지는 일이 미국에 무슨 의미인지 알리는 더 직설적인 전신을 보냈다. 그는 "지금 재빨리 움직인다면 군에게는 공산당과 대적할 기회가 있다"라고 썼다.

"지금이 아니면 다시는 없을 기회다."[2]

10월 7일

반다아체:

풍요로운 수마트라섬의 제일 북쪽에 자리잡은 아체주는 공산주의의 역사와 열정적인 이슬람 신앙의 역사를 다 가진 곳이다. 실제로 인도네시아에서 이슬람 공산주의가 꽃피던 시절 둘은 겹치는 데가 많았고 이 지역 PKI 당원 절대다수가 신앙심 깊은 무슬림이었다.[3] 무덥고 빽빽한 정글로 덮인 아체는 인도네시아의 최서단이며 동쪽의 말라카해협을 건너면 말레이시아이다. 인도네시아군은 수카르노의 반말레이시아 콘프론타시의 일환으로 이 지역 민간인을

2 Telegram from the Embassy in Indonesia to the Department of State, October 5, 1965, *FRUS, 1964–1968*, Vol. XXVI, Indonesia; Malaysia-Singapore; Philippines, 147, at https://history.state.gov/historicaldocuments/frus1964-68v26/d147

3 Melvin, *The Army and the Indonesian Genocide*, 82.

조직했다. 당시를 기억하는 아체인들과의 인터뷰에 따르면 PKI에 대한 평판은 아주 보수적인 무슬림 사이에서도 나쁘지 않았다고 한다. 10월 1일 반공 프로파간다가 도착하기 전까지는 그랬다.[4]

1965년, 아체의 지역 사령관은 캔자스주 포트 레번워스에서 훈련받은 열성적인 반공주의자 이샤 주아르사였다.[5] 10월 7일에 그는 주도 반다아체를 떠나 아체주 전역을 정신없이 돌면서 연설하고 군중을 끌어모았다.

그가 "PKI는 카피르(이교도)"라고 선언했다고 목격자들이 말했다. "나는 그들을 발본색원할 것이다! 마을에서 공산당원을 봤는데도 죽이지 않는다면, 우리가 그자를 벌줄 것이다!"

주아르사는 군중에게 구호를 외치게 했다. "PKI를 박살내자!" "PKI를 박살내자!" "PKI를 박살내자!"

중부 아체 사람들은 공산주의자를 죽이는 일을 돕지 않으면 자기가 죽는 상황에 처했다는 것을 알게 되었다고 기억했다.[6]

수마트라에서의 집단학살은 바로 그날 시작되었다고 여겨진다. 일부 학살은 "우발적"이었다. 주아르사의 말과 같은 명령을 들은 민간인들이 자의적으로 행동한 것이었다. 그러나 대부분은 그렇지 않았다. 군인과 경찰이 수많은 이들을 체포하기 시작했다. 좌파들은 차라리 자수하는 편이 안전하고 분별 있는 처사라 여기고 자수하기도 했다.

군은 콘프론타시 때 만든 민간인 조직을 이용했다. 당시 군은

4 Ibid., 89.

5 Ibid., 78.

6 Ibid., 143.

계엄령을 발동하거나 공산주의자를 억누를 때 사용할 수 있는 민병대 조직을 만들어 두었다.[7]

주아르사가 쓴 "발본색원"이라는 표현은 전에도 한 번 사용된 적 있다. 10월 1일 한밤중, 포트 레번워스에서 공부한 또 다른 수마트라의 사령관 모코긴타도 이 표현을 썼다. "발본색원"은 대량학살 내내 계속될 후렴구 같은 것이었다.[8]

10월 8일

군 기관지 《앙카탄 브르슨자타》는 도끼로 나무를 찍는 사람을 그린 만평을 내놓았다. 나무에는 인도네시아어로 9월 30일 운동의 줄임말인 "G30S"가 적혀 있었고 뿌리에는 "PKI", 곧 인도네시아공산당이라고 쓰여 있었다. 캡션은 다음과 같았다. "그들을 발본색원하자."[9]

그러나 내부적으로 인도네시아군은 다른 이름을 사용했다. 오퍼라시 프눔파산, 곧 초토화 작전이라고 부르는 작전명이었다.[10]

10월 19일

자카르타:

막달레나는 10월 초에 자타르타에서 정치적인 혼란이 있었다는

7 Ibid., 3, 72.

8 Ibid. 125.

9 *Angkatan Bersendjata*, October 8, 1965. 코넬대학교 도서관에서 열람함. 이 만평은 Melvin, *The Army and Indonesian Genocide*, 41에서 언급되었다.

10 Ibid., 1.

것을 어렴풋이 눈치챘지만 고향인 중부 자바에서 무슨 일이 벌어지는지는 전혀 몰랐다. 그곳 상황은 자카르타보다 훨씬 험악했다.

그는 할머니가 위독하다는 소식을 듣고 휴가를 받아 고향으로 가는 기차에 올랐다. 가족이 아픈 건 늘상 있는 일이었다. 고향집에 도착해 보니 할머니는 이미 세상을 떠나신 후였다. 장례를 치르고 가족들과 한두 주 정도 지내다가 자카르타의 일터로 돌아갈 계획이었다. 그는 고향 푸르워케르토에서 잠자리에 들었다.

10월 20일

워싱턴, DC:

국무부에 마셜 그린 대사로부터 전신이 날아왔다. 그린은 PKI가 "체포와 괴롭힘, 때로는 PKI 간부의 처형 등으로 인해 강력한 조직력이 크게 흔들리고 있다"고 전했다. "군대가 PKI를 계속 압박하고 수카르노에게 권력을 넘기지 않는다면, PKI의 영향력은 축소될 것이다. 그러나 장기적으로 볼 때 군이 공산주의 그 자체를 공격할 의지가 없다면, 군의 PKI 압박은 성공하지 못할 것이다."

그린은 "그럼에도 군은 PKI를 처단하기 위해 열심히 일해 왔으며, 나 자신은 이 중대한 과업을 수행하는 군의 결단과 조직화를 점점 더 존경하게 되었다"라고 맺었다.[11]

11 Telegram from the Embassy in Indonesia to the Department of State, Djakarta, October 20, 1965, 0330Z, *FRUS, 1964–1968*, Vol. XXVI, 158, at https://history.state.gov/historicaldocuments/frus1964-68v26/d158

푸르워케르토, 중부 자바:

막달레나가 집에 도착한 지 24시간도 채 되지 않은 이른 오후였다. 경찰관 두 명이 고향집에 들이닥쳤다.

"우리랑 함께 갑시다. 몇 가지 물어볼 것이 있소." 그들이 말했다.

온 식구들이 깜짝 놀라 울며 소리를 질렀다. 막달레나의 가족들은 이웃에 끌려간 사람들이 있다는 이야기를 들은 적이 있었다. 하지만 막달레나가 자카르타에서 솝시SOBSI 소속 노조원인지는 몰랐고, 가족들도 막달레나도 그것이 문제가 되리라고는 생각한 적 없었다.

경찰서에서 경찰들은 막달레나에게 소리를 지르며 심문하기 시작했다. 그들은 막달레나가 공산당 연계 여성단체인 그르와니 회원인 것을 안다고 했다. 사실이 아니었다. 막달레나는 아니라는 말 말고는 무슨 말을 해야 할지 몰랐다. 권력을 접수한 군부가 퍼트린 소문대로라면 이 말은 그가 벌거벗고 춤을 추며 장군들의 성기를 절단한 집단에 속했다는 뜻이었다. 경찰들은 막달레나가 자카르타에 있지 않았냐고 했다. 그러니까 그 살해 현장에도 있었던 것 아니냐는 것이었다. 막달레나는 그 일에 관해서는 아무 것도 모른다고 했다.

심문은 일주일 동안 시작했다 중단됐다 다시 시작하기를 반복했다. 그러고서 경찰은 그를 스마랑에 있는 다른 경찰서로 보냈다. 스마랑에 도착하자마자 막달레나는 쓰러졌다. 병이 났거나 너무 시달린 나머지 쇠약해졌을 것이다. 어질어질했다. 막달레나는 이제 열일곱 살이었다.

두 번째로 간 경찰서에서 경찰관 두 명이 자신을 강간할 때까지 얼마나 시간이 흘렀는지 막달레나는 정확히 기억하지 못했다. 경찰들에게 그는 그르와니였고, 그렇다면 인간도 아니고 여자로 아니며 방탕한 살인자일 뿐이었다. 인도네시아와 이슬람의 적이자 마녀일 따름이었다. 이제 막달레나는 이 경찰들 손아귀에 있었다.

10월 22일

워싱턴, DC:

자바에서 학살이 시작되자 인도네시아군의 작전 범위과 성격에 관한 상세한 보고서가 국무부에 도착했다. 한 "무슬림 청년 지도자"가 학살로 이어진 수색에 "조력자들"이 있었다고 보고했다.[12]

국가안보위원회 자문 맥조지 번디는 린든 존슨 대통령에게 9월 30일 이후 인도네시아에서 벌어지는 사건들이 "최근 몇 년간 미국의 대對인도네시아 정책의 놀라운 귀결"이라는 메모를 남겼다.[13]

같은 날 마셜 그린 대사도 국무부에 전신을 보냈다. "아직 군이 역부족이라는 신호는 없으며… 무엇이든 미국 정부의 직접 지원을 비밀로 유지하기는 실질적으로 불가능… 우리가 지원하고 이 사실이 알려진다면 군에 도움이 될지 오히려 방해가 될지 의문… 군 당국이 우리의 도움을 진정으로 필요로 했다면 우리에게 알렸을 것이라고 생각한다."[14]

12 Telegram, Djakarta to SecState, "1. PII Moslem Youth Leader," October 21, 1965, RG 59, Central Files 1964–1966, Pol 23-9 Indon, National Archives and Records Administration(NARA).

13 Memorandum from the President's Special Assistant for National Security Affairs (Bundy) to President Johnson, October 22, 1965, *FRUS, 1964–1968*, Vol. XXVI, Indonesia; Malaysia-Singapore; Philippines, 160.

14 Telegram, Djakarta to Sec State, October 22, 1965, "PAGE TWO RUMJBT." 브래들리 심슨이 제공한 린든 존슨 대통령 도서관이 소장한 문서 원본의 사본 열람.

2주 후, 백악관은 CIA 방콕 지부에 중부 자바의 군 연락책에게 "PKI에 대항해 사용할" 소형 무기와 의약품을 제공하라고 승인해 준다.[15]

그러나 미국 정부와 7년 동안 긴밀하게 협력해 온 인도네시아군은 이미 모든 것을 갖추고 있었다. 또한 거의 저항 불능인 민간인을 체포하는 데 좋은 무기를 쓸 일도 없었다. 한편 대사관과 CIA 직원들이 생각하기에 인도네시아군에게 정말 필요한 것은 정보였다. 대사관 정치 담당관 로버트 마르텐스는 CIA 분석관과 함께 공산주의자와 공산주의자로 의심되는 인물 수천 명의 이름이 적힌 명단을 작성해 군에 전달했다. 그래서 명단에 있는 이들을 처리하고 "체크 표시"를 하도록 했다.

우리가 아는 한, 역사상 미국 관료가 공산주의자와 공산주의 동조자 명단을 동맹에게 넘겨 그들을 검거하고 죽이게 한 것은 이번이 세 번째이다. 첫 번째는 1954년 과테말라, 두 번째는 1963년 이라크였으며, 이번에는 그 규모가 훨신 큰 1965년 인도네시아였다.

미국 대사관 정치 부서에 있던 마르텐스는 "군에는 정말 큰 도움이었다"라고 말했다. "내 손에 많은 피를 묻혔지만, 나쁘기만 한 일은 아니었다."[16]

15 Simpson, *Economists with Guns*, 186–187.

16 Kathy Kadane, "US Officials' Lists Aided Indonesian Bloodbath in '60s," *Washington Post*, May 21, 1990, www.washingtonpost.com/archive/politics/1990/05/21/us-officials-lists-aided-indonesian-bloodbath-in-60s/ff6d37c3-8eed-486f-908c-3eeafc19aab2/?utm_term=.d9f3a266673c

10월 25일

푸르발링가, 중부 자바:

사코노는 아침 일찍 일어나 자전거를 타고 6킬로미터 떨어진 지역 경찰서로 향했다. 도착해서 안으로 들어가 작은 서류에 서명했다. 경찰관들은 그 모두를 심각하게 여기지 않았고 또 무엇보다도 정중했다. 아직은 그저 일상적인 일이었다.

G30S에 대해 처음 들었을 때, 사코노는 그에 동조하는 편이었다. 라디오 뉴스에서 듣기로 어린 시절의 영웅 수카르노 대통령을 끌어내리려는 쿠데타를 막기 위해 일어난 군 내부의 운동이라고 이해했기 때문이었다. 그러나 뉴스는 점점 혼란스러워졌다. 《하리안 라캿》은 이제 마을로 배달되지 않았다. 프무다 라캿 지역 지부도 아무런 답변을 주지 않았으므로, 사코노는 그저 10대 시절부터 그랬듯이 자카르타 소식을 간절히 바라며 학교 교사로 첫 발령을 기다렸다.

사건과 관련한 이야기가 다른 방향으로 흐르고 군과 해외 매체만이 관련 보도를 하자, 사코노는 좌파가 의심받고 있다는 것을 알아챘지만, 큰일은 아니라고 생각했다. 그는 공산당 관련 단체에 소속된 사람은 모두 경찰에 정기적으로 동태를 신고해야 한다는 말을 들었다.

한번도 사법당국과 직접 대면해 본 적 없었지만, 이 일 또한 크게 개의치 않았다. 할 일도 많지 않았고 걱정하지도 않았다. 자카르타에서 무슨 일이 일어났건, 그의 계획에는 영향을 끼치지 않을 것이다. 사코노는 자신이 교사이자 최고의 혁명가가 되리라고 여겼다. "교육이 전진할 때 나라도 전진한다"라고 생각했다. 그는 가족들의 농사일을 도우며 계속 기다렸다.

10월 29일

갈레나, 메릴랜드:

가족 농장에 머물던 프랭크 위즈너가 아들의 엽총으로 자살했다.[17]

11월 2일

푸르발링가, 중부 자바:

사코노는 다시 한번 경찰서에 갔다. 다시 한번 그는 경찰서에서 에서 나와 자전거를 타고 마을로 돌아왔다. 오후 2시쯤 집에 왔더니 경찰관 두 명이 그를 기다리고 있었다. 한 사람은 편지를 들고 있었다. 경찰관들이 그 편지는 사코노가 자신들과 함께 가야 한다는 뜻이라고 했다. "이건 아주 중요한 일입니다. 지금 이걸 봐야 합니다."

그래서 사코노는 그들과 함께 갔다.

사코노는 감옥에 들어갈 때도 괜찮았다. 잘못한 일이 전혀 없었으므로 질문을 좀 받고 원하는 정보를 내주면 나갈 것이라고 생각했다. 그는 PKI 당원은 아니었지만 아주 어릴 때부터 다양한 방식으로 또 자랑스럽게 공산당 활동에 관여해 왔었기 때문에 감옥 안에 오랜 친구들이 많았다. 사코노가 더 어릴 때 마르크스-레닌주의 수업을 해 주었던 당 간부 수트리스노와 언제나 선글라스를 끼는 키 작고 살짝 통통하고 나이 많은 수하다도 거기 있었다. 당 중앙위원인 수하다는 언제나 놀라운 연설을 하는 웃기는 사내였다.

17 일부 저자들은 위즈너의 죽음이 그가 여러 해 전 인도네시아 등지에서 저지른 일들의 결과와 어떤 식으로건 관련이 있다고 주장해 왔다. 그의 아들 프랭크 위즈너 2세는 그런 주장에 반대하며 말년에 아버지가 국제 뉴스를 읽거나 접했을 리 없다고 말했다. 2018년과 2019년 인터뷰.

마치 동지들의 모임 같았다. 분위기는 무겁지 않고 오히려 축제에 가까웠다. 그들은 혁명가를 함께 불렀다. 결코 경찰에게 반항하려는 것이 아니라 일종의 신나는 연대감에서 말이다.

담대하게 전진하라 / 옳은 것을 지켜라 / 다 함께 전진 / 물론 우리가 이긴다 / 전진하라 전진하라 / 함께 모두 다 함께

그날 밤 모두가 잠든 사이 열두 명이 사라졌다. 그들은 수트리스노를 데려갔다. 수하다도 데려갔다. 친구인 캄디와 수마르노와 수하르조도 데려갔다.

끌려간 사람들을 돌아오지 않았다. 다음 날은 아무도 아침을 먹지 않았다. 노래도 없었다. 환호도 없었다. 아무도 입을 열지 않았다. 있을 수 없는 일이었다. 사코노가 평생 동안 배우고 믿어 온 모든 것과 어긋나는 일이었다. 군대와 경찰은 혁명의 수호자였다. 인도네시아는 법과 질서, 공정한 재판, 증거주의와 정의가 있는 나라였다. 그는 열아홉 살이 되기까지 평생 동안 폭력을 거의 본 적이 없었다.

"나는 폭도가 아니오! 무기를 든 적도 없어요! 내가 조국에 반기를 드는 일도 없을 겁니다! 내 평생 잘못을 저지른 일이 없단 말입니다!" 사코노는 계속해서 소리쳤지만 몸은 덜덜 떨렸고 속으로는 이번에는 자신이 끌려갈 것이라는 생각이 들었다.

그의 친구들은 어떻게 되었을까? 사코노도 남들처럼 소문을 들었다. 그자들이 한밤중에 사람들을 스라유Serayu 강으로 데려갔다고 했다. 손을 묶고 사람들을 강물에 던져 버렸다. 아니 어쩌면 먼저

총을 쏘았을 것이다. 아니면 칼로 찔렀을지도 모른다. 집단학살임이 확실해졌다. 시체가 너무 많이 쌓여서 강물의 흐름을 막았고, 온 나라에 끔찍한 악취가 퍼졌다. 그러나 누가, 어디서, 어떻게 살해당했는지 생존자들이 아는 것은 그저 소문일 따름이었다.

집단 폭력의 새로운 형태였다. 그들은 가족들이 희생자가 죽었는지 확실히 알 수 있게 길거리에서 사람을 죽이지 않았다. 공식적으로 희생자들은 사형당한 것이 아니었다. 그들은 체포되었다가 한밤중에 실종됐다. 남은 사람들은 친지가 아직 살아 있는지조차 알지 못했고 그 점이 그들을 더 두렵게 만들었다. 불평하거나 항의라도 하면 오히려 감옥에 있던 친지가 목숨을 잃는 것은 아닌지? 내 친지도 벌써 끌려간 것은 아닌지? 집단학살이 벌어지고 있다는 증거가 그렇게 많아도 인간은 본능적으로 자신의 아들이나 딸이 그래도 살아 있을지 모른다는 희망을 버리지 못한다. 그 때문에 사람들은 얼어붙었고, 죽은 듯이 잠잠해졌고, 그래서 더 쉽게 섬멸당하고 더 쉽게 조종당할 수 있었다. 아시아의 폭력 연구자들은 강제 "실종"이 처음 사용된 것이 이때라고 본다.

누가 그들을 살해했는가? 아체에서 그랬듯, 군대와 경찰이 한밤중에 잡혀 온 사람들을 특별한 장소로 데려가서 죽였다. 하지만 방아쇠를 당기거나 마체테를 휘두른 집행자가 제복을 입은 군인이나 경찰이 아닐 때도 아주 많았다.

인도네시아 최대의 무슬림 조직은 청년 단체 안소르Ansor와 무장 조직 반세르Banser를 산하에 두었다. 이 이름들은 약자인데 반세르의 설립자는 히틀러의 유명한 탱크 부대 판저Panser와 비슷하게 이름을 지으려 했다고 밝혔다. 그는 공산주의자들을 다루는 법을 배우려고

1964년부터 히틀러의 《나의 투쟁》을 탐독했다고도 말했다.[18] 이런 조직들이 중부와 동부 자바에서 학살에 참여했다. 아체에서는 군대가 의심스러운 민간인, 정치적으로 의심을 사는 개인이나 배척받는 이들에게 살인을 집행하도록 협박하고 강요했다. 그후에 집행자들은 자신이 저지른 일을 잊으려고 술을 퍼마시게 마련이었다.[19] 무슨 일이 벌어졌건, 그것이 누구였건, 사코노의 친구들은 거의 다 죽었고 온갖 곳에 시체가 쌓였다.

11월 6일

워싱턴, DC:

국무부에 자카르타발 전신이 도착했다. 미국 대사관에서 군의 진행 상황에 대한 보고서를 더 보냈다. 이 보고서는 다음과 같이 끝맺는다.

> E. 또한 군 정보 부처는 수라카르타 시에 진입하던 장갑차 특공대RPKAD가 외곽의 마을에서 PKI 연계 여성 조직 그르와니의 아홉 "마녀들"에 의해 모욕당하고 저지당했다고 보고함. 특공대는 길을 터 주기를 조용히 요청하고 공포탄을 쏘고 난 후 "그들의 비타협적 태도 때문에 어쩔 수 없이 그르와니 마녀 9명의 숨통을 끊어 놓을 수밖에 없었음."
>
> 3. 기타[원문 그대로임]: 우리 판단에 대유행이 될 것으로 예상되는 움직임으로, 어제 반둥 시가지 중앙대로 일부를 "야니 장군 대로"로 개명함.

18 Wieringa, *Propaganda*, 15, 87. "최대의 무슬림 조직"은 나흘라툴울라마(Nahdlatul Ulama(NU))이다.

19 Melvin, *The Army and the Indonesian Genocide*, 168, 211. 폭력을 목격한 이들과의 인터뷰는 Baskara Wardaya, "Truth Will Out" (Victoria: Monash University Publishing, 2013)을 보라.

발음하기 쉬운 이름이라 다행임.

그린[20]

11월 22일

보요랄리:

11월 22일 아침, 중부 자바 보요랄리에서 군대가 PKI의 지도자 D. N. 아이딧을 발견, 체포, 처형했다. 아이딧은 군이 자신을 쫓는다는 것을 안 이후로 도피 중이었다.

군은 아이딧이 국가 전복 계획을 자백했다고 전 세계에 공표했고 이 주장은 나중에 《뉴스위크》에 보도되었다. 해당 호 발간 후, 미국 대사관이 국무부에 보낸 전신에는 대사관 직원들은 "아이딧이 그런 말을 했다는 것을 믿을 수 없다"는 내용이 들어 있다. 군의 주장대로라면 아이딧이 언급했다는 문건은 "반공 '흑색 선전' 작전의 일환으로 유포된 것이 분명한" 가짜 문서였기 때문이었다.[21]

12월 13일

자카르타:

1965년 10월 1일 이후에도 프란치스카는 계속 일했다. 자인은 군이 《하리안 라캿》을 폐간시킨 후 일을 하지 못했다. 하지만 프란치스카는 매일 아시아아프리카언론인연합 사무실에 나갔고, 직원들은

20 Telegram, Djakarta to SecState, Joint Sitrep No. 47, "Page 5 RumJBT 272A S E C R E T," November 6, 1965, RG 59, Central Files 1964–1966, Pol 23-9 Indon, NARA.

21 Airgram A-545, Djakarta to State, "Subject: Alleged Aidit Confession Reported in Asahi Shimbum is Apparently False," March 4, 1966, RG 59, Central Files 1964–1966, Pol 23-9 Indon, NARA.

다음 호 잡지와 1966년 아바나에서 개최할 예정인 삼대륙 회의를 준비했다. 벌어지는 모든 일에도 불구하고 수카르노와 공산당 고위 간부 뇨토는 전 세계 미군 기지에 반대하는 회의를 자카르타에서 열었고, 프란치스카는 10월에 《아프로-아시안 저널리스트》의 행사 취재를 도왔다.[22]

그러나 프란치스카는 자카르타 곳곳에서 사람들이 잡혀 가고 있다는 것을 알았다. 몇몇 동료들, 특히 언론인들이 일터에 나오지 않기 시작했다. 여전히 무슨 일이 벌어지는지 믿을 만한 정보가 거의 없었다. 모두들 입을 다물었다. 아무도 누구를 믿어야 할지 몰랐다. 프란치스카는 밤마다 사무실에서 곧바로 자인과 아이들이 기다리는 멘텡의 집으로 돌아갔다. 이렇게 두 달을 살았고, 자카르타의 좌파 지식인의 세계는 점점 작아졌다.

12월 13일 새벽 4시, 세 남자가 문을 두들겼고 자인과 프란치스카를 찾았다. 부부는 순순히 그들을 따랐다. 헌병들이 말하기를 프란치스카는 심문만 받으면 금방 집으로 돌아올 것이라며 두 사람을 랜드로버에 태워 독립광장 쪽으로 향했다. 집에는 아이들만 남았다.

도착하자마자 남자들은 자인을 다른 방으로 데려갔다. 프란치스카는 한 남자가 또 다른 방으로 들어가면서 혁대를 푸는 것을 보았다. 그는 심문실에 장교 한 명과 남겨졌다. 장교는 총을 꺼내 프란치스카 앞의 탁자 위에 올려놓았다. 프란치스카는 정신을 차릴 수 없었다. 이대로 죽을 것이 분명했다.

어찌어찌 프란치스카는 대답을 했고 심문은 끝났다. 한 시간, 아

22 이 행사는 외국 군사기지 반대 국제회의(Konferensi Internasional Anti Pangkalan Militer Asing), 약자로 KIAPMA였다. 2019년 마르틴 알레이다와의 인터뷰.

니면 여러 시간이 지났을 것이다. 그는 멍해졌다. 사람들은 프란치스카를 장교 아내들을 돌보는 군의관 사무실로 데려갔다. 왜 거기로? 다른 방법으로 죽이려고 하는 것일지도? 그리고 자인을 거기로 데려왔다. 작별인사를 하기 위한 것임이 분명했다. 그가 고문을 당한 것도 분명했다. 프란치스카는 남편의 팔에 담뱃불로 지진 흔적을 보았다. 몇 개나 되는지 알 수 없었다. 세기에는 너무 많았다. 그리고 자인은 떠났고 프란치스카는 혼자 군의관실에 남았다.

프란치스카는 여드레나 그곳에 있었다. 밤에는 산부인과 의사들이 쓰는 검진대로 보이는 긴 의자 같은 데서 잤다. 그는 아무 것도 먹지 못해 체중이 7킬로그램쯤 줄었다. 그런 줄도 몰랐다. 그는 아무것도 몰랐다. 낮에 일하는 의사들은 그를 못 본 척했다. 그들도 프란치스카가 왜 거기 있는지 모르는 것 같았지만, 공산주의자 부류로 여기고 치료해 줄 필요가 없다고 여겼을 것이다.

그러던 중 한 여성 환자, 아마도 군인의 아내가 프란치스카의 존재를 알아챘다.

프란치스카는 울음을 멈출 수 없었다. 아이들이 어디 있는지도 몰랐다. 다마이아티, 칸디다, 안토니, 막내 벤자미노가 잘 있는지 몰랐다. 여러 날 동안 헌병은 그의 눈물을 못 본 척했다. 하지만 이 여성 환자가 프란치스카를 보고 무슨 일인지 물었다. 프란치스카는 설명해 보려고 애썼다.

"애들이 있어요?" 여자가 물었다.

"넷이요!" 프란치스카는 말해 놓고 다시 통곡했다.

여자는 군의관 쪽으로 소리쳤다. "왜 이 여자 분은 안 보는 거죠!"

군의관이 마지못해 돌아봤고, 조금이나마 인간성을 되찾은 듯했다. 그가 어디론가 연락을 했는지 프란치스카는 군 부서로 보내졌다. 알고 보니 헌병이 그를 엉뚱한 곳에다 데려다 놓고 잊어버린 것이었다. 이제 프란치스카는 여성 교도소로 보내졌다. 여전히 가족과는 연락이 닿지 않았다. 그곳에서 첫 아이를 임신한 열아홉 살 소녀를 만났다. 그는 서른아홉 살의 어머니인 프란치스카를 우러러보았다. 소녀는 울음을 참지 못하며 남편은 벌써 죽었다고 말했다.

12월 16일

워싱턴, DC:

미국 관료들은 인도네시아군과 긴밀히 연락을 유지했다. PKI가 궤멸되고, 수카르노가 제거되고, 미국의 투자 사업에 대한 공격이 중단되어야만 직접 지원을 재개할 수 있다고 분명히 전했다. 또한 원조는 인도네시아가 IMF와 미국이 승인한 경제계획을 채택하는 것을 조건으로 했다.[23]

12월의 한 국무부 전신에 따르면 인도네시아군 지도부 모두가 "PKI를 박살낸다면, 그에 따르는 가치가 우리에게 얼마인지" 알고 싶어 하는 듯했다.[24] 그 가치는 어마어마했다.

23 Simpson, *Economists with Guns*, 196–197.

24 Telegram 741 from State to Jakarta, December 8, 1965; and Telegram 1605 from Jakarta to State, December 1, 1965, both in RG 59, Central Files, 1964–1966, POL 23-9, Indonesia, NA. Simpson, *Economists with Guns*, 197 재인용. 존 루사는 최신작 *Buried Histories: The Anticommunist Massacres of 1965–1966 in Indonesia* (Madison, WI: University of Wisconsin Press, 2020)에서 이 비밀 해제된 파일을 인용해 "공산주의자 학살은 미국에게 자신들이 [원조와 투자를 투여할] 가치가 있다고 증명해 보이는 한 방식"이었다고 지적했다. 초창기 수하르토 정권은 이런 워싱턴의 지원이 필요하다는 것을 잘 알았다. 왜 대량학살이 발생했는지 간단히 설명해 달라고 하자 루사는 "국내 정치 차원에서 학살은 꼭 필요하지 않았"다며 국제적 맥락에서 집단 폭력을 설명했다. 셸터앤드솔리다리티(Shelter and

그러나 미국 관료들은 가장 큰 경제적 관심사인 수카르노의 미국 석유 회사 국유화 계획을 정권 장악을 준비 중이던 군부가 아직 철회하지 않은 점에 대해 크게 우려했다. 역사학자 브래들리 심슨이 기밀 해제된 통신 내용을 분석한 것에 따르면, 미국 관료들은 국유화가 진행된다면 워싱턴의 지원은 중단될 것이고, 군의 권력 또한 위태로워질 것이라고 "직설적이고 반복적으로 인도네시아의 신흥 권력에게 경고했다." 백악관은 오스트레일리아와 일본 관료들까지 싸움에 끌어들였다.[25] 그리고 승리했다.

12월 16일, 국무부에 도착한 자카르타발 전신은 승리를 묘사했다. 수하르토가 헬리콥터를 타고 고위급 회의에 도착해 회의실로 성큼성큼 걸어 들어와 "참가자 전원 앞에서 군은 석유 기업들에 반하는 급작스런 행보를 좌시하지 않을 것을 분명히 했다"라는 내용이었다.[26]

1966년 1월 1일

발리:

폭력이 발리에도 이른 것은 12월이었다. 인도네시아 최서단에서 시작된 폭력이 동쪽으로 움직여 인구가 밀집한 중부 자바와 동부 자바를 지나 발리에까지 이른 것이다. 마치 태양의 움직임 같았지만 그 방향은 정확히 반대였다.

Solidarity)가 주최한 "대량학살과 우리 시대의 형성(Mass Murder and the Making of Our Times)" 토론회에서 존 루사와 크리티카 바라구르(Krithika Varagur)의 패널 토론을 보라.

25 Simpson, *Economists with Guns*, 198–199.

26 Ibid., 199.

발리에서 벌어진 폭력은 인도네시아 전체 가운데서도 가장 최악이었을 것이다. 새해가 밝자 이 섬은 폭력으로 진동했다.

아궁 알릿은 아직 어린 소년이었지만 그자들이 아버지를 찾는다는 것을 알았다. 아버지 라카도 그 사실을 알았다. 그래서 아버지는 집에서 안 자고 가까운 힌두교 사원에서 잤다. 아궁은 집에 남았다. 그가 잠들고 나면 밤마다 사람들이 찾아와 집을 뒤지고 라카가 어디 있냐고 추궁했다. 그리고 결국 그들은 아버지를 찾아냈다. 잠에서 깬 아궁에게 가족들이 아버지가 끌려갔다고 일러 주었다. 가족들은 아버지가 돌아올 수 있을지 알 수 없었다.

발리 사람들은 폭력의 시작에 뭔가 의심스러운 점이 있다는 것을 알았다. 사람들이 큰 마체테로 죽임을 당하고 있었다. 마체테는 이 섬에서 쓰는 것이 아니었다. 발리 사람들은 지역 특유의 더 얇은 칼 클레왕klewang을 쓴다. 누군가가 크고 무거운 마체테를 다른 데서 발리로 가져온 것이 분명했다. 그리고 다른 곳에서도 그랬듯, 발리 사람들도 학살에 나섰다. 아궁이 이웃에게 듣기로는 아버지를 데려간 자는 가족이 아는 사람이었다.

마체테가 들어온 시기는 군대의 전국적인 반공 선전 운동이 발리에 당도한 시기와 거의 같았다. 그르와니 회원들이 공산주의 반란을 위한 무기를 사기 위해 몸을 팔기로 했고 그래서 유혹한 군인들의 성기를 자른다는 소문이 퍼졌다. 선전 선동 팀이 농촌 지역을 돌며 이런 이야기를 퍼트리고, "G30S 쪽에 서든지 G30S를 박살내는 정부 뒤에 서든지" 결정해야 한다는 말을 전했다. 이쪽도 저쪽도 아닌 중간 같은 것은 없었다.[27]

27 Geoffrey Robinson, *The Dark Side of Paradise: Political Violence in Bali* (Ithaca, NY: Cornell University Press, 1995), 293.

오래전 수카르노가 창당한 민족주의 정당인 국민당의 당원이 학살에 나서기도 했고 전부터 정부의 토지개혁안에 반대해 온 발리인 민병대 폭력배들도 나섰다.[28] 스미냑 마을 힌두교 사제의 열세 살 난 아들 와얀 바드라는 공산주의자였던 좋은 선생님 두 분이 학교에서 사라지더니 다시 돌아오지 못하게 되었다는 것을 알았다. 그리고 해변에서 무슨 일이 벌어지고 있는지 들었다. 시내에서 사람들을 데리고 와서 모래밭 위에서 죽인다고 했다. 해변은 공유지이고 밤에는 텅 빈 곳이다. 시체는 해변에 버려졌다. 가족들이 시체를 찾으러 왔다. 어떤 가족은 바드라가 사는 마을 근처에 모여 바드라 아버지에게 부탁해 익명의 장례를 올리고 시체를 화장했다.

발리 힌두교도에게 가족의 시신을 거두지 못하는 것은 윤회에서 씻을 수 없는 영적 비극이다. 그래서 폭력이 끝난 지 몇 년이 지나고도 아궁과 가족들은 아버지의 시신을 찾아 장례와 화장을 치러 주고자 했다. 그들은 아버지의 흔적을 찾을 수 있다고 누가 일러 준 곳까지 4킬로미터를 걸었다. 그곳은 집단 매장터였다.

그들은 뼈들을 보면서 해골을 들어올렸다.

누가 소리쳤다. "이게 라카 아저씨야!"

하지만 아니다. 그 해골은 아닌 것 같았다. 어쩌면 머리카락이 아닌 것 같았다. 어쩌면 저 해골인가? 그들은 한참 동안 시체의 잔해 속을 애타게 뒤졌다. 그러다 누군가가 이건 말도 안 되는 일이라는 것을 깨달았다. 거기에는 "해골과 뼈가 너무 많이" 있었다.

가족들은 다시 한 시간 동안 걸어서, 영원히 아버지의 시신을 거둬 안식에 들게 할 수 없으리라는 사실을 곱씹으며 집으로 돌아왔다.

28 Ibid., 251–254, 300.

방금 보았던 그 광경에 속이 뒤집힐 것 같았다.

발리 인구 중 적어도 5퍼센트가 죽임을 당했다. 즉, 8만 명가량이 희생됐다는 뜻이며 이는 인도네시아 전체에서 가장 높은 비율일 것이다.[29]

발리 사람들은 무슬림 다수 국가에서 힌두교도에게 더 큰 자유를 주는 수카르노의 다종교 정치 프로젝트를 각별히 열성적으로 지지했다.[30] 1960년대 초의 심각한 경제위기는 공산당의 재분배 약속을 어떤 이들에게는 더 매력적이게 보이게 했고 어떤 이들에게는 더 위협적인 것으로 만들었다. 국민당원들은 주지사 수테자와 그 가족들을 죽이고 싶은 그가 뉴팟nyupat, 곧 다음 생에 더 나은 인간으로 태어나기 위해 죽기를 자청했다는 소문을 퍼트렸다. 실제로 끌려간 발리인들은 죽임 당하기 전에 뉴팟을 원하느냐는 질문을 받기도 했다. 하지만 원치 않는다고 답해도 어차피 죽을 것이므로 무의미한 질문이었다.[31] 몇 주 전만 해도 완벽하게 합법적이고 주류였던 비무장 정당과 관련됐다는 이유로, 겨우 몇 달 사이에 그들은 하나하나 처형당했다.

시간이 좀 더 흐른 뒤에, 처형장으로 쓰이던 바로 그 해변 스미냑에 첫 번째 관광호텔이 들어섰다.

29 Ibid., 273.

30 Ibid., 184.

31 Ibid., 301.

1월 14일

워싱턴, DC:

마셜 그린 대사로부터 인도네시아 상황에 대한 상세한 평가가 국무부에 도착했다.

> 1965년 10월 1일 이전의 인도네시아는 실질적으로 아시아의 공산 국가였다….
>
> 지난 몇 달 동안 벌어진 사건들이 인도네시아의 권력 구조와 정책에 세 가지 주요한 효과를 가져왔다.
>
> 1. PKI가 가까운 미래에 중요한 권력이 될 수 없게 되었다. 군과 무슬림의 동맹이 공산당의 조직적 기구를 완전히 해체했다. 정치위원회과 중앙위원회 위원 대다수가 죽거나 체포되었으며, 살해된 당원 수 추정치는 수만 명….

> 미국의 대응 계획을 위한 메모.
>
> 1. 우리의 행동과 발언이 수카르노와 측근들을 지탱하는 데 아무 역할을 하지 않도록 확실히 할 것.
>
> F. 직접적으로 개입하지 않고 [인도네시아 정부와] 미국 석유 기업들 간의 합의를 촉진할 것….
>
> H. 신중한 범위 내에서 책임감 있고 유능한 반공주의 집단들에게 가치 있는 활동에 대한 조언과 지원을 공개적 또는 비밀리에 전달할 것.[32]

32 Airgram A-453, Djakarta to State, "Subject: U.S. Policy Assessment," January 14, 1966, RG 59, Central Files 1964–1966, Pol 2-3 Indon, NARA.

3월 11일

보고르:

학살이 계속되는 중에도 미 국무부 관료들은 수하르토가 아직 권력을 완전히 장악하지 않고 수카르노를 공식적으로 사임시키지 않은 데 대해서 거듭 불만을 제기했다. 10월 이후 수카르노는 보고르의 대통령궁에 갇힌 것이나 다름없었고 권력의 대부분을 빼앗겼지만, 여전히 대통령이었고 영향력도 조금은 남아 있었다.

학살에 대한 수카르노의 반응은 체념과 자포자기였다. 전국에서 상세한 보고를 받은 것은 아닐지라도, 그는 폭력이 벌어지는 것을 알았고 밀려드는 반공 프로파간다에 압도된 듯했다. 그는 관료와 언론인들에게 이렇게 말했다. "또 또 또 같은 소리다…. 면도날, 면도날, 면도날, 면도날, 면도날, 천 명을 묻을 묘지, 천 명을 묻을 묘지…. 또 또 또 맨날 똑같은 소리!"[33] 그는 자제할 것을 촉구했지만 수하르토 세력이 인도네시아 정치에서 좌파 인사들을 문자 그대로 난도질하는지라 대통령의 말은 아무 힘이 없었다.

학살이 진행되는 동안 경제 상황이 점점 악화되면서 그나마 남은 수카르노의 권력마저 쪼그라들었다. 수카르노의 외교부 장관이었던 수반드리오에 따르면, 수하르토가 의도적으로 기업인들과 짜고 쌀, 설탕, 식용유 같은 생필품의 공급을 제한해서 극도로 심각한 물가 상승을 일으켰다고 한다.[34] 수하르토는 반공 학생(몇 년 전 베니가 다녔던 학교들에서 동원한)들을 부추겨 고물가에 항의하는 시위를 벌이게 했다. 미국 정부 또한 의도적으로 경제를 불안정하게 만들

33 Roosa, *Pretext for Mass Murder*, 200.

34 Soebandrio, *Kesaksianku tentang G30S*, 41.

었다.[35]

시위가 격화되던 3월 10일, 수카르노는 자카르타 대통령궁에서 고위 관료 회의를 소집해 통치권을 되찾고자 시도했다. 그러나 다음 날 사르워 에디 장군이 이끄는 친수하르토 공수부대원들이 대통령궁을 에워쌌다.

수카르노는 몸을 피하기 위에 헬리콥터에 올라탔고 그 뒤를 수반드리오가 맨발로 따르는 가운데 보고르로 되돌아갔다. 그러나 그곳에서 수카르노는 수하르토에게 모든 필요한 조치를 위한 권한을 넘긴다는 내용의 문서에 서명할 것을 강요받았다.[36]

이 소위 3월 11일의 지침 문서 수퍼스마르Supersemar[SUrat PERintah SEbelas MARet의 약자_옮긴이]는 지금까지도 논란의 대상이며, 아무도 그 원본을 본 사람이 없다.

그러나 수하르토는 그 문서를 근거로 즉각 그리고 완전히 권력을 접수했다. 그가 취한 첫 행동은 아직 남아 있는 공산당을 공식적으로 금지하고, 수반드리오를 비롯한 수카르노의 각료 상당수를 체포한 것이다. 미국은 즉시 경제의 수문을 열었다. 극도로 죄이던 경제 상황이 느슨해지고, 미국 기업들은 이윤을 위한 기회를 찾아 나섰다. 권력이 넘어간 지 며칠 지나지 않아 미국 광산 기업 프리포트의 대리인들이 서뉴기니 정글에 가서 다양한 광물이 매장된 광산을 찾아냈다. 지금은 에르츠베르흐라고 불리는 이 광산은 전 세계 최대의 금광이다.[37]

35 Wieringa, *Propaganda*, 35.

36 Legge, *Sukarno*, 402.

37 Simpson, *Economists with Guns*, 231–232.

3월 17일

워싱턴, DC:

자카르타발 전신.

"1. 이곳의 몇몇 미국인 특파원들이 싱가포르의 영국 고위급 출처에서 나온 '[자카르타] 보고서'에 대한 우리의 코멘트를 찾아냄. AP 특파원 존 캔트웰이 콘젠에게 영국이 이야기들 퍼트리고 있다고 말함."

특파원은 수하르토를 지원하는 작전의 일환으로 가짜 정보를 받아 온 것을 알았다. 그는 개의치 않았다. 전신은 이어진다.

"특파원은 영국이 일부러 가짜 혹은 잘못된 정보를 주는 것을 꽤 확실히 알면서도, 그 이야기들이 너무나도 굉장해서 모아 둘 수밖에 없다고 불평했다."[38]

날짜 미상

여러 달이 지나고서야 프란치스카는 감옥에서 나왔다. 아버지가 돈과 영향력을 총동원해 딸을 석방시킬 방도를 찾아냈던 것이다. 정신이 혼미했던 그는 그날이 며칠인지도 몰랐다.

뭉뚱그려 말하자면 자카르타에서는 북수마트라나 중부와 동부 자바, 발리처럼 폭력이 심하지 않았다. 이 지역들이 PKI와 수카르노에 대한 지지세가 강하던 곳이어서일지도 모르고, 언론과 지배층과 외교관들이 있는 수도에서는 도시에서 멀리 떨어진 곳에서 하듯이 대중을 대할 수 없어서였을지도 모른다. 그러나 석방된 프란치스카가 발견한 세상은 아직도 산산조각난 채였다.

38 Telegram, Singapore to SecState, "1. Several American Correspondents," March 17, 1965, RG 59, Central Files 1964–1966, Pol 15-1 Indon, NARA.

집은 "G30S", 곧 9월 30일 운동이라고 쓴 잔인한 낙서로 뒤덮여 있었다. 마침내 만난 아이들은 괜찮아 보였다. 그러나 큰딸이 수업 중에 불려나가 트럭에 실려 독립광장으로 가서 줄 지어 "수카르노를 타도하라!"라는 구호를 외쳤던 것을 알게 되었다.

그 구호는 이제는 역사의 잘못된 방향으로 여겨지는 쪽에 섰다가 사라진 이 아이의 부모를 향한 것이었다.

프란치스카의 친구들은 아무도 그에게 말을 붙이지 않았다. 사실 아무도 서로 이야기를 하지 않았다. 전 세계 각지에서 온 진보적 지식인들과 문학을 논하고 외국어 수업을 하던 시절은 갔다. 그리고 새 행동 규칙이 있었다.

"아무도 믿으면 안 된다였죠. 그자들은 온갖 종류의 조직을 이용해서 옛 동료를 고발하라고 했어요. 너무 많은 사람들이 그걸 견디지 못했죠. 사람들은 망가져서 자기 조직에 있던 친구를 배신했어요. 모를수록 더 나았죠."

여기에 자인은 없었다. 그는 감옥에서 영영 나오지 못했다.

어슴푸레한 빛

서구 언론 대부분이 워싱턴이 세계 무대에서 환영해 마지않은 신생 인도네시아 정부가 불러 주는 서사를 받아적었다. 그 이야기는 대개 공산주의자들이 무슨 짓을 저질렀는지 또는 무슨 음모를 꾸몄는지 보통 사람들이 알게 되자 우발적인 폭력이 벌어졌다는 것이었다. 이런 기사들은 보통 원주민들이 "아목amok"에 빠져 유혈 사태에 가담했다고 표현했다. "아목"이라는 단어의 어원이 (인도네시아어의 근간인) 말레이어이기 때문에, 서구 언론인들이 아시아인은 원시적, 후진적, 폭력적이라는 고정관념을 이용해 폭력의 책임을 갑자기 벌어진 비이성적인 폭발 같은 것으로 몰아가기 훨씬 쉬웠다.[39]

1966년 4월 13일, C. L. 슐츠버거는 이런 종류의 기사 중 하나인 "온 나라가 아목에 빠지면"이라는 제목의 글을 《뉴욕타임스》에 기고했다. 그가 묘사한 대로 "목숨 값이 싼 폭력적인 아시아"에서 학살이 벌어졌다. 그는 공산당원들이 10월 1일 장군들을 죽이고 그르와니 여성들이 그들을 칼로 긋고 고문했다는 허위 사실을 그대로 받아적었다. 그러고는 "인도네시아인은 온순하지만… 그 미소 뒤에는 내면에서 피를 갈망하는 광기 같은 것은 괴이한 면이 있는데, 그것이 바로 외국어에 전해진 몇 안 되는 말레이어 단어 중 하나인 아목"이라고 단언했다.[40]

말레이어 그리고 이제는 인도네시아어 개념인 아목은 영어화되면서 걷잡을 수 없는 폭력 일반을 뜻하게 되었지만, 본래는 의례적 자살의 전통적 형태를 가리키는 말이었다.[41] 그러나 1965~1966년의 대규모 폭력이 인도네시아 전통문화에 뿌리를 두고 있다고 볼 이유는 전혀 없다. 인도네시아 역사에서 이런 종류의 대규모 폭력이 벌어졌다는 증거는 전혀 없으며, 있다 해도 외국인이 연관됐을 때뿐이었다.[42]

39 "아목"은 물론 말레이어에서 온 말이지만, 나는 말레이어라고 하면 자동으로 "말레이시아"를 떠올릴 독자들을 혼란에 빠트리고 싶지 않았다.

40 C. L. Sulzberger, "Foreign Affairs: When a Nation Runs Amok," *New York Times*, April 13, 1966.

41 Robinson, *Killing Season*, 138.

42 아목과 연관된 미국 언론의 논의에 대해서는 Roosa, *Pretext for Mass Murder*, 26–27를 보라. 현재까지 인도네시아에서 일어난 대규모 학살은 어떤 식으로건 외국인 행위자와 관련되었으며, 이 학살은

이 불가해하고 막연히 부족적인 (미국인 독자들이 이해하기 쉬운 버전의) 폭력 이야기는 완전히 틀렸다. 그것은 분명한 목적을 위해 조직된 국가폭력이었다. 군의 완전한 권력 장악을 가로막는 장애물들은 의도적인 절멸 프로그램, 곧 무고한 민간인 대량 살인을 통해 제거되었다. 장군들은 이 국가폭력을 통해, 대중의 지지 말고는 아무 무기도 없는 정치적 반대파를 충분히 약화시킨 후 권력을 차지할 수 있었다. 희생자들은 무슨 일이 벌어지는지 몰랐기에 자신들을 쓸어 버릴 절멸에 저항하지도 않았다.[43]

종합하면, 50만에서 백만 명이 학살당했고 백만 명 이상이 수용소에 갇힌 것으로 추정된다. 3월에 수카르노를 포위했던 사르워 에디 장군은 군이 3백만 명 이상을 죽였다고 떠벌리기도 했다.[44] 희생자 수를 추정치에 의존해야만 하는 데는 이유가 있다. 인도네시아 정부가 55년이 넘는 세월 동안 정확히 무슨 일이 벌어졌는지 기록하려는 어떤 시도도 용납하지 않았을뿐더러 지구상 어느 누구도 크게 관심을 가지지 않았기 때문이다. 수백만 명 이상이 학살의 간접적인 피해자였지만, 얼마나 많은 사랑하는 이를 잃었는지 물으러 온 사람은 아무도 없었다.

그들의 침묵이야말로 이 폭력의 핵심 목적이기도 하다. 군이 이 나라의 공산주의자와 공산주의자로 의심되는 사람 혹은 공산주의 동

네덜란드 식민 시기와 2차 세계대전 이후 재점령 시도 시기 및 1942-1945년 일본 점령기에 벌어졌다.

43 생존자이자 PKI 당원이었던 수나르요(Sunaryo)는 친구들과 저항을 조직해 볼 것을 고려했다고 회고했다. 그러나 솔로의 PKI 지도부가 말렸다고 한다. 2018년 인터뷰.

44 사르워 에디의 주장에 관해서는 Robinson, *Killing Fields*, 339(footnote 3)를 보라. 다양한 희생자 수 추산치에 관해서는 Ibid., 119를 보라.

조자 모두를 제거한 것은 아니다. 전체 인구의 거의 4분의 1이 어떤 식으로건 PKI와 연결되어 있었으므로 불가능에 가까운 일이었기 때문이다. 일단 학살이 기세를 잡자, 자신이 PKI와 연계되었다는 것을 인정하는 사람을 찾기란 말도 못하게 어려워졌다.

수용소에 갇힌 죄수의 15퍼센트가량은 여성이었다.[45] 수하르토가 서구의 도움을 받아 퍼트린 프로파간다 때문에 여성 죄수들은 특별히 가혹하고 성별화된 폭력에 시달렸다. 10대 시절 사코노의 이웃이었던 그르와니 회원 수미야티는 두 달 동안 경찰을 피해 다니다가 자수했다. 경찰들은 그에게 자신들의 오줌을 마시게 했다. 유방이나 성기를 절단당하거나 강간당하고 성노예가 되는 일도 흔했다.[46] 인도네시아의 대량학살을 "제노사이드[종교, 인종, 성 등 특정 집단을 말살하려는 의도를 가지고 자행된 폭력 행위를 가리키며 단순한 집단학살과는 구분된다_옮긴이]"로 분류해야 하는지에 대해서 논쟁이 있기는 했지만, 그 논쟁은 단어의 의미에 관한 것이 대부분이었지 무슨 일이 일어났는가에 관한 것이 아니었다.[47] 사례 중 대부분의 경우 희생자들은 정치적 신념 때문에 혹은 잘못된 정치적 신념을 가졌다는 이유로 살해당했다. 일부 집행자들은 이 혼돈을 개인적 원한을 갚는 데 이용하기도 했으며, 단지 인종 때문에 죽은 이들도 수천 명에 달한다. 특히 중국계가 그렇게 희생당했다. 그러나 진짜 좌파들의 절대다수 또한 공산당에 연계되었다고 누명을 쓴 이들에 비해 더 큰 처벌을 받아야

45 Wieringa, *Propaganda*, 132.

46 Ibid., 105, 그리고 수미야티와 다른 피해자들과의 인터뷰.

47 1965–1966년의 사건을 제노사이드로 정의하려는 가장 좋은 논의로는 다음을 보라. Melvin, *The Army and the Indonesian Genocide*, chap. 1; Helen Jarvis and Saskia E. Wieringa, "The Indonesian Massacres as Genocide," in *The International People's Tribunal for 1965 and the Indonesian Genocide* (Routledge, 2019).

할 이유가 전혀 없었다.

재앙으로 끝난 G30S를 계획하는 일에 연루된 극소수를 제외하면, 살해되거나 투옥된 거의 모두가 아무런 잘못을 저지르지 않았다. 공산당 연계 조직에 속했지만 정치에는 무지했던 10대 노조원 막달레나는 아무 죄가 없었다. 적극적인 프무다 라캇 회원이자 열성적인 마르크스주의자였던 사코노도 아무 죄가 없었다. 사코노의 선생님과 친구들, 정식 공산당원 모두 아무 죄가 없었다. 발리에 살던 아궁의 아버지도 아무 죄가 없었다. 수미야티와 그가 속한 그르와니 지부의 회원들도 아무 죄가 없었다. 사코노의 어린 시절 친구들과 막달레나의 노동자 동료들은 죽을 죄를 저지르지 않았다. 그들은 벌금 몇 푼을 낼 만한 잘못도 저지르지 않았다. 그들 모두 아무 잘못도 저지르지 않았다.

그들은 절멸을 선고받았으며, 좌파 정치에 진실한 희망을 품었다는 이유만으로 그 주변인들까지 평생 죄책감과 트라우마에 시달리게 되었고 용서받을 수 없는 죄를 지었다는 비난을 받았다. 기밀 해제된 동유럽 문서에 따르면 프란치스카의 남편 자인은 공산당 중앙위원이었다.[48] 공산당의 고위 당원이었던 자인 같은 사람의 경우에도 그가 유죄라는 증거는 아무 것도 없다. 나중에 네덜란드에서 소집된 국제민중법정은 인도네시아군이 절멸의 범죄 말고도

48 Ragna Boden, "The 'Gestapu' Events of 1965 in Indonesia: New Evidence from Russian and German Archives," *Bijdragen tot de Taal-, Land- en Volkenkunde* 163, no. 4 (2007): 515–517; "Memorandum about talks with the Deputy Head of the Department for International Relations of the Central Committee of the PKI, Comrade Zain Nasution, on 30 June 1965," Stiftung Archiv Parteien und Messenorganisationen der DDR im Bundesarchiv (SAP-MO-BArch) DY 30 / IV A2 / 20, 66. Wardaya, *1965: Indonesia and the World* (Jakarta 2013) 재인용.

고문, 불법 임의 구금, 노예화 수준의 강제노동, 체계적 성폭력 등 반인도적 범죄를 저질렀다고 밝혔다. 재판관들은 이 모든 범죄가 공산당을 파괴하고 "폭력적 독재정권을 지탱"하기 위한 정치적 목적에서 미국, 영국, 오스트레일리아의 지원을 받아 이루어졌다고 지적했다.[49]

군대에 살생부를 전달한 이들은 미국 정부 관리들만이 아니었다. 미국인 소유의 플랜테이션 관리자들 또한 "골칫거리" 공산주의자와 노동조합 활동가 명단을 제공했고, 명단에 있던 이들은 이후 살해당했다.[50]

학살과 수용소에 대한 가장 큰 책임은 인도네시아군에 있다. 그들이 사용한 실종 및 대량 절멸의 방법론이 1965년 10월 이전에 계획된 것인지, 다른 나라의 사례에서 영감을 받은 것인지, 외국의 지시에 따라 계획되었는지, 그저 사건이 진행되면서 일종의 해결책으로 떠오른 것인지 아직 알 수 없다. 그러나 그 모든 죽음 하나하나에 미국 정부도 책임이 있다. 학살이 시작되기 훨씬 전부터 마지막 시체가 던져지고 그로부터 수십 년이 흘러 고문의 흉터가 가득한 마지막 정치범이 어리둥절한 채로 석방되던 순간까지, 미국은 작전의 모든 단계에서 그 일부였다. 그리고 몇몇 지점에서 워싱턴이 이 작전이 진행되고 확대되는 데 결정적인 압력을 가한 주요 동인이었음을 우리는 알고 있다(아마도 다는 모를 것이다).

1950년대부터 미국의 전략은 PKI를 파괴할 방법을 찾는 것이

49 *Final Report of the IPT 1965: Findings and Documents of the International People's Tribunal on Crimes against Humanity Indonesia 1965* (The Hague, Jakarta, 2016).

50 Christian Gerlach, *Extremely Violent Societies* (Cambridge: Cambridge University Press, 2010), 82.

었다. 공산당이 비민주적인 방식으로 권력을 차지해서가 아니라 그들이 인기가 있었기 때문이다. 처음에 미국 정부는 프랭크 위즈너의 은밀한 직접 대결 전략에 따라 1958년 이 나라를 분열시키려고 비밀 공격을 펼치고 민간인을 살해했지만, 실패했다. 그래서 이번에는 현지에 정통한 하워드 존스의 섬세한 통찰을 받아들여 군대와 긴밀한 관계를 구축하고 국가 안에 반공 군사 국가를 세우는 전략으로 전환했다. 근대화론의 지휘 아래 케네디가 제3세계, 특히 군대와 적극적으로 관계를 맺은 결과, 인도네시아에서는 이 작전의 영향력이 확장될 수 있는 구조가 마련됐다. 워싱턴은 존스식 접근법 및 수카르노와 직접 소통하는 그의 전략과 결별한 후, 비밀 요원과 기관을 동원해 인도네시아를 불안정하게 만들고 갈등과 분쟁을 조장했다. 마침내 분쟁이 터지고 기회가 생기자, 미국 정부는 살인을 정당화하는 프로파간다를 유포하는 것을 도왔고 군이 무기부터 살생부까지 필요한 모든 것을 갖추도록 끊임없이 소통했다. 미국 대사관은 계속해서 인도네시아 군부에게 더 강하게 나가고 정권을 접수하라고 재촉했다. 그 모두를 가능하게 만든 방법이 수십만 인도네시아인을 잡아들이고 칼로 찌르거나 목매달아 죽이고 그 시체를 강에 던지는 것임을 너무나 잘 알면서도 그랬다. 인도네시아군 장교들은 더 많이 죽일수록 좌파는 더 약해지고 워싱턴은 더 기뻐할 것임을 너무 잘 알았다.

인도네시아인 백만 명, 어쩌면 더 많은 수가 워싱턴의 전 지구적 반공 성전의 일부로 죽었다. 미국 정부는 오랜 기간 동안 폭력적인 충돌이 벌어질 조건을 만드는 데 상당한 자원을 쏟아부었고, 결국 폭력이 벌어지자 자신의 오랜 동반자 군대가 미국의 지정학적 목표를 성취하는 수단인 민간인 대량학살을 저지르도록 지원하고 지휘했다.

그리고 종국에 미국은 자신이 원하는 것을 얻었다. 아주 큰 승리였다.

역사학자 존 루사는 이 승리에 관해 "거의 하룻밤 새 인도네시아 정부는 냉전에 대한 중립과 반제국주의를 외치던 강력한 목소리에서 미국 중심의 세계질서에 조용히 순응하는 동반자가 되었다"라고 표현했다.[51]

당시의 사고방식을 생각해 보면, 이 승리는 미국 정부와 지배층 언론 거의 모두가 경축할 일이었다. 《뉴욕타임스》의 자유주의자 칼럼니스트 제임스 레스턴은 "아시아의 희미한 빛"이라는 제목의 글을 발표했다. "인도네시아의 학살 이전 그리고 그 와중에 그 나라의 반공 세력과 워싱턴의 최고위급 관리 최소한 한 명 사이에서 알려진 것보다 훨씬 많은 접촉이 있었다. … 베트남에서 미국의 무력 시위가 없었다면 쿠데타가 과연 시도될 수 있었을지, 그들이 받은 이쪽의 은밀한 도움이 없이 지속될 수 있었을지 의문이다." 그는 "아시아의 희망적인 정치적 발전" 여럿 중에서도 "수카르노가 이끄는 친중 정책으로부터 수하르토 장군하에서 철저한 반공 정책으로의 격렬한 변화가 물론 가장 중요하다"라고 썼다. 그가 보기에 이 일은 미국이 베트남에서 겪은 더 널리 알려진 좌절들을 상쇄할 만큼 중요했다.[52]

레스턴은 워싱턴의 대외정책 입안자들과 아주 잘 아는 사이였

51 Roosa, *Pretext for Mass Murder*, 13.

52 "A Gleam of Light in Asia," *New York Times*, June 18, 1966.

다. 1950년대에 그는 프랭크 위즈너의 조지타운 집에서 열리던 시끌벅적한 일요일 저녁식사에 자주 초대받는 손님이었다.[53] 위즈너가 목숨을 끊기 직전 말년에 얼마나 뉴스에 신경을 썼는지 또는 인도네시아에서 무슨 일이 벌어졌는지 알고 있었는지는 확실치 않다.

레스턴 같은 글쟁이들에게 인도네시아에서 벌어진 일은 당시 워싱턴이 이해한 방식대로 미국의 지정학적 이해관계의 명명백백한 승리였다. 그리고 전 세계 곳곳의 강경한 반공주의자들에게 이 "격렬한 변화" 배후의 방법론은 곧 영감이자 행동지침으로 여겨질 것이다. 그러나 어째서 국제 언론과 미 국무부에서 이 승리가 비무장 민간인 대량학살을 통한 성취라는 사실을 전혀 문제 삼지 않을 수 있었을까? 그 대답을 국무부의 하워드 페더스필이 완벽하게 요약했다. "그들이 공산주의자인 한, 가축처럼 도살당한다 해도 아무도 신경쓰지 않았다."[54]

53 Maior, *America's First Spy*, 192–194.

54 Kathy Kadane, "US Officials' Lists Aided Indonesian Bloodbath in '60s."

8 세계 곳곳에서

인도네시아는 그야말로 미국의 "조용히 순응하는" 동반자가 되었다. 바로 이런 점이 미국인 대다수가 인도네시아에 대해서 들어 본 적이 없는 이유이기도 하다. 그렇지만 1960년대만 해도 전혀 그렇지가 않았다.

세계에서 세 번째로 큰 공산당의 파괴, 제3세계 운동 창시자의 몰락, 광신적 반공 군사독재 정권의 등장은 인도네시아를 격렬하게 뒤흔들고 지구상 거의 모든 곳에 가닿은 쓰나미를 일으켰다.

장기적으로 보자면 세계경제의 구조가 영구적으로 변했다. 그리고 반공이 거둔 승리의 규모와 사용된 방법론의 무자비한 효율성은 인도네시아의 수도 자카르타의 이름를 붙인 절멸 프로그램에 영감을 주었다. 하지만 먼저, 그 거대한 핏빛 파도가 세계 곳곳의 해안에 부딪히며 초래한 단기적 효과를 먼저 살펴보자.

베트남

미국의 동남아시아 전략은 "도미노 이론"의 논리에 의해 상당 부분 좌우되었다. 도미노 이론은 아시아의 한 나라가 공산주의로

"넘어가면" 나머지 지역도 그렇게 될 수 있다고 가정한다. 이 이론은 지금도 널리 기억된다. 완전히 망각된 것은 인도네시아가 단연코 가장 큰 도미노였다는 사실이다. 워싱턴의 주요 관리들은 자카르타에서 거둔 승리가 얼마나 결정적이었는지 깨닫고, 이미 전쟁에서 이겼으므로 베트남전에서는 져도 괜찮다는 결론에 도달했다.

로버트 맥나마라는 냉전 봉쇄 전략을 설계한 조지 F. 케넌의 1966년 견해를 요약하며 PKI의 몰락이 "미국이 베트남에 거는 판돈을 크게 줄였다"라고 평했다. "이제 도미노는 더 조금 남았고, '넘어질' 가능성도 훨씬 낮아졌다."[1]

후일 맥나마라는 1965년에 전쟁을 지지했던 자신을 돌아보며 자신과 고위 관료들이 "수 세기에 걸친 중국과 베트남의 적대 관계… 또는 [인도네시아에서 일어난] 최근 사건들로 인한 중국의 정치력 위축 등을 감안하지 못했다"고 후회했다.[2] 그는 1967년에는 베트남전쟁의 확대를 반대하면서 "인도네시아에서 공산당의 패배와 중국에서 일어난 문화혁명을 지적하며, 이 사건들이 아시아의 물결이 이제 우리에게 유리하게 흐르고 있음을 보여주었다고 주장"했다.[3]

종국에는 맥나마라가 옳았다. 워싱턴은 베트남에서 패배했지만, 결국 자신들이 늘 원해 온 버전의 동남아시아를 얻었다.

그리고 실재하는 베트남 인민들이 있었다. 동남아시아에서 두 번째로 큰 (PKI가 파괴된 후에는 가장 큰) 베트남공산당은 다른 사회주의 세계 대부분과 마찬가지로 처음에는 10월 1일 사건에 머뭇거리

1 Robert McNamara, *In Retrospect: The Tragedy and Loss of Vietnam* (New York: Times Books, 1995), 215.

2 Ibid., 219.

3 Ibid., 270.

며 대응했다. 당 기관지 《년전(인민)》은 인도네시아 사건에 대해 아무런 논평도 하지 않다가 10월 7일에야 수카르노 대통령에게 보내는 호찌민의 메시지를 실었다. 그러나 G30S에 대해서는 전혀 언급하지 않았다.

"대통령께서 무사하다는 소식에 우리는 아주 기뻐하고 있습니다. 대통령님과 인도네시아 인민이 혁명을 지속해 나갈 수 있기를 바랍니다."

그러고서 10월 9일과 10월 18일 자 《년전》은 각각 "인도네시아군, 미 제국주의의 지원을 받아 반수카르노 대통령 쿠데타 모의", "미 제국주의자와 동조자들이 인도네시아에서 반공 캠페인 도발"이라는 헤드라인을 실었다.[4]

미국이 병력을 늘리던 상황에서 베트남이 인도네시아를 위해 할 수 있는 일은 거의 없었다. 베트남 공산주의자들은 결국 미국과 싸워 이겼지만 그 대가는 어마어마했다. 전쟁 중 사망자가 3백만 명이고 그중 2백만 명이 민간인이었다.[5] 캄보디아와 라오스에서는 더 많은 이들이 목숨을 잃었다. 인도차이나에서 워싱턴이 벌인 성전은 어마어마한 인명을 희생시켰고, 그에 따른 긍정적인 결과라곤 아무것도 없었다.

베트남전쟁의 역학은 아주 잘 기록되었다. 특히 인도네시아에

4 *Nhân Dân*, October 7–18, 1965. 하노이 베트남국립도서관에서 열람함.

5 이는 베트남 정부의 공식 통계로 Christopher Goscha, *Vietnam: A New History* (New York: Basic Books, 2016), 329에서 동의하며 인용한 대로다. 해당 책에서 고샤가 주장한 대로 베트남 정부는 전후 전쟁 희생자 수를 과장하지 않고 축소하려는 경향을 보인다. Philip Shenon, "20 Years After Victory, Vietnamese Communists Ponder How to Celebrate," *New York Times*, April 23 1995도 보라.

대한 관심에 비하자면 더욱 그렇다.[6] 그러나 한 가지 측면은 거의 주목받지 못하는데 이 전쟁이 1953년 과테말라, 1963년 이라크, 1965년 인도네시아의 연장선상에 있는 프로그램이었다는 점이다.

1968년에 미군은 오스트레일리아와 남베트남 정부의 도움을 받아 피닉스 프로그램을 시작했다. 그 목표는 설득 또는 암살을 통해 적국 행정부를 "무력화"하는 것이었다. 곧 전쟁을 벌이지 않고 민간인을 살해한다는 뜻이다. 미군은 블랙리스트를 작성하고 목표물을 하나씩 처리했다. 피닉스 작전은 행정 관료와 비무장 민간인 수만 명을 살해했다.[7]

이 작전에 참여한 한 인물은 이미 워싱턴 반공 작전의 베테랑이었다. 펠릭스 로드리게스라는 쿠바 망명자는 피그스만 침공에 투입되었다가 CIA에 합류해 1967년 볼리비아에서 체 게바라를 처형한 추적 작전을 이끌었다. 그 임무를 마친 뒤, 그는 베트남으로 건너가 극비 작전 피닉스 프로그램에 투입됐다.[8]

소련

소련은 수카르노의 몰락과 PKI의 파괴에 대체로 조용한 체념으로 반응했다. 한편으로 모스크바는 중소분쟁이 심화되던 시점에 중국의 노골적인 동맹인 PKI가 성공하는 것을 딱히 바라지 않았다.

6 왜 베트남전쟁이 그토록 길어졌는지에 관한 논의는 Goscha, *Vietnam*, 333–340을 보라.

7 Ibid., 329–336.

8 Burke, *Revolutionaries for the Right*, 148.

다른 한편으로, 1964년 10월부터 서기장이던 레오니트 브레즈네프는 PKI와 아이딧을 다시 소련 편으로 끌어들이고자 했다. 어쨌거나 베이징의 관점에서 인도네시아 공산주의자들은 여전히 "수정주의자"였고, 흐루쇼프를 별로 좋아하지 않던 아이딧이 브레즈네프와 새로운 시작을 시도했기 때문이었다.[9]

다른 모두가 그랬듯이 모스크바의 관료들도 10월 1일 사건에 갈피를 잡지 못하고 일단 "관망"하기로 한 듯했다. 10월 10일, 소련 지도부는 수카르노에게 "큰 성공을 진심으로 기원"하는 공개 서한을 보냈다. 대규모 학살에 대해 알고 난 후에 소비에트 공산당 기관지《프라우다》는 1966년 2월, "무엇을 위해 그리고 무슨 권리에 근거해 수만 명이 학살당하고 있는가?"라고 물었다. 해당 기사는 "우익 정치권들이 공산당을 제거하는 동시에 인도네시아에서 공산주의 사상을 '발본색원하고 있다'"라고 보도하고, 인도네시아에서 벌어지는 학살을 1917년 러시아에서 벌어진 "백색 테러"에도 비교했다.[10]

그러나 소련은 결정적인 국제적 행동을 아무 것도 취하지 않았다. 수하르토가 권력을 결집시키면서 양국 관계는 물론 악화되었고 소련은 인도네시아와 군에 대한 원조를 서서히 중단했다. 그러나 유엔에서 강력하게 비난한다거나 보복하겠다고 위협하는 일은 없었다.[11] 동독 총영사가 "PKI는 9월 30일 사건과 관련해서 치명적으로 실패했다"라고 혹독하게 논평한 것에서 볼 수 있듯, 소련 위성국의 주요 관료들이 개인적으로 이 사건을 인도네시아 공산주의자들이 자

9 Boden, "The 'Gestapu' Events," 515.

10 Ibid.

11 다른 곳, 특히 유럽의 반응에 대한 논의는 Gerlach, *Extremely Violent Societies*, 80–85를 보라.

초한 일이라고 여겼음을 짐작할 수 있다.[12] 적어도 그들은 전에도 자주 그랬듯이 공산주의자들이 학살당하는 상황에서 개입하지 않아도 될 명분을 찾고 있었다.

그러나 1965년에는 소련에 많은 인도네시아인이 살고 있었다. 그 상당수는 1960년대 초 제3세계 출신들을 교육하기 위해 세운 파트리스루뭄바대학교 학생이었다. 독립 이래 인도네시아 정부는 세계 각지로 유학생을 보냈지만, 1960년대 들어 수카르노가 좌파 쪽으로 기울면서 서구보다 사회주의 국가로의 유학 기회가 상대적으로 늘어났다.

그렇게 발리 출신 그데 아르카와 수마트라 출신 야르나 만수르 부부도 1963년 모스크바에서 공부할 기회를 얻었다. 출국 전에 약간의 사상 교육을 받았으나(인도네시아의 혁명에 대한 좋은 이야기를 타국 학생들에게 할 수 있도록) 그들은 공산주의자는 아니었다. 기회만 있었다면 잉글랜드나 네덜란드로도 기꺼이 갔을 것이다.[13]

모스크바는 춥지만 꽤 풍족하고 발전된 곳이었다. 모두가 건강보험과 무상교육을 누렸다. 인도네시아 사람들 또한 모두가 누려야 한다고 여기고는 있지만 아직 이루지 못한 것들이었다. 어린 시절부터 수많은 언어를 배우고 이걸 썼다 저걸 썼다 해 온 그들에게 러시아어는 그렇게 어렵지 않았다. 그래서 곧 러시아어로 라틴아메리카, 중동, 일본, 캄보디아, 인도, 스리랑카, 이란, 이라크 등 전 세계에서 온 학생들과 함께 공부할 수 있었다.

1965년 10월 1일 이후 들리는 인도네시아 소식은 앞뒤가 하나도

12 동독의 공식적 논평은 Boden, "'Gestapu' Events," 515–519을 보라.

13 2018년과 2019년 암스테르담에서의 인터뷰.

맞지 않았다. 두 사람은 소비에트 라디오, BBC, 라디오 오스트레일리아의 뉴스를 다 들어 보았다. 모두 말이 안 되는 소리였다. 더 나쁜 것은 고국의 가족들과도 소식이 끊겼다는 점이었다. 인도네시아 대사관에서 그들을 불러 몇몇 각서에 서명하라고 하자 상황은 더 혼란스럽게 느껴졌다.

대사관에서는 먼저 여섯 장군 살해 사건을 비난하는 문서에 서명하라고 했다. 그들은 당연히 그렇게 했다. 이번에는 신임 수하르토 정부에 충성을 맹세한다는 내용에도 서명하라고 했다. 하지만 그건 좀 말이 안 되는 일이라 둘은 망설였다. 수하르토가 누구인지도 잘 모르는 터였다. 이 충성 맹세는 상당한 규모였던 모스크바 유학생 사회를 둘로 갈라 놓았다. 일부는 서명을 했다. 그데와 야르나는 하지 않았다. 부부는 자신들을 외국으로 보낸 수카르노 대통령이 이 상황을 정리하고 권력을 되찾을 것이라 생각했고 또 그러기를 바랐다.

그러나 그런 일은 일어나지 않았다. 충성 맹세에 서명하지 않은 두 사람은 여권이 정지되고 국적도 박탈당했다. 그러니까 나라를 잃었다는 말이다. 똑같은 일이 전 세계 각지에 있던 인도네시아인 수천 명에게 일어났다. 그들은 무국적자가 되어 발이 묶인 곳에서 도움을 청하거나 자신을 받아 줄 정부를 찾을 때까지 여권도 없이 이 나라 저 나라를 떠도는 처지가 되었다.[14] 인도네시아에 있는 가족과 연락도 할 수 없었다. 그들은 모두 공산주의자로 분류되었으며 그 결과 철저하게 추방되고 배제된 존재가 되었다.

14 Ratna Saptari, "Persecution through Denial of Citizenship: Indonesians in Forced Exile Post 1965," in Saskia E. Wieringa, Jess Melvin, and Annie Pohlman, eds., *The International People's Tribunal for 1965 and the Indonesian Genocide* (New York: Routledge, 2019).

그데의 삼촌은 발리에서 벌어진 반공 폭력의 와중에 목숨을 잃었다. 그는 고문당하고, 눈앞에서 친구들이 살해되는 것을 보도록 강요당하고, 결국은 칼에 찔려 죽었다. 그데는 이 이야기조차 30년이 지나 인도네시아로 돌아갈 수 있게 된 후에야 들었다.

과테말라

CIA가 꾸민 쿠데타가 벌어진 지 거의 10년이 지난 후에도, 중앙아메리카에서 제일 큰 나라 과테말라는 여전히 불안정한 상태였다. 미국이 여전히 정권의 냉전 동맹이었고 과테말라 경제도 미국 경제와 긴밀하게 통합되어 있었지만, 그곳 상황은 미국이 원하는 대로 돌아가지 않았다.

1950년대 중후반에 CIA 요원들은 이 나라가 "봉건적 압력"으로 다시 침몰해 가는 것을 어느 정도는 후회 속에서 지켜보았다.[15] 그 후로 피그스만 침공이 간접적으로 야기한 내전이 30년 넘게 지속되었다.

1960년 11월에는 하급 장교들이 1954년에 미국이 고른 장군이 암살당한 후 완벽한 부정선거로 당선된 대통령 미겔 이디고라스 푸엔테스에 반대하는 작은 반란을 일으켰다. 하급 장교들은 대체로 좌파에 동조했고 정권의 무능과 부패 수준에 충격을 받은 상태였다. 그러나 반란의 촉매가 된 사건은 대통령이 군의 의사는 묻지도 않고 쿠바 침공을 준비하는 쿠바 망명자들을 훈련시키는 CIA 기지 건설을

15 Thomas, *The Very Best Men*, 186.

승인한 일이었다. 쿠바 망명자들은 부자인 데다 제멋대로였고, 온 나라 구석구석 비싼 차를 끌고 돌아다녔다.[16] 이는 단지 군과 그 위계에 대한 모욕일 뿐 아니라 강도짓이기도 했다. 대통령이 미국이 지불한 돈을 다 차지했기 때문이다.

반란은 실패했다. 그러나 장교 일부가 게릴라 집단 MR-13(11월 13일 혁명운동)을 조직하고 공개적으로 반정부 반란을 일으켰다. 또 다른 장교들은 경쟁 집단인 반군무장세력FAR을 결성하고, 창당 때부터 비무장 노선을 견지하며 지하에서 활동하던 공산당과 협력했다.[17]

반란을 진압하지 못한 채 답보 상태에 있던 미국과 친미 군 인사들은 1964년경에 전술을 바꾸었다. 이들은 과테말라 동부에서 일련의 대반란전 작전을 시작했다. 라 마노 블랑카(하얀 손)라는 우익 테러 조직이 작전을 도왔지만 승리하지 못했다. 철저하게 반민주적인 데다가 보통 사람들의 삶이 나아질 가능성이라곤 전혀 없는 사회를 통치하던 정부가 정통성을 확보하기란 무척 어려운 일이었다. 지도자들은 다른 해결책을 찾아보고자, 인도네시아에서 폭력이 계속되는 와중에 동남아시아에 있던 미국인 둘을 데려왔다.

1965년 9월, 존 고든 메인이라는 사람이 주과테말라 미국 대사관으로 발령받았다. 그는 하워드 존스가 인도네시아 대사로 부임하기 전에는 주인도네시아 대사관에서 1등 서기관으로 일했으며, 국무부 남서태평양국 국장으로 존스와 긴밀하게 협력했던 사람이었다.

16 LaFeber, *Inevitable Revolutions*, 166.

17 이 시기에 대한 포괄적인 개요는 Ralph Lee Woodward Jr., *A Short History of Guatemala* (Guatemala: Laura Lee, 2008), 140–150를 보라. 더 상세하고 심도 있는 스페인어 논의로는 Ricardo Sáenz de Tejada, “Modernización y conflictos, 1944–2000,” in Bárbara Arroyo et al., *Los Caminos de Nuestra Historia: estructuras, procesos y actores, Volumen II* (Guatemala: Editorial Cara Parens, 2015), 150–152를 보라.

곧 메인은 CIA 요원으로 태국 등지에서 일했던 미국 국경순찰대원 출신 존 P. 롱간과 함께 일하라는 지시를 받았다.[18] 롱간은 인도네시아 학살 중에 군에 무기 공급을 승인한, 그 방콕 지부에서 일한 인물이었다.[19]

롱간은 베네수엘라에서 과테말라에 도착하자마자 암살단을 조직했다. 그들은 3개월 동안 오페라시온 림피에사, 곧 대청소 작전을 진행하여 인도네시아에서 수카르노가 사임하던 1966년 3월까지 과테말라의 주요 좌파 인사 30명을 납치, 고문, 살해했다. 암살단은 피해자들을 그냥 죽인 것이 아니었다. 피해자들은 납치당한 뒤 실종되어서 아무도 그들에게 무슨 일이 벌어졌는지 모르는 채 죽음을 맞았다.

인도네시아에서 1965~1966년 사이 일어난 사건은 실종을 국가폭력 전술로 사용한 아시아 최초의 사례로 여겨진다.[20] 1965년에 인도네시아에서 미국이 무슨 일을 벌였는지 잘 아는 두 남자가 과테말라시티에 도착했다. 라틴아메리카에서 벌어진 폭력의 양상을 연구하는 역사학자들은 1966년 과테말라에서 라틴아메리카 최초로 실

18 Greg Grandin and Elizabeth Oglesby, "Washington Trained Guatemala's Mass Murderers—and the Border Patrol Played a Role," *The Nation*, January 3, 2019; Greg Grandin, "The Border Patrol Has Been a Cult of Brutality since 1924," *The Intercept*, January 12, 2019.

19 Grandin, *The Last Colonial Massacre*, 73.

20 내게 이 관련성을 조사해 보라고 제안하고 아시아에서 실종이 처음 이용된 시기가 1965년이라고 처음 주장한 사람은 존 루사다. 이 주제에 관한 특별한 전문성을 갖추지 못한 사람이 1965년의 인도네시아 이전에 실종이 이용되지 않았는지 확인하거나 증명하기란 쉽지 않은 일이다. 그래서 나는 노엄 촘스키, 벤 키어넌, 앨프리드 맥코이, 브래들리 심슨, 바스카라 와르다야 등 이 분야 전문가들에게 "1965년 이전 아시아에서 국가폭력의 한 형태로 대량 실종이 사용된 사례를 아시나요?"라고 물었다. 그 결과 그 누구도 존 루사의 가설을 반증할 사례를 들지 못했다.

종이 국가폭력의 전술로 활용되었다고 본다.[21]

중화인민공화국

중국공산당에게 10월 1일은 특별한 날이다. 1965년 16주년을 맞이한, 중화인민공화국의 설립을 경축하는 건국절이기 때문이다. 그날 톈안먼 광장에서 마오쩌둥, 저우언라이, 덩샤오핑이 연설할 때, 군중 속에는 인도네시아인 유학생과 좌파들도 있었다.[22] 이어진 축하연에 참석한 외국 사절 중에서 인도네시아 사절단이 가장 컸다.[23]

공교롭게도 날짜가 일치한다는 사실은 수하르토가 인도네시아에서 새 정권으로 권력을 통합할 때 반공주의자들이 중국이 어떤 식으로건 G30S를 획책한 증거라고 우기게 된 한 가지 근거가 되었다. 당시 중국 정부에는 인도네시아 정부를 바꿀 능력도, 의도도 없었다. 오히려 중국 정부 인사들은 무슨 일이 벌어졌는지 몰라 완전히 허둥지둥했다.[24] 그들은 처음에는 진짜로 우익 쿠데타가 중단된 것으로

21 롱간의 도착과 오페라시온 림피에사에 대해서는 Greg Grandin, *The Last Colonial Massacre: Latin America in the Cold War* (Chicago: University of Chicago Press, 2004), 11–12, 73–75를 보라. 20세기 라틴아메리카 폭력의 역사에서 실종에 관한 논의로는 Greg Grandin and Gilbert M. Joseph, eds., *A Century of Revolution: Insurgent and Counterinsurgent Violence During Latin America's Long Cold War* (Durham, NC, and London: Duke University Press, 2010)에 수록된 그렉 그랜딘의 서두 논문 "Living in a Revolutionary Time: Coming to Terms with the Violence of Latin America's Long Cold War"를 보라.

22 Martin Aleida, *Tanah Air Yang Hilang* (Jakarta, 2017), chap. 1.

23 Taomo Zhou, *Migration in the Time of Revolution* (Ithaca, NY: Cornell University Press, 2019), chap. 8, 163.

24 Ibid., 4.

알았다. 그래서 수카르노가 다시 국가권력을 장악하고 전처럼 자신을 지지하는 PKI와 함께 나라를 통치하는 줄로만 알았다. 그러다 인도네시아군이 자카르타의 중국 대사관 직원들의 집을 수색하는 것을 수카르노가 막을 의지도, 능력도 없다는 것을 알아차리자, 그들은 불안해졌다.

마오쩌둥은 12월에 D. N. 아이딧이 죽은 것을 알고 시 한 수를 지었다.

> 겨울, 나의 창 앞 성긴 나뭇가지가 백화가 피기 전 미소를 지었지
> 봄이 오자 애석하게도 그 미소가 시들었지
> 시드는 것을 슬퍼할 이유가 없네
> 꽃은 저마다 시드는 계절과 피는 계절이 있기에
> 내년에는 더 많은 꽃이 피어나리니.[25]

12월에도 마오쩌둥은 인도네시아에서 좌파가 다시 한번 일어날 수 있을 것이라고 생각했던 것 같다. 그러나 생각과는 달리 좌파는 학살당해 버렸고 반공 시위대와 학생 조직들이 중국 대사관을 목표물로 삼는 일이 점점 늘어났다. 2월에 우익 청년 1천 명 이상이 중화인민공화국 대사관 건물에 난입하자 직원들은 맥주병, 전구, 쿵푸까지 동원해 방어했다. 대만의 반공 반베이징 정부는 이런 단체들이 더 자주 공격을 감행하도록 필요한 자원과 훈련을 제공했다. 결과적으로 중국 대사관은 40차례 이상 공격을 받았다.

이런 충돌에 관한 보도가 중국에도 전해졌고, 막 시작되던 문화

25 Ibid., 167–168.

혁명의 공식 담론이 되었다. 당시의 인도네시아와 관련된 중국 쪽 기록에 대해 가장 잘 아는 연구자 저우타오모는 수하르토 독재와 문화혁명이 동시에 등장했다고 말한다. 그는 "냉전 아시아에서 이 폭풍같이 중대한 두 과정은 서로를 강화했"으며 인도네시아와의 갈등이 "문화혁명 초기 단계에 커져 가던 사회 정치적 동원에 크게 기여했다"라고 썼다. 수하르토 같은 자가 벌인 잔혹상에 대한 영웅적인 저항이야말로 홍위병들이 사랑해 마지않은 주제였다.[26]

먼저 분노한 중국 청년들이 "인도네시아 반동들"을 공격하는 대자보를 붙이기 시작했다. 이어 자카르타 대사관 공격에서 부상을 당한 한 중국 외교관의 이미지가 중국 전역에서 반향을 일으켰다. 홍위병 6백 명이 베이징의 인도네시아 대사관 앞에서 시위를 벌였다. 인도네시아에서의 폭력을 피해 중국에 도착한 중국계 난민들이 중국에서 발이 묶인 인도네시아 유학생과 좌파들에 동참했다.[27] 난민들이 전한 고국에서 겪은 끔찍한 이야기는 문화혁명 동안 우익 폭력의 위험성과 제국주의에 영웅적으로 저항해야 할 필요를 보여주는 강력한 상징으로 사용되었다.

이런 난민 일부가 샤오홍슈小紅書를 흔드는 군중 앞에 나선 한 행사에서 중화인민공화국 외교부장 천이陈毅는 이렇게 선언했다. "마오 사상으로 무장한 중국 인민은 모욕당할 수 없다. 사회주의 강국 중국의 해외 국적자들은 절대 박해받을 수 없다!" 그는 "야만적인 인도

26 Ibid., 174.

27 나는 2018년 암스테르담에서 사르마지를 인터뷰했다. 그는 문화혁명 초기에 베이징에서 지낸 경험에 대해 말해 주었는데, 그를 비롯한 인도네시아인 유학생들이 깊이 연루되는 일은 없었다고 했다. Zhou, *Migration*, 176–178.

네시아 반동들은 결국 역사의 엄중한 심판을 받을 것"이라고 이어 나갔다.[28]

문화혁명은 좌파 운동에 잠입한 숨어 있는 부르주아지 부류가 위협이 될 수 있다는 생각을 중심으로 시작된 운동이었다. 인도네시아에서 1965~1966년에 일어난 사건은 그 서사를 스스로 증명하는 정당화 기제로 작동했다. 몇 주 전까지만 해도 세계 최대의 비무장 공산당이었던 PKI는 남중국해 건너편의 대국 중국에 상당한 영향력을 행사했다. 마오쩌둥과 저우언라이는 인도네시아 좌파들에게 인민을 무장시키라고 촉구했었다.[29] 그러나 PKI는 그렇게 하지 않았다. 그리고 하룻밤 새 숨어 있던 우익 분자들이 나타나 공산주의자들을 학살하고 좌파 반제국주의 국가를 미국의 동맹으로 바꿔 놓았다. 이 모든 것이 진실이라면, 이보다 더 완벽한 프로파간다 서사는 없을 것이다.

미국

미국 정부 인사들은 학살의 규모와 잔혹성이 드러나기 시작했음

28 Zhou, *Migration*, 188–189.

29 저우타오모는 9장에서 저우언라이도 인도네시아의 "제5군" 창설을 지지했다고 밝힌다. 문화혁명에 끼친 영향 또한 그 장에서 설명한다. 아이딧과 마오쩌둥의 마지막 면담에 대한 저우의 분석을 검토하긴 했지만, 나는 앞에서 내가 주장한 점을 다시 강조하고자 한다. 나는 아이딧이 G30S의 개략적인 계획을 이미 세웠고 마오쩌둥에게 공유했다는 저우타오모의 해석에 반대하는 로빈슨의 견해를 지지한다. 로빈슨과 마찬가지로, 나는 저우타오모가 제시하는 증거가 그의 가설을 충분히 증명하지는 못한다고 생각한다.

에도 거의 한결같이 인도네시아 학살을 경축하는 분위기였다. 역설적이게도 이 사건에 관한 유일한 비판의 목소리는 1960년대 초 가장 폭력적이고도 무모한 비밀작전을 밀어붙인 것으로 유명한 사람의 입에서 나왔다.

1966년 1월, 상원의원 로버트 케네디는 이렇게 말했다. "우리는 나치와 공산주의자들이 자행한 반인륜적 학살에 대해 목소리를 높여 왔습니다. 그러나 공산주의자로 의심받는 10만 명 이상이 가해자가 아니라 피해자인 인도네시아의 비인간적인 학살에 대해서도 소리 높여 비판할 수 있을까요?" 그 말고는 어느 주요 미국 정치인도 이 학살을 비판하지 않았다. 이 시기의 로버트 케네디는 남들은 하지 않을 방식으로 단호하게 목소리를 높이곤 했다.[30] 당시 그가 린든 존슨 정부가 학살을 적극적으로 지원한 사실을 알았는지는 확실치 않다. 어쩌면 형의 죽음 이후 그에게 비밀작전의 본질에 대한 일종의 인식론적 전환이 있었을 수도 있고, 어쩌면 정치적인 이유에서였을 것이다. 그러나 어느 쪽이건 워싱턴이 절멸 작전의 지원을 멈추지 않았다는 것을 우리는 잘 안다.

미국의 경제 지배층은 아주 다른 메시지를 들었다. 인도네시아가 이제 비지니스에 활짝 열린 곳이 되었다는 것이었다. 수하르토가 권력을 확립한 첫해인 1967년, 제너럴일렉트릭, 아메리칸익스프레스, 캐터필러, 굿이어 타이어 등이 인도네시아에서 사업 기회를 탐색하기 시작했다. 스타키스트 식품사가 인도네시아의 바다에서 조업하러 도착했고, 군수업체인 레이시온과 록히드도 물론 달려왔다.

타임라이프사의 대표 제임스 리넨은 한 걸음 더 나아갔다. 그는

30 Schlesinger Jr., *Robert Kennedy and His Times*, 733.

대사관 및 수하르토 양자와 직접 계약을 맺고 인도네시아의 투자 기회에 대한 대규모 콘퍼런스를 열자고 제안했다. 미국 대사 그린이 "보기에 아주 좋은 생각"이었다. "미국 기업 다수, 특히 광산 기업들이 이미 자카르타에서 활동하고 있"기 때문이었다.[31]

리넨은 수하르토에게 서한을 보냈다. "지난 가을 저는 귀국을 방문할 영광을 누리고 진취적인 발전이 진행 중인 데 대해서 깊은 인상을 받았습니다. 제 생각에는 국제 투자 콘퍼런스를 연다면… 최고로 생산적인 기회가 될 것입니다."

수하르토는 동의했다. 그들은 준비를 시작해 그해 가을 제네바에서 초호화 콘퍼런스를 열었다.

아직 인도네시아인 최소 백만 명이 수용소에 갇혀 있었다. 전 세계 어디에도 이렇게 많은 정치범이 있는 곳은 없었다. 수용자들은 굶주림, 강제노동, 육체적 정신적 고문, 반공 재교육 등에 시달렸다.[32] 최대 백만 명에 달할 피해자의 가족들도 사랑하는 이가 사라진 후 가슴 아픈 나날을 보내고 있었다. 행방에 대한 아무런 설명도 없었고 대개는 죽었다는 확인조차 해 주지 않았다. 시체가 나라 곳곳에 흩뿌려졌다. 사코노는 감옥에 있었다. 막달레나는 감옥에서 끔찍하게 혼란스러운 상태였다. 프란치스카는 남편을 포기하고 인도네시아를 떠나 나머지 가족을 지킬 방법을 찾던 중이었다.

투자 콘퍼런스가 끝나고서 제작된 "국가 재건을 돕기 위하여"라는 자료에 따르면 제네바 행사는 대성황이었다. 미국에서는 국무부

31 Memorandum of Conversation, Visit to Department of Time-Life Inc. Officials, January 5, 1967, RG 59, Central Files 1967–1969, FN 9 Indonesia, NARA.

32 Robinson, *The Killing Season*, 209–225; 저자의 인터뷰들.

차관 조지 볼이 참석했다. 오랫동안 워싱턴이 총애해 온 신임 인도네시아 외교부 장관 아담 말릭이 군대야말로 "인도네시아에서 유일하게 믿을 수 있는 정치 세력"이라고 강조하는 연설을 했다. 그리고 마지막으로 데이비드 록펠러가 상당히 고무적인 논평을 했다. "지난 이틀 동안 많은 이들을 만나 이야기하면서 나는 보편적인 열정을 발견했다고 생각한다."[33]

캄보디아

캄보디아 왕 노로돔 시아누크는 수카르노처럼 1955년 반둥 회의 참가 이래 냉전 질서 아래서 중립을 지키고자 했다 그러나 CIA가 그의 암살을 모의하고 베트남전쟁이 격화되면서 그와 워싱턴과의 관계는 긴장의 연속이었다.

같은 시기에 본명은 살롯 사Saloth Sâr이지만 전 세계에 폴 포트로 알려지게 될 남자가 베트남 국경 근처에서 특이한 마르크스주의 소집단을 이끌고 있었다. 당시에는 캄푸치아노동당이라고 불리던 그 집단은 대중적 지지를 거의 받지 못했고, 동쪽의 훨씬 경험 많고 더 바쁜 베트남공산당과 때로는 협력하고 때로는 논쟁을 벌이기도 했다. 폴 포트는 시아누크 정부에 협력하라는 소련과 베트남의 지시를 무시하고 농촌에서 반란을 조직하던 중이었다.[34]

33 Proceedings of the Indonesian Investment Conference, "To Aid in Rebuilding a Nation," November 2–4, 1967, RG 59, Central Files 1967–1969, FN 9 Indonesia, NARA.

34 Short, *Pol Pot*, 135–145[국역: 《폴 포트 평전》, 258-275쪽].

폴 포트와 추종자들도 인도네시아를 아주 관심 깊게 지켜보고 있었다. 그들은 PKI의 몰락을 학습하고 수카르노와 동맹을 맺고 대중적 민주적 지지를 얻으려던 PKI의 전략이 재앙으로 이어졌다고 결론 내렸다. 그 결과 폴 포트는 자신의 운동이 반동의 손에 같은 운명을 맞게 할 수 없다고, 무기와 폭력을 통해 권력을 쟁취하고 지켜 내겠다고 결심했다. PKI에는 무기가 없었고, 그들은 민주주의의 세세한 관례에 너무 의존했다. 그것이 바로 몰락을 가져왔다고 "크메르루주"의 비밀 지도자는 결론 내렸다. 그는 다를 것이다.[35]

가나

사라하 이남 아프리카에도 수카르노가 있었다면, 바로 가나의 은크루마일 것이다. 그는 당시 "골드코스트"라고 불리던 곳의 가난한 집안에서 태어나 역사적 흑인 대학[1964년 민권법 제정 이전에 아프리카계 미국인을 위해 세운 대학교_옮긴이]인 펜실베이니아의 링컨대학교에서 공부하며 혹독한 인종주의가 미국 흑인의 삶이 어떻게 가

35 1977년 초에 작성한 〈역사적 교훈〉이라는 문서에서 폴 포트는 다음과 같이 1966년을 돌아보았다. "우리의 분석이 틀렸다면 우리는 인도네시아[공산주의자들이 그랬던 것]보다 더 큰 위험에 빠졌을지 모른다. 그러나 우리의 분석은 옳았다. 그 분석에 합의했기 때문에, 또 우리 간부 대다수가 적과의 삶과 죽음을 가르는 모순에 처해 있었기 때문이다. 적들은 늘 간부들을 없애 버리려고 했다." Ben Kiernan, *Pol Pot Plans the Future: Confidential Leadership Documents from Democratic Kampuchea* (New Haven, CT: Yale University Press, 1988), 213–226. 인용문은 218쪽에 있으며 키어넌은 내게 이렇게 설명했다. "이 진술을 통해 폴 포트는 1966년 중국 방문 후 자신이 개명한 캄푸치아공산당이 PKI가 수카르노 정부와 협력한 정책처럼 평화적인 경쟁이나 협력(예컨대 '일국 안에서 시아누크와 공존하기')하는 것이 아니라 시아누크 치하의 캄보디아 정부에 맞서 무장투쟁을 하기로 결심했다고 알린다."

두는지 두 눈으로 목격했다.[36] 처음에 런던 당국은 은크루마를 위험 인물로 여겼다가, 잠시 쓸모 있다고도 보았다가, 다시 문젯거리로 분류했다.

1957년, 그는 사하라 이남 "흑black" 아프리카[37] 최초의 독립국 가나의 독립을 이끌었다. 은크루마는 사회주의자이자 서구 제국주의에 반대했으며, 세계경제의 규범들을 과거 식민지 인민에게 유리하게 바꾸기를 원했고, 1960년대에는 가장 요란하게 "신식민주의"에 반대하며 세계 무대에서 수카르노와 어깨를 나란히 했다.

은크루마는 1965년에 《신식민주의: 제국주의의 마지막 단계》를 펴내면서 "신식민주의는 제국주의의 최악의 형태"라고 주장했다. 그에 따르면 세계의 새로운 방식은 "외국 자본이 세계의 저발전 지역을 발전시키는 것이 아니라 착취하기 위해 사용되는 것"이며, 제국주의 세력은 자신이 무엇을 하고 있는지 (스스로에게조차) 인정할 필요가 없어졌다는 것이다.[38]

미국이 여전히 인도네시아에서 좌파 학살을 지원하고 있던 1966년에 은크루마는 미국과 영국이 지원한 쿠데타로 실각했다. 이때 CIA가 어떤 역할을 했는지는 여전히 불확실하지만, 쿠데타 주모자들이 영국에서 훈련받은 것은 확실히 밝혀졌다. 은크루마는 그 당시 아메드 세쿠 투레가 제3세계 운동을 이끌던 기니로 망명했다.

36 John Henrik Clarke, "Kwame Nkrumah: His Years in America," *The Black Scholar* 6, no. 2 (October 1974): 9–16.

37 "흑" 아프리카라는 개념은 일관되지 않고 그 자체로 외부에서 온 식민주의적 명명이지만, 20세기 서구 관찰자들에게는 분명히 존재하는 지정학적 범주였다.

38 Kwame Nkrumah, *Neo-Colonialism: The Last Stage of Imperialism* (Melbourne: Thomas Nelson and Sons, 1965), x-xi.

1960년대 말이면 제3세계 운동은 몰락까지는 아니어도 혼란에 빠졌다고 할 수 있다. "반둥 정신"은 유령이 되었다. 탈식민운동의 진보적 지도자들은 모두 사라졌다. 네루는 1964년 세상을 떠났고, 수카르노는 자신의 동맹이 학살되는 것을 보며 죽을 날만 기다리고 있었으며, 가나의 은크루마와 버마의 우 누는 쿠데타로 실각했다. 이라크 좌파 상당수는 이미 이 세상 사람이 아니었고 살아남은 소수마저 미국을 등에 업은 사담 후세인에게 곧 쓸려 나갈 예정이었다. 이집트의 나세르는 다마스쿠스에서 일어난 쿠데타로 시리아가 탈퇴하게 되면서 아랍연합공화국이 해체되자 크게 흔들렸으며, 시리아의 쿠데타 지도부는 시리아공산당을 숙청했다.

기니에서 망명 생활을 하며 은크루마는 신식민주의의 성격에 관한 새로운 결론에 이르렀다. 현재 세계가 처한 상황과 서구 제국주의의 성공을 고려할 때, 혁명으로 가는 길은 지속적인 게릴라 투쟁뿐이었다.[39]

트리컨티넨탈 연구소 소장 비자이 프라샤드의 말대로 "좌파의 파멸이 제3세계에 미친 영향은 어마어마했다. 가장 보수적인, 심지어 반동적인 사회계급들이 반둥에서 만들어진 정치적 플랫폼에서 지배력을 얻었다. 군사정권에 기생하며 등장한 정치 세력은 좌파와 진보주의자들이 내세운 보편적 반식민 민족주의를 거부하고 인종주의, 종교, 위계질서를 중시하는 잔혹한 문화적 민족주의를 따랐다."[40] 또는 제3세계 운동을 앞으로 나아가게 한 최고의 국제 포럼이었던

39 Kwame Nkrumah, *Handbook of Revolutionary Warfare* (New York: International Publishers, 1968), 42. Prashad, *Darker Nations*, 111[국역: 《갈색의 세계사》, 163쪽] 재인용.

40 Prashad, *Darker Nations*, 163–164[국역: 《갈색의 세계사》, 232쪽].

유엔에 대해 독일 역사학자 크리스티안 게흘라흐가 지적한 대로 1971년이면 "[인도네시아 외교부 장관] 아담 말릭 같은 살인자도 유엔 총회의 의장씩이나 될 수 있었다."[41]

칠레

1964년, 라틴아메리카에서 가장 안정적인 부국 칠레의 대통령 선거에서 기독민주당이 여유 있게 승리했다. 기독민주당은 워싱턴과 CIA가 아끼던 당이었으므로 상당한 지원을 받았다.

CIA는 이 선거에 3백만 달러를 쏟아부었다. 결과적으로 에두아르도 프레이가 얻은 한 표당 1달러에 가까운 액수였고, 린든 존슨이 1964년 자기 대통령 선거에서 쓴 돈보다 많았다.[42] 뿐만 아니라 CIA는 칠레 국민을 대상으로 조잡한 "겁주기 캠페인"도 벌였다.[43] 또한 이들은 신문, 라디오, 영화, 팸플릿, 포스터 등을 엄청나게 활용했으며 도시의 벽에 글과 그림을 그렸다. 한 반공 라디오에서는 광고에 공산주의 살인자들의 기관총 소리를 넣었고 이어서 한 여성이 이렇게 말한다. "그들이 내 아이를 죽였어요!" 이런 광고가 라디오에서 하루에 스무 번은 나왔다.[44]

41 Gerlach, *Extremely Violent Societies*, 86.

42 Weiner, *Legacy of Ashes*, 307[국역: 《잿더미의 유산》, 487쪽].

43 "Covert Action in Chile 1963–1973," Staff Report of the Select Committee to Study Governmental Operations, US Senate, December 18, 1975, 15, at www.intelligence.senate.gov/sites/default/files/94chile.pdf

44 Paul E. Sigmund, *The Overthrow of Allende and the Politics of Chile, 1964–1976* (Pittsburgh, PA: University of Pittsburgh Press, 1977), 297.

CIA는 공산당이 벌인 짓이라며 허위 정보와 "흑색 선전"을 퍼트리기도 했다.[45]

칠레는 1932년 이래 안정적인 민주주의를 누려 왔고, 프레이는 독재자가 아니었다. 그는 온건한 토지개혁을 시행하고 보통 사람들을 위한 교육제도를 도입했으며, 조세제도를 아주 약간이나마 진보적으로 개혁하고자 했다. 남아메리카의 차가운 태평양 연안에 길게 뻗은 이 나라는 장군들이 공포정치를 펴는 과테말라 같은 나라나 걸핏하면 군사 쿠데타가 벌어지는 이웃 나라 대다수와도 달랐다. 물론, 칠레도 라틴아메리카의 일부였기에 불평등이 만연하고 누가 봐도 인종적 위계질서가 뚜렷했지만, 많은 중산층 칠레인들은 1960년대를 행복했던 시대로 기억한다. 그해 선거에서 2위를 차지한 살바도르 아옌데와 다른 좌파들은 칠레식으로 너무 큰 갈등이나 문제 없이 사회주의로 이행할 수 있으며, 이를 통해 칠레가 더 평등하게 발전할 수 있다고 믿었다. 그러나 1964년 선거에서 드러난 증오는 충격적이었다.

카르멘 헤르츠는 당시 열아홉 살로, 칠레대학교에 다니고 있었다. 카르멘과 친구들은 미국이 얼마나 아옌데와 그의 동맹을 싫어하는지 아주 잘 알았다. 그는 오후 티타임이 쿠바 산악지대보다는 〈메리 포핀스〉의 잉글랜드를 연상시키는 엄격하고 보수적인 부유층 가정에서 자라났고 땋은 머리를 하고서 열여섯 살에 대학에 입학했다.[46] 부모와 함께 살 때는 우파인 자유당을 지지했지만, 사회의식이 점점 커지면서 카르멘은 좌파 쪽으로 기울었다. 그의 성향 자체가 좀 급진

45 "Covert Action in Chile," 7.

46 2018년과 2019년에 카르멘 헤르츠와 산티아고에서 직접 만나거나 전화상으로 진행한 인터뷰.

적이고 대립적인 면이 있기도 했다.

당시 카르멘의 주변에는 두 좌파 집단이 있었다. 한쪽은 칠레공산당(이하 PCCh로 표기함)이었다. 당원들은 어떤 의미로도 보수적인 사람들이었다. 짧은 머리, 도덕적 청렴, 규율 등이 공산당원의 특징이었다. PCCh는 노동계급 대중을 기반으로 한 강철 같은 규율을 가진 당이자 모스크바와 좋은 관계를 유지하는 세계에서 가장 중요한 공산당 중 하나로, 당시 소련의 라틴아메리카 노선을 따랐다. 따라서 좌파는 (부르주아적이든 아니든) 칠레 민주주의 제도 안에서 선거에 참여하고 활동해야 한다는 입장이었다.

두 번째 집단은 혁명좌파운동MIR(이하 MIR로 표기함)이라고 불리는, 1960년대의 산물 그 자체인 신진 세력이었다. 구성원들은 자유분방한 성향이었고, 늙고 고루한 브레즈네프보다는 체 게바라에 주목했다. 또한 그의 게릴라전 모델과 1954년 과테말라에서 배운 교훈에 큰 영감을 받았다. 이들은 민주적 사회주의로 가는 길이 함정이라 여겼고, 목표의 절반도 가기 전에 반동 세력에 쓸려 나갈 것을 염려했다. 따라서 공산당의 유일한 길은 무장 저항이라고 말했다.

두 집단 모두 인도네시아에서 벌어진 일에 주목했다. PCCh 간부 오를란도 밀라스는 그 시기에 자카르타에 가서 아이딧을 만나 워싱턴이 뭔가 꾸미고 있지는 않은지에 관해 한참 이야기를 나눴다.[47] PCCh와 MIR 모두 라틴아메리카에서는 불가능해 보이는 규모의 학살에 대해 듣고 경악했다. 카르멘이 다니던 대학의 좌파 학생들은 미래가 자신들의 것이며 곧 승리할 것을 조금도 의심하지 않았다. 그러나 인도네시아에서 벌어진 폭력을 자신들의 전술적 입장을 뒷받침할 근

47 Orlando Millas, *Memorias 1957–1991: Una digresión* (Santiago: ChileAmerica, 1996), 162–163.

거로 활용한 것은 MIR 당원들이었다.

카르멘은 급진적인 친구들이 이렇게 말하던 것을 기억한다. "스스로를 취약하게 만들면 무슨 일이 벌어지는지 알겠어?"

1966년, MIR에서 펴내는 신문 《푼토 피날》은 철학자 버트런드 러셀이 쓴 것으로 알려진 글을 실었다. "인도네시아에서 끔찍한 학살이 가능했던 것은 서구가 너무나 인종주의에 젖어 있어서 아시아인의 죽음에는 심지어 그 수가 수십만에 달하더라도 아무 것도 느끼지 못하기 때문이라고 생각한다. 북아메리카의 흑인들은 잘 알 것이다." 이 글은 이렇게 이어졌다. "이 사실을 아는 전 세계 인민들은 공개 투쟁의 길을 택해야 한다."[48] 《푼토 피날》은 인도네시아, 콩고, 베트남, 브라질에서 CIA의 활동상을 소개하는 안내 기사를 싣기도 했다.[49] 그 기사에는 소소한 오류가 있기는 했지만 1954년 과테말라 사태를 보도한 《하리안 라캿》이 그랬듯, 당시 미국의 주류 언론보다 훨씬 더 정확하게 인도네시아에서 일어난 사건을 설명하고 있었다.

칠레대학교에 다니던 카르멘은 공산당보다는 MIR을 더 지지했다. 그에게 논쟁의 훈련 상대가 되어 준 공산당원 카를로스 베르거가 있음에도 그랬다. 카를로스는 축구광이자 열네 살 이래로 엄격하게 규율을 지켜 온 예의 바른 공산당원이었다. 카르멘은 그가 믿을 수 없을 만큼 청렴하고 진실된 사람임을 깨달았다. 그것은 구식 공산주의자들의 방식이기도 했다. 그는 대의와 도덕적 삶에 완전히 전념했다. 자기 자신을 위한 것은 아무 것도 없었다. 모든 것이 더 큰 대의를 위한 것이었다.

48 *Punto Final*, Año 1, 2 quincena de octubre de 1966, no. 14, 25.

49 *Punto Final*, Año 1, 1 quincena de marzo de 1967, no. 24, 21.

카르멘은 인도네시아에서 벌어진 사태가 그러한 이데올로기 논쟁에서 MIR 쪽에 힘을 실어 주고 있다고 생각했다. 1954년 과테말라 쿠데타가 체 게바라에게 평화적인 혁명은 불가능하다는 근거가 되었던 것처럼, 인도네시아에서 벌어진 폭력은 MIR의 입장을 뒷받침해 주는 듯했다. 그러나 PCCh는 여전히 확신하지 못했다. 지금은 1950년대가 아니며, 칠레 사회는 성숙했고, 여기는 중앙아메리카도 카리브해의 작은 섬도 아니다…. 확신하지 못할 이유는 많았다. 아옌데 자신도 1954년의 과테말라에 대해 알고 나서 훨씬 급진화됐다.[50] 그러나 카를로스나 PCCh가 그랬듯이 그 또한 칠레의 제도와 기구를 믿었다.

태국

1965년에 베니는 방콕에 살고 있었다. 미국 캔자스주에서 장군들과 어울리며 석사과정을 마치고 텍사스대학교에서 경제학 박사 학위를 받은 후, 유엔에서 일하게 된 것이었다.

태국은 꽤나 친서구적인 나라였고 그런 까닭에 유엔의 여러 지역 사무소가 있었다. 방콕에는 CIA 동남아시아 지부도 있었고, KGB도 요원들을 상주시켰다. 양쪽 사람들 모두 다 베니에게 같이 식사를 하거나 술을 마시자고 했다. 그들이 베니에게서 정보를 캐내려 했거나 그를 잠재적 정보원으로 여겼을지도 모르겠다. 그러나 베니는

50 Tanya Harmer, *Allende's Chile and the Inter-American Cold War* (Chapel Hill, NC: University of North Carolina Press, 2011), 34–36.

기꺼이 그들과 어울리고 일상적인 대화만 나눴을뿐 큰 그림에는 무지한 상태였다.[51]

베니에게 점심을 같이 먹자고 졸라 대던 CIA 요원의 이름은 앨런 퓨어러Allan Fuehrer였다. 그의 성이 문자 그대로 히틀러를 부르던 호칭[1934년에 히틀러는 자신이 독일의 '퓌러Führer'(지도자)라고 선언했다_옮긴이]이어서 베니와 사무실 동료들은 웃기다고 생각했다. 더 웃긴 것은 CIA와 KGB 양쪽 다 베니가 하는 일이 무엇인지, 그가 무엇을 할 수 있는지 모르는 것만 같았다는 점이었다. 베니는 유엔에서 경제 관련 업무를 담당했고 정치와는 아무런 관련이 없었기에 그들을 돕고 싶어도 할 수 있는 일이 없었다. 물론 돕고 싶은 생각도 전혀 없었다.

베니는 방콕이 서서히 섹스 관광지로 변해 가는 것도 지켜보았다. 베트남전쟁에 파병된 미군들은 휴가를 받으면 "휴식과 오락"을 위해 방콕으로 건너왔다. 미군의 지속적인 유입은 방콕의 몇몇 구역을 일종의 성매매 공장으로 바꿔 놓았다.

베니는 미군들이 베트남에서 무슨 일을 저질렀는지 얘기하는 것을 엿들었다. 방콕의 랑데뷰 바는 조종사들이 술에 취해 맨정신으로는 못다 한 말을 쏟아 놓는 곳이었다. "내가 그 마을에 망할 폭탄을 잔뜩 떨어뜨렸지." 그들은 바에 앉자마자 그런 말을 해 댔다. 세상은 아직 잘 몰랐지만, 베니는 랑데뷰 바에 드나들면서 더 동쪽에서 아주 끔찍한 일이 시작된 것을 알게 되었다. 조종사들이 하는 이야기는 무차별 폭격과 민간인 학살에 관한 것이었다.

베니는 G30S에 대해서 라디오 오스트레일리아에서 처음 들었

51 Thomas, *The Very Best Men*, 36.

다. 그 말인즉슨 그가 들은 내용이 (나중에 알게 되겠지만) 반PKI 입장의 심리전을 적극적으로 돕는 방송국의 버전이었다는 뜻이다. 뉴스를 들을 때 그는 둘째를 임신한 아내와 함께 정원에 앉아 있던 중이었다.

나중에 대사관에서 한 남자가 와서 몇 가지 질문을 했다. 자카르타에 대해 아는 것이 있나요? 어떻게 생각하시나요? 베니는 아는 것이 없다고 대답했다. 정말로 아는 것이 없기도 했다.

인도네시아의 상황이 점점 더 나빠지면서 전 세계의 인도네시아인은 수하르토에게 충성할 것을 맹세하기를 강요받았고, 베니는 중국계였으므로 신질서 정부의 눈에 두 배로 의심스러운 존재였다. 베니의 아내도 말레이시아 반대 등 수카르노의 대의를 지지하는 해외 거주 유엔 상근자와 인도네시아인 아내들의 단체에 속해 있었다.

베니는 대사관으로 가서 심문을 받게 된다. 질문은 간단했다.

"자카르타에서 제일 친한 친구가 누구인가요?"

신중한 답변이 필요할 때였다. 베니는 공산주의에는 늘 반대했지만 수카르노를 반대한 적은 없었다. 그는 이 질문에 정확히 어떻게 답해야 할지 잘 알았다. 그는 수하르토 주변에서 반공의 핵심이 됐을 연줄 좋은 부자 가톨릭 친구들의 이름을 댔다. 비싼 사립학교 시절부터 알고 지내던 그 친구들이 기꺼이 자신의 보증인이 되어 줄 것이라고 생각했다.

그의 예상은 적중했다. 베니는 유엔으로 돌아가 일해도 된다는 허가를 받았다. 그러나 1968년에는 방콕의 대사관 파견 무관이 베니에게 연락해 좋은 말로 경고했다. 베니의 본명 우이홍란Oei Hong Lan은 너무 중국식이라고 했다. 수하르토는 중국과의 관계를 단절하고 인도네시아에서 중국어와 관련된 모든 것을 금지했다. 한자 사용조차 금지했다. 정부는 중국계 인도네시아인에게 중국식 이름을 버릴 것을 강력하게 권고하는 내용의 법안까지 통과시켰다. 베니는 해외에 있는 데다 유엔에서 일했기 때문에 한동안은 여권 이름을 그대로 유지할 수 있었다. 그러나 이제 그에게는 두 가지 선택지가 남았다. 중국식 이름을 버리거나, 걸핏하면 불려 가서 심문을 받거나.

다른 중국계 인도네시아인들처럼 베니도 자바 이름처럼 보이는 이름을 하나 골랐다. 그 후 그의 이름은 베니 위디요노가 되었다.

1967년, 동남아시아 국가들이 방콕에 모여 아세안ASEAN이라는 새 조직을 결성했다. 이전에는 친서방 보수 국가인 필리핀, 말라야 연방, 태국 세 나라만 모여 동남아시아연합이라는 기구를 이루고 있었다. 하지만 이제 수하르토가 권력을 잡자 역내에서 가장 큰 국가인 인도네시아와 신생국 싱가포르까지 합쳐 '동남아시아국가연합' 곧 아세안으로 거듭난 것이었다. 이 나라들을 하나로 만드는 몇 가지가 있었는데 그것은 독재 개발주의, 친미 동맹, 그리고 무엇보다 반공이었다.[52]

1970년대에는 태국 정부가 반공이라는 이름으로 수천 명을 학살하게 될 터였다.[53]

52 Bernard Eccleston, Michael Dawson, and Deborah J. McNamara, eds., *The Asia-Pacific Profile* (London and New York: Routledge, 1998), 311–312.

53 Tyrell Haberkorn, "Getting Away with Murder in Thailand: State Violence and Impunity in Phatthalung," in Ganesan and Chull Kim, eds., *State Violence in East Asia* (Lexington, KY: University of Kentucky Press, 2013), 185–187.

쿠바

1963년, 수카르노 대통령은 오랜 친구 A. M. 하나피를 피델 카스트로 시대 쿠바의 첫 인도네시아 대사로 보냈다. 하나피는 공산주의자는 아니었으나 헌신적인 혁명가였고, 네덜란드에 맞서 싸우던 1940년대부터 수카르노에게 충성했다. 쿠바에서 그는 피델과 체와도 좋은 친구가 되었고, 가족들은 카리브해 해안의 고급 주택가에 자리 잡았다.

하나피의 딸 누리는 열일곱 살이었다.[54] 누리는 감격했다. 아바나는 자카르타보다 훨씬 현대적이고 우아했다. 사는 동네의 대저택들에 어린 학생들이 가득한 것에도 놀랐다. 그는 "이렇게 운이 좋을 수가!"라고 생각했다. 자기와 같은 청소년이 여기 살면서 하루 종일 공부를 할 수 있다는 것이 믿어지지 않았다. 나중에 쿠바에서 학교에 다니기 시작하고 나서야 아바나의 이 구역이 과거 "미국의 매음굴", 그러니까 난봉꾼과 마피아들의 환상적인 휴양지였다가 혁명 후 환수된 곳이라는 사실을 알게 되었다. 그 사실은 많은 것을 설명해 주었다.

자카르타에서 보낸 어린 시절에 누리는 정치적 갈등을 느끼며 살았다. 수카르노가 그가 다니던 시내 한복판 치키니의 학교를 방문했을 때 대통령 암살 시도로 수류탄이 날아든 적도 있었다. 이슬람주의자? CIA? 누구의 소행인지 알 수 없는 일이었다. 쿠바에서는 적어도 누리가 사는 동네는 훨씬 평화로웠다.

54 2018년 파리에서 그리고 2019년 전화로 진행한 엔당 테자 누르자야 "누리" 하나피(Endang Tedja Nurdjaya "Nury" Hanafi)와의 인터뷰.

누리의 아버지 하나피 대사는 1966년 1월로 예정된 반둥 프로젝트의 야심찬 확장판 삼대륙 회의를 준비하는 중이었다. 아버지가 출장 중일 때 누리는 1965년 10월 1일 자카르타에서 일어난 사건에 대해 들었다. 아버지는 예정된 날짜에 돌아오지 않았다. 쿠바에 남은 누리와 가족들은 확실치 않은 단편적인 정보만 듣다가 아버지가 당시 보고르 대통령궁에 있던 수카르노를 찾아갔음을 알게 되었다. 실질적인 권력자가 된 수하르토는 하나피에게 자신의 새 정부에 들어오라고 제안했다. 하나피는 수카르노가 자신을 쿠바 대사로 임명했고, 자신은 그 임무를 계속할 것이라고 말하며 제안을 거절했다.

적어도 그것이 하나피가 아바나로 돌아와 가족들에게 해 준 말이었다. 머지 않아 그의 임무는 사라졌다. 아바나의 대사관이 사라졌기 때문이었다. 그와 가족 전부의 인도네시아 여권도 정지됐다.

물론 피델은 이해했다. 피델 카스트로와 체 게바라는 미국 정부가 언제나 제3세계 정부를 무너뜨릴 수 있다는 전제하에서 혁명을 일궜으며, 자신 또한 수많은 암살 시도에서 살아남은 사람들이었기 때문이다. 피델은 하나피 대사와 가족들이 제국주의 세력에 의해 아바나에 발이 묶인 것에 조금도 놀라지 않았다. 하나피는 대사직과 외교관 면책권을 잃었지만, 피델이 나서서 쿠바나칸 구역의 좋은 집과 함께 아시아 역사와 인도네시아 혁명을 강의하는 일자리를 마련해 주었다.

1966년 1월, 공식 명칭이 '아프리카 아시아 라틴아메리카 인민연대회의'인 삼대륙 회의가 아바나에서 열렸다. 그러나 그 자리에는 한때 제3세계 운동의 선봉에 섰던 한 나라가 없었다. 그렇기는 했지만 1964년 대선에서 프레이에 이어 2위를 차지한 칠레의 사회주의

자이자 제3세계 운동의 지지자 살바도르 아옌데는 그 자리에 참석했다.[55]

누리 가족은 자카르타에 남은 일가친지는 물론 모든 친구들과도 연락이 끊겼다. 그와 아버지는 이제 공산주의자로 여겨졌다. 따라서 과거에 알던 누구도 이 가족과 연결되는 것은 위험천만한 일이었다. 누리는 그렇게 아바나에 정착했다.

대만

장제스의 국민당이 대만에 세운 중화민국은 여전히 중국 본토에 대한 영유권을 주장하며 반공 전사들의 활동 무대가 되었다. 타이베이의 작은 독재정권은 인도네시아에서 벌어진 학살을 예의 주시하며 수카르노와 베이징의 마오쩌둥 정권을 동시에 공격할 방안으로 자카르타의 중국 대사관 공격을 후원했다.[56]

1966년에 대만과 (마셜 그린이 하워드 존스의 주인도네시아 대사로 부임하기 전에 세운 독재자 박정희가 통치하던) 남한이 함께 세계반공연맹(이하 WACL로 표기함)을 창설했다.[57] 하원 의원 월터 주드와 종교인들이 그 첫 회합에 참석하러 대만에 갔다.[58] 기존의 아시아민족반

55 Harmer, *Allende's Chile*, 34–36.

56 Zhou, *Migration*, 173–174.

57 Scott Anderson and Jon Lee Anderson, *Inside the League: The Shocking Exposé of How Terrorists, Nazis, and Latin American Death Squads have Infiltrated the World Anti-Communist League* (New York: Dodd, Mead, 1986).

58 Burke, *Revolutionaries for the Right*, 55.

공연맹APACL의 구조를 확대 개편한 이 새로운 국제기구는 온건 보수는 물론 2차 세계대전 중 루마니아와 크로아티아 등지에서 히틀러 편에서 잔학 행위를 했던 극우 집단까지 포괄했다.[59] WACL은 매년 세계 각지에서 총회를 열어 회원들이 지원과 정보, 냉전에 대한 조언 등을 교환했고, 이제 브라질이 설립한 전통, 가족, 재산수호회TFP와 더불어 세계적으로 거대한 두 반공 조직이 되었다.

WACL은 타이베이 베이터우구에 있던 정치공작간부학교[일명 푸싱강 학원. 후일 국방대학 정치작전학원으로 개명한다_옮긴이] 학생을 모집하기도 했다. 미국이 세운 군사학교들처럼 이 학교도 국제 반공 투쟁에 나설 군인들을 교육했다.

하와이

1965년, 하워드 존스는 국무부에서 사직하고 인도네시아를 떠나며 하와이대학교 동서문화센터 총재직을 맡는다. 그는 대사관과 계속 연락하며 상황이 걷잡을 수 없이 나빠지는 것을 지켜보았으나 이제는 아무 것도 할 수 있는 일이 없었다.

그즈음 호놀룰루의 동서문화센터에서 공부하던 인도네시아군 소속 롤로 수토로라는 청년이 미국인 인류학자와 사랑에 빠진다. 롤로는 군인은 아니었지만 군에서 측량과 지형 관련 일을 하는 민간인 직원이었고, 지리학 전공 장학금을 받아 하와이에 왔다. 그는 키는 작지만 잘생겼고, 식민주의의 폭력을 통과한 자바인 대가족 출신

59 Anderson and Anderson, *Inside the League*, chaps. 1 and 2.

이었다. 인도네시아 혁명 전쟁 중에 네덜란드인들이 그의 아버지와 형을 죽이고 집을 태워 버렸다.

1965년 3월, 롤로는 앤 던햄과 결혼해 아내가 케냐인 경제학도와의 첫 결혼에서 낳은 아들의 새아버지가 되었다. 그런 중에 1966년 수하르토가 정권을 장악하자 세계 각지에 있던 다른 인도네시아인들과 마찬가지로 롤로도 바로 귀국하라는 명령을 받았다. 그는 즉시 귀국했고, 그후 몇 달간 앤과 다섯 살 난 아들도 인도네시아로 옮길 준비를 했다.

버락 오바마가 자서전 《내 아버지로부터의 꿈》에서 그려 낸 1967~1971년 사이 자카르타에서의 삶은, 수하르토 초기 수도의 생활상과 자신들이 이 나라에서 일으킨 폭력으로부터 거리를 두려는 미국무부의 모습을 생생하게 보여준다.

그 법칙은 침묵이었다. 처음에는 당시 불리던 대로 배리였던 소년도 앤도, 왜 롤로가 돌아왔는지 또 그가 어떤 일을 하는지 몰랐다. 버락 오바마, 곧 배리는 인도네시아에 도착해서 차를 타고 가던 중에 어머니가 "수카르노"라는 단어를 말하는 것을 들었다.

"수카르노가 누구예요?" 뒷좌석에서 배리가 외쳤다.

롤로는 그 질문을 못 들은 척했다.

롤로는 뉴기니 그러니까 바로 몇 년 전 수카르노가 케네디의 도움을 받아 양도받은 그 지역을 조사하는 일을 했다. 롤로는 자주 출장을 갔고 모험심 넘치는 양아들이 좋아할 만한 야생동물을 가지고 돌아왔다고 오바마는 기억했다.

그러나 앤도, 배리도, 롤로가 하와이 시절과는 달라졌다고 느꼈다. "그는 마치 자기가 가진 모든 밝은 면을 다 챙긴 뒤에 다른 사람

손에 닿지 않는 어둡고 찾기 힘든 곳에 숨어 들어간 사람처럼 보였다. 모든 사람이 잠든 밤에 일어나 수입 위스키병을 손에 들고 집 주변을 어슬렁거리며 자기가 안고 있는 비밀을 다스리는 날이 하루이틀이 아니었다."

앤은 바쁘게 살아 보고자 또 외로움을 달래기 위해 두 해 전 하워드 존스가 떠난 대사관에서 일자리를 구했다. 거기서 그는 미국 정부에서 일하는 늙은 백인 남자들이 얼마나 추악한 인종주의자들인지 깨달았다. 그들은 인도네시아인을 깔보다가 앤이 인도네시아 사람과 결혼한 사실을 알고 나면 말을 뭉개곤 했다. 앤은 소위 "경제 전문가나 기자"인 그들이 수수께끼처럼 몇 달씩 사라졌다가 나타나며, 대사관을 위해 대체 무슨 일을 하는지도 불분명하다는 것을 눈치챘다.

자신들이 도착하기 직전, 무슨 일이 벌어졌는지를 아주 천천히 알게 된 곳 또한 대사관이었다. 오바마는 "점심을 먹을 때나 일상적인 대화를 통해서 그들을 공식적인 언론 매체에서는 드러나지 않는 사실들을 알려 주었다"라고 썼다.

> 정치 상황을 비꼬는 말과 슬쩍 엿듣게 된 말을 통해 앤은 현대사에서 가장 잔인하고 신속한 압살 작전이 자행된 지 채 1년도 되지 않은 시점에 우리가 자카르타에 첫발을 디뎠다는 사실을 깨달았다. 엄연한 역사적 사실이 그토록 감쪽같이 묻혀 버릴 수 있다는 사실에, 한때는 거리를 내달렸을 사람들이 흘린 피의 강물을 그 비옥한 땅이 흔적도 없이 빨아들일 수 있다는 사실에, 그리고 사람들은 마치 아무 일도 없었다는 듯이 새 대통령의 거대한 초상화 밑에서 태연하게 사업 이야기를 한다는 사실에 전율했다….

앤은 더 많이 알아낼수록 롤로에게 더 많이 물었고, 남편이 입을 다물자 더 답답해졌다. 마침내 롤로의 사촌이 상황을 설명하면서 그를 이해해 달라고 했다.

"롤로를 너무 몰아치지 마세요. 이런 아픈 일들은 잊어버리는 게 최선 아니겠습니까."

롤로가 미국 석유 기업 유노컬Unocal에서 일하기 시작하자 두 사람 사이는 더 멀어졌다. 앤은 회사의 부부 동반 저녁 만찬에 가기를 거부했다. 텍사스 석유 사업가들이 얼마나 뇌물을 바쳤는지 떠벌리고, 그들의 부인들은 인도네시아 정부의 지원이 얼마나 형편없는지 불평하는 자리였다. 그들이 미국인이라는 것, 그들에게 특권이 있다는 것, 롤로는 미국인이 아니고, 그 결과로 아마도 그가 원하지 않는 삶을 살아야 한다는 사실이 앤에게도 그리고 롤로에게도 분명해졌다. 미국 시민권이나 미국에서의 안락한 삶을 절대 잃을 리 없다는 사실을 알았기 때문에 앤은 목소리를 높일 수 있었다. 그러나 롤로는 계속해서 고통스러운 도덕적 딜레마에 시달려야 했다. 그가 살아가는 세상 속 사람들은 침묵하거나, 출세하고 성공하는 데 전념하거나, 가난, 배고픔, 죽음마저 각오하고서 목소리를 높이는 길밖에 없었다.

하와이로 돌아오기 전 배리는 롤로에게 죽은 사람을 본 적 있느냐고 물은 적이 있었다.

> "있어요?" 내가 다시 물었다.
>
> "있다."
>
> "피를 흘리고 죽은 사람요?"
>
> "그래."

나는 잠시 생각한 뒤에 다시 물었다.

"그 사람은 왜 죽었어요?"

"그 이유는, 그 사람이 약했기 때문이야."

"그게 다예요?"

롤로는 어깨를 한 번 으쓱하고는 걷어올렸던 바지를 내렸다.

"보통 그것만으로 충분하지. 사람은 누구나 다른 사람의 약점을 이용하거든. 나라와 나라 사이도 마찬가지란다. 힘센 사람이 약한 사람의 땅을 차지해 버리지. 그러고는 약한 사람이 자기 땅에서 일하도록 만들어. 만일 약한 사람의 아내가 예쁘면 힘센 사람이 그 여자도 차지해 버린단다." 그는 잠시 말을 멈추고 다시 물을 한 모금 마셨다. 그러고는 내게 물었다. "너는 어느 쪽이 되고 싶니?"[60]

60 Barack Obama, *Dreams from My Father* (New York: Crown, 1995), 40[국역: 《내 아버지로부터의 꿈》, 이경식 옮김, 알에치코리아, 2007, 89-90쪽].

9 \ 자카르타가 온다

패러다임 이동

1964년 브라질, 1965년 인도네시아에 세워진 정부가 워싱턴에 철저하게 복종하는 하인은 아니었다. 두 정부는 어떤 면에서는 민족주의적 태도를 고수했고 때로는 미국에 반기를 들기도 했다. 둘 다 오늘날 기준으로는 "신자유주의"적이지도 않았다. 이들 국가는 경제에 깊이 관여하고 국가 "발전"을 진두지휘하려고 했다. 양국 정부는 그저 자본주의, 그러니까 특정한 형태의 자본주의 권위주의 정권이었고, 확장하던 서구 체제 안에 잘 통합되었다.

그러나 두 정권에는 닮은 점이 많았다. 이 두 반공 독재 정부는 워싱턴의 대외 개입이 만들어 낸 가장 환상적인 동맹이었다. 너무 환상적이어서 미국과 그 동맹들이 두 나라를 모범 사례로 삼을 정도였다. 라틴아메리카에서 가장 큰 나라 브라질은 미국과 함께 공산주의와 싸우며 이웃에 비슷한 독재정권들을 만들어 내기 시작했다. 동남아시아에서 가장 큰 나라 인도네시아는 워싱턴의 승인을 받아 반공을 핑계로 동쪽으로 세력을 확장했으며, 이어 동남아시아에서 두 번째로 큰 나라의 지도자 또한 수하르토와 비슷한 각본을 이용해 자신의 우익 독재를 강화했다.

브라질과 인도네시아의 군사독재 정권이 소소한 경제 의제나 외교 정책상의 입장을 놓고 워싱턴과 옥신각신하기도 하겠지만, 대세는 정해졌다. 두 나라는 서방 진영에 속하며 공산 진영의 확대를 기를 쓰고 반대했다. 두 나라 모두 국제 투자를 쉽게 받아들였고, 국제경제를 지배하는 기존 조건 아래서 부유한 나라들에 원자재를 수출하는 데 기꺼이 동의했다. 국제경제 규범을 다시 쓰려고 시도하지도 않았고, 수 세기 동안 식민주의로 인한 불이익을 받아 온 지구상 절대다수에게 권력을 돌려주기 위해 제3세계의 단결된 힘을 이용하려고 하지도 않았다. 두 나라는 서구 자문들과 미국에서 교육받은 경제학자들의 조언을 받아들였다. 인도네시아에서는 캘리포니아 주립대학교에서 공부한 경제학자들인 "버클리 마피아"가 수하르토를 위해 일했다.[1] 브라질에서는 미국의 재정 지원을 받은 사회조사연구원IPES이 꾸민 음모와 프로파간다가 쿠데타를 도왔고, 이 기관은 1972년까지 독재정권하에서 활약했다.

두 정권은 근대화론의 영향을 강하게 받았다. 그리고 두 나라 다 경제성장을 경험하기 시작했다. 성장의 과실을 극소수 지배층이 독차지했지만, 외국인 투자자들에게는 GDP 성장이 중요했으므로 두 나라의 사례는 성공 신화로 포장될 수 있었다. 두 나라 모두 브라질이나 인도네시아의 과거에서 정통성을 끌어올 수 있는 지역 통치자들로 구성된 안정적인 정부를 꾸렸기에, 국민이나 국제사회가 보기에 워싱턴에 복종하는 허수아비가 아닌 것처럼 보이기도 했다.

장기적으로 보면, 두 나라의 상황은 1950년대에 과테말라나 이란이 처했던 상황보다 모든 면에서 훨씬 나았다. 과테말라는 잔혹한

1 Simpson, *Economists with Guns*, 20.

내전으로 빠져들었다. 이란 정부는 이웃 나라들은 물론 국민 대다수와 너무 멀어진 나머지 그 갈등이 1970년대에 워싱턴의 면전에서 극적으로 폭발하고 말 것이다.

인도네시아와 브라질 정부는 반공 군사독재 정권이었고, 이는 국제 무대에서만의 문제가 아니었다. 국내에서 반공이 지배 이데올로기이자 국가적 종교에 가까울 때는 어떠한 정당한 불만도 쉽게 공산주의로 몰릴 수 있다. 나라를 좌지우지하는 극소수 가문을 불편하게 하는 일은 아주 간단하게 위험천만한 혁명으로 간주되어 진압당했다. 여기에는 사회주의나 사회민주주의적인 어떤 요소, 어떤 형태의 토지개혁, 독과점을 제한하고 더 효율적인 발전과 시장 경쟁을 가능하게 하는 규제가 모두 들어갔다. 노동조합과 노동자 권리에 대한 기본적인 요구도 마찬가지였다.

누구도 브라질이나 인도네시아를 민주주의 사회라고 여기지 않았다. 그렇다고 이것이 자본주의가 작동하는 방식도 아니었다. 현실의 소련이 마르크스의 사회주의 구상과 거리가 먼 만큼이나, 두 나라의 체제도 경제학 교과서에서 설명하는 자본주의 체제와 거리가 멀었다. 자본주의라면 봉건 영주들이 자기 영지를 다스리듯이 나라의 많은 것에 관여해서는 안 된다. 대형 부정부패와 같은 시장 비효율성은 경쟁의 결과 사라져야 한다. 경제 안의 다양한 요소들 사이에 주고받는 관계가 있어야 한다. 새롭고 혁신적인 기업이 등장해서 뿌리 깊은 기득권에 도전하고 국내 생산을 다각화할 공간이 있어야 한다. 그러나 브라질과 인도네시아에 세워진 체제 안에서 생존의 논리는 사회 최상층의 부패하고 탐욕적이며 방만한 기구들에 붙지 않으면 나락으로 떨어져 착취 기계 속에서 저임금 노동자가 되는 위험을 감수하는 것이었다.

소년 버락 오바마는 이런 역학이 자신의 새아버지에게 무슨 짓을 저질렀는지 두 눈으로 보았다. 롤로는 오바마의 어머니에게 "죄의식은 외국인이나 가질 수 있는 사치"라고 말했다. 롤로는 너무나도 잘 이해했던 것이다. 아내는 "모든 것을 송두리째 잃어버린다는 게 어떤 것인지 몰랐다. 아침에 일어났을 때 먹을 게 아무것도 없다는 게 어떤 것인지 몰랐다…. 모든 신경을 곤두세워야 했다. 그 길은 한번 방심해서 삐끗하다간 곧바로 나락에 떨어지는 어려운 길이었다."[2]

이런 종류의 경제체제를 부르는 말이 있다. 인도네시아와 브라질 사람들은 "정실자본주의Crony Capitalism" 아래서 살았다.

미국의 유럽 자본주의 동맹들이 처한 상황과는 아주 다른 현실이었다. 1968년, 프란치스카와 가족들은 네덜란드에 도착하자마자 풍요롭고 역동적인 서유럽 사회와 수하르토 체제가 얼마나 다른지 두 눈으로 확인했다.

네덜란드에서는 최근 선거에서 공산당이 몇 석을 얻고 원내 정당이 되어 있었다. 모스크바 노선을 따르는 프랑스와 이탈리아 공산당은 여전히 주요 정당이었다. 프랑스공산당은 1967년 선거에서 20퍼센트 이상을 득표하고 사회당 및 급진파 등과 원내에서 좌파 연합을 형성했다.[3] 이탈리아공산당은 지난 선거에서 2위를 차지했으며 국내에서 탄탄한 지지 기반을 가지고 있었다. 서독에는

2 Obama, *Dreams from My Father*, 45–46[국역: 《내 아버지로부터의 꿈》, 97-98쪽].

3 이는 1967년 총선 결과다. 당시 "사회주의자"는 민주사회좌파연합(Fédération de la gauche démocrate et socialiste) 또는 FGDS라고 불렀다.

영향력 있는 공산당은 없었지만, 마르크스 생전에 결성된 마르크스주의 정당인 사회민주당이 제2당으로 자본주의 민주주의 체제 내에서 선전하고 있었고, 당 지도부는 레닌주의보다는 온건한 노선을 택했다.

프란치스카가 마지막으로 서유럽 사회를 겪었던 2차 세계대전 종전 직후와는 많은 것이 달랐다. 1940년대에는 고기와 버터를 구하기가 극도로 어려웠고 모두들 삶을 재건하느라 여념이 없었다. 그러나 1960년대에 서유럽은 풍족하고 여유로웠다. 마셜 플랜 덕분에 서유럽 경제는 미국 경제와 함께 부흥했다. 그러나 이 나라들은 국내 문제에 관한 한 광신적인 반공 국가가 아니었다. 미국만큼도 반공적이지 않았고, 인도네시아나 브라질과는 비교도 할 수 없었다. 적색 공포가 동쪽으로 겨우 몇 킬로미터 떨어진 곳에서 서유럽을 집어삼키려 하는데도, 서유럽인은 지구 반 바퀴 떨어진 미국보다 훨씬 두려움이 없었다.

프란치스카가 보기에 유럽인은 사회민주주의 심지어 공산주의적 정치 실험을 하더라도 별 타격을 받지 않지만, 자신은 그 대가로 영원히 조국을 잃어야 하는 이유는 명백했다.

"인종주의. 아주 간단해요. 유럽인은 백인이라 관용과 동정을 받을 수 있지만 우린 아닌 거죠."

프랭크 위즈너와 하워드 존스가 2차 세계대전 후 서독의 금융체계를 재가동하려고 애쓰던 시절, 미국 정부는 새 도이체마르크화를 만들어 모든 공공 및 민간 부채를 탕감해 주었다. 반미 혹은 '공산주의자'로 여겨지는 제3세계 주요 지도자 중 하나가 독립전쟁 이후 똑같은 조치를 취했다면 무슨 일이 벌어졌을지 생각만 해도 몸서리가 쳐진다.

서유럽의 자본주의 민주주의 국가에서는 중도부터 급진까지 좌파 정당들이 체제를 전복하지 않고도 그 안에서 경제질서에 대한 비판을 계속할 수 있었다. 물론 유럽에서도 CIA는 아직 전모가 공개되지 않은 작전들을 펼치며 활동했다. 위즈너가 일하던 초창기부터 시작된 글라디오 작전의 "잔류" 네트워크는 1980년대까지 지속되었다. 그러나 유럽 정부들이 너무 오른쪽으로 치우치면 유권자들은 좌파 정당을 지지했고, 반대의 경우도 마찬가지였으며, 이 모두가 허용되었다.

냉전 중 워싱턴은 왜 서유럽이 이 모든 온건한 사회주의를 "봐주"도록 허용했을까? 제3세계에서 비슷한 정책을 도입할 때는 폭력적 개입으로 이어졌는데 말이다. 프란치스카가 말한 대로 미국이 유럽의 사촌들이 (백인이므로 책임감 있게) 민주주의를 관리하는 임무를 잘 해낼 것이라고 믿었기 때문일까? 다른 이유로는 서유럽 국가들이 (그 일부는 여전히 식민 제국의 잔재를 거느리고 있었고) 믿을 수 없이 부유하고 강력했기 때문일 것이다. 워싱턴이 원한다 해도 그들을 압박하기란 어려웠고, 아마도 더 중요하게는 그 나라들이 세계경제의 최상층에 있었기 때문이다. 미국 주도의 체제 안에 완전히 통합되어 있던 이 나라들에게는 그 체제가 자신들에게 유리하게 작동해 왔으므로, 세계질서를 급진적으로 재편하려 들 위험이 훨씬 적었다.

그러나 브라질이나 인도네시아에는 야당조차 없었다. 이는 곧 지배층이 무엇이든 마음대로 할 수 있다는 뜻이다. 자카르타와 브라질리아에는 매관과 폭력이 만연했다. 국민은 불의를 보고도 항의하지 못할 정도로 겁에 질려 있었고, 부정부패가 일상이었다. 수하르토 정권 초반, 미국의 석유 기업 임원들은 바로 이러한 역학을 이용해 한몫 잡았다고 버락 오바마의 어머니가 참석한 저녁 만찬에서 떠벌리곤 했다. 수하르토 정권은 콩고의 친미 모부투 정권과 함께 부정부패에 관한 세계기록을 경신하게 된다.[4] 물론 수하르토가 세운 정권의 바탕에는 대규모 폭력이 있었다. 1960년대 말, 인도네시아는 소련의 가장 어두운 시기에 비견할 만한 강제수용소 체제를 두고 있었다.[5]

한편, 브라질에서 국가폭력은 아주 서서히 시작되었다. 1964년 카스텔루 브랑쿠 장군이 집권할 당시에는 구 정치체제의 광범위한 지지를 받았으나, 그의 진정한 권력 기반이 병영과 대기업 이사회에 있다는 것이 점차 분명해졌다. 브랑쿠는 살아남기 위해서라도 더 억압적인 장기 독재로만 성취할 수 있는 것들을 요구하는 군부나 기업가 계급의 반동 세력에게서 등을 돌릴 수 없었다. 그렇지만 곧 선거를 하게 될 것이라 믿으며 1964년 쿠데타를 지지한 중도 세력을 외면할 수는 있었다. 이제 급진적 반공주의와 안정된 이윤을 원하는 장군들과 자본가들만이 정부의 지지 세력으로 남았으므로, 민주주의는 사라지고 정치는 가장 저급한 요소들로 축소됐다. 점잖은 자유주의자와 민주주의자들은 무시해도 괜찮았다.

그런 이유로 그들은 무시당했다. 그후 몇 년 동안 일련의 "제도

4 Charlotte Denny, "Suharto, Marcos and Mobutu Head Corruption Table with $50bn Scams," *Guardian*, March 26, 2004.

5 Robinson, *Killing Season*, 209.

법령"을 통해 권력이 극소수 장군들 손에 집중되었고, 간접선거를 통해 의회가 대통령을 선출했다. 소련을 따르는 공산당은 이번에도 다른 좌파 세력에 비해 아주 온건한 입장을 내놓았다. 브라질공산당(이하 PCB로 표기함)은 1964년에는 쿠데타를 지지했던 세력 등 독재에 반대하는 모든 세력을 포괄하는 연합을 결성해 "민주주의적 자유"를 요구했다. 당에 따르면 그 이상을 요구하는 것은 무책임하고 무모한 "모험주의와 프티부르주아적 조급함"일 따름이었다.[6]

1965~1968년에 더 급진적으로 움직이며 정권을 두렵게 한 것은 브레즈네프와 모스크바가 아니라 체 게바라와 아바나를 바라보던 군인들과 학생들이었다.[7] PCB는 비무장으로 남았다. 그러나 극우들은 무장했다. 그들은 군사독재를 연장하고 더 과격하게 만들 목적으로 폭탄 테러를 일으키고는 그것이 좌파가 벌인 짓이라고 뒤집어씌웠다.[8]

1968년 12월, 장군들은 제도법령 5호를 선포해 군부에 더 큰 권력을 몰아주고 검열을 실시하고 "국가안보"라는 명목으로 헌법이 보장하는 기본권마저 제한했다. 그 결과 브라질에서는 "납의 해anos de chumbo", 곧 고문과 살인의 시절이 시작됐다. 브라질 독재의 가장 어두운 날들은 대체로 1969년 대통령이 된 강경파 장군 에밀리우 가하스타주 메디시가 통치하던 시절이다.[9]

6 Napolitano, *1964*, 70–85.

7 Napolitano, *1964*, 86–90.

8 El Pais, "Atentados de direita fomentaram AI-5," October 2, 2018.

9 아르투르 다 코스타 이 시우바(Artur da Costa e Silva) 대통령이 제도법령 5호를 발효했고, 권력을 이어받은 메디시가 이를 이용해 테러와 폭력을 감행했다. Napolitano, *1964*, 71–72, 91–95를 보라.

군사독재 초기에는 아직 학생, 예술가, 지식인들이 시위를 벌일 수 있었고, 군부는 노동조합 지도부와 조직된 좌파만을 폭력적으로 진압했다. 그러나 1969년부터 1974년까지 이어진 납의 해 동안은 사정이 달라졌다. 누구든 "반체제적"이라고 의심받으면 상파울루나 리우데자네이루의 지하실로 끌려가 고문을 받았고 그러다 죽을 수도 있었다. 더군다나 브라질 군인들은 미국 정부와 계속 접촉하면서 전기 고문 등 프랑스인들이 알제리에서 개발한 고문 기술들까지 배웠다.[10]

메디시의 공권력은 도시 지역의 소규모 게릴라 운동에 연루된 것으로 의심되는 이들을 검거하는 데 집중됐다. 이들은 대개 독재의 종식을 바라는 고학력 중산층 출신의 젊은 마르크스주의자인 경우가 많았다. 1970년에는 한 젊은 불가리아계 여성이 체포됐다. 그 여성, 지우마 호세프는 후일 그들이 "앵무새 횃대"라고 부르는 고문 기술을 써서 자신을 장대에 거꾸로 매달고, 구타하고, 전기 고문했다고 증언했다.[11]

군대는 농촌 지역에서 일어난 작은 반란도 진압했다. 아라과이아 강 유역에서 벌어진 이 반란은 1962년 PCB에서 분당한 새 마오주의 공산당PCdoB이 조직한 것으로 이들은 체 게바라 및 중국 국공내전을 치른 공산주의자들에게서 영감을 받았다.[12]

브라질 군부는 국내 반대파를 비교적 쉽게 제압했고, 인도네시

10 João Roberto Martins Filho, "Military Ties between France and Brazil during the Cold War, 1959–1975," *Latin American Perspectives* 198, Vol. 41, no. 5 (September 2014): 167–183.

11 Sandra Kiefer, "Dilma Rousseff Revela Detalhes do Sofrimento Vivido Nos Porões da Ditadura," *Correio Braziliense*, June 17, 2012.

12 Napolitano, *1964*, 126.

아나 다른 라틴아메리카 국가들에서 벌어진 것 같은 대규모 폭력을 쓰지는 않았다. 그러나 테러는 생생한 사실이었다. 지금은 유명한 작가가 된 파울루 코엘류는 어쩌다 법의 테두리 바깥으로 밀려난 이들에게 벌어진 일을 생생하게 기억했다. 그에게도 그런 일이 벌어졌기 때문이다. 무장한 남자들이 그의 아파트에 쳐들어왔다.

> 그들은 서랍과 캐비넷을 뒤지기 시작한다. 하지만 나는 그들이 무엇을 찾는지 모른다. 난 그저 록 음악 작곡가일 뿐이다. 그들 중 한 사람이 조금 부드럽게 "몇 가지를 확인하기 위해" 같이 가자고 한다. 이웃이 이 모든 일을 보고 내 가족에게 알리자 가족들은 즉시 충격에 빠진다. 모두가 그 시절 브라질이 어떠했는지, 신문에 나오지 않는다 해도 알았다.
> 가는 길에 우리가 탄 택시를 차 두 대가 에워싼다. 그중 한 대에서 손에 총을 든 남자가 나오더니 나를 끌어낸다. 차에서 내리자 목 뒤에 닿은 총구가 느껴진다. 나는 눈앞의 한 호텔을 바라보며 "이렇게 빨리 죽을 수는 없어"라고 생각한다. 나는 일종의 긴장증 상태에 빠진다. 두려움도 그 무엇도 느끼지 않는다. 실종된 다른 친구들의 이야기를 안다. 나는 사라질 것이고 내가 마지막으로 본 것은 이 호텔이다. 남자는 나를 태우고 차 바닥에 앉히더니 복면을 쓰라고 한다.
> 그 차는 아마 30분 정도 어디론가 간다. 그들이 나를 처형할 장소를 찾는 것이 분명하다. 하지만 나는 아직 아무런 느낌도 없고 내 운명을 받아들인다. 차가 멈춘다. 나는 끌려나가 복도 같아 보이는 곳으로 밀쳐져 내리자마자 두들겨 맞는다. 나는 비명을 지른다. 하지만 그들도 소리를 지르기에 아무도 내 비명을 듣지 못한다는 것을 안다. 테러리스트, 그들이 말한다. 너는 죽어 마땅해. 너는 조국의 반역자야. 너는 천천히 죽게 될

거야. 하지만 먼저 엄청나게 고통받게 될 거야. 역설적이게도 내 생존 본능이 조금씩 되돌아온다.

나는 고문실로 끌려간다. 그곳은 이중 바닥으로 되어 있는데 나는 아무 것도 볼 수 없어서 그 주위에서 비틀거린다. 그들에게 나를 밀지 말라고 했다가 날아온 주먹에 나는 쓰러진다. 그들은 나에게 옷을 벗으라고 한다. 심문은 내가 어떻게 대답할지 모르는 질문들로 시작한다. 그들은 내가 들어 본 적도 없는 사람들을 배신하라고 한다. 그들은 내가 협력하려고 하지 않는다고 하며 바닥에 물을 끼얹고 내 발에 뭔가를 올린다. 복면 아래로 그것이 전극이 달린 기계인 것을 보고, 다시 전극이 내 성기에도 연결된다.

그제야 나는 전기 고문을 받게 된 것을 알아차린다. 나는 그들에게 이럴 필요 없다고, 원하는 대로 자백하겠다고 말한다. 나는 무엇이든 그들이 원하는 것에 서명할 것이다. 그러나 그것으로는 그들에게 충분하지 않다. 절박해진 나는 내 피부를 긁어서 살점을 뜯어낸다. 피를 뒤집어쓴 나를 보고 그들도 놀란 것이 분명하다. 그들은 나를 내버려둔다. 그들은 문이 닫히는 소리가 나면 복면을 벗어도 된다고 한다. 복면을 벗고 보니 그곳은 벽에 총알 구멍이 여러 개 있는 방음실이다. 이중 바닥이 있는 이유는 바로 그 때문이다.[13]

브라질의 독재정권을 옹호하는 이들은 장군들이 "고작" 수백 명을 죽였을 뿐이라고 주장한다. 그러나 이는 오늘날 우리 세계를 형성한 대량학살 프로그램에 가장 큰 영향을 끼친 브라질의 영향력을

13 Paulo Coelho, "I Was Tortured by Brazil's Dictatorship. Is That What Bolsonaro Wants to Celebrate?" *Washington Post*, March 29, 2019.

간과한 것이다. 1970년대 초반, 메디시 정권하의 브라질은 남아메리카 전역에 개입하기 시작했고 이웃에 미국의 이해에 복무하는 잔혹한 정권들을 만들어 냈다.

이 짧고 중요하지만 잘 알려지지 않는 시기를 가장 면밀하게 들여다본 역사학자 타냐 하머는 이렇게 지적한다.

> 브라질 독재 시기의 사망자 수는 칠레나 아르헨티나에 비하면 상대적으로 적지만 브라질의 사례, 타국의 국내 정치 개입, 반혁명 쿠데타 지원 등이 냉전의 심화에 미친 파괴적인 영향력은 어마어마하다. 1964년과 그 이후 브라질의 경험은 1970년대에 이데올로기 전쟁이 개념화되고 수행된 방식의 판도를 바꿔 놓았다.[14]

브라질은 볼리비아와 우루과이에 폭력적인 반공 정권이 세워지는 것을 도왔다. 1976년경, 남아메리카의 상당 부분은 미국이 지원하는 정권들의 "살상지대"였고, 이 나라들은 브라질을 일종의 '원형'으로 삼았다. 그러나 브라질리아가 획책한 대외 개입에서 가장 주목할 만한 사례는 남아메리카 서해안 태평양 연안에 있는 칠레에서 벌어졌다.

14 Tanya Harmer, "Brazil's Cold War in the Southern Cone, 1970–1975," *Cold War History* 12, no. 4 (November 2012): 659–681.

아옌데 도착하다, 간신히

1970년, 살바도르 아옌데는 다시 대권에 도전했고, CIA도 다시 흑색선전을 시작했다. 리처드 닉슨 대통령의 국가 안보자문 헨리 키신저는 이 정치 전쟁의 임무에 예산 수십만 달러를 승인했다. 키신저는 "어째서 한 나라가 국민의 무책임 때문에 공산화되는 것을 우리가 멀뚱히 서서 쳐다만 봐야 하는지 모르겠다"라고 말했다.[15] CIA는 저명한 기자들에게 선전 자료를 뿌렸고 《뉴욕타임스》가 그 자료를 받아적은 커버스토리를 내게 하는 데 성공했다. 칠레에서는 CIA가 지원하는 우파 신문 《엘 메르쿠리오》에 크게 의존했고, 포스터 및 소책자 제작과 산티아고 담벼락 곳곳에 문구를 쓰는 데 돈을 댔다.[16]

그러나 그 모든 노력은 실패했다. 아옌데의 인민연합이 근소한 표차로 승리한 것이다. 며칠 후 《엘 메르쿠리오》가 브라질 관련 특집 기사를 대대적으로 내보냈다. 헤드라인 중 하나는 "브라질-내일은 오늘이다"였다.[17] 브라질 군부는 몇 달에 걸쳐 칠레에서 사회주의를 물리칠 방법들을 모의했다.

아옌데는 사회주의자였지만 산티아고 지배층의 일원이기도 했다. 그는 실크 트위드 재킷을 입고 레드와인을 즐기는 지식인 마르크스주의자였다. 그는 피델 카스트로를 존경하고 가까운 벗으로 여겼지만, 칠레가 사회주의로 가는 길은 아주 다를 수도 있다고 생각

15 Memorandum for the Record, Washington, June 27, 1970, *FRUS, 1969–1976*, Vol. XXI, Chile, 1969–1973, https://history.state.gov/historicaldocuments/frus1969-76v21/d41.

16 Weiner, *Legacy of Ashes*, 308–310[국역: 《잿더미의 유산》, 488쪽].

17 *El Mercurio*, September 7, 1970. Harmer, *Brazil's Cold War in the Southern Cone*, 664 재인용.

했다. 그는 체제 안에서 활동하면서 미국과 소련의 냉전이 휴전 상태인 것을 이용해 "칠레식 길La via Chilena", 곧 사회주의로 가는 평화적인 경로를 열 수 있다고 믿었다.

리처드 닉슨은 미국 대통령 당선 후 곧 소련과의 "데탕트"를 추진했고, 그 결과 두 초강대국은 서로의 이데올로기적 불일치를 신경 쓰지 않는 척하기로 했다. 그러나 이 평화는 제3세계에는 적용되지 않는 것으로 드러난다.[18]

칠레의 혼돈과 폭력은 살바도르 아옌데 대통령이나 그의 민주적 사회주의 프로젝트가 실패했기 때문이 아니었다. 아옌데가 취임하기 전부터 미국이 지원하는 우익 테러가 시작되었기 때문이다.

칠레 법에 따르면, 아옌데는 절대다수 득표로 승리한 것이 아니었기 때문에 의회에서 당선을 확정받아야 했다. 칠레 관습대로라면 이 절차는 형식적인 절차에 불과했다. 그러나 닉슨은 이를 다르게 보았다. 그는 CIA에 아옌데가 취임하지 못하게 할 방법을 찾아내라고 명령했다. 리처드 헬름스는 닉슨의 요구 사항이 적힌 메모를 들고 회의에 나타났다.

> 가능성이 10분의 1일지라도 칠레를 구하라! …
>
> 1천만 달러 가능, 필요하다면 더…
>
> 최고 요원들로
>
> [칠레] 경제가 비명을 지르게 만들라.[19]

18 Harmer, *Allende's Chile*, 3.

19 Peter Kornbluh, *The Pinochet File: A Declassified Dossier on Atrocity and Accountability* (New York: New Press, 2003), 36.

1970년, 아옌데가 취임하기 전까지 CIA는 칠레에서 두 "트랙"으로 활동을 개시했다. 트랙 1은 정치전, 경제 압박, 흑색 선전, 외교 술책이었다. CIA 요원들은 칠레 정치인들을 매수하고 칠레 국민을 겁주고자 했다. 에드워드 코리 대사는 키신저에게 이 모든 공작이 실패하면 "칠레를 극한의 궁핍과 빈곤으로 몰아넣어" "아옌데가 경찰국가식 잔혹한 조치들을 취할 수밖에 없게" 하려 한다고 전했다.[20] 그들은 아옌데가 민주주의를 폐기하기를 바랐다. 트랙 2는 군사 쿠데타였다. CIA는 우익 장교들과 음모를 꾸미고 극우 집단에 돈을 댔다. 이 집단은 나중에 섬뜩한 기하학적 거미 로고와 파시즘에 대한 동조로 유명한 반공 테러 조직 파트리아 이 리베르타드(조국과 해방)으로 성장하게 된다.[21]

동유럽에서 프랭크 위즈너의 초창기 공작이나 1958년 인도네시아 폭격과 마찬가지로, 1970년 칠레에서도 CIA의 공작은 대재앙으로 끝났다.

칠레군 참모총장 레네 슈나이더는 헌정주의자였다. 곧 군대가 절대 헌정 통치에 개입해서는 안 된다고 믿는 군인이었다는 말이다. 아옌데가 선거에서 승리했으니, 그가 대통령이 되어야 했다. 이를 막으려는 군사 쿠데타가 일어나는 것은 슈나이더에게는 용납할 수 없는 일이었다. 타협 없이 원칙을 고수하는 그의 입장은 "슈나이더 독트린"이라고 불렸다. 이는 CIA와 우익들에게는 그를 제거해야 한다는 뜻이기도 했다. 1970년 10월 22일, 무장한 괴한들이 납치 시도

20 Weiner, *Legacy of Ashes*, 310[국역: 《잿더미의 유산》, 492쪽].

21 이 로고가 실제로 거미를 본뜬 것인지는 불분명하지만 흔히들 "거미(araña)" 로고라고 불렀다. 이 로고의 기원에 관해서는 José Díaz Nieva, *Patria y Libertad: El Nacionalismo Frente a la Unidad Popular* (Santiago: Centro de Estudios Bicentenario, 2015), 80–82를 보라.

끝에 슈나이더를 총으로 쏘아 죽이는 일이 벌어졌다. 이 암살을 아옌데를 지지하는 좌파가 벌인 일이라고 몰고가 반공 군사 쿠데타를 정당화하는 핑계로 쓰려는 것이 그들의 계획이었다.[22]

선거 결과를 뒤엎으려고 괴한들이 참모총장을 살해했다니, 평화롭고 민주적인 칠레에서는 상상하기 어려운 국가적 충격이었다.[23]

상황은 CIA가 계획한 대로 굴러가지 않았다. 슈나이더를 죽이려던 것은 아니었을지도 모른다. 부적절한 집단이 부적절한 계획을 부적절한 때 실행에 옮긴 것인지도 모른다. 처음에 CIA는 어느 현지 협력자가 일을 벌였는지도 파악하지 못했다.[24] 가장 중요한 것은 칠레인 모두가 이 사건 뒤에 누가 있는지 똑똑히 알았다는 점이다. 그들은 좌파가 아니라 우파 테러리스트에게 정확히 책임을 물었고, 칠레군은 더 열성적으로 헌정주의적 입장을 고수했다. 그렇게 아옌데는 무사히 대통령이 되었다.

하지만 떨쳐 버리기 힘든 질문이 남는다. 만약 그들이 성공했다면? 만약 그들이 (그런 행동이 아옌데가 대통령이 되는 데 전혀 필요하지 않은데도) 아옌데 지지자 중 일부 급진 좌파가 폭력적으로 참모총장을 납치하고 살해했다고 모함하는 데 성공했다면? 우리는 오늘날 그것이 사실이라고 믿고 있을까? 산티아고 한복판에도 자카르타에 있는 것 같은 슈나이더를 기리는 반공 기념비가 서 있지 않을까?

하지만 그런 노력은 CIA 최악의 실패 중 하나로 남았다. 닉슨은

22 John Dinges, *The Condor Years: How Pinochet and His Allies Brought Terrorism to Three Continents* (New York: New Press, 2004) 18–20; Weiner, *Legacy of Ashes*, 310–313[국역: 《잿더미의 유산》, 495-496쪽].

23 당시 칠레의 좌파 언론인과 하급 군 장교들과의 2018년 인터뷰.

24 Kristian C. Gustafson, "Re-examining the Record: CIA Machinations in Chile 1970," CIA Library, https://www.cia.gov/resources/csi/static/CIA-Machinations-in-Chile.pdf

격노했고 1970년 11월 3일, 아옌데는 대통령으로 취임했다. 칠레의 젊은 좌파들에게는 상상하기 어려운 희열의 순간이었다. 카르멘 헤르츠는 선거 정치를 믿지 않는 MIR에 속한 더 젊고 더 급진적인 칠레 좌파였지만 아옌데에게 투표했고, 친구들도 많이들 그렇게 했다.

아옌데의 승리가 확정되었을 때는 "환상적이었다. 모두들 그랬듯이 우리도 물밀듯이 거리로 나갔다"라고 카르멘은 회고했다. "한참 지나 거리에서 집으로 돌아오자 희망과 기쁨, 심지어 영적인 환희마저 흘러넘쳤다."[25]

그들은 해냈다. 그리고 그들은 해낼 것이다. 카르멘은 "그때 어울리던 이들 모두가 그랬듯이 나도 우리가 세상을 바꿀 것이라고 확신했다"라고 기억했다.

아옌데는 제3세계 운동의 신봉자였고 그의 지지자들은 세계 혁명이 임박했으며 그 혁명은 글로벌 남반구가 이끌 것이라고 믿었다. 아옌데 집권 후 곧 칠레는 비동맹 운동에 가입했고 제3세계 관련 조직들에서 더 적극적으로 활동하기 시작했다.[26]

피델 카스트로는 아옌데에게 워싱턴에 싸움을 걸지 말라고 충고했다. 소위 "우아한 좌파"의 일원이자 미주개발은행에서 일하던 경제학자 오를란도 레텔리에르도 같은 조언을 했다. 카스트로는 아옌데에게 대륙 혁명을 "점화"하거나 쓸데없이 "너무 혁명적"으로 굴어 양키들을 자극하지 말라고도 했다. 같은 이유로 카스트로는 아옌데의 취임식에 참석하지 않았다.[27] 피델은 북쪽의 그링고들을 도

25 Carmen Hertz, *La Historia Fue Otra* (Santiago: Debate, 2017), 45.

26 Harmer, *Allende's Chile*, 81–83.

27 Ibid., 78–79.

발하지 않는 것이 최선임을 잘 알았다.

과테말라에서도 그랬듯, 워싱턴이 칠레의 무엇을 가장 두려워하는지는 분명했다. 소련과의 동맹은 두려운 것이 아니었다. 아옌데는 모스크바에 갔다가 거의 빈손으로 돌아온 처지였다.

소련은 여전히 라틴아메리카가 미국의 영향권 아래 있다고 보았고, 미주에서의 혁명은 점진적으로 진행되어야 한다는 오래된 교조적 견해를 고수했다.[28] 아옌데는 국제 무대에서 소련의 공격적인 움직임에 반대해 왔고, 1956년 헝가리 침공과 1967년 체코슬로바키아 개입을 비판했다.[29]

워싱턴이 무책임한 좌파의 부실한 관리로 칠레 경제가 무너지거나 아옌데가 미국의 비지니스적 이해관계를 방해할까 걱정한 것도 아니었다. 세계 최강대국 미국이 가장 두려워한 것은 아옌데의 민주적 사회주의가 성공할지도 모른다는 전망이었다.

아옌데가 당선된 지 며칠 지나지 않아 닉슨 대통령은 국가안보위원회를 설득하는 데 성공했다.

> 칠레에 대한 가장 큰 우려는… [아옌데가] 입지를 강화해서 그런 모습이 전 세계에 알려지는 것이며… 남아메리카의 잠재적 지도자들이 칠레처럼 해도 된다고 여기게 되면 문제가 심각해집니다. 저는 이 문제와 군사관계를 돈을 더 들여서라도 해결하고 싶습니다. 경제적 측면에서 갑작스럽고 가차 없는 지원 중단cold turkey을 원합니다…. 우리는 아주 차분하고 정중하게 행동할 것이지만, 아옌데 등에게는 진정으로 경고가 될 것

28 Ibid., 24.

29 Ariel Dorfman, "Salvador Allende Offers a Way Out for Venezuela's Maduro," *The Nation*, February 11, 2019.

입니다…. 라틴아메리카에서 이런 일이 허용된다는 인상을 주는 것은 절대 허용할 수 없습니다.[30]

아옌데가 취임한 후, 백악관은 칠레라는 위협을 상쇄할 방안으로 브라질과 더 가까워졌다. 당시 브라질은 심지어 미국보다 더 격렬하게 아옌데에 대한 반감을 표했다. 브라질은 양국이 같은 목표를 위해 일하고 있으니 미국이 남아메리카의 현안에 더 깊이 개입해야 한다고 촉구했다.

브라질 군부가 자국의 반체제 인사를 "실종"시키기 시작한 1971년에 메디시 독재정권은 볼리비아 정부를 전복하고 우파 장군 우고 반세르를 독재자로 세우는 것을 지원했다. 여러 증거들이 브라질리아와 워싱턴 양쪽이 8월 쿠데타에 돈과 지원을 보냈음을 일러 준다.

몇 달 후에는 우루과이에서 선거가 있었다. 좌파 연합 프렌테 암필로Frente Ampilo의 승리가 유력했으므로, 브라질은 국경으로 군대를 보내 은밀하게 선거에 개입했다. 우루과이 당국은 우파인 기존 여당 콜로라도당의 승리를 선언했다.[31]

1971년 연말, 메디시는 워싱턴에서 닉슨을 만났다. 그는 자신의 독재정권이 칠레군 장교들과 연결되어 있으며, 아옌데를 축출하려고 준비하고 있다면서 닉슨에게 "언제든 폭발할 수 있는 라틴아메리카의 상황을 망각해서는 안 됩니다"라고 말했다. 메디시는 브라질이 "백만" 쿠바 망명자를 조직해 카스트로와 싸우게 할 수 있다면서, 미국이 남아메리카에 더 개입하기를 촉구했다. 소련이 무언가를

30 Kornbluh, *The Pinochet File*, 119–120.

31 Harmer, "Brazil's Cold War," 660.

꾸미고 있다고 여겨서 그러는 것이 아니었다. 오히려 정확히 반대였다. "그는 소련이나 중국이 이 나라들의 공산주의 운동을 어떤 형태로건 지원하는 데 관심이 있다고 생각하지 않았다. 오히려 이 나라들의 고난과 빈곤 때문에 공산주의가 온다고 여겼다."

달리 말하자면, 닉슨과 메디시 두 사람에게 문제는 국제 공산주의의 음모가 아니었다. 문제는 그들이 소련이나 중국이 맞을지도 모른다고 생각했다는 것이다. 브라질의 이웃 나라들에서 살고 있는 빈곤한 이들이 자발적으로 "공산주의"를 선택한다면, 그것은 막아야만 하는 일이었다.

닉슨은 메디시에게 아주 깊이 감화받았다. 그는 개인적으로 국무부 장관 윌리엄 로저스에게 메디시가 "전 대륙을 통치"했으면 좋겠다고 말하기도 했다. 메디시를 위한 환송연에서 닉슨은 건배를 제안하며 "브라질이 가면, 라틴아메리카가 따를 것"이라고 선언했다.[32]

같은 해에 미국에서는 하워드 P. 존스 전 대사가 아시아에서 미국 정책의 실패를 돌아보는 인도네시아 시절의 회고록 《가능한 꿈: 인도네시아》를 출판했다. 그러나 책은 별다른 관심을 받지 못했다. 그때 또 다른 반공 학살이 벌어지고 있었다. 반둥 시대로부터 살아남은 공산당 중 (1960년대에는 인도네시아와 이라크에 이어 세 번째였으나 두 공산당이 모두 파괴된 결과) 가장 큰 공산당이었던 수단공산당SCP이 자신을 파괴하려는 새 정권에 맞서 쿠데타를 일으켰다. 그러나 쿠데타는 실패했고, 가파르 니메이리 정부는 반대파를 척결했다. 그는 "수단공산당이 존재한다고 하는 모든 것을 다 쓸어 버려라"라고 명

32 Ibid., 669–670.

령했다. 이 학살 또한 서구에서는 별다른 관심을 받지 못했다.[33]

자카르타 작전

브라질 정부가 칠레 우익 세력과 협력하면서 "자카르타"라는 말은 새로운 의미를 얻게 된다. 브라질과 칠레에서 인도네시아의 수도는 같은 뜻으로 통한다.

오페라상 자카르타 혹은 "자카르타 작전"이라는 말은 브라질 진실위원회가 펴낸 자료에 따르면 절멸 작전 중 비밀 사항을 가리키는 이름이다. 독재가 끝나고서 수집한 증언들은, PCB의 구조를 파괴하기 위한 오페라상 라다르의 일부가 오페라상 자카르타였음을 시사한다. 오페라상 자카르타의 목표는 공산주의자들을 물리적으로 제거하는 것이었다. 곧 인도네시아에서처럼 대량학살하겠다는 말이다. 자카르타 작전 이전에 독재정권은 이미 공개적으로 활동하는 반체제 인사들에게 폭력을 휘둘렀다. 자카르타 작전은 시민사회나 미디어에서 공개적으로 활동하는 공산당원들에게 국가폭력을 확장하기 위한 비밀작전이었다.[34]

33 Gabriel Warburg, *Islam, Nationalism, and Communism in Traditional Society* (London: Frank Cass, 1978), 130–135. 알랭 그레슈에 따르면 수단공산당은 1965년에 인도네시아에서 벌어진 일에 주목했고 그런 이유로 직접적인 대결을 피하고자 했다. Alain Gresh, "The Free Officers and the Comrades: The Sudanese Communist Party and Nimeiri Face-to-Face, 1969–1971," *Journal of Middle East Studies* 21. no. 3 (August 1989): 13. 수단공산당에 따르면 당원 37명이 교수형을 당했다고 한다. 2019년 파티 알파들(Fathi Alfadl)[수단공산당 대변인_옮긴이]과의 이메일 인터뷰.

34 1973년부터 시작된 라다르 작전의 일환으로서 오페라상 자카르타에 관해서는 Graziane Ortiz Righi, "Angelo Cardoso da Silva: Herzog gaúcho," Comissão Nacional da Verdade (CNV) Processo no

브라질 대중은 쿠데타 이후 3년이 지나도록 오페라상 자카르타라는 말을 듣지 못했다. 그러나 칠레에서는 "자카르타"라는 말이 아주 널리 퍼졌다.

산티아고 주변 특히 고지대에 있는 부유층이 사는 동쪽 지역에 누군가가 벽 위에 이런 문구를 쓰기 시작했다.

"야카르타 비에네Yakarta viene."

"자카르타 세 아세르카Jakarta se acerca."

둘 다 "자카르타가 온다"라는 뜻이다.

또는 그저 "자카르타"라고만 써 있기도 했다.

인도네시아에서 벌어진 사건들은 여러 해 동안 우파 담론의 일부였다. 특히 주목해야 할 지점은 1970년대부터 《엘 메르쿠리오》 같은 우파 매체에 기고하고 파트리아 이 리베르타드와 긴밀한 관계

00092.000932/2013-01, Sistema de Informações do Arquivo Nacional (SIAN) do Brasil을 보라. 같은 주장 그리고 오페라상 자카르타가 블라디미르 헤르조그의 목숨을 앗아 갔다는 주장은 "Comissão Estadual da Verdade Rubens Paiva," (Assembleía Legislativa do Estado de São Paulo), CNV-SIAN에 등장한다. 라다르 작전에 관해 더 알고 싶다면 다음을 보라. "Depoimento de Marival Chaves Dias," BR RJANRIO CNV.0.DPO.00092000585201317, BR RJANRIO CNV.0.RCE.00092000122201317, v.107/1, BR RJANRIO CNV.0.RCE.00092000122201317, v.106/2, at CNV-SIAN. 오페라상 자카르타에 관한 참고 문헌들로는 다음을 보라. "Relatório sobre a morte de João Goulart," *Comissão de Cidadania e Direitos Humanos da Assembléia Legislativa do Estado do Rio Grande do Sul—Subocomissão para Investigar as Circunstâncias da Morte do ex-Presidente João Goulart*, CNV-SIAN. 콘도르 작전 이전인 1973년부터 굴라르 대통령이 오페라상 자카르타의 일환으로 우루과이에서 감시당했다는 폭로에 대해서는 다음을 보라. "Termo de declarações, que presta o senhor Mario Ronald Neyra Barreiro," 00092.000311/2013-10, CNV-SIAN. "오페라상 자카르타"가 제스 제인이라는 이름의 좌파에게 가한 위협에 관해서는 "Relatório de Pesquisa para a Comissão Estadual da Verdade do Rio de Janeiro," CEV-RIO를 보라. 브라질군이 공식적으로 "자카르타 작전"이라는 명칭을 내부에서 사용했다는 명백한 증거가 없다는 점을 다시 한번 강조해야겠다. 이 점을 증명하거나 반증하려면 군 자료를 확보해야 한다. 우리가 확보한 것은 그 명칭이 사용되었다는 보도(여기에 인용한 자료 외에도)와 이 장 뒷부분에 나오는 공개적으로 그 명칭을 사용한 최초의 1차 문헌이다.

를 유지한 크로아티아 출신 반공주의자 유라이 도미치 쿠셰니치가 1960년대부터 이 사건들을 자주 언급했다는 사실이다.[35]

"자카르타"가 위협으로 등장한 최초의 기록은 MIR의 기관지 《엘 레벨데》 1972년 1월 판이다. 표지에는 "자카르타는 무엇인가?"라는 질문이 적혀 있고 내지에는 자카르타라는 문구가 쓰인 벽의 사진이 실려 있다. "칠레 파시스트의 인도네시아식 길"이라는 짧은 기사는 그 문구가 뜻하는 바를 설명하고자 했다. PKI는 "진보적인 독립" 국가에서 활약했으나 하룻밤 새 당원들에게 남은 것은 "피바다"뿐이었다는 것이었다.[36] 그 시점에 모든 좌파가 인도네시아 이야기를 알았던 것은 아니었고, 칠레에서 폭력이 벌어질 것이라는 생각은 현실성이 없어 보였다.

자카르타에 관한 두 번째 기사는 1972년 2월에 공산당 청년 잡지 《라모나》에 실렸다. 이 기사는 우익이 "자카르타 작전"이라는 무언가

35 Díaz Nieva, *Patria y Libertad*, 176–179. 그가 크로아티아 출신이라는 점에서 반볼셰비키국가연합이나 세계반공연맹 등 초기에 활동한 본국의 극우 세력과 연결되었을지도 모른다는 의심을 해 보았으나, 아무런 증거를 찾지 못했다. 디아스 니에바는 도미치가 당시 칠레 우파에게 "필독 문헌"이었다고 썼다. 인도네시아에 관해 도미치가 쓴 글의 예로 PKI의 몰락은 자업자득이라는 1969년 기사를 보라. Juraj Domic, *Fundamentos de la Praxis Marxista-Leninista en Chile* (Santiago: Vaitea, 1977), 33. 파트리아 이 리베르다드의 선전국장이었던 마누엘 푸엔테스 벤들링에 따르면, 자신은 도미치와 이르면 1970년에 만나 대통령 후보 호르헤 알레산드리를 지원할 목적으로 칠레 전역의 벽에 50만 개의 구호를 페인트칠하는 것에 대해서 의논했다고 한다. Manuel Fuentes Wendling, *Memorias secretas de Patria y Libertad y algunas confesiones sobre la Guerra Fría en Chile* (Santiago de Chile: Grupo Grijalbo-Mondadori, 1999), 61–76 and 320–325. 나는 2018년에 파트리아 이 리베르타드의 주요 지도자였던 로베르토 티에메와 이메일을 주고받았다. "야카르타"에 대해 묻자 그는 "좌우를 막론하고, 칠레인은 자카르타의 역사에 대해 신경 쓰지 않고 알지도 못한다"라고만 답했다. 2018년 산티아고에서 가진 인터뷰에서 1970년대 초 우파 활동을 했던 오를란도 사엔스 푸엔테스(Orlando Saenz Fuentes)는 파트리아 이 리베르타드가 그 벽서를 작성했을 가능성이 높다고 말했다.

36 *El Rebelde*, January 25–31, 1972, no. 14. 칠레국립도서관 정기간행물 코너에서 열람함.

를 가져왔으며, 그 구상이 데이비드 록펠러 아니면 아구스틴 에드워즈(《엘 메르쿠리오》 소유주)에게서 나왔다고 했다. 또 "칠레의 극우들은 그 학살을 재연하고 싶어 한다"라고 설명했다. "이것은 확실히 무엇을 뜻하는가? 테러리스트들이 공산당 중앙위원회 전체, 사회당과 칠레 노동자중앙연합CUT 고위 간부, 사회운동 지도자들, 주요 좌파 인사들을 전부 다 죽일 계획을 가지고 있다는 뜻이다." 2월 22일에 발표된 이 기사는 카를로스 베르거가 쓴 것이다. 카르멘 헤르츠가 칠레 대학교에 다니던 시절, 좌파 전술과 인도네시아 학살의 의미를 놓고 논쟁하던 그 공산당원 말이다.[37] 이제 카르멘과 카를로스는 부부 사이였다.

벽화는 1970년대 초반 산티아고에서 인기 있는 정치적 발언 도구였다. 좌파 쪽에서는 여러 집단이 자원해서 멕시코의 디에고 리베라 같은 유명한 국제적 벽화 작가들과 칠레 원주민의 마푸체 문화에서 영감을 받은 젊은 작가들이 정교한 벽화를 그렸다. 우파 쪽은 워싱턴과 칠레 지배층에게 지원을 받아 더 효율적이지만 재능은 별로 없는 전문 작가들과 계약을 맺었다. 그들은 그저 단순한 문구를 여기저기 쓰기만 했다. 좌파인 라모나파라 벽화가 여단의 창단 멤버 파트리시오 "파토" 마데라는 "자카르타" 벽서가 1964년 이래 계속 등장한 흑색 공포 선전 벽화를 그린 자와 동일한 고용 작가의 작품임을 알아보았다. 그러나 이번 벽서들은 점점 늘어만 갔다. 그것은

37 Carlos Berger, "La conspiración derechista está tomando vuelo," *Revista Ramona*, February 22, 1972. 칠레국립도서관에서 열람함. 베르거는 자카르타 작전이 "푸리나의 양키 보스"로부터 칠레 우익에게로 내려왔다고 주장했다. 당시 랄스턴 푸리나는 록펠러와 에드워즈가 소유한 칠레의 애완동물 식품 제조사였다.

대량학살이 일어날 것이라는 협박이었다.[38]

벽서 외에도 그들은 엽서를 보냈다. 좌파 정부 공무원과 공산당원의 집에 이런 엽서가 날아들었다.

1972년 어느 시점에 카르멘과 남편 카를로스도 그런 엽서를 받았다. 얄팍한 엽서의 앞면에는 "자카르타가 온다"라고 써 있었고 뒷면에는 파트리아 이 리베르타드의 기하학적 거미 로고가 있었다.

이 공포 선전은 잘 먹혀들었다. 카르멘과 카를로스는 24시간 내내 불안에 시달리며 살았다. 부부는 끝나지 않는 "최고 경계 태세" 속에 있었다. 그들 주변에는 온통 사보타주, 위협과 협박, 공격이었다. 아직 20대였던 카르멘은 아옌데 정부의 토지개혁 프로그램을 돕는 변호사로 일하게 됐고, 반대파가 얼마나 폭력적일 수 있는지 목격했다. 카를로스는 당 활동과 언론일 외에도 재무부의 홍보 업무를 도왔다. 두 사람은 미국 정부가 칠레 경제를 의도적으로 망가뜨리고 있다고 생각했다. 또한 국내의 위협 때문에 일터에서 잘 때가 많았다. 집에는 가끔씩만 가고 절대 너무 오래 있지 않았다. 둘은 거리에서 1960년에 브라질에서 설립된 반공 단체 TFP 칠레 지부 회원들과 자주 입씨름을 벌였다. 산티아고에서 TFP 청년들은 중세식 튜닉을 입고 거리 시위를 벌이며 카르멘에게 소리를 질렀다. 그렇지만 "자카르타가 온다"라고 적힌 엽서를 받았을 때, 카르멘은 위험이 임박했음을 더 확실하게 느꼈다.

엽서를 받은 후 곧 문을 두들기는 요란한 소리가 났다. 그리고

38 2018년 산티아고에서 파트리시오 "파토" 마데라와의 인터뷰. "Patricio Madera: un muralista patrimonial de la histórica Brigada Ramona Parra," *Radio Universidad de Chile*, https://radio.uchile.cl/2018/07/17/patricio-madera-un-muralista-patrimonial-de-la-historica-brigada-ramona-parra/.

"코무니스타!"라는 고함 소리가 이어졌다. 카르멘은 소리를 지르며 맞받아치고는 신생아 헤르만을 안고 집에 숨겨 둔 권총을 들고 밖으로 나가 여기저기를 겨냥하다가 허공에 대고 총을 쏘았다. 나중에 쿵쾅거리던 심장이 멈추고 나서야, 카르멘은 헤르만을 안은 채로 총을 쏜 것을 깨달았다. 그날 밤 도저히 집에서 잘 수 없어 카르멘은 카를로스의 옛 집으로 가는 버스에 타려고 했다. 그러나 버스는 오지 않았고, 카르멘은 아기를 꼭 안고 스산한 산티아고 거리를 정처 없이 걸었다.

칠레 사회의 균열은 카르멘의 가족도 갈라놓았다. 그는 사랑하는 어머니가 딸보다 우파에 더 동조한다는 사실을 잘 알았다. 관계를 회복하려고 애쓰는 사람은 언제나 참을성 많은 카를로스였다. 헤르만의 할머니를 찾아가자 했고, 모녀가 싸우기 시작하면 그는 웃으며 두 사람을 진정시키고자 했다.[39]

그러나 카르멘과 카를로스는 역사가 자신의 편이라고 생각했다. 물론 그들은 전장에 있었다. 그렇지만 그들은 규칙을 지키며 싸웠고, 뒤에는 인민이 있기에 자신들이 이길 것이라고 생각했다. 또한 그들은 이 나라가 외국 세력의 방해 공작으로 고통받고 있다고 믿었는데, 그 점에 관해서는 확실히 옳았다. CIA와 극우 협력자들은 칠레 경제를 무너뜨리고 이 모두를 아옌데의 잘못으로 보이게 하려고 온 힘을 다했다.

아옌데 정부에 닥친 가장 심각한 위기는 1972년 일어난 전국 총파업이었을 것이다. 우회적으로 워싱턴의 자금을 받은 트럭 운전기사들이 물류 운송을 중단하자 서민들의 생필품 공급이 중단되었다.

39 Hertz, *La Historia Fue Otra*, 65–73.

파업을 멈추지 않게 하려고 CIA는 사력을 다했다.[40]

그러나 경제적 사보타주만이 아니었다. "트랙 2는 한번도 종결된 적 없다"는 CIA 간부의 말은 1970년 이래 이 정보기관이 쿠데타를 일으킬 기회를 호시탐탐 노리지 않은 적이 없었다는 뜻이다. 비망록에 따르면 키신저는 "아옌데가 중도를 자처하고 있으니 극단주의자들을 지지하는 게 어떻겠냐"라고 물었다고 한다.[41]

한 나라를 불안정하게 만들려고 할 때는 수술할 때와 같은 정확한 집도 따위는 필요없다. 그저 큼직한 망치로 두들겨 주면 된다. 칠레는 금새 혼란에 빠졌고, 그 때문에 아옌데는 고대하던 알제리 비동맹 회의에 참석하지 못했다.[42]

그럼에도 아직 두 가지 큰 문제가 남아 있었다. 첫째, 아옌데의 임기가 적어도 3년은 더 남아 있고, 좌파에 대한 대중의 지지도 아직 굳건하다는 점이었다. 같은 상황에서 브라질은 쿠데타를 막아 내지 못했었다. 두 번째 문제이자 진정한 장애물은 레네 슈나이더의 후임자인 참모총장 카를로스 프라츠 또한 헌정주의자라는 사실이었다. 경제가 위기에 빠졌으며 보수파가 군사 쿠데타를 염원하고 있다는 것을 프라츠도 잘 알았다. 그러나 그는 슈나이더 독트린과 민주주의에 충실한 사람이었고, 자신의 법적 권한의 범위를 벗어나는 행동을 거부했다. 그렇게 아옌데는 계속 권좌에 있을 수 있었다.

1972년 말, 세계는 또 다른 반공 독재정권의 등장을 목격했다. 필리핀에서는 1970년부터 학생들이 페르디난드 마르코스 정부에

40 Harmer, *Allende's Chile*, 182–183.

41 Weiner, *Legacy of Ashes*, 315[국역: 《잿더미의 유산》, 500쪽].

42 Harmer, *Allende's Chile*, 237.

반대하는 시위를 벌여 왔다. 학생들은 대통령의 뻔뻔스런 부정부패와 베트남에서 미국이 벌이는 전쟁에 협력하는 정부에 대해 반대의 목소리를 높였다. 필리핀은 미국이 직접 식민 통치를 시도한 가장 큰 실험장이었으며, 1954년 CIA가 테러와 심리전을 동원하여 좌파-민족주의 훅 반란을 진압한 이래로 마닐라를 서구 진영에 두기 위해 신중하게 관리되고 있었다. 필리핀에 있는 미군 기지들은 1958년 CIA가 인도네시아를 해체하려는 작전을 펼칠 때 사용되기도 했다. 우파인 마르코스는 1968년 살짝 의심스러운 결과로 재선에 성공했다. 마르코스의 아내 이멜다는 수백만 달러를 퍼부어 지은 필리핀 문화센터의 화려한 개관식에 친구인 캘리포니아 주지사 로널드 레이건을 초대했다.[43]

반마르코스 학생들 중 일부는 공산주의자 호세 마리아 "조마" 시손을 따랐다. 마오주의자이자 문학 교수였던 시손은 루뭄바, 카스트로, 서구 신좌파 지식인들에게서 영감을 얻었다. 수카르노가 실각하기 전 인도네시아에서 공부한 바 있는 그는 1965~1966년의 일에 대해 무장하지 않은 PKI가 스스로를 너무 취약하게 만들었다는, 폴 포트와 유사한 결론을 내렸다. 시손은 1968년에 마오주의 필리핀공산당(이하 CPP로 표기함)를 창당하고, PKI가 택한 대중정당 노선이 아니라 농촌 지역의 게릴라 집단에 의존하는 전술을 채택했다(그는 1965년에 인도네시아에서 목격했던 것들이 CPP가 비밀 무장 정당이어야 한다는 확신을 갖게 했다고 말했다. CPP는 아직도 활동 중이다).[44]

43 Luis H. Francia, *A History of the Philippines: From Indios Bravos to Filipinos* (New York: Overlook Press, 2010), 223.

44 호세 마리아 시손과의 인터뷰. 나는 2018년 《워싱턴포스트》에 CPP 관련 보도를 하면서 당의 "정보국" 연락처를 확보했다. 정보국은 내게 시손에게 이메일을 보내 질문하라고 알려 주었고 다음

그러나 시위대의 다수는 그저 중도적인 자유당 지지자였다. 일부 소란의 배후에는 마르코스 자신이 있었다. 그는 "이제 소란을 위기로 조장해야 엄격한 조치를 취할 수" 있으며, "파괴와 공공 기물 파손이 조금만 더 심해지면 나는 무엇이든 할 수 있다"라고 썼다.[45]

마르코스와 국방부 장관 후안 폰세 엔릴레는 반복해서 공산주의의 위협에 대해 경고했다. 그리고 1972년 9월 22일, 엔릴레는 자신을 노린 암살 시도를 조작했다. 총을 든 괴한들이 그가 타기로 되어 있던 차에 총격을 가하는 동안, 그는 다른 차를 탔다. 이 속임수를 계획한 마르코스와 엔릴레는 신의 가호로 살아남았다고 말하면서 당연하게도 공산주의자들을 탓했다. 바로 그날, 그들은 이 모두를 고려해 봤을 때 계엄령 말고는 다른 선택지가 없다고 주장했다. 군인들이 야당 인사들을 체포하기 시작했고 그 첫 목표물은 자유당 상원의원 베니그노 아키노 2세였다. 수하르토는 이미 마르코스라는 반공 동맹을 두고 있었지만, 이제 그와 워싱턴은 동남아시아에서 두 번째로 인구가 많은 나라에 우호적인 권위주의 정권을 가지게 되었다. 마르코스는 미국의 적극적인 지원을 받아 자기 방식의 정실자본주의

은 1965년과 그 효과에 대한 그의 답변 전문이다. "PKI에는 인민의 군대도 없었고 나사콤과 선거 활동을 통해 당이 완벽하게 노출되어 있었습니다. PKI 당원과 가장 적극적인 대중 활동가 3백만 명(학살을 자행한 전략예비사령부에 따르면)이 아무런 실질적 저항도 못하고 손쉽게 학살당하는 것을 지켜본 후 나는 한 가지 교훈을 얻었습니다. 물론 1965-1966년 인도네시아 학살의 교훈은 그후로도 몇 년 동안 내 머릿속을 맴돌았어요. 그후 나는 공산당이 정치권력을 잡기 전에 스스로를 전적으로 또는 완벽하게 노출하는 것은 극도로 위험하다고 생각하게 되었습니다. 따라서 CPP는 1968년 창당 당시부터 비밀 정당이었으며, CPP를 무너뜨리기 위한 모든 음모와 중국의 완전한 자본주의화, 소련의 붕괴, 부르주아지와 프롤레타리아 간의 역사적 투쟁이 완전히 끝난 것인 양 미 제국주의와 세계 자본주의 체제를 영원할 것으로 보이게 만든 모든 요인에도 불구하고 50년 넘게 유지되고 성장해 왔습니다."

45 Stanley Karnow, *In Our Image: America's Empire in the Philippines* (New York: Random House, 1989), 380.

를 세우고 기록적인 수준의 부정부패를 저질렀다. 그는 수천 명을 죽이고 걸핏하면 그 시체를 길거리에 던져 두어 적들을 겁주었다.[46]

헌정주의자 수병들

1973년, 스물세 살이 된 페드로 블라셋은 전통적으로 더 상류층이고 보수적인 칠레 해군에서 복무하는 노동계급 출신 수병이었다. 운 좋게 6개월 동안 스위스로 가는 크루즈선에 승선하는 바람에 그는 고국에서 벌어진 급진적 사건 대부분을 놓쳤다. 그와 동료들은 엄격한 프러시아식 칠레 해군과는 반대로 자유분방한 유럽 해군을 보고는 충격을 받았다. 그는 해군에 입대하자마자 신고식 명목으로 두들겨 맞은 적이 있었다. 1970년에는 몇몇 친구들과 아옌데의 승리를 축하했다가 호된 질책을 받기도 했다. 뼛속까지 보수적인 해군 장교들은 대개 사립학교 출신에다가 귀족적인 우월감을 가지고 있어서 CIA가 지원한 에두아르도 프레이 정부조차도 마땅찮게 여겼다. 페드로가 생각하기에 그 이유는 프레이의 온건한 개혁 덕분에 중산층 일부가 지배층 학교에 들어갈 수 있게 되면서 자기 자식이 열등한 계급과 함께 공부하게 되었기 때문이었다.

그러나 1973년 2월, 페드로가 산티아고에 돌아와 보니 상황이 달라져 있었다. 해군은 군에서도 가장 반공적인 집단이었고, 동료들

46 Alfred McCoy, “Dark Legacy: Human Rights under the Marcos Regime,” paper delivered at Ateneo de Manila University, September 20, 1999, at www.hartford-hwp.com/archives/54a/062.html; Karnow, *In Our Image*, 356–360.

도 그 사실을 감추지 않았다. 고위 장교들은 브라질 대사관과의 협력에 대해 이야기했다. 파트리아 이 리베르타드에 무기를 전달하는 일에 대해서도 의논했다. 그들은 특히 3월 선거에서 좌파가 선전한 이후로는 참모총장 프라츠의 헌정주의적 입장에 대해 격렬하게 비난을 퍼부었다. 그들은 대놓고 "엘 플란 야카르타El Plan Jakarta(자카르타 작전)"라고 부르는 것에 대해서 이야기하기 시작했다.

페드로는 자카르타에 대해 들은 적이 있었다. 해군에 입대한 지 얼마 되지 않았던 1966년에 수병들 사이에서 동남아시아를 경유한 이상한 항해에 대한 끔찍한 이야기가 돌은 적이 있었다. 그들은 인도네시아 수도에서 "절멸" 작전으로 인한 살육을 목격했다고 전했다. 젊은 수병들은 거리에 걸린 잘린 머리통 이야기에 경악하면서도 이를 그저 머나먼 곳에서 벌어진 괴이한 폭력이라고만 여겼다.[47]

그러나 1973년 "엘 플란 야카르타"에 대한 이야기가 나오기 시작했을 때, 상관들은 아주 구체적이고 또 심각했다. 그 계획은 좌파와 핵심 지지자들을 1만 명 정도 죽여서 우파 정부로 확실하게 전환할 수 있게 하자는 것이었다. 페드로의 친구 기에르모 카스티요는 이러한 계획이 한 척 이상의 해군 선박에서 거론되는 것을 들었다.

"자카르타 작전을 시작하면 말이지. 1만에서 2만 명을 그냥 죽여버리는 거야. 그럼 끝이야. 저항이고 뭐고 없이 우리가 이기는 거지." 한 장교가 말했다. 어쩌면 장교들은 선상의 부하들이 이런 전략을

47 2018년 산티아고에서 페드로 블라셋과 기에르모 카스티요와의 인터뷰. 앞서 밝혔듯이 자카르타는 가장 끔찍하고 눈에 띄는 폭력이 벌어진 곳은 아니었다. 칠레 수병이 시체가 널린 광경을 보았다면 자카르타가 아닌 다른 곳이거나 전해 들은 이야기일 가능성이 높다. 예를 들어 아체에서는 "목을 베어 길가 말뚝에 걸어 놓았다"라는 보고가 있었다. Prashad, *Darker Nations*, 154[국역: 《갈색의 세계사》, 221쪽]를 보라.

지지하거나 적어도 발설하지 않을 만큼 해군 내 위계를 따를 것이라고 여겼을 것이다.

그러나 하급 수병들에게는 당연한 일이 아니었다. "대체 누구를 죽인다는 거지? 우리 가족들을?" 페드로는 친한 친구 몇몇에게 물어보았다. "내가 없는 동안 칠레에서 대체 무슨 일이 벌어진 거야?"

수병들은 해군 내에 헌정주의자 비밀 소모임을 조직하여 정세에 대해 논의하기로 했다. 그들은 자신들이 했던 맹세가 직속상관이 아닌 조국에 대한 것이었음을 상기하며 정치인들에게 경고의 메시지를 보냈다.

모임은 발각되었다. 페드로와 기예르모는 체포되어 투옥되었고 여러 번 고문을 당했다. 둘은 플란 야카르타의 칠레 버전이 정말로 일어나고 한참이 지나서도 세상의 빛을 보지 못했다.

오페라상 야카르타. 야카르타 비에네. 플란 야카르타. 스페인어와 포르투갈어로 된 이 표현들에서 '자카르타'가 의미하는 바는 명백하다. 또한 이것은 트루먼 행정부가 '자카르타 공식'을 따랐던 1948년에 자카르타가 의미했던 바와는 전혀 다르다. 그때의 '자카르타'는 워싱턴이 위협으로 여기지 않아도 되는 독립된 제3세계의 발전을 뜻했다. 이제 '자카르타'는 아주 다른 것이 되어 반공 대량학살의 동의어가 되었다. 자카르타는 미국에 충성하는 자본주의 권위주의 정권의 건설에 반대하는 민간인을 국가가 조직적으로 절멸시키는 것을 뜻하게 되었다. 자카르타는 실종과 뉘우칠 줄 모르는 국가폭력을 뜻하며, 앞으로 20년 동안 라틴아메리카 전역에서 벌어질 일이기도 했다.

콘도르 작전

1973년, 아옌데가 실각했다. 그가 죽자 칠레의 민주적 사회주의라는 꿈도 사그라졌다. 그 자리에 브라질 및 미국과 함께 국제 학살 네트워크를 결성하는 폭력적 반공 정권이 등장했다. 그들의 살인 테러는 좌파만을 겨눈 것이 아니었다. 그들은 자신들의 동맹마저도 걸리적거리면 테러로 응수했다.

1973년 9월 11일 직전 몇 달 동안 칠레는 1964년의 브라질과 상당히 비슷했다. 민간 부문 단체들이 야당에 자금을 대고, '전통'과 '가족'을 내세우는 단체들이 시위를 조직하며, 우파 언론은 좌파의 음모에 대한 공포를 확산시키고 있었다. CIA는 1972년 말 칠레의 야당 집단들이 브라질 독재정권으로부터 "경제적 지원과 기관총과 수류탄 같은 무기"를 받고 있다고 보고했다.[48]

그러나 1973년 9월 11일 이후의 나날은 (처음에는 더 작은 규모였지만) 1965년의 인도네시아와 더 비슷해 보였다. 브라질 군사정권이 아주 천천히 테러와 폭력으로 움직인 데 반해, 아우구스토 피노체트의 독재는 폭발적인 폭력과 함께 시작되었다.

첫 쿠데타 시도는 6월에 있었다. "탕케타소Tanquetazo"라고 불리는 이 시도는 참모총장 카를로스 프라츠가 파트리아 이 리베르타드와 연계된 군사 반란을 진압하는 바람에 실패했다. 프라츠는 칠레군이 그 역사적 임무를 배반하는 것을 두고 보지 않았다.

이후 몇 주 동안 좌파 매체들은 배후인 파트리아 이 리베르타드 등 우파 세력이 쿠데타가 성공하면 플란 야카르타를 실행할 계획이

48 Harmer, "Brazil's Cold War," 673.

었다고 보도하기 시작했다. 그런 우려에는 이유가 있었다. 도밍고 고도이 마테라는 우파 국민당 소속 정치인이 의회에서 "자카르타가 만들어질 때까지 여기 있을 것"이라고 선언했던 것이다.[49] 이 발언은 중도파와 좌파 사이에서 큰 파장을 일으켜 우파가 "대량학살"을 공개적으로 계획하고 있다는 격렬한 비난이 쏟아졌다. 사회당 기관지는 편집장이 받은 "자카르타가 온다" 문구가 쓰여진 엽서의 사진을 싣고 모든 책임을 미국에 돌렸다.[50]

그런데 이상하게도 우파 매체들은 '자카르타' 테러의 정반대 버전을 퍼트리기 시작했다. CIA가 돈을 대는 《엘 메르쿠리오》는 인도네시아에서는 공산주의자들이 장군들을 살해했다면서 칠레에서도 그런 일이 일어날 수 있다는 이야기를 실었다.[51]

1970년에 카스트로는 아옌데에게 미국을 자극하지 말라고 경고했었다. 그러나 너무 늦은 듯했다. 아옌데 주변에서 우파의 테러가 벌어지고 쿠데타 음모가 꿈틀거리자, 카스트로는 강경책을 쓰라고 권했다. 그는 아옌데가 반대파에 너무 많은 자유를 주고 혁명을 진전하

49 *Puro Chile*, July 12, 1973; 고도이 마테의 선언에 대한 보도는 *El Siglo*, July 8 and 9, 1973도 보라. 1973년 8월 1일, PCCh 간부 오를란도 밀라스는 인도네시아에서 자신이 경험한 것에 대해 쓰면서 칠레 우파가 CIA가 후원한 1965-1966년 학살을 재연하고 싶어 한다고 주장한 민족주의 정치인의 말을 인용했다. 두 신문 모두 칠레국립도서관 정기간행물 코너에서 열람함.

50 *Las Noticias de Última Hora*, August 3, 1973, 칠레국립도서관 정기간행물 코너에서 열람함.

51 특히 *El Mercurio*, July 14, 1973을 보라. 이 기사에는 작성자가 밝혀져 있지 않지만, 사용된 언어가 유라이 도미치의 기사 "Modelo Indonesio de Golpe de Estado Comunista," *Revista PEC* (January/February 1973)에 쓰인 것과 유사하다. 이 기사는 나중에 소책자 *Modelo Indonesio de Golpe de Estado Comunista* (Santiago de Chile: Vaitea, 1975)로 출판됐다. 9월 7일에 라디오 진행자 세르히오 오노프레 하르파가 당시 상황을 1965년의 자카르타와 비교한 것 또한 특기할 만하다. 쿠데타 하루 전인 1973년 9월 10일 재발행됨. 칠레국립도서관 정기간행물 코너에서 열람함.

기 위한 폭력을 쓰기를 너무 주저한다고 지적했다. "사회주의와 파시즘" 간의 대결이 다가오고 있으며, 칠레 좌파가 자신의 조언을 따르지 않는다면 그 대결에서 살아남지 못할 것이라고도 경고했다.[52] 그러나 아옌데의 인민전선 정부는 민주적 사회주의의 약속을 저버리지 않았다.

7월에는 우파 테러리스트들이 자택 발코니에 서 있던 아옌데의 부관 아르투고 아라야를 살해했다.[53]

8월쯤 참모총장 카를로스 프라츠는 자신이 얼마나 큰 압박을 받고 있는지 실감했다. 군의 권력자들이 쿠데타를 시도하고 있었고 지배층 상당수도 마찬가지였다. 프라츠의 집 앞에서 군인의 아내들이 시위를 벌일 정도였다.[54]

우파 테러리스트들은 아옌데가 임기를 마치게 두느니 프라츠를 살해하는 편이 낫다고 여길 정도로 미쳐 날뛰었다. 그런 세 집단이 인류 역사상 가장 강력한 정부인 미국을 등에 업고 있었다. 그러나 프라츠는 그들이 쿠데타를 일으키게 두지 않았다. 8월 23일, 프라츠는 사직서를 내고 부에노스아이레스로 떠날 차비를 마쳤다.

프라츠의 후임자는 아우구스토 피노체트였다. 이 별다를 것 없고 과묵한 장군은 프라츠에게 충성했었고 바로 몇 주 전 있었던 쿠데타에 대해서도 별다른 관심을 보이지 않았다. 6월에 탕케타소가 실패한 후, 피노체트는 쿠데타 주동자들에게 "헌법에 어긋나는 일이니

52 Harmer, *Allende's Chile*, 133.

53 Mary Helen Spooner, *Soldiers in a Narrow Land: The Pinochet Regime in Chile* (Berkeley, CA: University of California Press, 1999), 31–35.

54 Ibid., 35–36.

정치에 관해서는 말하고" 싶지 않다고 말했다.

9월 9일, 사회당 대표 카를로스 알타미라노가 산티아고의 국립 종합경기장에서 연설했다. 그는 페드로 블라셋과 기예르모 카스티요 같은 헌정주의자 수병 그룹이 정부에 보낸 편지를 읽으며 8월의 쿠데타 음모에 대해 경고했다.

"저희에게는 8월 8일과 10일 사이에 그자들이 인민을 상대로 벌이려던 대학살을 막는 것이 가장 중요했습니다…. 우리의 상관들은 이러저러한 이유로 마르크스주의 정부는 전복되어야 하며, 국민에게서 마르크스주의 지도자들을 쓸어 버려야 한다고 했습니다. 그들에게는 모든 좌파 지도자들이 자카르타 작전의 대상인 것이 분명했습니다."[55] 그때쯤이면 칠레 좌파 대다수가 "자카르타 계획"이 무엇인지 잘 알고 있었을 것이다. 그때쯤이면 누구나 쿠데타가 임박했다는 것도 잘 알고 있었다. 알타미라노의 연설은 뉴스 속보라기보다 수병들의 용기에 대한 헌사에 가까웠다.

이틀 후인 9월 11일, 살바도르 아옌데는 무슨 일이 일어날지 알아차렸다. 그는 모네다 대통령궁에 바리케이드를 쌓고 지지자들에게 마지막 라디오 연설을 했다.

> 지금이 분명 제가 여러분께 말할 수 있는 마지막 기회일 것입니다. 공군이 벌써 안테나를 폭격하고 있습니다…. 저는 인민에게 충성하기 위해 목숨을 바치겠습니다. 그리고 저는 말하고 싶습니다. 우리가 수천 수만 칠레인의 양심에 심은 씨앗이 영원히 거두어지지는 않을 것이라고…. 칠레 만세! 인민 만세! 노동자 만세! 이게 저의 마지막 말입니다. 저는

55 Patricia Politzer, *Altamirano* (Santiago, Melquíades, 1990), 132.

제 희생이 헛되지 않을 것임을 확신합니다.

아옌데는 (피델 카스트로가 선물로 준) 소총을 어깨에 메고 철모를 썼다. 공군이 대통령궁과 행여 대통령을 위해 싸울지도 모를 빈민가를 폭격하는 사이, 아옌데는 자신의 머리에 총을 쏘아 자살했다.[56]

그날 밤, 신군부는 그들이 저지른 폭력적인 권력 탈취가 어떤 이데올로기에 의한 것인지를 너무나 명백히 밝혔다. 쿠데타를 주도한 넷 중 하나인 호르헤 구스타보 리 장군은 텔레비전 연설에서 이렇게 말했다. "마르크스주의라는 암세포를 지원한 지 3년… 우리는 신성한 조국의 이해를 위해, 우리가 수행한 슬프고도 고통스런 임무를 떠맡아야 한다는 점을 인지했다…. 우리는 마르크스주의에 맞서 싸울 준비가 됐으며, 이를 발본색원하고자 한다."[57]

곧바로 살인과 실종이 시작됐다.

56 방아쇠를 당긴 사람이 아옌데가 아니라는 이야기가 오랜 시간 널리 회자됐고 특히 칠레 바깥에서는 여전히 타살이 사실이라고 믿는 경향이 있다. 소문에는 그럴 만한 이유가 있긴 하지만, 이를 잠재워야 할 이유도 충분하다. 아옌데의 의료진이던 파트리시오 기혼은 아들에게 선물로 줄 가스마스크를 가지러 그 방으로 돌아왔다가 아옌데의 자살을 목격했다. 소총에서도 아옌데의 지문이 발견됐다. 그럼에도 아옌데의 아내인 오르텐시아 부시 데 아옌데가 군에 의해 아옌데가 사살되었다는 설에 불을 붙였다. 부시 데 아옌데는 망명지인 멕시코시티에서 처음에는 기혼의 증언을 받아들였으나 사흘 뒤에는 그 성명을 철회하고 남편이 모데나 대통령궁을 떠날 방법은 "싸우다가 죽는 것"뿐이라고 말한 적이 있었다고 주장했다. 아옌데의 죽음에 관한 이 새로운 이야기는 지지자들, 특히 국외 지지자들을 안도하게 했으며 쿠데타 12일 후에 암으로 사망한 노벨상을 수상한 칠레 시인 파블로 네루다가 이 이야기를 지지하면서 더 확산되었다. 지금은 기혼의 증언이 그날 실제 벌어진 일로 널리 인정받고 있다. 이 이야기는 Mary Helen Spooner, *Soldiers in a Narrow Land: The Pinochet Regime in Chile* (Berkeley and Los Angeles, CA: University of California Press, 1994), 40–44, 50–54에 수록되어 있다.

57 나는 이 연설을 칠레 산티아고 기억과 인권 박물관에서 들었다. 다음 웹사이트에서 온라인으로도 확인할 수 있다. bbc.com/mundo/noticias-america-latina-45458820

광신적 반공주의는 다시 한번 글로벌 남반구에서 신생 살인 정권의 창설 이데올로기가 되었다. 국제적 차원에서 칠레 군부는 친미 동맹국이 될 것이다. 그러나 지역 차원에서는 미국을 따라 하려 하지는 않을 것이다. 칠레 군부는 브라질을 따라 하려고 할 것이다.[58] 칠레 군부는 독재를 확립하고 자신들의 존재를 정당화하기 시작했다.

9월 22일, 칠레 국민당의 기관지 《트리부나》는 에르네스토 바에사 미켈센 장군과의 의외의 인터뷰를 실었다. 그는 카르멘 헤르츠와 카를로스 베르거의 집에 날아왔던 것과 똑같은 엽서를 들고 사진을 찍었다. "자카르타가 온다"라고 쓰인 그 엽서 말이다. 한데, 장군은 강직한 보수 장군들에게 협박 메시지를 보낸 것이 좌파라고 주장했다. 이제 미국을 등에 업은 군부독재가 전폭적으로 지지하는 이 서사에 따르면, 마르크스주의자들이 9월 22일에 고위 장교 27명을 죽이려는 계획을 세웠고, 이 좌파 쿠데타를 막기 위해 우파 쿠데타가 벌어졌다는 것이다. 며칠 뒤 군부의 호르헤 구스타보 리 장군도 똑같은 이야기를 반복했다. 그는 《라 세군다》지를 통해 이렇게 말했다. "이러한 움직임은 칠레군을 완전히 파괴하려는 것… 최후의 붕괴를 불러올 자카르타를 위한 것이었다. 마지막 보루가 무너지면 나라 전체에 테러를 저지른다는 것이 그들의 계획이었다."[59]

그렇지만 9월 22일 이 주장이 신문에 발표되었을 때, 온 나라에서 테러를 저지르고 있던 자들은 군부였다. 널리 알려진 일은 국립종합경기장에 적으로 의심되는 사람 수천 명을 모아 놓고 심문하고 고문하고 처형한 것이다. 덜 알려진 사실은 그 자리에 브라질군

58 Harmer, "Brazil's Cold War," 680.

59 *La Segunda*, September 21, 1973.

고문들이 와서는 그들이 적이라 여기는 젊은 남녀를 쓸어 버리는 일을 도왔다는 것이다.[60] 1천 명 이상이 그 자리에서 처형되었고 시체는 집단매장지에 몰래 묻혔다.[61] 그러나 카르멘 헤르츠와 카를로스 베르거는 그 대열에 속하지 않았다. 당시 둘은 북부에 있었다. 카를로스는 추키카마타Chuquicamata 구리 광산의 대외 홍보관으로 일하며 아옌데의 구리 산업 국유화를 열성적으로 지지하고 홍보하고 있었다.

카를로스는 9월 12일 체포되었다가 금세 석방됐지만, 9월 14일 다시 체포된 후로는 나오지 못했다. 젊은 변호사였던 카르멘은 그를 석방시키려고 애썼다. 카르멘은 카를로스가 석방되리라 확신했지만, 얼마나 빨리 나올 수 있는지가 문제였다. 카를로스의 운명이 풍전등화인 것을 알던 카르멘은 공산당이나 산티아고의 어떤 고위직과도 연락하지 않았다. 그는 카를로스 곁에 있으면서 최대한 자주 면회하고 지역 공무원들과 협상했다. 카를로스는 61일간의 구금형을 받았고, 카르멘은 벌금으로 감형받기를 바랐다.

10월 19일 오후 5시쯤 카르멘은 카를로스를 면회했다. 카를로스는 불안정하고 제정신이 아니었다. 뭔가 잘못된 것이다.

“그자들이 죄수들을 데려갔어. 사령부 같은 덴데 완전히 다른 사람들이야. 아는 얼굴이 하나도 없었어. 죄수들 머리에 천을 씌워 놓고 마구잡이로 데려갔어.” 카를로스가 말했다.

그날 밤 카르멘은 발신인을 알 수 없는 전화를 받았다. 그 목소리는 그들이 그를 데려갔다고 말했다. 카르멘은 교도소장에게 전화를 걸었다. “네, 그들이 그를 데려갔습니다. 하지만 걱정 마세요. 심문을

60 Ibid., 660.

61 Dinges, *The Condor Years*, 3.

받고 나면 바로 돌아올 겁니다." 그는 돌아오지 않았다. 그들은 데려간 사람 모두를 처형했다. '자카르타'가 도착한 것이다.

이 사실을 피노체트의 군대는 나름의 방식으로 카르멘에게 전달했다. 다음 날 밤, 그들은 길가에 지프를 세우고 카르멘이 가까이 오기를 기다렸다. 그들은 차 밖으로 나오지 않았다. 카르멘이 가까이 가 보니 군종신부와 군복을 입은 누군가가 차 안에 있었다. 그 사람이 말했다. "카를로스 베르거와 다른 죄수들은 안토파가스타Antofagasta 시로 이송되던 중 반란을 일으켜 탈주를 시도하다가 사살되었습니다. 그럼 이만." 차에 시동도 끄지 않은 채였고, 운전수는 바로 기어를 바꾸더니 차를 움직였다. 카르멘은 울지 않았다. 그는 소리를 질렀다. "살인자들! 살인자들! 개새끼들, 두고 보자! 너희는 대가를 치를 거야! 살인자들, 망할 겁쟁이들!"

워싱턴 관리들은 전 세계 발전도상국들이 피노체트의 부상에 충격과 공포로 반응하는 것을 지켜보았다. 10월에 나온 국무부 정보 보고서는 카메룬의 한 중도 신문이 아옌데의 실각을 "제3세계의 얼굴에 날아든 싸대기"라고 표현했다고 기록했다.[62]

"자카르타" 은유를 칠레 정치인들에게 소개한 크로아티아의 망명객 유라이 도미치는 피노체트의 외교부에서 한자리를 차지했다.

쿠데타가 일어나기 전, 워싱턴의 관리들은 칠레인들에게 사회주의와 싸울 만한 능력이 있는지 걱정했다. 하지만 칠레인의 열정은 곧 브라질의 후원자를 능가했다. 칠레군에게 수천 명을 죽이는 일은 기꺼이 할 일이었다. 페드로 블라셋과 다른 헌정주의자 수병들이 엿

62 Intelligence Note, State Department Bureau of Intelligence and Research, "Coup in Chile Reveals African Mistrust of US," October 10, 1973, Box 2198, RG 59, NARA.

들은 그대로였다. 결국 피노체트와 부하들은 3천 명가량을 살해했는데, 그 살인의 대부분은 독재 초기에 벌어졌다. 그들은 자신들의 신속성과 효율성을 자랑스러워했다. 피노체트의 비밀경찰 DINA를 창설한 CIA 협력자 마누엘 콘트레라스는 국가 테러의 핵심이 적의 철저한 파괴에 그치는 것이 아니라 저항을 불가능하게 하고 지배적 정치 경제 구조를 공고히 하는 것임을 잘 알았다.

온 국민을 상대로 폭력과 테러가 벌어진 후에야 아우구스토 피노체트는 워싱턴이 칠레 군부가 맡아야 한다고 생각했던 역할을 수락했다. 워싱턴은 처음부터 피노체트 정부를 지지했다. 남아메리카의 새 독재자에 대한 헨리 키신저의 정책은 아주 단순했다. "옹호하라, 옹호하라, 옹호하라."[63]

그러나 브라질 군사독재와 마찬가지로, 피노체트의 폭력이 낳은 결과는 길고 좁은 칠레 영토 안에만 머물지 않았다. 정권을 잡자마자 피노체트는 아메리카 대륙the hemisphere 전역에서 "공산주의"와 싸우고 세계 각지에서 민간인을 살해하여 해외에서 영향력을 키우려고 했다.

해외 테러는 가까운 곳에서부터 시작되었다. 1974년 9월 29일, 피노체트는 DINA를 시켜 자신의 상관이던 카를로스 프라츠와 그의 아내를 부에노스아이레스의 자택에서 살해했다. 당시 프라츠는 회고록을 쓰던 중이었다. 프라츠가 살해된 후 피노체트는 그의 죽음이 "정부가 채택한 보안 조처들에 부합"한다는 내용의 성명을 발표했다.[64]

프라츠가 살해되고 몇 달 후, 브라질 군부는 오페라상 자카르

63 Dinges, *The Condor Years*, 158.

64 Spooner, *Soldiers in a Narrow Land*, 45–47.

타의 존재를 실수로 흘리게 된다.

1975년 8월, 상파울루에 사는 언론학 전공생 루시아누 마르팅스 코스타는 다른 학생들과 함께 잔혹함으로 악명 높던 에드나르두 다빌라 멜루 장군을 인터뷰한다. 물론 인터뷰 전에 장교들이 이 학생들을 조사했고, 인터뷰 장소에 우파 학생들을 데려와서 겁을 주었다. 이런 인터뷰가 대개 그렇듯이 다빌라 멜루는 숨길 것이 없다는 듯 정권에 관한 불편하지 않은 절반의 진실만을 전하고 있는 중이었다. 문제는 장군이 한 학생의 질문에 격분해 버린 것이었다. 그는 순종적이지 않은 학생의 태도에 화가 나서 이성을 잃고 말았다.

"너희들은 다 세뇌됐어!" 그는 고함을 질렀다. "우리가 오페라상 자카르타를 실행하고 여기 상파울루에서 공산주의자 2천 명을 제거한 이유가 다 이런 세뇌 때문이라고." 그는 제거 대상의 이름을 대기 시작했다.

루시아누는 그 내용을 급히 받아적었다. "상파울루에서 공산주의자 2천 명 제거…."

장군은 입에서 나오는 대로 떠들었다. 그렇지만 독재정권하였기 때문에 이 내용을 공개되지 않게 만들기란 쉬운 일이었다.

"내가 말한 내용이 단 한 줄이라도 보도되면, 너희가 2001번째가 될 줄 알아!"

학생들은 꽤 오랫동안 침묵했다.[65]

석 달 뒤, 칠레의 피노체트 정권은 브라질을 비롯한 이웃의 친미반공 국가들이 참석하는 회의를 개최한다. 이제 그렇게 된 이웃 나라의 수가 상당했다. 아르헨티나, 볼리비아, 브라질, 파라과이, 우루과

65 마르팅스 코스타와 상파울루(2018년)에서 그리고 전화(2019년)로 한 인터뷰.

이 대표들이 칠레국방대학교 대회의실에서 CIA 협력자이자 칠레 DINA의 설립자 마누엘 콘트레라스와 만났다. 분위기는 더할 나위 없이 좋았다. 그들은 협력해야 한다는 데 동의했다. 자기 나라에서만 공산주의자와 불순분자들을 죽이는 것으로는 충분치 않았다. 그 자리에서 전 세계 곳곳에서 적들을 쓸어 버리기 위해 협력하는 프로그램이 시작됐다. 정보를 교환하기 위한 중앙 데이터 은행을 설립했고, 이 시스템에 사용할 컴퓨터를 미국이 곧 지원해 주었다. 회의 첫날은 DINA가 데려온 아름다운 칠레 미녀들과의 성대한 저녁 만찬으로 마무리됐다.[66]

그들은 이 새로운 동맹에 칠레의 국조이자 동물의 사체를 먹는 맹금류의 이름을 붙였다. 1975년 11월, 콘도르 작전이 시작되었다.

영화관 가는 길

베니는 1975년에 칠레에 도착했다. 방콕에서 10년 넘게 일한 후, 유엔 소속 경제학자로 칠레에 파견된 것이었다. 캔자스 시절에 북아메리카는 좀 알게 되었지만 라틴아메리카는 처음이어서 무척 기대가 컸다. 함께 갈 아내와 아이들도 스페인어를 열심히 배웠다.

베니 가족은 피노체트 정권하에서의 삶이 어떤 것인지 빠르게 배웠다. 어느 날 저녁, 베니는 산티아고 시내로 걸어가 영화를 보려고 했다. 가는 도중 칠레 경찰 카라비네로스가 두어 번 그를 멈춰 세웠다. 경찰은 그의 신분과 목적지를 물었다.

66 Dinges, *The Condor Years,* 110–125.

걷는다는 것부터가 의심스러운 행동이었다. 통금이 있는 산티아고에서 통금이 멀지 않은 시간이기도 했다. 게다가 베니의 인종 또한 경찰의 의심을 샀다. 그 같은 중국계 인도네시아인들이 중국계라는 이유만으로 군인들에게 괴롭힘을 당했던 것처럼, 수하르토 독재정권이 방콕에서 일하던 그에게 "베니 위디요노"로 개명하도록 강요했던 것처럼, 베니의 아시아계 얼굴은 칠레에서도 의심을 샀다.

그즈음 베니는 경찰이 다음에 무슨 말을 할지 예상할 수 있을 정도는 스페인어를 할 줄 알았다.

"키에레 쿠오 로 예베?Quiere quo lo lleve?" 내가 당신을 데려가길 원합니까? 베니에게 질문의 뜻은 확실했다. 너를 데려가서 고문하고, 어쩌면 영원히 돌아오지 못하게 되길 원하나? 오늘 밤 사라질 수 있다는 것을 알겠나?

베니는 최선을 다해 경찰에게 공손하게 대답했다. 그렇게 무사히 빠져나올 수 있었다. 경찰은 그저 베니를 조금 겁주려고 했던 것이었다. 그러나 칠레에서 첫 주를 보내며 베니는 호사스런 유엔 사무실조차 이 폭력적인 독재정권이 만든 혼돈에서 자유로운 피난처가 될 수 없음을 깨달았다. 아니, 어쩌면 그곳이 피난처이기 **때문에** 혼돈이 당도한 것이었다. 베니와 동료들이 일하는 중에 젊은 칠레인들이 정권으로부터 도망쳐 담을 넘어 유엔 단지로 달려 들어왔다. 마포초Mapocho 강 남단에 자리잡은 유엔 시설은 정권으로부터 자유로운 치외법권이었으므로 그 안에서는 DINA가 이들을 체포할 수 없었다. 이 젊은 남녀 대다수는 좌파 정당 MIR의 당원들이었다. 이들은 1965년 인도네시아의 경고를 경청하고 무장 혁명 노선을 따라 왔다. 베니는 이 청년들이 계속해서 유엔 단지 안으로 들어와 천

막촌을 세우고 바닥에 매트리스를 깔고 자면서 국외로 탈출할 길을 찾는 것을 지켜보았다. 그들은 해외로 나간다 해도, 지구상 어디로 도망친다 해도, 콘도르 작전이 그들을 찾아낼 수 있다는 사실을 몰랐을 것이다.

피노체트는 베니가 일하는 사무실을 증오했다. 그에게는 유엔 전체가 그저 공산주의자들의 집합일 뿐이었다. 더군다나 베니는 유엔 라틴아메리카카리브경제위원회(이하 CEPAL로 표기함)에서 일했다. 이 위원회는 피노체트와 그의 국제 동맹들이 보기에는 받아들일 수 없는 좌파적 경제사상을 퍼트리는 요새였다. CEPAL이 발전경제학과 종속이론의 진앙지였던 반면, 칠레의 새 독재자는 시카고대학교에서 공부한 탄탄한 인맥을 지닌 칠레인 경제학자 일단을 등용해 자유시장 경제로 가는 급진적 변화를 추진할 생각이었다. "시카고 보이스"라고 불린 이 경제학자들은 인도네시아의 "버클리 마피아"에 속한 베니의 옛 지인들보다도 훨씬 더 열성적이었다. 피노체트 정권의 존재 이유는 반공이지 시장근본주의가 아니었으므로 시카고 보이스의 등극은 계획된 것은 아니었지만, 이들 밑에서 칠레는 "신자유주의" 경제를 맘껏 시도해 보는 세계 최초의 시험장이 되었고, 베니가 일하는 CEPAL에서 내놓는 조언은 칠레에서 더 이상 환영받지 못했다.[67]

그래도 베니는 곧 부유층 주거지인 동쪽의 고지대 바리오 알토 Barrio Alto에서 열리는 호사스런 행사들에 초대받았다. 산티아고 시내에서 동쪽을 바라보면 거의 언제나 기막힌 풍경이 펼쳐진다. 위로는

67 칠레에서 "시카고 보이스"의 기이한 등극에 대해서는 Spooner, *Soldiers in a Narrow Land*, 108–110을 보라.

언제나 눈 덮인 안데스산맥의 봉우리들이 둘러싸고 있지만 아래로는 열대산 향료향이 짙은 따뜻한 공기가 휩싸고 있기 때문이다.

시내 동쪽 언덕을 올라 부유층 주거지에 들어섰을 때, 베니는 처음으로 이런 글씨들을 보았다. "야카르타 비에네Yakarta viene(자카르타가 온다)", "야카르타 세 아세라Djakarta se acera(자카르타가 온다)" 혹은 그냥 "자카르타."

충격이었다. 베니는 그 문구들이 정확히 무슨 뜻인지, 그 구호가 어디서 온 것인지 여기저기 물어보았다. 그 대답은 더 충격이었다. 고국 인도네시아의 수도는 세계시민주의나 제3세계의 연대와 국제 정의가 아니라 반동적 폭력을 뜻하는 기호가 되었다. "자카르타"는 더 나은 세상을 만들려는 사람들을 잔혹하게 없애 버리는 것을 뜻했다. 그리고 베니는 지금 미국을 뒷배로 둔 또 다른 나라에 와 있었고, 그 나라의 지배 세력은 그러한 역사를 규탄하지 않고 **찬양**했다.

페인트로 쓰인 그 글귀는 어디에나 있었다. 하지만 서서히 색이 바래 가고 있었다.

이제 막 두 돌이 된 그 쿠데타가 승자들에 의해 새로운 역사로 다시 쓰이고 있는 중이었다. 베니가 아주 잘 아는 과정이었다. 거기에 인도네시아와 비슷한 점이 또 있다는 것을 베니는 바로 알아차렸다. 아옌데는 수카르노처럼 말이 많았다. 반면 피노체트는 수하르토처럼 거의 말이 없었다. 가끔 칠레 텔레비전 채널들에서 피노체트가 연설하는 장면을 내보냈지만, 실제로 말한 것을 수정하기 위해 목소리를 더빙하기도 했다. 그러니까 현재의 사실조차 다시 쓰일 수 있다.[68]

68 Ibid., 12.

베니는 빈 벽마다 적혀 있는 “자카르타” 문구에 익숙해져야 했지만, 영영 그러지 못했다. 그러던 어느 날, 그동안 쌓인 감정이 터져 나오고 말았다. 주아르헨티나 인도네시아 대사가 칠레 학생들에게 강의를 하러 왔는데, 베니는 산티아고에서 사실상 인도네시아 대사 역할을 하는 인물이었다. 이 말은 수하르토 정부에 협력한다는 뜻이었지만, 다른 인도네시아인들처럼 베니도 체념하고 현실을 받아들였다.

강의가 끝나고 칠레 학생들은 어째서 칠레 정부가 자카르타를 영광된 반공 테러의 모범 사례로 보는지 물었다. 그 모든 벽서 문구의 뜻은 무엇입니까? 대사는 격분했다.

“자카르타는 우리 수도의 이름일 뿐입니다! 당신들은 어째서 감히 그 이름을 학살의 동의어로 쓰는 겁니까?” 베니도 화가 났다.

하지만 그 학생들이 정말 틀린 것일까? 베니는 이 질문을 피할 수 없었다. 자카르타라는 도시는 지저분하면서도 아름다운 그런 복잡성을 가진 곳이다. 그러나 그 도시에 관해서 나라 밖 여기 칠레에 도착한 것이라고는 대량학살 이야기뿐이었다. 대량학살은 분명히 있었으며, 피노체트도 이곳에서 대량학살을 어느 정도 반복했다. 그 문구들은 명예훼손이 아니라 사실이었다.

나중에 베니는 이 문제에 대해 더 깊이 생각해 보았다. 그리고 1950년대 말부터 1960년대 초까지 캔자스에서 보낸 시간을 돌아보았다. 그의 집에서 인도네시아 음식을 먹고 같이 시내로 놀러 가려고 찾아오던 인도네시아 군인들을 생각해 보았다. 그때 그 군인들은 미국인 손에 폭력적이고 광신적인 반공주의자로 키워졌다. 그들은 베니와 함께 스트립 클럽에서 술을 진탕 마시며 수많은 밤을 보내다 자카르타로 돌아가서는 전 세계에서 가장 악명 높은 절멸 프로그램을 실행에 옮겼다. 모든 것이 시작된 곳이 거기였다.

캔자스에서부터였다고 베니는 생각했다. 그렇게 자신이 자라고, 공부하고, 사회주의에 대해 배우고, 식민주의와 인종주의에 반대하며 행진했던 그 도시의 이름이 이제 대량학살의 동의어가 되어 버린 것이다.

10 \ 다시 북으로

새 극장들

1975년, 냉전은 약간의 지리적 변화를 겪었다. 미국 정부는 공산주의와 지속적인 전쟁을 벌이던 몇몇 지역을 포기했지만, 워싱턴의 지원으로 세워진 그곳의 반공 정권들은 주변 대지를 초토화하기를 멈추지 않았다.

미국은 남베트남에서 철수했다. 서구의 눈에는 사이공이 "함락" 당한 것이었다. 하노이의 눈으로 보면 1956년에 미국이 취소하게 만들었던 국민투표를 거쳐 당연히 이뤘어야 할 통일을 뒤늦게 얻은 것일 뿐이었다. 그 대가로 3백만 명이 사망하고 온 나라가 군사화되었으며, 미군의 화학전 때문에 나라의 울창한 정글이 오염되어 몇 세대 동안 그 여파에 시달리게 된다. 그러나 사이공이 함락된 후에도 베트남에서 공산주의자들이 벌인 대량학살은 없었다.

학살은 캄보디아에서 벌어졌다. 1970년, 미국은 쿠데타를 일으켜 시아누크 왕을 축출하고 론 놀을 권좌에 올렸다. 론 놀은 캄보디아의 수하르토가 될 예정이었다. 그의 군대는 1955년 수카르노가 주최한 아시아-아프리카 회의장에서 멀지 않은 반둥에서 훈련을 받았다.[1] 론 놀이 통치하는 동안에도 미군은 캄보디아를 무차별 폭격해서 그 절대다수가 농민인 수십만 명을 죽게 했다. 베트남 공산주의자들이 농촌 지역을 통해 이동하는 것을 막겠다는 헛된 시도였다. 미군이 캄보디아에 떨어트린 폭탄의 양은 원자폭탄을 포함해 2차 세계대전 동안 일본에 떨어뜨린 폭탄의 3배에 달했다. 살아남은 이들에게 B-52 폭격기의 효과는 과테말라에서 술파토의 그것과도 비슷했다. "공포는 절대적이었다. 몸을 통제할 수도 없는데 정신은 밖으로 나가라며 알아들을 수 없는 비명을 지른다." 베트남의 한 장관은 후일 회고록에 폭격의 순간에 대해 이렇게 적었다.[2]

이런 인명 경시는 충격적이지만, 동남아시아에서는 잘 알려진 일이었다. 충격에 빠진 난민들이 캄보디아 도시들로 물밀듯이 몰려들었다. 미국이 지원한 쿠데타로 쫓겨난 왕 시아누크는 《CIA와 나의 전쟁》이라는 저서에서 이렇게 밝혔다. "우리는 미국의 꼭두각시가 되거나 반공 성전에 나서기를 거부했다. 그것이 우리의 죄였다."[3] 그는 자신이 권좌에 있을 때는 탄압했던, 잘 알려지지 않은 작은 마르크스주의 집단에 지지를 표했다. 그가 옛 식민 제국의 언어를 써서 크메르루주라고 부른 그들이 캄보디아 전역을 파괴하던 론 놀과 미군에 맞서 싸우는 유일한 집단이었기 때문이다. 1975년, 크메르루주는 베트남의 지원 없이 론 놀에게서 프놈펜을 빼앗았다. 그러고서 그들은 국경을 폐쇄하고 20세기 가장 잔인한 정권을 세웠다. 동맹인 베트남

1 Benny Widyono, *Dancing in Shadows: Sihanouk, the Khmer Rouge, and the United Nations in Cambodia* (Lanham: Rowman & Littlefield, 2007), 25.

2 Short, *Pol Pot*, 216[국역: 《폴 포트 평전》, 420-421쪽].

3 Sihanouk, *My War with the CIA*, 130.

정부조차 그들이 무슨 일을 저질렀는지 알기까지 수년이 걸렸다.

1975년에 막달레나와 사코노는 아직도 감옥에 있었다. 그들은 허기도 면치 못할 배급으로 목숨을 연명하고 수용소에서 등골이 휘는 강제노동에 시달렸다. 수용자들이 받는 한 줌 쌀에는 모래나 유리 조각이 섞여 있기 마련이었다. 수용자들은 채소를 키우거나 숲에서 먹을 것을 채집해서 식량을 보충했다. 논밭에서 일할 때도 낫은 사용 금지였는데, 공산주의의 상징인 낫과 망치 중 하나라는 이유에서였다.[4]

발리에서 한 수용자 집단은 자신들의 배설물을 조심스럽게 모아 거름으로 주면서 손바닥만 한 땅에 채소를 키웠다. 수용자들은 수카르노 시절 부르던 노래나 자신의 경험을 바탕으로 만든 노래를 부르며 고난의 시간을 견뎠다. 그런 노래 중 하나는 피델 카스트로의 1953년 연설 "역사가 나를 무죄로 할 것이다"에서 따온 스페인어 노래이다.[5]

1975년은 또 다른 식민 세력이 제3세계 전역에 잔물결을 일으킨 해이기도 하다. 1933년에 시작된 포르투갈의 독재정권이 무너졌다. 미국은 자신들이 공산주의 성향이라고 여기는 정부가 차지한 포르투갈 식민지에 쳐들어가기 위한 "비상사태 계획"을 세웠다.[6] 포르투갈인들에게는 다행스럽게도 미국은 선거로 선출된 포르투갈의 좌파

4 Wieringa, *Propaganda*, 140.

5 하디 쿠수마(Hadi Kusuma)가 감독하고 타만 65에서 제작한 영화 〈기억의 조각(Sekeping Kenangan)〉(2018, 인도네시아)에서.

6 현재는 비밀 해제된 링크들을 포함한 미국의 포르투갈 비상사태 관련 계획에 관해서는 다음을 보라."Document Friday: The US Military Had 'a Contingency Plan to Take Over' Portuguese Islands!?," *Unredacted: The National Security Archive Blog*, November 19, 2010, accessed October 2019, https://unredacted.com/2010/11/19/document-friday-the-us-military-had-a-contingincy-plan-to-take-over-portugal/

(공산주의는 아닌) 정부를 허용했고, 새 정부는 전 세계에 걸친 포르투갈 제국의 영토에서 빠르게 철수하기로 결정했다.

이에 수하르토는 동쪽을 보며 자신의 오래된 수법을 다시 꺼냈다. 새로 독립한 포르투갈 식민지 중에는 인도네시아와 국경을 마주한 작은 나라 동티모르가 있었다. 동티모르가 독립하자 수하르토는 국경 너머의 공산주의자들이 자신을 위협하고 있다고 주장했다.

그 주장을 터무니없는 과장이라고 부르는 것조차 너무 너그러운 처사일 것이다. 중국, 소련, 베트남 어느 나라도 이 작은 나라를 지원하지 않았다. 티모르인의 독립선언을 이끈 정당의 이름은 동티모르 독립혁명전선(이하 FRETILIN으로 표기함)이었다. 당내에는 물론 좌파가 있었고 일부 당원은 마르크스주의 용어를 썼는데, 이는 당시에 포르투갈어를 사용하는 민족해방운동 세력으로서는 너무나 자연스러운 일이었다. 그러나 워싱턴이 보기에는 그것만으로도 동티모르가 "아시아의 쿠바"가 될 수 있다고 확신할 충분조건이었다. 닉슨은 이미 중국공산당과의 관계를 재정립했음에도 불구하고 수하르토에게 "크게 눈짓"을 해 보였고, 인도네시아 장군들은 재빠르게 오퍼라시 스로자Operasi Seroja, 곧 연꽃 작전을 펼쳤다.[7]

1975년 12월, 인도네시아가 동티모르에 쳐들어갔다. 동티모르 사람들은 자기 땅에 인도네시아 군대가 있는 것을 원치 않았다. FRETILIN은 급진화되고 과격해져서 침략자에 맞선 "인민전쟁people's war"을 선포했다. 이에 인도네시아군은 독립과 자유를 위해 싸우는 이들을 깔아뭉개며 30만 명을 죽였다.[8] 제럴드 포드와 지미 카터가

7 Irena Cristalis, *East Timor: A Nation's Bitter Dawn* (London: Zed Books, 2009), loc. 1582 of 8861, Kindle.

8 Cristalis, *East Timor*, loc. 1523–3162 of 8861, Kindle.

백악관에 있던 1975년부터 1979년 사이, 동남아시아에서 미국과 가장 가까운 동맹국 인도네시아는 동티모르 인구의 3분의 1을 몰살시켰는데, 이는 캄보디아 폴 포트 정권하에서의 사망자 비율보다 더 높은 수치였다.

아프리카의 옛 포르투갈 식민지들에서는 다른 종류의 피바람이 불었다. 모잠비크와 앙골라에서 전 세계의 강대국과 약소국이 양쪽에 얽힌 전면적인 냉전 분쟁이 터졌다. 당시 브레즈네프가 이끌던 소련은 전보다 더 폭력적으로 제3세계에 개입하기 시작했다. 소련이 1973년 미국의 칠레 개입을 용인했듯이 미국도 소련이 개입할 자유를 인정할 것이라는, 일시적이고 그릇된 믿음에 기인한 것이었다.[9] 미국은 결코 소련의 개입을 두고 보지 않았다. 모잠비크와 앙골라에서 미국이 후원하는 대리 세력들이 자이르(당시 모부투가 권력을 잡고 있던 콩고를 부르던 이름), 아파르트헤이트의 남아프리카공화국과 로디지아 등과 함께 모스크바가 지원하는 운동 세력에 맞서 싸웠다. 쿠바는 소련의 동맹을 돕기 위해 2만 5천 명을 앙골라에 파병했다. 수는 적지만 대개 미혼에 무직인 미국과 영국 출신 남성 자원자들이 잡지 광고를 보고 로디지아와 남아프리카의 백인우월주의와 싸우러 왔다.[10]

다시 포르투갈의 옛 남아메리카 식민지로 돌아와 보면, 브라질 독재정권 안에서는 내분이 발생하고 있었다. 메디시는 권력을 잃었고, 새로운 최고 장군인 에르네스투 가이제우는 대반란전을 완화하고 브라질 사회에서 아베르투라, 곧 점진적인 "개방"을 추진하고자 했다. 문제는 이 나라의 권력 집단이 고문과 살해를 통해 만들어졌으며

9 Westad, *The Global Cold War*, 283–284[국역: 《냉전의 지구사》, 459쪽].

10 Burke, *Revolutionaries for the Right*, 107–115.

그들의 특권은 끊임없는 전시 상태에서만 가능하리라는 점이었다. 그들은 아베르투라에 반대하고 철저하게 법 안에서 활동하던 공산당원들에게까지 폭력을 확대하기를 바랐다.

브라질의 "오페라상 자카르타", 곧 자카르타 작전은 통제를 완화하는 것이 아니라 강화해서 아베르투라를 중단시키는 것이 주목적이었다고 한다. 그렇게 대중에게 사랑받던 언론인 블라디미르 헤르조그가 피해자가 되었다. 헤르조그는 아주 공개적으로 활동하는 인기 있는 중산층 기자였다. 그는 결코 소련을 지지하지 않았지만 (체코슬로바키아의 알렉산데르 둡체크가 주창한 "인간의 얼굴을 한 사회주의"에 영감을 받아) 1970년대 초반 PCB에 입당했다. PCB는 온건 노선을 추구하며 통일 "민주 전선"을 결성했으며, 이들은 가톨릭 교회 일부와 함께 가장 잘 조직된 반독재 세력이었다. 1975년 10월, 헤르조그가 공영방송인 TV 쿨투라의 편성국장이 되자 한 우파 언론인은 헤르조그가 공산주의를 "침투"시켰다며 이 방송을 "TV 비엣-쿨투라"라고 불렀다.[11]

1975년 10월 25일, 헤르조그는 브라질군으로부터 출석 요구를 받았다. 그는 자진해서 군 취조실로 갔고, 그곳에서 다시 나오지 못했다. 그가 자살했다는 공식 발표를 믿는 사람은 아무도 없었다. 정부가 자살의 증거라고 내놓은 끔찍한 사진에는 시신이 바닥과 너무 가까워서 도무지 목을 매기 어려워 보이는 곳에 있었고, 이는 대중을 더 분노하게 만들었다. 그의 죽음으로 온 나라에서 시위가 일어나기 시작했다.

가톨릭 교회의 영향력 있는 인사들이 헤르조그의 죽음에 이의를

11 Mário Sérgio de Moráes, *O Ocaso da Ditadura* (São Paulo: Barcarolla, 2006), 74.

제기하고 군사정권에 대한 비판의 목소리를 높였다.[12] “자카르타 작전”은 브라질에서 내전을 확대하기는커녕 역효과를 냈고 군대는 손을 뗄 수밖에 없었다. 일부 강경파의 바람과는 반대로 가이제우의 아베르투라는 계속되었다.

브라질은 조금씩 이웃의 강경한 반공 국가들에게서도 멀어지기 시작했다. 동시에 칠레의 콘도르 작전은 남아메리카 전역으로 확장되어 대륙 전체가 반공 학살 지대가 되었다. 이후로 권위주의적 자본주의 발전에 대한 실질적인 위협이란 미국과 동맹한 콘도르 동맹 독재자들과 친미 동맹국들의 피해망상 속에만 존재했다. 광신적인 반공주의자들이 대륙을 장악한 것이다.

1976년에 아르헨티나에서 일어난 쿠데타는 이런 정권들 중에서도 가장 피비린내 나는 정권을 탄생시켰다. 호르헤 라파엘 비델라 장군 독재하에서 수만 명이 납치되고, 고문당하고, 실종됐다. 비델라 정권은 피노체트 정권보다 훨씬 더 광범위한 탄압을 저질렀다. 이 시기를 다소 부정확하게 “더러운 전쟁”이라고 부르는 경우가 많지만, 사실 전쟁은 없었다. 실제로 벌어진 일은 아르헨티나의 자생적 파시스트 운동에 사상적 뿌리를 둔, 위로부터의 반공 숙청 작전이었다.[13] 진짜 공산주의자이건 공산주의자로 여겨져서건, 진짜 무신론자이건 무신론자로 여겨져서건, 진짜 유대인이건 유대인으로 여겨져서건 혹은 그저 노동조합에서 활동해서건 상관없이 “위험 인물”은 고문당하고 살해당했다. 포드 자동차와 시티뱅크는 협력해서 노동조합 활

12 “Dom Paulo Evaristo Arns: O Cardeal do Povo,” *Historia Imediata*, 1979. 이 보고서는 추기경이 맞서 싸우던 군의 억압이라는 맥락에서 자카르타 작전을 설명한다.

13 Finchelstein, *The Ideological Origins of the Dirty War*, 3 and chaps. 1, 2, and 6.

동가들을 납치했다.[14] 심지어 수염조차도 의심의 대상이었다. 브라질인 피아니스트 테노리뉴가 검거되어 파리야parrilla, 곧 석쇠 위에서 고문당하고 물에 빠져 죽은 이유가 바로 수염 때문이었다.[15]

아르헨티나군 대표들은 진작부터 1975년 콘도르 작전을 개시한 회의에 참석했었고, 이사벨 마르티네스 데 페론이 대통령직에 있던 1974년부터 아르헨티나반공연맹(이하 AAA로 표기함)이 테러를 시작한 바 있었다. 그러나 이제는 진정한 반공주의 신도들이 권력을 잡은 것이다.

해군 제독 에밀리오 마세라는 아르헨티나가 "변증법적 유물론과 이상적 인본주의" 간의 "제3차 세계대전"에 나섰다고 말했다. 이 말은 마르크스뿐 아니라 프로이트와 알베르트 아인슈타인의 영향 또한 지우겠다는 뜻이었다.[16] 이 전쟁이 이루어지는 방식에 대해 이베리코 생장 장군은 이렇게 설명했다. "먼저 우리는 위험 인물 전부를 죽인다. 그 다음에 그들에게 협력한 자들 전부, 다음에는 위험 인물들에게 동조한 자들 전부, 다음에는 무관심한 자들, 마지막으로 겁쟁이들을 죽인다."[17]

그러나 콘도르 동맹의 무대는 남아메리카만이 아니었다. 그들은

14 Ibid., 115(반유대주의에 관해), 124(시티뱅크와 포드에 관해), and 127(무신론에 관해).

15 J. Patrice McSherry, *Predatory States: Operation Condor and Covert War in Latin America* (Lanham: Rowman & Littlefield, 2005), 188.

16 Greg Grandin, "Living in Revolutionary Time: Coming to Terms with the Violence of Latin America's Long Cold War," in Greg Grandin and Joseph M. Gilbert, eds., *A Century of Revolution: Insurgent and Counterinsurgent Violence During Latin America's Long Cold War* (Durham, NC: Duke University Press, 2010), 22.

17 Finchelstein, *The Ideological Origins of the Dirty War*, 127.

프랭크 위즈너가 유럽에서 만든 "후방" 부대를 확대 개편해 독일, 스페인, 이탈리아, 아일랜드에서도 적을 추적했다.[18] 콘도르 작전 뒤에 있는 이들은 본국의 무장 게릴라보다 해외에서 활동하는 비폭력 민주주의 인권 활동가를 더 위험하다고 여길 때가 많았다.[19] 이런 논리의 가장 악명 높은 사례는 미국 시민이자 CIA와 연계된 콘도르 요원 마이클 타운리가 전 칠레 외교부 장관 오를란도 레텔리에르를 워싱턴 DC 한복판에서 살해한 사건이다. 각국 대사관이 모여 있는 거리에 있던 그의 자동차에 설치된 폭탄이 터지면서 레텔리에르는 즉사했고 스물네 살이었던 미국인 비서 로니 모핏은 비틀거리며 차량 밖으로 나왔지만 과다출혈로 곧 사망했다.[20] 타운리는 현재 FBI 증인 보호 프로그램하에 있다.

1978년에 잉기옥은 상파울루대학교USP에 입학했다. 아시아의 빈국에서 온 이민자로서는 엄청난 성취였다. 낡고 녹슨 병원선을 타고 자카르타를 떠난 지 15년 만에 브라질 최고 대학에서 무상으로 공부를 하게 된 것이다. 이 성실한 가족에게는 당연한 결과였다. 잉기옥은 거의 백인뿐인 고등학교에서 죽도록 공부만 했고, 그의 부모도 인생 내내 역병처럼 자주 벌어진 정치적 갈등을 피하기 위해 몸을 바짝 낮추며 살아왔다.

잉기옥이 상파울루대학교에서 좌파적인 반문화에 빠져든 것 또한 자연스러운 일이었다. 그 시절 브라질 대학, 특히 명문대학은 학생운동의 중심지였다. 그러나 1950~1960년대의 고루하고 엄격한 규

18 McSherry, *Predatory States*, chap. 2("후방"부대 관련); Dinges, *The Condor Years*, 129, 220.

19 Dinges, *The Condor Years*, 11.

20 Ibid., chap. 7.

율을 지키는 공산주의 단체가 아니라, 다채로운 성향의 청년들로 구성된 집단이 주축이었다. 당시는 트로피칼리아Tropicalia의 시대였다. 세계적인 로큰롤을 받아들여 브라질의 순수예술 개념과 야만적savage 토착문화에 대한 자부심을 혼합한 형태로 재창조해낸 문화적 해방, 무엇보다도 독재정권의 검열에 맞선 저항의 시대였다. 잉기옥은 상파울루대학교에 흑인 학생이 없다는 것도 금방 알아차렸다.

바로 이런 환경이 이제는 모두가 '잉'이라고 부르는 잉기옥이 모두가 "투파Tupa"라고 부르는 우르과이인 친구 에르난 피에트로 슈미트를 만난 곳이었다. 그는 늘 경찰을 두려워했고 잉기옥은 그런 그를 완전히 이해할 수 없었다. 그는 특별한 활동을 하지도 않았고 좌파 성향도 아니었다. 하지만 그가 잉에게 그 이유를 알려 주자 그의 애칭을 포함한 모든 것을 이해할 수 있었다. 투파의 아버지는 우루과이 좌파 단체 투파마로Tupamaro 소속이었고, 이 집단 때문에 브라질은 1971년에 우루과이를 침공하겠다고 위협했다. 1973년부터 권력을 결집한 우루과이 독재정권은 에르난의 집에 사람을 보내 아버지를 끌고갔다.

그러나 잉기옥은 워싱턴의 폭력적인 반공 운동이 벌써 네 번째로 자신의 삶에 영향을 끼칠 줄은 몰랐다. 처음은 미국이 지원한 인도네시아 군대, 곧 초창기의 "국가 안의 국가"가 반중국계 폭동을 부추겨 그의 가족이 인도네시아에서 탈출했을 때였다. 두 번째는 1964년 미국이 지원한 브라질의 군사 쿠데타 이후 그의 가족이 감내한 세월이다. 세 번째는 1965~1966년 대량학살이 인도네시아에 남은 친척들의 삶을 파괴한 것이다. 그리고 이번에는 대학 친구 하나가 콘도르 작전의 희생양이 되었다.

그해 1978년, 상파울루에서 훨씬 북쪽에 있는 지역에서 경보음이 울리기 시작했다. 게릴라 운동의 새로운 물결이 1950년대에 프랭크 위즈너와 CIA가 세워 둔 허약한 군사 과두제들을 위협하는 듯했다. 그래서 워싱턴의 도움을 받아 남아메리카에서 가장 광신적인 반공주의자들이 북쪽으로 관심을 돌렸다. 본질적으로, 콘도르 작전이 중앙아메리카까지 확장되었다.[21]

바닷물 빼기

중앙아메리카 나라들은 남아메리카 나라들보다 훨씬 잘 단결한다. 중미 각국의 국민들은 이웃 나라에 대해 잘 알 뿐 아니라 비슷한 역사의 파도를 겪었다. 특히 중미 한가운데 자리 잡은 인구가 많은 네 나라 과테말라, 엘살바도르, 니카라과, 온두라스가 그렇다(제일 북쪽의 벨리즈는 영국 식민지였고 남쪽의 파나마는 미국이 운하를 건설하기 위해 나라를 세운 뒤로 아주 다른 역사적 경로를 거쳤다). 그들이 살아가는 작은 아대륙은 지난 수 세기 동안 세계사가 몰고 온 가혹한 폭력에 시달렸다. 이러한 폭력은 1970년대 말과 1980년대에 충격적인 수준의 잔혹함에 달한다.

이 새로운 피와 비명의 폭풍이 시작되기 전에도, 중앙아메리카에서 살아가는 사람들 절대다수에게 잔인한 탄압은 일상이었다. 이 지역은 자신의 잔혹 행위를 숨길 생각조차 없는 독재자들이 통치해

21 McSherry, *Predatory States*, 207–208. 이 책 213쪽을 보면 아르헨티나와 미국 관리들을 묘사하면서 "메시아적"이라는 표현을 쓴다.

왔으며, 수 세기 전부터 시작된 강제노동, 곧 원주민의 노예화 관행이 여전히 널리 퍼져 있었다.[22]

과테말라에서는 1954년에 시작되어 존 고든 메인과 존 P. 롱간이 도착한 1965년 이후 가속화된 테러가 결코 멈춘 적이 없었다. 두 남자가 도착한 그해에 엘살바도르, 코스타리카, 과테말라, 온두라스, 니카라과, 파나마가 모여 게릴라의 위협을 진압하기 위한 일종의 동맹인 중미방위위원회CONDECA를 결성하고 군사관계를 맺고는 정보를 공유하기로 했다.[23] 게릴라의 위협은 실재했다. 존 고든 메인부터가 1968년에 FAR 반란군 손에 죽었다. FAR은 1960년에 CIA가 과테말라 기지에서 피그스만 공격에 투입할 쿠바 망명자들을 훈련하면서 생긴 긴장과 충돌 국면에서 결성된 과테말라 최초의 무장 게릴라 집단이다.[24]

이어진 내전 중에 과테말라 독재정권이 저지른 폭력은 무차별적이었다. 라 마노 블랑카("하얀 손"), 신반공조직, 과테말라반공위원회 같은 우파 테러 집단이 미 육군 특수전 부대의 지원을 받으며 학살을 시작했고, 이 암살단들은 종국에는 정부 안에 통합되었다.[25]

실종은 1966년에 시작되어 1970년대면 과테말라의 도시들을 좌파 혹은 반체제 인사로 여겨지면 아무나 잡아들이는 사냥터로 만들

22 1970년대에 과테말라의 대농장에서 강제로 노동하던 원주민의 조건에 대한 1차 자료로는 리고베르타 멘추의 유명한 증언을 보라. Rigoberta Menchú and Elizabeth Burgos, *Me Llamo Rigoberta Menchú y Así Me Nació La Conciencia* (Siglo XXI Editores: Mexico, 2013).

23 McSherry, *Predatory States*, 210.

24 Henry Giniger, "Guatemala Reds Say They Slew Envoy," *New York Times*, August 30, 1968.

25 Grandin, *The Last Colonial Massacre; Michael McClintock, The American Connection, Vol. 2: State Terror and Popular Resistance in Guatemala* (London: Zed Books, 1985), 60; LaFeber, *Inevitable Revolutions*, 171–172.

어 놓았다. 국가에 의한 행방불명자 데사파레시도desaparecido의 수는 수만 명에 달했다. 노동조합원, 학생운동가, 좌파 성향 정치인, 비판적 언론인, 심지어 집 없는 아이조차 정권이 자신을 잡으러 올 수 있다는 것을 잘 알았다. 주변의 긴장이 주기적으로 고조되면서 사라진 친구들은 영영 돌아오지 않았다. 몸을 잘 피해 이번에 살아남으면 다시 '평범한' 일상 속 낮은 수준의 공포로 돌아갈 수 있었다. 인생은 영원한 숨바꼭질이었고, 과테말라시티는 종종 희생자들의 전 생애에 걸친 치명적이고 거대한 장애물 코스가 되었다.

1954년 쿠데타 당시 술파토 폭격의 기억을 잊지 못한 어린 소년이던 미겔 앙헬 알비수레스는 이제 노동조합 활동가가 되었다. 노동조합이 모두 좌파는 아니었다. 아르벤스가 축출되고 얼마 지나지 않아 10대가 된 미겔은 가톨릭 계열 기독교 노동자 운동에 가입했고, 1970년대에는 작은 지도자가 되었다. 노동조합 운동 안에는 온건한 공산주의자도, 기독민주당원도, 급진적인 게릴라 운동을 지지하는 이들도 있었지만 정부는 이들의 차이에는 별 관심이 없었다. 1977년, 미겔이 참석한 노동조합 회의장 문이 부서지더니 총알이 날아들었다. 미겔은 지붕 위로 도망쳐 건물과 건물 사이를 뛰어넘으며 몸을 피했다. 코카콜라 공장 앞에서 동료들이 총에 맞은 적도 있었다. 그는 한편으로는 자신이 운이 좋았다는 것을 알았다. 어째서인지 그자들이 미겔을 그냥 죽이지는 않으려 했던 것이다. 그냥 죽이려 했다면 길거리에 세워 둔 자동차에서 기관총을 쏘아 간단하게 처리할 수 있었을 것이다. 그들은 미겔을 납치해서 고문하고 흔적 없이 사라지게 만들려고 했다. 그 과정에서 정보도 얻어 내고 그의 죽음은 미스터리로 남겨두려는 것이었다. 그렇게 하기가 그냥 죽이기보다 어

려웠기 때문에, 미겔은 국외로 탈출할 방법을 찾을 때까지 이리저리 몸을 피하면서 버텼다.[26]

"우리는 한곳에서 오래 잘 수도 없었어요. 가족도 만나지 않았죠. 끝없는 의심과 공포였어요…. 무슨 일이 벌어지는지는 몰랐지만, 주변 여기저기서 시체가 발견된다는 것은 알았고 그거면 충분했어요."

1978년이면 중앙아메리카의 상황은 달라지고 있었다. 니카라과에서는 쿠바 혁명에서 영감을 받은 좌파 게릴라 단체 산디니스타가 권력을 장악할 태세였다. 엘살바도르에서는 조작이 확실한 선거 결과에 항의하는 시위에 정부가 학살로 대응해 수백 명이 죽었다. 이후 쿠데타가 일어나 군-민간 연합 정권이 세워졌으나, 이 또한 잔혹한 탄압으로 변질되자 민간이 정권에서 탈퇴했고, 좌파 게릴라에 대한 지지가 커졌다.[27]

이 모두가 과테말라 정부를 불안하게 만들었다. 국내에서는 과거 미국이 지원한 대반란전 작전으로 진압당한 MR-13이나 FAR 같은 구세대 게릴라 집단을 대신할 새로운 게릴라들이 주도권을 잡고 있었다. 가장 눈에 띄는 새 집단은 빈민의 게릴라(이하 EGP로 표기함)였다. 이들은 체 게바라의 "포코poco" 전술에 따라 소규모 게릴라 부대를 조직했던 FAR과 달리 승리한 베트콩(남베트남민족해방전선)을 따라 더 많은 농촌 지역 인구를 게릴라 투쟁에 참여시키고자 했다.[28]

과테말라 정부는 단지 인종을 이유로 원주민을 대량 학살하기

26 2018년 11월 과테말라시티에서 미겔 앙헬 알비수레스와의 인터뷰.

27 James Dunkerley, *Power in the Isthmus: A Political History of Modern Central America* (London: Verso, 1988), 375. 니카라과에서 산디니스타의 등장에 관해서는 같은 책 6장을 보라.

28 Carlota McAllister, "A Headlong Rush into the Future: Violence and Revolution in a Guatemalan Indigenous Village," in Grandin and Joseph, *A Century of Revolution*, 276–280.

시작했다. 종족 전체, 부족 전원, 온 마을이 공산주의자이거나 혹은 공산주의로 기울어 있다고 분류되었다. 실상 그 원주민들은 마르크스주의나 게릴라 집단이 무엇인지조차 제대로 알지 못할 때가 많았다. 이는 정부 세력이 개개인을 납치하는 도시 지역의 테러와는 다른, 새로운 형태의 폭력이었다. 군대가 도착해 마야인 등 원주민 집단을 한 명도 남김없이 죽이는 식이었다.

이렇게 국민을 학살하는 동안 미국 관리들과 중미 독재정권들 간의 긴밀한 협력에 관해서는 1965년 10월에 이르기까지 인도네시아에서 미국의 활동상에 비해 훨씬 많은 기록이 남아 있다.[29] 그러나 그 폭력의 규모와 그로 인한 후과는 자주 간과된다.

미겔 앙헬 알비수레스를 비롯하여 중미에서 1970년대 말과 1980년대를 겪은 이들은 민주주의를 향해 평화적으로 전환하려던 시도가 잔혹하게 탄압당하거나 쓸려 나간 후에, 중미에서 새로운 게릴라 운동이 등장했다는 점을 늘 강조한다. 그들은 게릴라들 사이에서 지배적 사상인 사회주의와 마르크스주의뿐 아니라 전 세계 거의 모든 정치 사상이 폭군에 맞선 무장 저항을 옹호하며, 미국 혁명의 전통도 그 예외가 아니라고 말했다. 살아남은 운동이 전투적 좌파인 것도 당연했다. 1970년대 말이면, 중도적 반체제 인사를 거의 다 죽였기 때문이다.

1979년 1월, 크메르루주가 몰락하자, 캄보디아에서 무슨 일이 벌어졌는지 전 세계가 알게 되었다. 그 정부(라고 불러도 된다면)가 무

29 예컨대 이 주제에 관한 마이클 맥클린톡의 저서 두 권을 보라. Michael McClintock, *The American Connection, Volume I: State Terror and Popular Resistance in El Salvador* (London: Zed Books, 1985). *The American Connection, Volume II: State Terror and Popular Resistance in Guatemala* (London: Zed Books, 1985).

너진 까닭은 베트남 공산주의자들이 폴 포트가 무슨 짓을 저지르고 있는지 알아차렸고, 또 납득하기 어려운 이유로 크메르루주가 과거의 동맹이자 더 강한 적인 베트남을 공격했기 때문이었다. 캄보디아로 쳐들어간 베트남은 1975년부터 온 나라를 공포로 몰아가던 크메르루주 정권을 쉽게 무너뜨렸다. 크메르루주 잔당들은 태국 국경을 따라 정글과 산악 지대로 숨어들었다. 베트남은 캄보디아 영토 거의 전부를 장악하고는 학살터를 폐쇄하고 캄보디아인이 새로 정부를 세우고 도시로 돌아가도록 했다. 크메르루주가 집권한 사이 캄보디아 인구의 4분의 1이 희생됐다.[30]

그러나 미국은 살인 정권 크메르루주의 몰락을 기뻐하지 않았다. 1973년 닉슨의 방문 이후 워싱턴과 한층 더 가까워진 중국은 폴 포트의 동맹이었다. 덩샤오핑은 분노에 차서 중국의 동맹을 상대로 적대 행위를 한 베트남을 그대로 두지 않기로 작정했다. 그는 베트남을 공격하기로 하고 그 계획을 미국에 알렸다.

카터 대통령은 그 공격을 공개적으로 승인할 수는 없지만 덩샤오핑에게 "중국으로서는 베트남이 침략을 했는데 그냥 내버려둘 수는 없다"는 점을 이해한다고 확인해 주었고, 만약 소련이 베트남을 돕겠다고 위협하면 미국이 중국을 돕겠다고 약속했다.[31]

1979년 있었던 중국의 베트남 침공은 두 가지 이유에서 자주 망각된다. 첫째, 국제 공산주의의 음모 또는 적어도 단일한 것이어야 하는 아시아 공산주의 운동의 서사를 복잡하게 만들기 때문이다. 전

30 Ben Kiernan, "The Demography of Genocide in Southeast Asia: The Death Tolls in Cambodia, 1975–79, and East Timor, 1975–80," *Critical Asian Studies* 35, no. 4 (2003): 585–597.

31 Westad, *The Cold War*, 490–492[국역: 《냉전》, 686-687쪽].

후 사정에 무지한 서구인의 눈에 중국과 베트남은 한편이어야 하기 때문이다. 그러나 이 침공이 잊힌 더 중요한 이유는 베트남이 중국 인민해방군을 패배시키고 그들에게 모욕감을 안겨 주었기 때문이다. 수십 년 동안 프랑스와 미국을 상대로 전쟁을 치러 온 베트남 군대는 천년 넘게 자신들을 지배한 나라의 군대보다 훨씬 강했다.[32]

1970년대 후반 일어난 중국과의 충돌은 통일 베트남의 신생 공산당 정권하에서 최악의 인권침해를 야기하기도 했다. 부분적으로는 (충성심이 의심되는) 중국계 베트남인의 세력을 축소하기 위한 방편으로 하노이 정부는 모든 민간 기업의 국유화를 선언했다. 소위 "보트 피플"을 포함한 난민 수십만 명이 무일푼으로 새로운 삶을 찾아 나섰고, 수만 명이 목숨을 잃었다.

당시에 베니는 태국에 있었다. 칠레에서 임기를 마치고 방콕 유엔 사무소로 돌아온 것이었다. 복귀한 지 얼마 지나지 않아 캄보디아-태국 국경에서 일하던 젊은 오스트레일리아인 동료가 엄청난 이야기들을 가지고 돌아왔다. 캄보디아인들이 정글에서 굶주리다가 비틀거리며 태국 영토까지 와서 쓰러지고 있다고 했다. 크메르루주가 몰락한 후, 그들은 도움만 받을 수 있다면 어디로든 탈출하고 있었다.

베니는 직접 현장을 보러 갔다. 국경에서 그는 눈물을 쏟고 말았다. 그는 "자기 나라에서 도망쳐 온 피골이 상접한 넝마주이 난민 수만 명이 간신히 걸으며 말도 못하고 웃지도 못하는" 것을 보고는 즉시 뉴욕의 유엔 본부로 전신을 보냈다. "제발 나를 캄보디아로 보내 주시오."[33] 하지만 그는 뉴욕으로 발령받았고, 그곳에서 그만큼이

32 Goscha, *Vietnam*, 395–396.

33 Widyono, *Dancing in Shadows*, 5 및 인터뷰.

나 충격적인 무언가를 목격해야 했다. 미국이 크메르루주의 잔당들을 유엔 회원으로 승인해서 크메르루주를 기사회생시키는 한편 베트남과 동맹인 새 캄보디아 정부를 인정하기를 거부한 것이었다. 그렇게 몇 년이 흘러갔다. 이는 부분적으로는 지미 카터의 새로운 동맹인 중국을 기쁘게 하기 위한 것이기도 했지만, 베니는 여기에 다른 무언가가 있다는 것을 눈치챘다.

"그 사람들이 베트남을 그렇게 미워한 거예요. 베트남이 전쟁에서 자기네를 이긴 것을 용서할 수 없었던 거죠." 베니의 말이다.

베니로서는 기가 막히게도, 1967년에 인도네시아가 창설을 주도했던 동남아시아 국가들의 조직인 아세안 또한 크메르루주를 지지했다.[34]

그러나 중앙아메리카에서 지미 카터 행정부는 잔혹한 현실 정치에 브레이크를 걸었다. 워터게이트 사건과 1975년 처치Church 위원회의 CIA와 FBI 조사 이후, 미국 언론은 워싱턴이 해외에서 벌이는 작전들에 비판적인 목소리를 내기 시작했다. 《뉴욕타임스》와 《워싱턴포스트》 같은 매체는 1978년에 과테말라 판소스 마을에서 군대가 남녀노소를 학살한 사건을 알리는 데 결정적인 역할을 했다.[35] 워싱턴은 여론에 밀려 기본적 인권 기준을 충족하지 못하는 정권에는 무기 판매를 금지했다. 이에 페르난도 로메오 루카스 가르시아가 통치하던 과테말라 독재정권은 미국 무기를 사려는 시도조차 하지 않고 이스라엘과 대만으로부터 무기를 공급받았다. 미국과 과테말라의 협력관계는 여러 차원에서 지속되었지만, 지미 카터의 처사는 아메

34 Ibid., 28.

35 Marlise Simons, "Army Killings in Indian Village Shock Guatemala," *Washington Post*, June 24, 1978.

리카 대륙의 열성적 반공주의자들을 분노하게 만들기에 충분했다.[36] 라 마노 블랑카의 설립자 중 하나이자 이제는 과테말라 부통령이 된 마리오 산도발 알라르콘은 카터 행정부의 미주인권위원회가 "중상모략의 도구로 인권을 이용하는 마르크스주의적 도구"라고 비난했다.[37]

1979년 7월, 산디니스타가 니카라과 수도 마나과를 점령하고 정부를 세웠다. 칠레 사회주의자들에게 1970년이 그랬듯이 중앙아메리카 전역의 좌파에게는 환희의 순간이었다. 산디니스타는 이기기만 한 것이 아니라 무사히 살아남았다. 영국의 펑크 밴드 더 클래시조차 이 놀라운 전개에 도취해 이렇게 노래했다.

> 정말이지 처음이야
> 니카라과에서 혁명이 벌어졌는데
> 미국이 개입하지 않다니
> 미국의 인권
> 인민이 독재자에 맞서자 그는 도망쳤네
> 워싱턴의 총알 없이 그가 무얼 할 수 있었겠나?[38]

초창기에 니카라과공산당은 무장투쟁을 중시하는 산디니스타의 노선에 반대했다. 시간이 흐르면서 산디니스타민족해방전선FSLN

36 이 시기 대만과 이스라엘이 과테말라군을 지원한 일에 관해서는 Anderson and Anderson, *Inside the League*, 136–137; Milton Jamail and Margo Gutierrez, "Guatemala: The Paragon," in *NACLA Report on the Americas* 21, no. 2 (1987): 31–39을 보라.

37 Anderson and Anderson, *Inside the League*, 110.

38 "Washington Bullets," from *Sandinista!*, the Clash, 1980.

은 세 계파로 나뉘었다. 최후의 승자가 된 상대적으로 온건한 제3의 계파 테르세리스타tercerista는 "부르주아지"와의 광범위하고 전술적인 동맹을 선호했다.[39] 연립정부에서 다수파로 주도권을 차지한 것은 다니엘과 움베르토 오르테가 형제가 이끄는 이 계파였다.[40] 테르세리스타는 민주적 선거에 참여할 작정이었다.

이전에 호찌민, 마오쩌둥, 아르벤스, 피델, 수카르노, 아옌데가 그랬듯이 테르세리스타도 처음에는 워싱턴의 심기를 거스르지 않는 정부를 세우고자 했다. 하지만 안타깝게도 그 소망은 곧 미국에서 레이건이 집권해 콘트라 반군에 돈을 대기 시작하며 산산히 부서질 예정이었다. 그러나 콘도르 작전의 지도자들이 중앙아메리카에 뿌리내리는 좌파 정부를 처리하기 위해 손놓고 레이건의 승인만을 기다리고 있지는 않았다.

1977년, 지미 카터가 반공 "성전"에서 자신들을 저버렸다고 확신한 아르헨티나 관리들은 니카라과 소모사 정권에 군사훈련을 제공하기 시작했다. 이들은 1979년에 산디니스타가 승리하자 온두라스에 기지를 세우고 과테말라인과 니카라과인에게 반혁명과 진압의 기술을 가르쳤다.[41] 중미 출신 군인들은 칠레에 가서 반공 대반란전 전술을 배웠다.[42] 1980년에 부에노스아이레스에서 열린 세계반공연맹

39 Eline van Ommen, "Sandinistas Go Global: Nicaragua and Western Europe, 1977–1990" (PhD diss., London School of Economics and Political Science, 2019), 37–38.

40 Westad, *The Global Cold War*, 339-343[국역: 《냉전의 지구사》, 548-550쪽].

41 McSherry, *Predatory States*, 207–211.

42 1978년 이후 중미에서 혁명의 위협이 커지자 피노체트 독재정권은 엘살바도르와 과테말라 군인들을 대상으로 칠레의 카라비네로스(무장경찰)가 진행하던 대반란전 진압훈련 특별과정 장학금을 늘렸다. 칠레와 아르헨티나 독재정권이 과테말라와 엘살바도르에서 벌어진 무장 분쟁에서 했던 역할에 대해서는 런던정경대학교 국제역사학과의 몰리 애버리가 박사 연구를 진행 중이다.

라틴아메리카 지부 회의는 암살단 지도자들이 남아메리카 정부들은 물론 미국 공화당 의원들과도 더 긴밀한 관계를 형성할 기회가 되었다.[43] 이후 중앙아메리카에서 사용된 방식들은 콘도르 작전의 전형이었다. 민간인 복장으로 위장한 콘트라 반군이나 온두라스 특공대원으로 구성된 다국적 "사냥꾼-살인자" 부대가 대상을 납치하고 살해하며, 비밀리에 수감자를 국경을 넘어 이동시키고 실종과 고문, 전기 충격, "카푸차capucha"(질식), 헬리콥터에서 산 채로 던지기 등의 방법으로 희생자들을 암살하고, 다국적 출신 장교들이 죄수를 심문하며 실종된 외국인 죄수를 위한 구금 시설을 두었다.[44]

1981년, 로널드 레이건이 집권하자 워싱턴은 지난 20년간 써 왔던 더 공개적이고 더 공격적인 반공 전술로 되돌아갔다. CIA는 신이 나서 온두라스의 아르헨티나인들과 함께 피그스만 이후 최대 규모의 작전을 세우고 콘트라 반군을 훈련시키며 돈을 댔다. 콘트라 반군은 정규군이 아니었고, 산디니스타를 상대로 정면으로 대결하는 일은 결코 없었다.[45] 그들은 어떤 식으로든 정권을 불안정하게 만들 방도를 찾는 돈 많은 테러리스트 집단일 따름이었다.[46] 그리고 이들의 세계관과 전술은 후원자들의 광신적 반공주의에 의해 극도로 과격해졌다.

콘트라 반군의 전 "홍보" 국장 에드가 차모로는 아르헨티나 장교들과 CIA가 벌인 작전들에서 받은 강력한 이데올로기적 영향이 자신

43 Anderson and Anderson, *Inside the League*, 146–147, 206–207.

44 McSherry, *Predatory States*, 207–211.

45 1983년에 CIA는 콘트라 반군이 군사적 승리를 거두지 못할 거라고 결론 내렸다. LaFeber, *Inevitable Revolutions*, 301을 보라.

46 LaFeber, *Inevitable Revolutions*, 305–307.

들의 운동을 재구성했다고 밝혔다. 역사학자 파트리스 맥쉐리는 "처음에 반산디니스타 반군들의 관심사는 자신들의 사유재산과 과두적 권력과 특권을 유지하는 일 그리고 복수였으나… 아르헨티나인과 미국인의 메시아적 반공 이데올로기가 전쟁의 논리를 바꿔 놓기 시작했다"라고 썼다.

그들은 외국의 경험에서 교훈을 얻기도 했다. 베트남에서 피닉스 프로그램을 통해 대반란전 경험을 쌓은 존 커크패트릭이라는 가명의 CIA 간부가 콘트라 반군을 위한 암살 교본을 포함한 훈련 과정을 만들었다. 그 한 대목의 제목은 "비밀스럽고 공공연한 테러"였다.[47]

아르헨티나 언론인 후안 파블로 칩커와 이그나시오 곤살레스 얀젠에 따르면 아르헨티나와 중앙아메리카 관계자들은 자카르타 접근법을 활용할지도 논의했다. 두 사람의 보도에 따르면 잔혹한 비델라 정권이 집권하기 전인 1970년대 초에 아르헨티나의 AAA 암살단 지도자이자 정치인인 호세 로페스 레가는 프랑코 치하의 스페인에 체류 중이었다. 거기서 그는 과테말라의 신반공조직 암살단 지도자 막시모 세페다를 만나 '플란 야카르타'와 그 내용, 곧 보수 세력이 권력을 잡은 뒤 마르크스주의자들을 "사실상 전멸"시키고 물리치는 "예방 쿠데타"에 대해 논의했다. 스페인 주재 미국 대사 로버트 힐이 주선한 이 자리에서 CIA와 자주 협력하던 세페다는 가지고 있던 '플란 야카르타' 보고서를 넘겨줬을 뿐 아니라, 아르헨티나에서 이 계획을 실행하기 위한 "충격 부대"를 결성하는 데 워싱턴이 도움을 줄 수 있다고 레가에게 말했다고 한다.[48]

47 McSherry, *Predatory States*, 218.

48 Ignacio González Janzen, *La Triple A* (Buenos Aires: Contrapunto, 1986), 95–100. 이 구절은 Juan Pablo Csipka, *Los 49 Días de Cámpora* (Buenos Aires: Sudamericana, 2013), 115–116에도 인용되었다.

"우리는 인도네시아처럼 백만 명을 죽일 필요가 없을 겁니다. 만 명으로도 충분히 일을 끝낼 수 있으니까요." 로페스 레가는 이렇게 말했다고 한다. 그러나 그의 추정치는 실상에 한참 못 미쳤다. 아르헨티나에서 반공주의자들은 그보다 훨씬 많은 이들을 죽였다.

1980년 3월 24일, 오스카 로메로 대주교가 엘살바도르의 수도 산살바도르에서 미사를 집전하기 시작했다. 그는 최근 들어 정부의 무분별한 인권침해 행위를 비판해 오던 중이었다. 그날 밤, 설교가 끝나자 한 남자가 성당 안으로 뛰어 들어와 로메로 주교를 총으로 쏘아 암살했다.

로베르토 도비송 소령이 이끄는 암살단의 소행이었다. 도비송은 1972년에 아메리카군사학교(이하 SOA로 표기함)에서 훈련받은 광신적 반공주의자였다.[49] 포트 레번워스가 전 세계에서 온 군인들을 위한 다목적 군사 교육기관이었다면, 미국의 조차지인 "파나마 운하 지대"에 있는 SOA는 라틴아메리카의 "대반란전" 병력을 양성하는 훈련장이었다. SOA가 악명을 떨치자 파나마는 이 기관을 자국 영토에서 퇴출시켰고, 학교는 2000년 "서반구안보협력연구소WHISC"로 이름을 바꾸었다. 도비송은 당시 거의 모든 라틴아메리카 국가 관료들을 훈련시키던 대만의 정치공작간부학교에서도 교육을 받았다.[50]

1983년에 도비송은 실제로 존재하던 반공 이데올로기를 아주 잘 요약해서 보여주었다. 그는 기자 로리 벡런드에게 "당신도 공산주의자일 수 있습니다"라고 말했다. "당신이 공산주의자가 아니라고

49 Biographic Sketch, Roberto D'Aubuisson, November 1980, Folder El Salvador (01201981-05301981) [5], Box 30, Exec Sec, NSC Country File, Ronald Reagan Presidential Library.

50 Anderson and Anderson, *Inside the League*, 135–137.

생각한다 해도 말이죠."[51]

엘살바도르에서 내전이 일어나자 로널드 레이건의 지원을 받던 군대는 초토화 전술을 일상적인 작전 수행 방식으로 삼았다. 급기야 1981년 12월 11일, 엘모소테 마을에서 벌어진 학살에 대한 보도가 나오기 시작했다. 엘살바도르 군대가 미국제 돌격용 자동소총으로 남녀노소를 불문한 마을 사람 9백 명 이상을 살해한 사건이다. 그 다음 날, 레이건은 한때 진보주의자였던 하버드대학교 출신의 엘리엇 에이브럼스를 국무부 인권 및 인도주의 담당 차관보로 임명했다. 간단히 말해 그의 임무는 언론과 충격에 경악한 인권 단체들의 비판으로부터 미국과 동맹인 우익 정권들을 변호하고 지키는 것이었다.

에이브럼스는《뉴욕타임스》보도를 비롯한 엘모소테 마을 학살 관련 기사들을 공산주의 프로파간다라고 불렀다.[52] 그 사건은 지금까지도 엘살바도르 내전 중 벌어진 가장 유명한 잔학 행위이지만, 민간인을 상대로 벌인 폭력의 극히 일부일 뿐이었다. 수년 동안 그런 야만적인 행위가 계속되었고 그 강도는 심해지기만 했다. 그 이유는 워싱턴이 엘살바도르 우파 정부가 반란군과 정치적 해결책을 협상하는 것을 허락하지 않았기 때문이었다. 반란군이 니카라과의 "공산주의자들"과 연결되어 있으므로, 어떤 협상도 불가능하다는 것이 레이건의 논리였다.[53]

그러나 서반구에서 냉전이 불러온 가장 큰 유혈 사태에 직면한

51 Ibid., 194.

52 Raymond Bonner, "What Did Elliott Abrams Have to Do With the El Mozote Massacre?" *The Atlantic*, February 15, 2019.

53 LaFeber, *Inevitable Revolutions.*

이들은, 중앙아메리카에서 가장 큰 나라이자 1954년 CIA가 서반구에서 처음으로 중요한 "승리"를 거둔 곳인 과테말라의 평범한 사람들이었다.

작은 마을 일롬은 멕시코 국경이 수도 과테말라시티보다 가까운 서북부의 안개 낀 산간지대에 자리 잡은 곳이다. 이곳 사람들은 마야인으로 스페인어가 아니라 익실어를 쓰고 지난 수십 년간 자급 농업을 하거나 인근의 한 목장에서 날품팔이로 일해 왔다. 수 세기 전 마야인에게서 빼앗은 땅 위에 세워진 그 목장은 부유한 백인의 소유였고 해가 갈수록 더 커져만 갔다.

일롬은 과테말라시티에서 너무 멀어서 1954년 야코보 아르벤스의 토지개혁 프로그램이 시작될 때도 그 영향이 미치지 않았다. 마을 사람들은 결국에는 CIA가 뭉개 버린 그 개혁에 대해서 거의 들어보지도 못했다.

그러나 1981년에는 국제정치 역학이 이 마을에도 도착했다. 먼저 EGP 게릴라들이 마을을 찾아왔다. 그들은 스페인어로 어째서 게릴라들이 마야인의 편인지 설명하고, 마야인이 땅을 되찾게 도울 혁명을 위해서 싸우고 있다고 했다.

당시 열여섯 살이던 호세파 산체스 델 바리오는 마을 사람들 대다수가 정중하게 게릴라들이 하는 말을 경청했지만, 세부 사항에 관해서는 어리둥절했다고 기억했다. 마을 사람 중에는 스페인어를 하는 사람이 거의 없었다. 이 삼사십 명쯤 되는 녹색 군복을 입은 혁명가들이 대체 무엇을 하겠다는 것인지 그리고 그들을 어떻게 도와야 하는지 알 수 없었지만, 마을 사람들은 관습대로 환대한다는 의미인 두툼한 옥수수 토르티야와 따듯한 말을 건내고 손을 흔들며 그들과

작별했다.[54]

얼마 지나지 않아 군대가 게릴라로 위장한 병사들을 보냈다. 마을 사람들도 곧 어떤 상황인지 알아차렸다. 가짜 게릴라들의 복장은 허술하기 짝이 없었고 그중 한 명은 조잡한 가짜 수염까지 달고 있었다. 행동도 어색하기 짝이 없었다. 질문을 너무 많이 던지거나 마을 사람들을 공격적으로 대했다. 게릴라들은 결코 그런 방식으로 처신하지 않았다. 잘 준비된 위장 작전이 아니었다. 마을에서 누가 반란군에 동조하는지 알아 내려는 젊은 군인들임이 분명했다.

1982년 1월, 군인들이 다시 왔다. 이번에는 군복 차림이었지만 얼굴에는 검은색 위장 크림을 바른 채였다. 그들은 호세파의 집으로 들이닥쳤다. 호세파는 자기 가족이 명단에 오른 것이 당연하다고 생각했다. 호세파의 아버지는 1970년대에 가장 가까운 도시에 토지 반환을 요청했던 소수 중 하나였다. 군인들은 호세파의 시아버지를 끌고갔다. 그들은 돌맹이로 호세파의 머리를 내리쳤다. 그리고 몇몇이 호세파의 입에 재갈을 물리더니 강간했다.

그날, 30명가량이 끌려갔고 다시는 돌아오지 않았다. 며칠 뒤 군인들이 다시 와서 호세파의 아버지와 오빠를 데려갔다.

2월에 군인들이 다시 왔다. 그들은 밭에서 일하고 있던 호세파의 또 다른 오빠를 수류탄을 던져서 죽였다. 그들은 그날 사람들을 더 끌고갔고 이번에는 마을을 떠나며 빈 집들을 불태웠다.

소년 안토니오 카바 카바는 밭에서 일하다 돌아와서야 큰일이 난 것을 깨달았다. 집 가까이에 가 보니 그 지역 마야 여인들이 입는 붉은색 긴 치마 차림의 어머니가 텅 빈 눈으로 먼 곳을 쳐다보고 있

54 2018년 11월, 일롬에서 호세파 산체스 델 바리오와의 인터뷰.

었다. 어머니에게 무슨 일이냐고 물었다. 어머니는 불이 났다고 했다. 군인들이 떠나면서 집 안에 있던 할머니를 산 채로 태워 버린 것이었다.[55]

몇몇 사람들은 몸을 피하자고 했다. 그러나 산속 말고는 갈 곳이 없었고 거기서는 금방 식량이 떨어질 것이었다. 이번 일은 마을 사람들이 겪어 본 최악의 폭력이었기에, 사람들은 이런 끔찍한 일은 끝났을 것이라고 결론 지었다.

하지만 그들은 틀렸다.

3월 23일 새벽 5시, 다시 군인들이 들이닥쳐 마을 사람을 모두 깨웠다. 이번에도 그들은 검은 위장 크림을 얼굴에 바르고 있었다.

"나와. 마을 회의가 있을 테니 나가도록 한다." 그들이 안토니오와 호세파를 비롯한 모두에게 말했다. 그들은 사람들을 마을의 작은 광장에 모이게 했다. 그리고 남자들은 광장의 작은 교회로, 여자들은 그 옆의 작은 재판소로 가라고 했다.

안토니오는 군인 한 명이 무전기를 조작하더니 상관에게 말하는 것을 들었다. "게릴라들을 처리하겠습니다."

처음에는 한 명씩 나중에는 두 명씩 남자들을 교회 밖으로 끌어내 학교 앞에 세우더니 총으로 쏘아 죽였다. 마을 사람 전체가 각각의 죽음을 지켜볼 수 있었고, 그것이 이 모든 폭력의 핵심이었다. 백 명을 죽이고 나자 군인들은 멈췄다.

"우리는 죄를 지은 것 같은 자들만 죽인다. 겁먹은 것처럼 보이는 놈들 말이지." 군인 한 명이 말했다.

55 2018년 11월 과테말라시티와 일롬에서 안토니오 카바 카바와의 인터뷰.

다른 마을 사람들도 운이 좋지 않았다.[56] 이 지역 여러 곳에서 군대가 별 이유 없이 남녀노소 전부를 죽여 버렸다. 정부가 익실 마야인들은 본질적으로 공산주의자이거나 최소한 공산주의자가 될 가능성이 높다는 결론을 내린 뒤였다. 인도네시아의 대량학살은 제노사이드는 아닐 것이다. 그 학살은 그저 반공 대량학살이었다. 과테말라에서는 반공 제노사이드였다.

1982년 3월 23일, 군사 쿠데타를 통해 에프라인 리오스 몬트 장군이 과테말라를 장악했다. 복음주의 기독교도(로널드 레이건의 각별한 총애를 받은 이유)였던 그는 약간 다른 방식으로 제노사이드를 이어 갔다. 의심스러운 원주민 종족들을 정부가 세운 "시범 마을" 알데아스 모델로스aldeas modelos로 이주시켜 비공산주의적인 새 삶을 살도록 돕는다는 것이었는데, 실상은 죽음의 강제수용소와 크게 다를 바 없었다. 다른 이들에게도 학살은 빠른 속도로 계속됐다. 인도네시아, 브라질, 아르헨티나에서도 그랬듯이 몬트의 종교적 열정은 반공 폭력에 신학적 정당성을 부여했다. 지금은 과테말라에서 가장 저명한 연구기관의 책임자가 된 당시 내전 희생자는 그 논리를 이렇게 요약한다. "그들은 공산주의이므로 무신론자이며, 따라서 악마이므로 죽여도 된다."[57] 살해된 희생자 중 절대다수가 마야 전통 종교를 믿는 이들이었다.

살아남은 일롬 마을 사람들은 강제노동형에 처해졌는데, 이번

56 과테말라군이 벌인 익실족 제노사이드에 대한 더 자세한 요약으로는 2013년 에프라인 리오스 몬트 재판 중에 녹취된 증언들을 보라. Sentencia por Genocidio y Delitos Contra los Deberes de Humanidad Contra el Pueblo Maya Ixil, dictada por el Tribunal Primero de Sentencia Penal, Narcoactividad y Delitos contra el Ambiente "A," Guatemala, May 10, 2013.

57 2018년 과테말라시티에서 과테말라사회발전협회(AVANCSO)의 클라라 아레나스와의 인터뷰.

에는 군대를 위해 일해야 했다. 안토니오는 민병대에 들어가 남은 1980년대 내내 게릴라들과 "싸우며" 성인이 되었다. 그들은 "적"에게 총을 쏘아야 할 때면 일부러 빗맞히는 식으로 조용히 저항했다. 호세파는 빨리 결혼했다. 그러지 않으면 시범 마을을 감시하는 군인 중 한 명과 억지로 "결혼"해 다른 친구들처럼 성노예가 될 것이기 때문이었다. 그들이 살던 마을은 완전히 파괴되어 잿더미만 남았다.

이 모든 일이 리오스 몬트가 공산주의와 싸우는 새로운 전략의 일부였다. 그는 "게릴라들은 물고기요, 인민은 바다다"라고 말했다. "물고기를 못 잡겠으면 바닷물을 빼 버려야 한다."[58]

1978년부터 1983년까지 과테말라 군대는 20만 명 이상을 학살했다.[59] 그중 3분의 1가량은 주로 도시 지역에서 끌려가 "실종"되었다. 나머지는 대부분 조상 대대로 살던 산과 들에서 학살당한 원주민 마야인들이었다. 엘살바도르 내전의 희생자 7만 5천 명 중 대다수는 정부 쪽에 살해된 무고한 이들이었다. 아르헨티나에서는 민간인 2만에서 3만 명이 목숨을 잃었으며, 다른 콘도르 작전 참가국들도 수만 명을 더 죽였다. 반공 절멸 프로그램은 라틴아메리카 전역으로 퍼져 나갔으며 언제나 미국의 지원을 받았다. 라틴아메리카의 희생자 수를

58 John Otis, "Efraín Ríos Montt, Former Guatemalan Military Dictator Charged with Genocide, Dies at 91," *Washington Post*, April 1, 2018.

59 *Guatemala: Memory of Silence—Report of the Commission for the Historical Clarification, Conclusions and Recommendations*. 역사진상규명위원회는 "20만 명 이상"이 살해당했으며 그중 93퍼센트가 군대의 폭력으로 희생됐다고 발표했다. 과테말라사회과학발전협회(AVANCSO)는 전체 희생자 추산치가 25만 명이며, 원주민 다수가 농촌 지역에서 집단적으로 학살됐고 전체 "실종자" 수는 4만 5천 명으로 도시 지역에서 대상 인물의 목숨을 빼앗을 때가 많았다고 본다.

다 합치면 사망자만 해도 인도네시아에서 벌어진 1965~1966년 대량 학살의 추산치에 근접한다.

심지어 이 모든 테러의 원인으로 지목되는 반공주의자들의 큰 적조차 이런 수준의 폭력을 저지르지는 않았다. 역사학자 코츠워스는 미국의 재정 지원을 받는 프리덤하우스가 모은 수치들을 활용해 1960년부터 1990년까지 라틴아메리카에서 미국이 지원한 폭력으로 발생한 희생자 수가 같은 시기 소련과 동구권의 희생자 수를 "훨씬 능가"한다고 결론 내렸다.[60]

붕괴

중앙아메리카에서 폭력은 베를린 장벽이 무너질 때까지 기세를 늦추지 않았으며, 그후로도 계속 이어졌다. 1989년부터 1991년 사이 소련은 2차 세계대전 직후 직접 세운 모든 국가들과 함께 엄청난 속도로 붕괴했다. 이제 제2세계는 사라졌고 그곳의 거주자들은 문자 그대로 정부의 붕괴를 경험했다. 어떤 식으로건 냉전의 영향을 받아 온 나머지 세계에서 어떤 것은 변했지만 어떤 것들은 변하지 않은 채로 남았다.

제1세계에서 북미인들과 서유럽인들은 이 모든 일을 승리에 도취해 바라보았다. 서방 지도자들은 소비에트 공산주의가 지속 가능한 체제가 아니라는 점이 아주 강력하게 증명된 것으로 여겼다.

60 John H. Coatsworth, "The Cold War in Central America," in *The Cambridge History of the Cold War*, Vol. 3, eds. Melvyn P. Leffler and Odd Arne Westad (Cambridge: Cambridge University Press, 2010), 221.

제3세계 일부, 특히 냉전의 영향이 여전하던 지역에서는 조금이나마 안도감이 돌았다.

베니는 마침내 유엔에서 승리를 거두었다. 벌써 몇 년째 미국을 상대로 크메르루주를 캄보디아의 정식 정부로 인정하기를 그만두라고 로비하고, 전 세계를 상대로 폴 포트가 저지른 참상을 알리고자 애쓰던 중이었다. 베니는 베트남 정부에 대한 워싱턴의 고집스런 반대 때문에 벌어진 외교적 교착상태를 끝내는 데 충분한 국가들의 지지를 얻는 데 성공했다. 1992년에 그는 가장 혼란한 지역인 시엠립으로 가서 유엔 캄보디아 과도 통치 기구의 구성을 도왔다.[61]

엘살바도르에서는 마침내 휴전이 이루어졌다. 1992년에 파라분도 마르티 민족해방전선FMLN 반군은 합법정당이 되었다. 역사학자들은 워싱턴의 광신적 반공주의가 모든 협상의 가능성을 막지만 않았더라도, 이 일이 훨씬 전에 일어났을 것이라고 추측한다.

니카라과에서 산티디스타는 1984년 선거에서 쉽게 승리를 거두었다. 레이건 행정부는 선거가 합법적으로 보이지 않기를 바라며 우파인 야당에게 선거에 참여하지 말라고 했다.[62] 콘트라 반군은 결코 테러를 멈추지 않았다. 1990년에 다시 선거를 치르면서 모두에게 확실해진 것은 좌파가 권력을 잃지 않는 한 우파의 폭력은 멈추지 않을 것이라는 점이었다. 니카라과인들은 선거에서 좌파를 내쳤고, 산디니스타는 평화롭게 물러났다.

아프가니스탄에서는 9년째 소련 군대가 공산주의 동맹 정권을 지원하고 있었다. 소련군이 철수하자 CIA가 지원하는 이슬람 근본주

61 Widyono, *Dancing in Shadows*, Part I.

62 LaFeber, *Inevitable Revolutions*, 309.

의자들이 광신적 신정국가를 세웠지만, 서구인들에게는 관심 밖의 일이었다.

칠레에서는 1988년에 국민투표로 피노체트가 권좌에서 물러났지만, 그는 1998년 종신 상원의원이 되기 전까지 육군 총사령관직을 지켰다.

과거 제3세계에 세워진 가장 거대한 반공 정부 두 곳에도 냉전의 종식은 간접적인 영향을 미쳤다. 인도네시아와 브라질 모두 권위주의 통치에서 다당제 민주주의로 전환했다. 그러나 그 시기는 달랐다. 브라질은 베를린 장벽이 무너지기 훨씬 전부터 여정을 시작했고 수하르토는 장벽 붕괴로부터 거의 10년이 지나서야 권좌에서 물러났다. 그러나 근본적으로 두 나라의 전환은 동일한 방식으로 이루어졌다. 브라질과 인도네시아에서 군사독재의 종식은 잘 통제된 방식으로 진행되었다. 협상에 의한 권력 이양은 독재정권이 보호하려 했던 근본적인 사회구조를 유지하고 독재자를 면책해 부와 영향력을 잃지 않게 해 주었다. 1950년대와 1960년대의 사회운동에 위협을 느꼈던 지배층이 여전히 권력을 장악했고, 두 나라 모두 세계 자본주의 체제 안에 잘 통합되었다. 이는 라틴아메리카 거의 모든 나라와 동남아시아 절대다수 국가에서 벌어진 일이었다. 그 방식과 그 강도가 달랐을 뿐 광신적 반공주의는 두 나라와 주변 지역에서 여전히 강력한 세력으로 살아남았다. 공공연하거나 은밀하거나 그 형태는 달랐을지라도 광신적 반공주의는 언제나 되살아날 준비를 하고 있었다. 소련이라는 위협이 사라지고 난 후에도 반공주의는 지구상에서 결코 사라지지 않았다.

워싱턴 역시 소련 붕괴 이후에도 쿠바에 대한 입장을 바꾸지 않았다. 아바나에 대한 압력을 늦추거나 다른 전술을 택하기는커녕, 1992년에 헬름스-버튼 법안을 통과시켜 쿠바와 거래하는 모든 기업을 제재하는 등 압박을 더해 갔다. 그러나 쿠바는 꿋꿋하게 버텼다. 카스트로는 허리띠를 졸라매고 자본주의를 재도입하고 관광업에 의존하며 소련의 붕괴와 미국의 봉쇄로 1950년대 이후 가장 어려웠던 이 "특별 기간Período especial"을 극복했다.

쿠바에 대한 미국의 행태를 소비에트 공산주의라는 공포에 대한 대응이라거나 자유 체제를 방어하기 위해서 그러는 것이라고 설명하기는 어렵다. 1960년대부터 지금까지 쿠바는 최악의 억압적 정치체제 혹은 인권침해와는 거리가 멀었기 때문이다.

어쩌면 카스트로가 수많은 쿠데타와 암살 시도에도 살아남아 워싱턴에 공개적인 망신을 안겨 주었다는 용서받을 수 없는 죄를 지었을지도 모른다. 또는 워싱턴이 느끼는 진정한 위협이란 미국이 주도하는 체제 밖에서 경쟁 모델이 등장할 가능성일지도 모른다. 앞에서 살펴보았듯 1954년 과테말라, 1955년 반둥, 1973년 칠레에서 미국 관리들이 두려워한 것과 동일한 맥락이다.

미국이 달라지지 않은 점이 또 하나 있다. 냉전이 끝난 직후 미국 관리들, 특히 조지 H. W. 부시는 "평화 배당금"에 대해 이야기했다. 소비에트 공산주의가 사라짐과 동시에 미국은 군사비와 해외에서의 무력 사용을 줄이겠다는 생각이었다. 그러나 정확히 그것과 반대의 일이 벌어졌다. 1990년대에는 소폭의 지출 감소가 있었지만, 21세기에 들어서자 국방부의 예산은 다시 폭발적으로 증가했다. 버락 오바마는 반전 후보로 선거에 나섰지만, 그의 임기 말인

2016년에 미국은 최소 7개국을 폭격하고 있었다.[63]

지난 20년 동안 역사학계의 석학들은 미국의 행태를 더 넓은 시각으로 보기 시작했다. 그들은 냉전 이전에도 이후에도 미국이 언제나 팽창주의적이고 공격적인 강대국이었다는 점에 주목한다.

오드 아르네 베스타는 "역사적으로, 특히 남반구의 시각에서 보면 냉전은 방법을 조금 달리한 식민주의의 연장이었다"라고 썼다. "2001년 9월 미국을 향한 이슬람주의자들의 공격 이후 시작된 새롭고도 걷잡을 수 없는 미국의 개입은 일탈이 아니라 조금 더 극단적인 형태를 지닌 냉전기 미국 외교 정책의 연속이었다."[64]

아프리카에서 벌어진 내전들은 저마다 다르게 끝났지만, 거의 모든 곳에서 정실자본주의와 자원 수탈이 판을 쳤다.[65] 동유럽에서 공산주의의 몰락은 서구인들이 믿는 것처럼 깔끔한 과정이 아니었다.

주쿠바 인도네시아 대사의 딸 누리는 피델 카스트로의 보호를 받던 아바나를 떠나 불가리아인 남편과 함께 불가리아로 갔다. 1990년에 불가리아는 선거를 치렀다. 워싱턴이 물심양면으로 야당을 도왔지만, 공산당의 새로운 이름인 불가리아사회당이 승리했다. 그러나 미국과 유럽 관료들은 사회당을 인정하지 않을 것임을 분명히 했고, 일련의 갈등과 시위 끝에 사회당은 연립정부에 권력을 넘겼다. 이후 몇 년간 생활 수준은 급격하게 떨어졌다. 누리와 남편

63 Micah Zenko and Jennifer Wilson, "How Many Bombs Did the United States Drop in 2016?" Council on Foreign Relations blog post, January 5, 2017.

64 Westad, *The Global Cold War*, 396, 405[국역: 《냉전의 지구사》, 635, 649쪽].

65 Tom Burgis, *The Looting Machine* (New York: PublicAffairs, 2016).

은 민주주의적 자유는 아닐지라도 높은 고용률과 괜찮은 공공 서비스를 누리다가 그후 9년 연속으로 경제가 위축되고 인플레이션이 통제 불능으로 치닫는 것을 공포에 떨며 지켜보아야 했다.[66] 누리는 이렇게 말했다.

"마침내 인도네시아에 돌아갔다가 사람들이 공산주의에 대해 생각하는 걸 듣고 깜짝 놀랐지 뭐예요. 나는 공산주의 사회에서 쭉 살아왔는데 말이죠. 그 사람들은 틀렸어요. 공산주의 불가리아에서 사는 게 수하르토의 인도네시아에서 사는 것보다 훨씬 나아요."

과테말라 내전은 1996년에 끝났다. 살아남은 일롬 사람들은 마침내 고향으로 돌아가 다시 마을을 다시 세울 수 있었다. 지금도 자동차 없이 그 마을에 가려면 미국 스쿨버스를 개조한 만원 버스를 타고 구불구불 위험한 비탈길을 타야 한다. 과테말라시티로부터 130킬로미터쯤 되는 이 여정은 꼬박 이삼 일이 걸린다.

마야인들은 지금도 안토니오의 어머니가 이웃이 산 채로 불태워진 것을 발견한 그날 입었던 것 같은 붉은 치마를 입는다. 마을 사람들은 여전히 옥수수를 기르고, 아침 일찍 일어나 나무 사이로 말을 몰고 밭으로 가서 일하고, 해가 지면 집으로 돌아와 둘러앉아 익실어로 웃고 떠든다.

그러나 그들도 현대 경제에 편입되기 시작했고 돈이 필요하게 되었다. 그래서 10대 아들딸들을 미국으로 보낸다. 호세파의 아들은 열일곱 살이던 2016년 미국으로 향했다. 열여덟 살이 되기 전에 미국에 가야 입국과 정착이 훨씬 쉽다는 것은 누구나 아는 일이다. 아들은 플로리다의 건축 현장에서 일하며 스페인어를 꽤 잘하게 됐

66 Report for Selected Countries and Subjects, International Monetary Fund.

다. 그는 밀입국을 시켜 준 사람(코요테)에게 빚을 다 갚은 후, 집에도 돈을 보낼 수 있게 됐다.

일롬 마을 사람들은 더 많은 청년들을 북쪽으로 계속 보낸다. 미국을 사랑해서도 아니고 아메리칸드림 때문도 아니다. 사실 그들은 가고 싶지 않다. 그들은 자신들이 겪은 폭력이 누구의 책임인지도 잘 알고 있다.

"우리 중 많은 이들이, 정말이지 많은 이들이 미국에 갔어요." 안토니오 카바 카바가 내게 일롬 마을 이곳저곳을 보여주며 말했다. 우리는 그가 아는 거의 모든 남자들이 공산주의자라 의심받으며 처형당하는 것을 지켜봤던 광장을 지나고 있었다. "좀 웃기지요. '웃긴다'라는 말이 맞을지는 모르겠지만, 우리가 이 마을을 파괴한 폭력이 누구 때문인지를 알거든요. 그 뒤에 미국이 있다는 것도 알아요. 하지만 우리 자식들을 거기로 보내고 있어요. 왜냐하면 거기 말고는 갈 데가 없기 때문이에요."

11 우리는 챔피언

냉전이 끝난 후 우리는 어떤 세상에서 살고 있는가? 누가 이 전쟁에서 이겼는가? 누가 졌는가? 더 구체적으로 반공 성전은 오늘날 수억 인구의 삶에 어떤 영향을 미쳤는가? 이 책을 쓰기 위해 세계 곳곳을 여행하는 동안 이런 질문들이 머릿속을 맴돌았다. 나는 자라면서 그 질문들에 대한 일련의 정해진 대답을 배웠다. 그러나 이 프로젝트를 통해 알게 된 것들이 그 대답에 대한 확신을 뒤흔들어 놓았다고 말한다면, 너무 약한 표현일 것이다. 나는 스스로 대답을 재구성하기보다는 이 모든 일을 겪고 냉전을 누구보다도 가까이서 느꼈던 이들의 이야기를 들어 보기로 했다.

그래서 내가 인터뷰한 인도네시아와 라틴아메리카의 생존자들에게 직접 물어보았다. 그들은 대답은 대개 꽤 간단했다. 인도네시아의 생존자들을 지원하는 작은 단체 '65년과 함께하는 사무국' 대표 위나르소는 이렇게 답했다.

"미국이 이겼죠. 여기 인도네시아에서 당신네들은 원하는 것을 얻었고 전 세계에서도 원하는 것을 얻었어요." 2018년, 솔로의 소박한 자기 집 바닥에 앉아 끊어질 듯한 허리의 통증을 줄이려고 계속 이리저리 움직여 무게중심을 바꾸면서 그는 이렇게 말했다. 위나르소는 여러 해 동안 인터뷰를 주선해 주었다. 그러면서 우리는 꽤 가까워졌다. "냉전은 사회주의와 자본주의 간의 싸움이었고, 자본주의가 이겼어요. 더군다나 워싱턴이 그렇게 전파하려고 했던 미국 중심의 자본주의 안에서 우리 모두가 살게 됐잖아요." 그는 솔로 그리고 인도네시아 군도 전체를 가리키며 말했다.

어떻게 해서 이겼죠, 나는 물었다.

위나르소는 몸을 이리저리 움직이기를 멈췄다. "당신들이 우리를 죽였잖소."

이런 대답은 아주 흔했다.

물론 내가 만난 사람들은 세계 인구에서 무작위로 추출한 표본이 아니다. 그들 대다수는 20세기 반공 대량학살 프로그램의 피해자이거나 그 전문가들이다. 물론 그중에는 다른 관점을 가진 이들도 존재한다. 그러나 나는 위나르소 같은 이들의 관점과 프란치스카와 카르멘과 잉기옥과 사코노 같은 이들의 경험이 우리가 사는 세계가 어떻게 형성됐는지 이해하는 데 결정적이라고 확신한다.

1955년, 수카르노와 제3세계의 많은 이들이 제1세계와 제3세계 간의 관계를 바꿔 보고자 한자리에 모였다. 수 세기 동안에 걸친 인종주의적 식민주의 이후, 이제는 그들은 국제 사안에서 독립국으로서 지위를 확보하고, 자신들의 힘과 지혜와 가능성을 내세워 동등해질 때라고 믿었다.

당시에 제3세계는 분명 뒤쳐져 있었다. 세계 인구 대국들의 1인당 GDP를 잠깐만 살펴봐도(부록 1을 보라) 확실해진다. 미국과 구식민 세력이었던 백인 국가들의 숫자는 제3세계에 비해 아주, 아주 엄청나게 크다.

수카르노는 이런 세계가 달라질 것이라고 생각했다. 1955년 반둥 회의를 취재했던 시니컬한 아프리카계 미국인 작가 리처드 라이트도 제3세계 운동이 성공할 것이라고 여겼다.[1] 식민주의는 끝났다. 이 나라들도 곧 따라잡을 것이다.

그러나 위나르소가 손을 들어 현재의 세계를 말할 때 그가 가리키는 곳은 어디인가? 우리는 여기에 대해 계속 얘기했다. 경제지표나 생활수준 도표 같은 것을 보지 않아도 한 가지는 분명하다. 미국은 여전히 지구상에서 가장 강력한 나라이며, 보통의 미국인도 인도네시아나 멕시코, 아프리카나 파라과이에 가면 현지인보다 훨씬 부자라는 것이다. 그렇지만 미국인들은 자신과 나머지 세계 간의 간극이 얼마나 큰지 거의 알지 못한다. 제1세계와 제3세계 사이의 격차는 어마어마하다. 미국 경제는 인도네시아 경제보다 조금 더 큰 정도가 아니라 20배나 크다. 브라질의 1인당 GDP는 미국의 6분의 1이 채 되지 않는다. 극소수 예외를 제외하면, 반둥 회의 참가국들은 여전히 과거 제국주의 열강들과의 동일한 구조적 관계에서 벗어나지 못했다 (부록 2를 보라).

중국은 훨씬 강력해졌고, 이제 동남아시아의 모두가 그 사실을 잘 안다. 중국의 경제 규모는 미국 경제만큼 커졌다. 그러나 그 주요 원인은 중국 인구가 미국 인구의 네 배나 되기 때문이다. 중국은 최빈국에서 1인당 GDP가 라틴아메리카 수준인 중진국으로 발전했지만, 중국인의 평균적인 생활수준은 미국 기준에서는 여전히 무척 빈곤하다. 지난 수십 년간 중국의 경제성장은 1980년대 이후 세계적 불평등이 감소한 주요 원동력이었다. 중국이 성장한 이유가

1 Wright, *Color Curtain*, 206.

자본주의를 수용했기 때문인지 아니면 공산주의 개혁을 통해 아직도 테크노크라트적 일당 체제를 유지하고 있기 때문인지에 관해서는 치열한 논쟁이 계속되고 있다. 그러나 한 가지 확실한 것이 있다면, 중국은 냉전 중 미국의 개입으로 만들어진 반공 정권이 결코 아니라는 점이다. 한 관점에서 보면, 1960년대 이후 세계적 불평등이 약간 누그러졌는데, 이는 대체로 중국 덕분이다(부록 3을 보라). 또 다른 관점에서 국가들을 지역별로 묶어서 보면, 제3세계는 여전히 제자리에 있는 반면 제1세계는 훨씬 더 잘살게 되었다(부록 4를 보라).

물론 어째서 가난한 나라들이 부자 나라들을 따라잡는데 실패했는가에 관해서는 수많은 복잡하고 해결되지 않은 논쟁들이 있다.[2] 그러나 철저하게 망각되곤 하는 국가 간 격차의 규모와 2차 세계대전 이래 세계적 불평등의 이야기를 인식하는 것은 중요하다. 그 이야기와 이 책이 다루는 사건들이 맞물려 있기 때문이다. 최근 한 연구는 미국인들에게 인류의 연평균 소득을 추측해 보라고 했고, 그들이 추측한 액수는 실제보다 열 배나 많았다. 미국인들은 제3세계가 어떻게 살아가는지 알고는 큰 충격을 받았다.[3]

현실을 들여다보면 1945년 이전 세계를 정복했던 백인 나라들이 여전히 꼭대기에 있고, 식민지였던 유색인종 나라들이 밑바닥에 있다. 철저하게 물질적인 측면에서 보자면 기술 발전과 전 지구적 경제성장 덕분에 거의 모두가 더 잘살게 된 것이 사실이지만, 제1세

2 나는 1980년대 초 미국 연방준비은행의 금리 정책이 채무와 발전 프로그램에 미친 영향에 관한 논문을 쓴 바 있다. 이 문제가 얼마나 복잡한지 잘 알고 있으며, 여기서 그 결론을 내리려고 하지는 않을 것이다.

3 Gautam Nair, "Most Americans Vastly Underestimate How Rich They Are Compared with the Rest of the World. Does It Matter?" *Washington Post*, August 23, 2018.

계와 제3세계 사이의 간극은 반둥 회의 직후만큼이나 크고 깊다. 이런 격차가 전적으로 냉전 때문이라거나 더 구체적으로 미국이 조직하고 지원한 반공 대량학살 프로그램의 네트워크 때문이라고 주장한다면, 지나친 처사일 것이다. 그러나 미국이 일상적으로 국제 사안에 폭력적으로 개입하던 냉전 시기와 그 직후에 백인 나라들의 힘이 약화되지 않은 것만은 분명한 사실이다.

제1세계가 냉전에서 그리고 더 광범위하게는 20세기 역사에서 승리했다고 해도 틀리지 않을 것이다. 그것이 바로 내가 태어난 세계다. 서두에서 역사는 보통 승자에 의해 쓰인다고 했는데, 이 책도 거기서 자유롭지 않다. 나는 미국에서 태어나고 성장했다. 인도네시아 자바의 농촌 출신 여성이나 브라질 빈민가 출신이 아니라 내가 이 지구적인 이야기를 쓸 수 있는 인맥과 재정 지원을 확보할 수 있었던 것 또한 우연은 아닐 것이다.

제2세계는 어떤가? 얼마 전 한 노년의 베트남 공산당원과 차를 마시다가 이 질문이 나왔다. 그는 조국의 사회주의 체제가 가진 문제들에 대해 비판하는 데 거침이 없었지만, 베트남 정부가 중국 및 다른 사회주의 정부들과 마찬가지로 1989년 이후 소련과 동구권에서 벌어진 일을 주의 깊게 지켜보았으며, 같은 일을 반복하지 않으려고 필사적으로 노력하고 있다고 말했다.

소련과 바르샤바조약기구 국가들을 통치하던 공산당 지도부는 분명 패배했다. 그것도 아주 크게 졌다. 그러나 공산 세계에서 고통받던 보통 사람들은 어떤가? 전 지구적 자본주의의 승리가 그들에게도 승리였을까? 그들은 번영과 민주주의라는 보상을 받았는가?

공산주의 유고슬라비아에서 태어나 자라 국제 불평등에 관한 최고 전문가가 된 경제학자 브랑코 밀라노비치는 베를린 장벽 붕괴 25주년을 맞아 같은 질문들을 던졌다. 우리는 제2세계 사람들이 번영과 민주주의를 얻지 못했다고 답할 수 있을 것이다. 그러나 1991년에는 그럴 수 있다고 믿었다. 그것은 밀라노비치를 비롯해 고통받던 공산세계 사람들에게 주어진 약속이었다. 하지만 그들을 찾아온 것은 번영이 아니라 재앙 같은 대공황이었다.[4] 2014년, 〈누구를 위해 장벽은 붕괴했나?〉라는 짧은 에세이에서 밀라노비치는 탈공산주의 국가들을 살펴본다. 그중 일부는 1990년 당시보다 경제 규모가 축소되었다. 일부는 서유럽의 이웃들보다 느리게 성장해서, 공산 체제가 붕괴한 충격으로 경제 규모가 급감한 1990년의 저점과 비교해도 점점 더 뒤쳐지고 있었다. 밀라노비치는 알바니아, 폴란드, 벨라루스, 아르메니아, 에스토니아 이렇게 다섯 나라만 자본주의가 성공한 사례라고 보았다. 어떤 식으로건 제1세계를 따라잡은 이 다섯 나라 중 민주주의가 작동하는 곳은 세 곳뿐이다.

이는 동유럽의 구 공산 세계에 살던 인구 중 10퍼센트만이 장벽이 무너질 때 약속받은 것을 얻었다는 뜻이라고 밀라노비치는 계산했다. 제2세계는 패배했다. 그것도 아주 크게 졌다. 제2세계는 냉전 당시 가졌던 지정학적 힘을 잃었고, 국민들은 물질적 부를 잃었으며, 다수는 그 상실을 보상할 민주주의적인 자유조차 얻지 못했다.[5]

4 Branko Milanovic, "Income, Inequality, and Poverty during the Transition from Planned to Market Economy," *World Bank Regional and Sectoral Studies*, chap. 3, https://documents1.worldbank.org/curated/en/229251468767984676/pdf/multi-page.pdf

5 Branko Milanovic, "For Whom the Wall Fell?" *The Globalist*, November 7, 2014.

그렇다면 제3세계는 어떤가? 내가 가장 많은 시간을 보낸 나라는 세계 4위의 인구 대국이자 제3세계 운동의 설립자(이자 지금도 사무국을 자카르타에 둔 비동맹 운동의 근거지)인 인도네시아다.

1965년 생존자들을 인터뷰하다 보면 종종 내가 고문에 대해 물을 거라고 여기는 이들을 만난다. 두들겨 맞고, 굶주리고, 마녀나 악마라고 불리고, 가족과 연락이 끊기고, 집단 강간을 당한 후 짐짝처럼 감방 구석에 던져졌을 때 어땠느냐고 물을 것이라고 여긴다는 뜻이다. 그러나 내가 알고 싶은 것은 그런 것이 아니었다. 그 질문은 앞서 다른 언론인과 연구자들이 생존자들의 서사를 들으며 이미 물었던 것들이다. 사실 너무나 자주, 그런 질문만 해 왔다. 그 기저에는 억압의 정도만이 문제라는 가정, 곧 2백만 명 정도만 체포한 다음 법정에서 그들이 진짜 공산주의자임을 증명해서 그들 중 절반만 처형했더라면 괜찮았을 거라는 전제가 깔려 있다. 개인적으로 나는 고난을 증언하는 것이 피해자를 다시 트라우마에 빠뜨릴 것 같아 보이면, 그 대목은 간단하게 넘어가곤 했다.

그러나 안타깝게도 생존자들이 대답하기 극도로 어려워하는 질문이 하나 있었다. 내가 이 질문을 인도네시아어로 가다듬어 그 의도를 아주 명확하게 만드는 데는 꽤 오랜 시간이 걸렸다. 과거에 진짜로 좌파였던 이들을 만나면 나는 이렇게 물었다. "1963년과 1964년을 생각해 보세요. 그 시절에 어떤 세상을 만들고 있다고 생각했나요? 21세기에는 어떤 세상이 올 것이라고 생각했나요?" 이어서 이렇게 질문했다. "지금 살고 있는 세상이 그런 세상인가요?"

첫 질문에 대답할 때면 그들의 눈이 반짝였다. 그들은 답을 알았다. 그들은 강한 독립국가를 건설하고 있었고 제국주의 국가들과 동등하게 되도록 일어나는 중이었다. 사회주의는 아직 당도하지 않았지만, 그들은 착취와 체제적 불의가 없는 세상을 만들어 가던 중이었다. 두 번째 질문의 답은 너무 뻔해서 묻는 것 자체가 잔인하게 여겨졌다. 국가가 끔찍한 잔학 행위를 저질렀으나 그 과오를 인정하고 정의롭고 강력한 사회를 건설했다면 달랐겠지만, 그런 일은 없었다. 생존자들은 엉망진창의 빈곤한 정실자본주의 아래 말년을 보내고 있고, 다른 세상을 원한 것이 죄였다는 말을 매일같이 듣고 있다.

지금 시점에서 수카르노의 반둥 회의 개회사를 읽거나, 1955년에서 1965년 사이 세계 곳곳에서 발행된 좌파 성향의 출판물들을 살펴보거나, 프란치스카가 번역한 반둥 정신의 제3세계 간행물 《아프로-아시안 저널리스트》를 펼쳐보거나, 브라질과 칠레의 민주적 사회주의 출판물을 보면 이런 생각이 들지 모른다. 이 사람들 미친 것 아냐? 이렇게 비현실적인 것들을 바랐다고? 어쩌면 그때는 모든 것이 달랐던 것일까?

앞서 살펴본 대로 1945년부터 1990년까지 미국이 지원한 반공 절멸 프로그램의 네트워크가 전 세계 곳곳에서 활약하면서 적어도 23개국에서 대량학살이 벌어졌다(부록 5를 보라). 모든 것을 지휘하는 중앙 통제적 계획이나 통제실이 있었던 것은 아니지만 아르헨티나, 볼리비아, 브라질, 칠레, 콜롬비아, 동티모르, 엘살바도르, 과테말라, 온두라스, 인도네시아, 이라크, 멕시코, 니카라과, 파라과이, 필리핀, 한국, 스리랑카, 수단, 대만, 태국, 우루과이, 베네수엘라, 베트남에서 벌어진 절멸 프로그램은 상호 연결되어 있었다고 봐야 하며, 냉전에서 미국이 거둔 승리의 핵심적인 부분이라고 생각한다(직접적 군사행동이나 전쟁에서 발생한 무고한 민간인의 이른바 "부수적 피해"는 여기 포함시키지 않았다). 반체제 인사와 비무장 민간인을 의도적으로 처형한 이들은 서로에게서 배우기도 하고 다른 나라에서 개발한 방식을 가져다 쓰기도 했다. 때로는 따라 하려는 프로그램의 이름을 그대로 가져와 자신들의 작전에 붙이기도 했다. 나는 그런 프로그램 중 가장 중요하고 규모가 큰 프로그램에서 따온 "자카르타"라는 은유가 적어도 11개국("인도네시아식 해결책"을 채택한 스리랑카를 포함시킨다면 12개국)에서 간접적으로 연결되어 있다는 증거를 발견했다.[6] 그러나 "자카르타"라는 단어와 무관한 정권들조차 인도네시아군이 한 일과 이후 서구에서 누린 성공과 특권이 무엇인지 똑똑히 볼 수 있었다. 이 프로그램 중 일부는 완전히 잘못된 방향으로 나가 전혀 위협이 되지 않

6 이 책의 양장본 초판이 출간된 후, 디클래시파이드 UK 웹사이트에 스리랑카 사례를 소개해 준 맷 커너드(Matt Kennard)와 필 밀러(Phil Miller) 그리고 2020년에 인터뷰에 응해 준 1980년대 후반 주스리랑카 영국 고등판무관으로 근무한 데이비드 글래드스톤에게 감사를 표하고 싶다. 덕분에 여기와 부록 5의 지도에 스리랑카 사례를 추가했다. 글래드스톤은 저서 *Sri Lankan Tempest: A Real Life Drama in Five Acts* (Oxfordshire, United Kingdom: Wotton Underwood, 2017)에서 좌파 인민해방전선(Janatha Vimukthi Peramuna(JVP))을 박멸하는 일에 1965년 인도네시아의 대량학살 프로그램에 기반한 "해결책"이 사용됐다고 적었다. 그는 1989년에 한 스리랑카 장관이 JVP를 지지할 가능성이 있는 모든 젊은이를 죽이거나 실종시키는 것을 포함한 "'인도네시아식 해결책'을 쓰기로 대통령이 결심"했다고 말했다고 썼다. 이후 벌어진 일은 대량학살로, 영국 정부의 대리인인 그조차 길가와 강에 버려진 시체를 목격할 정도였다(97-100, 183을 보라). 글래드스톤은 당시 "인도네시아식 해결책"을 그에게 처음 말한 인물이 스리랑카 국방 장관 란잔 위제라트네였으며 그가 성경에 등장하는 "헤롯 원칙"의 사용을 설명하기도 했다고 회고했다. "충분히 많은 사람을 죽이면 죽이려던 사람을 결국 죽일 수 있다." 글래드스톤은 학살이 진행되자 미국과 영국 정부에 이 사안을 제기하려고 애썼지만, 자신의 보고서가 묵살당했다고 주장했다. 그는 주스리랑카 미국 대사 제임스 W. 스페인이 "우리는 프레마다사[대통령]를 강력한 통치자로 여기며 그야말로 우리가 그 지역에서 원하는 인물"이라는 워싱턴으로부터의 전언을 자신에게 전했다고 말해 주었다. 글래드스톤은 스리랑카에서의 대량학살이 냉전에서 미국이 취한 입장으로 인해 더 대담해졌다고 생각했다. "그들은 자신들이 전권을 위임받았으며 공산주의자들을 죽이는 한 미국이 눈감아 줄 것이라고 믿었다." 2020년 저자와의 인터뷰.

는 이들을 희생시키기도 했지만, 미국이 주도한 세계 프로젝트의 진짜 적들을 제거한 것은 확실하다. 인도네시아는 다시금 가장 중요한 사례다. 이 나라에서 PKI를 대량으로 학살하지 않았더라면, 인도네시아는 수카르노에서 수하르토로 넘어갈 수 없었을 것이다. 정부의 운명이 불안정하지 않은 나라들에서조차 대량학살은 효과적인 국가폭력으로 작동해 국내는 물론 주변 지역에도 저항하면 무슨 일이 벌어지는지 경고하는 역할을 했다.

대량학살 덕분에 미국이 냉전에서 이겼다고 말하려는 것은 아니다. 냉전이 끝난 가장 큰 이유는 소비에트 공산주의 내부의 모순과 그 지도자들이 돌발적으로 국가를 해체해 버렸기 때문이었다. 나는 반공 원칙에 의해 조직되고 정당화된 절멸 프로그램의 느슨한 네트워크가 미국이 거둔 승리에서 가장 중요한 부분이었으며, 그 폭력이 우리가 사는 오늘날의 세계를 근본적으로 형성했다고 말하고 싶다.

이 모두는 냉전이 실제로 무엇이었냐고 보는지에 달려 있다. 영어권 세계에서는 냉전이 두 나라 간의 분쟁이었으며, 양국이 직접 전쟁을 벌이지는 않았어도 여러 간접 분쟁에 얽혀들었다고 보는 것이 일반적이다. 이런 이해가 완전히 틀렸다고는 할 수 없지만, 지구상 극소수의 경험에만 근거한 것이다. 그러나 냉전은 거의 모든 인류에 영향을 미쳤다.

나는 하버드대학교의 역사학자 오드 아르네 베스타의 관점을 따라 냉전을 다르게 본다. 냉전을 전 세계 대다수 국가가 직접적인 식민 통치에서 벗어나 새로운 세계체제 속의 새로운 위치를 찾아 간 전 지구적 상황으로 보는 것이다. 그렇게 보면 미국과 소련 사이에 단순한 승자/패자 구도가 존재하지 않는다. 제3세계 각국에는 택할 수 있는 수많은 경로가 있었으며, 더 중요한 것은 그 대다수가 냉전 중에 형성되고 채택된 특정 경로를 여전히 따르고 있다는 사실이다. 부자 나라들과 가난한 나라들 사이의 구조적 관계 전반에도 비슷한 진실이 적용된다. 곧 현재 우리가 놓여 있는 관계는 주로 미국과 소련 두 강대국이 20세기에 움직인 방식에 의해 형성되었다.

소련이 세운 체제 중 지금까지 살아남은 것은 없다. 다른 한편 미국 주도의 글로벌 자본주의 체제로 가는 경로를 자발적 혹은 비자발적으로 택한 나라들은 여전히 그 길을 가고 있다. 그 길을 택하지 않았던 나라들도 지난 25년 사이 비슷한 경로에 놓이게 됐다. 같은 시간 동안 세계는 흔히 "세계화globalization"라고 부르는 과정을 겪었다. 그 말은 확실히 오랫 동안 널리 사용됐다. 그러나 엄밀하게 따지자면 "미국화Americanization"가 더 올바른 표현이라고 베스타는 말한다.[7] 좋건 싫건 우리는 거의 모두 1960년대 중반 인도네시아와 브라질이 진입한 세계경제 체제, 곧 미국이 군사 강국이자 문화 생산의 중심지인 세계 자본주의 질서 안에서 살고 있다. 이 상황이 달라질 수도 있지만, 어쨌거나 우리는 아직 여기 있다.

이 책에서 나는 20세기에 공산 정권들이 저지른 잔학 행위에 대해서는 많은 분량을 할애하지 않았다. 그런 사건들은 이미 너무 잘 알려져 있는 있을 뿐 아니라 우리가 지금까지 추적해 온 이들의 이야기와는 별로 상관이 없기 때문이다. 또한 우리가 스탈린의 숙청이나 폴 포트의 대기근이 직접적으로 만든 세상에 살고 있지 않기 때문이기도 하다. 그 국가들을 사라졌다. 심지어 마오쩌둥의 대약진

7 Westad, *The Global Cold War*, 387[국역: 《냉전의 지구사》, 623쪽.]

운동마저 여전히 건재한 중국공산당의 손에 빠르게 폐기되었다. 그러나 우리는 미국이 지원한 냉전 폭력이 부분적으로 건설한 세계에서 살아가고 있다.

미국화의 확립은 이 책에서 논의한 대량학살 프로그램들에 의해 촉진되었다. 어떤 면에서는 그 대량학살들이 미국화를 가능하게 했다. 물론 대량학살만 그런 역할을 한 것은 아니다. 우리는 20세기에 워싱턴이 비폭력적으로 정권 교체를 강요한 방법들에 관해서는 논하지 않았고 미국 기관들이 애초에 미국을 그토록 부유하고, 역동적이고, 강력한 나라로 만든 이유들을 분석하지도 않았다. 하지만 대량학살이 없었다면 상황이 좀 다르게 흘러갔을 수 있다는 것을 어렵지 않게 상상할 수 있다.

인도네시아에서 벌어진 민간인을 상대로 한 대량학살이 그 정점이었던 워싱턴의 반공 성전은, 다음의 다섯 가지 방식으로 우리가 현재 살고 있는 세계를 형성했다.

첫째, 대체로 해결되지 않은 집단적 트라우마를 남겼다. 칠레와 아르헨티나 같은 나라들은 진실 규명과 화해를 위한 작업을 꽤 잘 해냈다. 브라질은 그만 못했다. 그리고 인도네시아는 그런 종류의 작업을 전혀 하지 않았다. 최선의 경우에도 대량 폭력이 남긴 상처를 한두 세대 만에 치유하기란 불가능하다. 미국의 비밀작전이 남긴 심리적 효과는 전 세계, 심지어 북미에서도 느낄 수 있다. 최근 미국의 개입으로 불타오른 나라들에 연고가 있는 미국 시민이 점점 많아졌을 뿐 아니라 백인 미국인들조차 그 심리적 영향을 받는다. 사람들은 감춰졌던 중요한 무언가를 알게 될 때마다 의심해선 안 될 것까지 의심하게 되고 터무니없는 음모론에 빠진다.

둘째, 워싱턴의 폭력적 반공 성전은 세계 발전을 위한 여러 대안적 가능성을 박살냈다. 제3세계 운동이 무너진 것은 부분적으로 그 자체의 내부적 실패 때문이었다. 그러나 동시에 그 운동은 짓밟히기도 했다. 이 나라들은 아주, 아주 어려운 일을 시도하고 있었다. 인류 역사상 가장 강력한 정부가 그들을 막아서자, 상황은 나아지지 않았다.

제3세계가 진정 자유롭게 여러 체제를 실험해 보고 다른 무언가를 건설할 수 있었다면 세계가 어떻게 재편되었을지 우리는 모른다. 어쩌면 발전도상국들이 힘을 합쳐 세계 자본주의의 규칙들을 바꾸자고 주장했을지도 모르겠다. 어쩌면 제3세계의 여러 나라들이 아예 자본주의 국가가 되지 않았을 수도 있다. 나는 이 폭력이 없었다면 권위주의적 사회주의자들이 20세기에 승리했을 수도 있다고 (누가 피해자인지 그리고 미국의 국력을 생각하면 그 가능성은 낮지만) 생각한다. 우리에게 지금과 다른 세계를 상상할 능력이 있기는 한지 모르겠다. 순수하게 경제적인 측면에서는 폭발적인 부채 위기, 신자유주의적 구조조정으로의 전환, "세계화"가 발전도상국들을 현재의 경로로 몰아넣은 1980년대 초에 제3세계가 제1세계를 "따라잡을" 기회를 놓쳤다는 데 점점 강력한 합의가 이루어지고 있다.[8] 지금의 구조 안에서 1945년 이후 일정 규모 이상의 제3세계 국가가 제1세계만큼 부유해진 사례는 한국과 대만이 유일하며, 두 나라의 성공은 냉전 상황에서 그 전략적 중요성 때문에 누린 특혜가 없었다면 어려웠을 것이다.[9]

8 "1980년대 이후 신자유주의를 향한 강력하고 널리 확산된 흐름"에 관해서는 그런 정책적 흐름에 의문을 제기한 IMF 논문 Jonathan D. Ostry, Prakash Loungani, and Davide Furceri, "Neoliberalism: Oversold?", www.imf.org/external/pubs/ft/fandd/2016/06/ostry.htm을 보라.

9 Robert Wade, "Escaping the Periphery: The East Asian 'Mystery' Solved," United Nations University World Institute for Development Economics Research, September 2018.

셋째, 그 작전들은 그 후과로 세워진 정권과 경제체제의 성격을 규정할 만큼 큰 영향을 미쳤다. 인도네시아와 브라질은 아마 그 두 가지 결정적인 예일 것이다.

지금 시점에서 쿠바를 제외한 라틴아메리카 전체가 강력한 과두제 정실자본주의 국가라고 해도 틀린 말이 아니다. 동남아시아 나라들도 대체로 그러하며, 이 지역의 공산 국가들조차 1967년 인도네시아와 필리핀이 반공 기구로 결성한 아세안에 가입했다. 톰 버지스가 쓴 《약탈 기계》에서 잘 보여주듯, 아프리카의 정치 경제는 허약한 국가와 폭력적인 자원 채취로 점철된 상태가 계속되고 있다. 이 분석을 극단으로 밀어붙여 본다면 제2세계가 무너지면서 이 나라들은 서구 선진 자본주의 국가와 반공주의로 형성된 자원 수출형 정실자본주의 사회 이렇게 딱 두 가지 구조적 형태만 있는 세계체제 안으로 통합되었고, 곧바로 두 번째 범주로 미끄러져 들어가 브라질처럼 되었다고도 말할 수 있다.

서두에서 나는 브라질과 인도네시아가 아마도 냉전의 가장 큰 "승리"일 것이라고 썼다. 좁은 의미에서 인구만 고려해도 이는 사실이다. 두 인구 대국은 어느 쪽으로도 갈 수 있을 것 같았지만 쿵 하는 소리와 함께 서구 진영으로 기울었다. 오늘날 브라질에서 주앙 굴라르 정부가 "공산주의"였다거나 소비에트 모델로 전환을 꾀했다고 말하면 비웃음을 산다. 그러나 보수주의자들에게도 일리가 있다. 다른 무언가가 가능했던 것은 분명하며, 1964년의 사건이 그 가능성을 말살했다. 그러나 브라질과 인도네시아가 세계 대부분을 궁극적으로 형성한 미국화 과정에서 그토록 중요했다고 여기는 또 다른 이유는 1964년과 1965년 이후 두 나라의 이웃들도 해당 지역에서 가장 큰 나라의 반공 정권에 직간접적으로 영향받은 경로를 밟게 됐기 때문이다.

반공 성전의 승자인 **국민국가** 미국은 1945년 이래 승승장구했다. 미국은 어마어마하게 부유하고 강한 나라다. 그러나 미국인 개개인을 살펴보거나 계급과 인종의 경계에 따라 분석해 보면, 그 과실이 극도로 불평등하게 분배되었다는 점이 분명해진다. 해외에서 유입되는 부 가운데 점점 더 많은 부분이 최상층부에 집중되는 반면, 일부 미국 시민들은 과거 제3세계와 크게 다르지 않은 빈곤 속에서 살아간다.

반공 절멸 프로그램이 세계를 형성한 네 번째 방식은 세계 사회주의 운동을 왜곡했다는 점이다. 20세기를 거치며 살아남은 세계 각지의 좌파 집단은 폭력을 사용해 권력을 철저하게 지켜지 않으면 순식간에 전멸한다는 결론에 다다랐다. 각국에서 벌어진 대량학살을 목격하면서 그들은 달라졌다. 미국인들은 과테말라나 인도네시아에서 벌어지는 일에 별로 관심을 두지 않았겠지만, 미국 밖의 좌파들은 타국의 사건들을 유심히 관찰하고 있었다. 군대도 없고 국가를 독재 통치하지도 않는 세계 최대 규모의 공산당이 한 사람씩 학살당해도 살인자들은 아무런 처벌도 받지 않자, 세계 곳곳에서 많은 이들이 교훈을 얻었으며 그 교훈은 심각한 결과를 초래했다.

이것이 내가 인터뷰 대상자들, 특히 동남아시아와 라틴아메리카의 좌파들에게 물어야 했던 아주 어려운 질문이었다. 평화적 혁명과 무장 혁명 또는 강경한 마르크스주의와 민주적 사회주의 간의 해묵은 논쟁에 이르면 나는 물었다. "누가 옳았는가?"

과테말라에서 올바른 접근법을 택한 이가 아르벤스였는지 아니면 체 게바라였는지? 혹은 마오쩌둥이 인도네시아의 아이딧에게 PKI를 무장시켜야 한다고 경고했음에도 그렇게 하지 않았을 때 누가 옳았는지? 칠레의 학생운동 논쟁에서 옳았던 쪽이 MIR의 젊은 혁명가들이었는지 중도적 PCB였는지?

내가 만난 사람들 중 당시 어떤 식으로건 정치적인 활동을 했던 이들 대다수는 비폭력 접근법을 지지하고 점진적, 평화적, 민주적 변화를 열성적으로 믿었다. 그 상당수가 마오쩌둥 같은 이들이 세운 체제를 탐탁잖게 여겼다. 그러나 그들은 자신들이 논쟁에서 패배한 것을 알았다. 너무 많은 친구들이 죽었기 때문이다. 그들은 망설임이나 기쁨 없이 강경파가 옳았다고 인정했다. 아이딧의 비무장 공산당은 살아남지 못했다. 아옌데의 민주적 사회주의는 모스크바와 워싱턴 간의 데탕트 속에서도 허용되지 않았다.

이렇게 보면 20세기 최대의 패자는 자유주의적 국제질서를 너무 진심으로 믿은 이들, 민주주의를 너무 많이 믿은 이들, 미국이 정말로 지지한 것이 아니라 미국이 지지한다고 말한 것, 곧 부자 나라들의 행동보다 말을 믿은 이들이었다. 그런 이들은 전멸했다.

반공 성전이 낳은 다섯 번째 결과는 광신적 반공주의가 사라지지 않았다는 것이다. 최근의 브라질과 인도네시아만이 아니라 1세계를 비롯한 세계 곳곳에서 이 폭력적이고 편집증적인 형태의 정치 이념은 강력한 세력으로 남았다.

그러나 내 생각에 반공의 유령들이 가장 활개치는 곳은 "발전도상" 세계에 속하는 나라들임이 분명하다.

12

그들과 우리는 어디에?

덴파사르

힌두교 사제 와얀 바드라는 발리 남서쪽에 있는 스미냑에 산다. 그는 자신이 나고 자란 그 거리에 그대로 살고 있지만, 그 사이 주변 환경은 극적으로 변했다. 아침마다 쿠타까지 남쪽으로 40분을 걷던 등굣길의 해변은 전처럼 한적하지 않다. 높은 담장을 두른 고급 리조트와 '비치 클럽' 등 발리에서 아주 흔히 볼 수 있는 업소들이 늘어서 있고, 그 안에서는 외국인들이 온종일 칵테일을 마시며 모래사장 바로 옆에 만든 수영장에 몸을 담근다.

그 모래사장은 밤이면 동쪽으로 몇 킬로미터 떨어진 크로보칸에서 끌고 온 사람들을 죽이던 바로 그곳이다. 바로 그 해변, 바드라의 집에서 몇 미터 떨어지지 않은 그곳에 발리에서 가장 크고 화려하고 유명한 비치 클럽이 있다. 스미냑은 발리에서도 화려하고 고급스러운 관광지로 거듭나서 그곳의 관광업은 주로 웰니스와 스파, '마음 챙김'과 명상과 마사지에 관한 것이다. 태양과 서핑도 물론 빼놓을 수 없다.

외계인이 발리에 간다면 지구에 인종적 위계가 있는 것이 분명하다고 여길 것이다. 휴가를 즐기러 발리에 온 백인들은 그들을 접대하는 현지인보다 말도 못하게 훨씬 부자다. 이는 자연법칙처럼 당연하게 여겨지는 일이다. 백인은 동남아시아 거의 모든 곳에서 현지인에게 극진한 환대나 섹스를 살 수 있다. 백인은 그런 부를 태어나면서부터 가졌다. 인도네시아의 다른 지역에 비하면 발리는 관광 산업 덕분에 경제적으로 나은 편이고, 발리인들은 오스트레일리아인 서퍼나 러시아인 인스타그램 모델에게 계란이나 코코넛을 가져다주며 그저 순종하는 '발리식 미소'를 지어 보인다.

그가 얼마나 선한지 얼마나 많이 배웠는지와는 상관없이, 관광객 중에 여기서 무슨 일이 벌어졌는지 아는 사람은 거의 없다고 응우라 트르마나는 말한다. 그는 아버지의 시신을 찾아 나섰다가 해골을 하나씩 들여다보며 음울하고 부조리한 오후를 보냈던 아궁 알릿의 조카다. 서구 배낭여행객들이 충성스럽게(혹은 병적으로) 찾아가는 캄보디아 프놈펜 외곽의 킬링필드 박물관과는 달리, 발리에 오는 이들 중에 자기가 누운 일광욕 의자 바로 아래서 수많은 발리인이 학살당했다는 사실을 아는 이는 거의 없다.

"국제 뉴스에 정통하고 르완다나 폴 포트를 아는 NGO 사람들도 여기서 무슨 일이 벌어졌는지 모르더라고요." 응우라 트르마나의 말이다. 그는 발리에서 1965년 폭력의 기억과 화해를 위해 일하는 집단 타만 65, 곧 65 공원의 설립자 중 하나다. 타만 65는 발리에서 벌어진 학살에 관한 책과 발리의 수용소에서 죄수들이 부른 노래들을 CD로 만들기도 했다.[1]

타만 65 회원들은 그토록 많은 일가친척의 목숨을 앗아 간 폭력

1 *Prison Songs Nyannyian Yang Dibunkam* (Bali: Taman 65, 2015).

에 대해 관광객들이 전혀 모르는 이유를 잘 알고 있다. 인도네시아 정부가 발리에서 폭력의 역사를 깊이, 자바에서보다 훨씬 더 깊이 묻어 버렸기 때문이다. 1960년대 말부터 시작된 관광 붐이 그렇게 만들었다. 수하르토 정부 이전에 발리의 토지 대부분은 공동 소유였고, 때문에 땅을 둘러싼 분쟁이 자주 벌어졌다. "외국인 투자자들이 여기에 자본을 가져올 수 있게 하려면 공산주의자들을 죽여야 했던 거죠." 응우라 트르마나는 말했다.

"그리고 지금 관광객들은 우리의 그 유명한 미소를 보죠. 그 아래 도사린 어둠과 불길에 대해서는 전혀 모르고요."

와얀 바드라의 집에서 몇 발자국 떨어지지 않은 럭셔리 비치 클럽의 이름은 거의 희극적이다. 쿠데타Ku De Ta. 인도네시아어로 쿠데타를 뜻한다. 나는 그곳 직원에게 그 이름이 얼마나 아이러니한지 아느냐고 물어보았다. 그는 아무 것도 몰랐다.

지난 수년간 와얀 바드라와 이웃들은 쿠데타 클럽 주변 모래사장에서 뼈와 해골을 찾았다. 마을의 원로 사제인 그는 뼈들을 가져와 제대로 된 힌두교식 장례를 치러 준다. 최근 한 이웃이 실수를 저질렀다. 그는 그런 해골 하나를 가져와 자기 사무실 탁자 위에 꽃과 함께 두었다. 재미 삼아 해골에 모자도 씌워 두었다.

"망자는 그런 취급을 받고 싶지 않았던 모양입니다. 해골이 혼자 움직이기 시작했죠." 와얀 바드라의 말이다. 이웃은 겁에 질려 사제에게 해골을 가져와 장례를 치뤄 달라고 부탁했다.[2]

2 이 이야기는 스텝 파선(Step Vaessen)이 연출한 알자지라 방송의 인도네시아 학살 관련 단편 다큐멘터리에 처음 등장한다.

스탬퍼드

나는 베니 위디요노를 코네티컷에 있는 그의 자택에서 처음 만났다. 그를 찾는 데 참으로 오래 걸렸다. 처음에 그는 그저 뜬소문 같은 존재였다. 피노체트 치하 칠레에 살았던 인도네시아인. 나는 여러 나라에서 그의 흔적을 쫓아야 했다. 마침내 찾아낸 그는 내 소중한 벗이 되었다.

캄보디아의 재건을 도우며 시간을 보낸 후, 베니는 코네티컷대학교에서 강의하고 캄보디아에서 유엔의 성공과 수많은 실패에 관한 책을 쓰며 미국 학계에 정착했다.

만나서 이야기하면 그는 정말 재밌는 사람이다. 1950년대 캔자스에서 스트립클럽에 간 일을 말하다가 옆에서 미소 짓는 아내에게 그 이야기를 감추는 척하며 자신의 입을 틀어막았다. 여든두 살 나이에도 몇 시간이나 사진이나 캄보디아 관련 자료를 보여주고는 나를 기차역까지 태워다 주었다. 몇 주 지나, 그는 마침내 미국 시민이 되었다.

그후로 우리는 계속 연락을 주고받았다. 내가 추가 질문을 하려고 전화를 걸거나 그가 내게 왓츠앱으로 뉴스나 문서 링크를 보내주었다. 하루는 그에게서 문자가 왔다. 단체 문자인 듯한데 심장 수술을 하게 됐다는 내용이었다. 나는 수술이 잘 되길 바란다는 문자를 보내고, 과테말라에서 쾌유를 비는 카드를 보냈다. 며칠 후 그의 안부를 물으려고 집으로 전화를 걸었지만, 너무 늦었다. 전화를 받은 그의 아내는 일주일 전에 그가 세상을 떠났다고 전했다.

나는 이 책을 베니와 프란치스카 파티필로히, 그리고 20세기 국가폭력의 무고한 피해자가 된 모든 분들께 바치고 싶다.

상파울루

나는 잉기옥을 브라질 최대의 도시 내가 사는 아파트 바로 아래에 있는 광장 프라사 다 헤푸블리카에서 만났다. 그는 그곳이 편하다고 했다. 때는 2018년 10월이었고, 거기서 그는 자이르 보우소나루의 당선을 막으려는 시위에 참여했다.

쉰여덟 살 먹은 그는 붉은 옷을 입고 환하게 빛을 발하며 친구들과 광장에서 깃발을 흔들고 유인물을 나눠 주고 있었다. 이 시위는 보우소나루에 반대하는 누구나 참여하는 대규모 행진이 아니었다. 일주일에도 몇 번씩 나오는 헌신적인 활동가들의 선전전이었다.

그들은 지고 있었다. 점점 패배가 확실해지고 있었다. 보우소나루가 좌파 성향의 노동자당(이하 PT로 표기함) 상대 후보와의 토론에 나오지도 않고 결선투표에 오른 그 시점은, 민주주의가 회복된 후 브라질 좌파에게 가장 처참한 순간이었을 것이다. 그러나 잉기옥은 여성 대여섯 명과 함께 거리에 나와, 인기 있는 전임 대통령이자 독재 종식 이후 브라질 최초의 좌파 지도자였던 룰라를 두려움 없이 옹호했다. 잉기옥은 1989년 룰라에게 투표한 이래(이 선거에서 브라질의 글로부 방송국은 룰라와 페르난두 콜로르의 토론 중 핵심적인 장면을 조작했다. 이로 인해 콜로르가 승리했으나 그는 나중에 부정부패로 탄핵당한다) 쭉 PT 지지자였다. 그러나 우파 세력이 지우마 호세프를 탄핵하려고 시도하던 2016년에는 각별히 더 열성적이었다. 잉기옥은 탄핵이 순조

롭지 않을 것이라고 생각했고, 그가 옳았다.

자이르 보우소나루의 정치 경력을 두 단어로 요약한다면 "폭력적 반공주의"가 적절할 것이다. 그는 별 볼 일 없는 군인이었고 20년 동안 하원에서 정당을 아홉 군데 옮겨 다닌 별 볼 일 없는 정치인이었다. 그에 관해 유일하게 주목할 만한 점은, 그가 종종 텅빈 의회나 한밤의 텔레비전에 나와 모두 다 공산주의자라거나 정부가 좌파들을 더 많이 죽였어야 한다라고 소리치는 것이었다. 한번은 이렇게 말하기도 했다. "투표로는 이 나라의 아무 것도 바꾸지 못한다. 아무것도! 안타깝지만 내전을 시작해서 독재정권이 하지 못한 일을 해야만 이 나라는 달라질 것이다. 3만 명쯤 죽이자. FHC[브라질사회민주당 소속 당시 대통령 페르난두 엔히크 카르도주]부터 시작하자. 무고한 사람이 좀 죽는 대도 문제될 것 없다."[3]

여러 해 동안 보우소나루가 과거의 가장 혐오스런 행태까지 포함해 독재를 맹렬하게 옹호하자, 그런 일은 과거에 묻어 두거나 적어도 입 밖에 내지 않기를 바라던 군 수뇌부마저 경악하고 당황했다. 이런 보우소나루의 이데올로기는 1975년 자카르타 작전이 실행된 시절로 거슬러 올라간다.

당시 군 내부에는 분열이 있었다. 가이제우 장군은 점진적인 민주화 개방을 원했지만, 테러가 권력의 원천인 군부 내 극우파는 이 아베르투라에 반대했다. 이 폭력적인 극우파의 우두머리는 브릴랸치 우스트라였다. 나와 의회에서 마주친 날, 대통령 탄핵 투표 중에 보

3 이 인용문은 다음 기사에도 실렸다. "Jair Bolsonaro, Brazil's Would-be Dictator," *The New York Review of Books*, October 12, 2018. 1999년 TV 반데이란트스와의 인터뷰 원본은 유튜브에서 쉽게 찾아볼 수 있다.

우소나르가 표를 바치겠다고 한 그 사람이다.

셀수 호샤 지 바후스는 《폴랴 지 상파울루》지에 "보우소나루는 고문이 군사정권의 중요한 일부가 된 시점에 권력을 얻은 군대 내 계파를 대변한다"라고 썼다. 달리 말하면, 보우소나루의 대통령 집권은 20세기에 반공 대량학살을 이끌었던, 바로 그 충동의 귀환이었다.[4]

잉기옥은 이제 모든 면에서 완전한 브라질 사람이어서 이름의 앞부분 "잉Ing"을 떼어 내(브라질 포르투갈어는 단어가 자음으로 끝날 수 없다) 현지식으로 "잉기Ing-ee"라고 불린다. 나는 다른 인도네시아 교민들도 많이 만나 보았다. 그 대부분이 중국계였다. 일부는 보수적이고 일부는 중도 좌파였다. 아무도 인도네시아의 반중국계 폭동이 미국의 대동남아시아 정책 때문임을 몰랐다. 일부는 자신들이 애초에 왜 브라질까지 왔는지도 전혀 몰랐다. 헤디안디 레스마나와 헨드라 위나르디 같은 이들은 1965~1966년의 혼란 이후 자카르타 학생 사회의 반중 감정이 삶을 고달프게 만들자 브라질에 왔다. 헨드라는 브라질에서 엔지니어로 크게 성공했으며, 가장 중요한 랜드마크 여럿이 그의 손에 지어졌다. 그의 회사는 2014년 브라질 월드컵을 준비하면서 경기장 다섯 곳을 짓는 데 관여하기도 했는데, 지금 돌아보니 그때가 완전히 다른 세상이었던 것처럼 느껴진다.

잉기옥과 나는 여러 차례 이야기를 나눴다. 그렇게 그와 대화를 나눈 후 컴퓨터 앞에 돌아와 트위터(현 X)를 확인하는데 뭔가가 눈길을 끌었다. 벌써 몇 주째 보우소나루 지지자들이 비판적인 보도를

4 Celso Rocha de Barros, "Bolsonaro representa facção das Forças Armadas que ganhou poder com a tortura," *Folha de S.Paulo*, October 22, 2018.

했다는 이유로 외신 기자들을 "공산주의자"라고 부르는 중이었다.

그런데 이번에는 그런 비난이 아주 오래된 것이 분명한 만평과 함께 나왔다. 그 그림은 악마 같은 붉은 손이 브라질의 심장을 찌르려는 듯 기다란 가시를 들고 있는데 녹색의 다른 손이 막는 것이었다. 뜻하는 바는 분명했다. 공산주의자들이 이 나라를 무너뜨리려 하고 있고, 군대가 이를 막고 있다는 것이다. 나는 이 만평을 본 적이 있어서 역사책을 뒤졌다. 그 만평은 공산주의자들이 한밤중에 장군들을 죽였다는 인텐토나 코무니스타에 관한 신화를 바탕으로 한 1930년대의 것이었다.

2018년 10월 28일, 보우소나루가 당선되었다. 당시에 나는 리우데자네이루에서 최종 결과가 집계되는 동안 급하게 관련 기사를 작성하고 있었다. 내가 있던 코바카바나 해변에서 몇 블록 떨어지지 않은 레므Leme 거리에서 비명 소리가 들렸다. 나는 창가로 달려갔고 잠시나마 정치 폭력이 벌어지는 광경을 목격했다. 그날 그 동네의 많은 사람들이 좌파 후보인 아다드를 지지하는 스티커를 붙이고 있었다.

그들을 향해 "공산주의자! 공산주의자!"라고 덩치 좋은 남자들이 외쳐 댔고, 몇몇 여성이 "파시스트!"라고 맞받아쳤다. 그러나 여성들은 겁에 질렸다. 남자들은 몸집이 몇 배나 컸다. 아다드 지지자들은 재빨리 물러나 스티커를 뗐다.

선거가 끝나고 나는 이부 헤르조그를 만났다. 그는 오페라상 자카르타의 희생자가 된 언론인 블라디미르 헤르조그의 아들이다. "우리가 크게 뒤로 후퇴하게 될 것 같아요. 무척 두렵습니다." 그가 말했다. "정치적 상황 때문에 스트레스를 많이 받습니다. 수면제 없이는 잠을 못 잘 정도예요. 하지만 지금은 싸움에서 물러날 때가 아니라고 마음을 다잡았죠."

파리

루브르에서 몇 블록 떨어진 인도네시아 식당 자카르타 발리에 앉아 있는데 한 할머니가 엄청나게 빠른 속도로 출입문으로 다가왔다. 아래쪽이 보이지는 않아서 어떻게 그렇게 빨리 움직일 수 있는지 어리둥절했다.

할머니는 킥보드에서 내리더니 식당 안으로 들어왔다. 그는 수카르노가 쿠바로 보낸 대사의 딸 누리 하나피다. 이 식당은 그의 가족들이 쿠바에서 파리로 옮겨 와 연 곳이다. 벽에는 삼대륙 운동을 건설하고 있다고 여기던 시절, 그의 아버지가 체 그리고 피델과 찍은 사진이 걸려 있다. 우리는 내가 제일 좋아하는 인도네시아 음식인 소고기 른당을 먹었다. 누리는 킥보드가 자신의 "할리 데이비슨"이라고 했다.

파리 한복판에서 백인 미국인인 나와 노년의 아시아 여성인 그가 스페인어로 대화하는 모습이 좀 의아해 보였을지도 모르겠다.

그는 불가리아에서 지내다 파리로 돌아와 가족들과 다시 합쳤다. 그러나 파리에서도 이 가족은 공산주의자라는 낙인을 피할 수 없었다. 파리의 인도네시아 대사관은 이 식당이 존재한다는 사실 자체를 인정하지 않는다. 누리는 자신이 어느 나라 사람인지 모른다. 그는 1965년에 인도네시아를 잃었다고 생각한다.

"요즘 인도네시아에서 온 젊은이들을 만나 이야기해 보면 우리가 같은 역사를 공유하는 게 아니더라고요. 우리에게 서로 다른 개인사가 있다는 뜻이 아니에요. 젊은이들이 우리 나라가 어땠었는지 그 진실을, 독립을 위한 우리의 투쟁과 우리가 믿었던 가치를 전혀 모르더란 말이에요."

유럽과 아시아에서 망명자로 살아가는 일은 여전히 고달프다. 하지만 그는 인도네시아에 남겨진 피해자들은 훨씬 더 힘든 세월을 보냈다고 망설임 없이 인정했다.

솔로

막달레나는 평생 미인이었다. 수용소에 있던 시절 내내 간수들이 결혼하자고 했다. 그렇게 하면 상황이 훨씬 나아지거나 심지어 일찍 석방될 수 있을 줄 알면서도 그는 거절했다. 그런 결혼은 하고 싶지 않았다.

수용소에서 나오자 더 많은 남자들이 결혼하자고 달려들었다. 그는 다 거절했다. 수용소 생활을 해 보지 않은 남자와 있으면 전혀 안심이 되지 않았다.

막달레나는 자기가 평생 공산주의자 그리고 마녀로 낙인 찍혔다는 것을 잘 알았다. 보통의 남자라면 자신을 불량품이라고 여길 것이고 수틀리면 쓰레기 취급을 할 것이라고 걱정했다.

"어떻게 보통 남자를 남편으로 믿을 수 있겠어요?" 그는 내게 물었다. "화라도 나면요? 나를 때리고 공산주의자라고 불러도 아무도

날 도와주지 않을 텐데요."

공산주의자와 공산주의자로 몰린 이들의 가족들에게는 그보다도 훨씬 불운한 일도 벌어졌다. 인도네시아에서 공산주의자라는 낙인은 악마 같은 존재로 평생을 따라다니고, 유전적 결함이라도 되는 듯 자식에게도 따라다닌다. 공산주의자로 몰린 이들의 자식들도 고문당하거나 살해당했다.[5] 살해된 공산주의자들의 자식들을 위한 고아원을 열었다는 이유만으로 고발당한 여성들도 있다.[6] 학살 이후 많은 세월이 지난 후에도 미국 정부와 가까운 한 인도네시아 사업가가 공산주의자들의 자식이 자라고 있기 때문에 강력한 군대가 필요하다고 미국 관료들에게 말하기도 했다.[7]

막달레나는 일흔한 살 나이에도 청아하고 빛나지만 수줍고 아주 경계심이 많은 사람이다. 그는 중부 자바의 도시 솔로에서 좁은 골목 안에 있는 방 한 칸짜리 작은 판잣집에서 혼자 산다.

그는 한 달에 20만 루피아, 곧 14달러 정도로 살아간다. 동네 교회에서 한 달에 5킬로그램씩 쌀을 줘서 그 도움도 받는다. 그러나 막달레나에게는 가족도, 그 나이 또래 여성이라면 있어야 할 공동체 안의 전통적 관계도 없다. 공산주의자로 지목받는 순간, 그런 관계들은 모두 잘려 나갔다. 오토바이를 타고 처음으로 그가 사는 좁은 골목을 찾아가 집 안으로 들어갔을 때, 나는 내 눈을 믿을 수 없었다. 인도네시아 노인들은 그렇게 살지 않는다. 그들은 대가족 안에서 살아간다. 가족이 없다면 이웃들이 노인을 돌본다. 내가 막달레나의

5 Gerlach, *Extremely Violent Societies*, 28.

6 Ibid., 74.

7 Ibid., 41.

집으로 걸어 들어가도 그 골목의 이웃 누구도 우리에게 알은체를 하지 않았다. 자신이 평생 낙인에서 벗어나지 못할 것이라던 그의 말은 틀리지 않았다.

이렇게 고립된 상황은 1965년 폭력과 억압의 생존자들에게 아주 흔한 일이다.[8] 인도네시아에는 수천만 명으로 추산되는 희생자 또는 그 유가족이 아직 생존해 있으며, 그 절대다수가 극도로 열악한 상황에서 살아가고 있다. 그런 상황은 극빈과 사회적 고립부터 부모나 조부모가 부당하게 살해됐으며 가족들에게 아무 죄가 없다는 인정을 받지 못하는 것을 포함한다.

이 지역에서 생존자들을 지원하는 작은 단체 65년과 함께하는 사무국은 막달레나와 같은 이들에게 저질러진 범죄를 밝히기 위해 수십 년 동안 싸워 왔다. 생존자들은 일종의 진실위원회나 국가 차원의 화해 과정이 마련되기를, 피해자를 위한 배상이 있기를, 적어도 자신들에게 벌어진 일에 대한 공개적인 사과가 있어 그들도 동등한 인간이라는 것을 확인받기를 원했다. 그러나 어떤 것도 이루어지지 않았다.

2017년에 내가 처음으로 생존자들을 만나러 다니기 시작했을 때 예수회 사제이자 1965년을 연구하는 역사학자인 바스카라 와르다야는 경고했다. "생존자들은 말하는 것도 싸우는 것도 다 부질없다고 합니다. 너무 오래 지났는데도 아무 성과가 없으니까요."

8 Soe Tjen Marching, *The End of Silence: Accounts of the 1965 Genocide in Indonesia* (Amsterdam, Netherlands: Amsterdam University Press, 2017). 인도네시아 사회에 아직도 존재하는 낙인의 정도에 대해서는 서론을 보라.

1965년에 솔로의 시장은 공산당원이었던 우토모 라멜란이었다. 몇 년 동안 솔로에 가서 생존자들을 만나다가 그가 시장일 때 시 정부에서 일했던 사람들을 몇 만나게 되었다. 당시에 시청 공무원이 되어 들떴던 젊은이들이다. 수하르토가 권력을 차지하자, 시장은 체포되었고 사형을 선고받았다.

2005년, 가구 사업가 조코 "조코위" 위도도가 솔로 시장으로 당선됐다. 그는 2014년에는 대통령으로 당선됐다. 선거운동 기간 동안 여러 인권운동 단체들이 그를 지지하면서, 수하르토의 군부-과두제와 관련이 없는 최초의 인도네시아 대통령으로서 조코위가 1965년의 범죄를 인정하고 사과할 것을, 적어도 50주년을 맞아 진상조사를 시작할 것이라고 기대했다.

하지만 그들의 기대는 어긋났다. 대통령에 취임하고 얼마 지나지 않아 조코위는 미소를 지으며 "사과할 생각이 없다"라고 기자들에게 말했다.[9] 내 룸메이트가 자카르타의 1965년 관련 학회에 갔다가 깡패들에게 둘러싸이는 일이 벌어진 2017년에는 더 강경한 입장을 취했다. 한때 그 자신이 공산주의자로 몰리기도 했던 조코위는 "PKI가 돌아온다면, 그냥 때려눕히십시오"라고 말했다.[10] 2019년, 조코위는 재선에 성공해 5년 더 집권하게 됐다[임기 말인 2023년 1월, 조코위는 1965년 폭력을 포함한 국가의 인권침해 사례 12건에 대해 공식적으로 유감을 표했으나, 구체적인 후속 조치는 없었다_옮긴이].

솔로에서 지낸 시간은 쉽지 않았다. 이런 인터뷰는 정말 힘든 일이라 속도를 늦출 수밖에 없었고, 시간은 늘어졌다. 처음에 나는 통

9 Melvin, *The Army and the Indonesian Genocide*, 6.

10 Wieringa, *Propaganda*, 2.

역자의 도움을 받아 피해자들과 이야기를 나눌 수 있을 줄 알았다. 하지만 얼마 지나지 않아, 많은 생존자들이 여전히 트라우마에 시달리고 있고, 사회적 낙인에 대한 두려움 때문에 잘 모르는 다른 인도네시아인 앞에서 솔직하게 말하기가 불가능하다는 것을 분명하게 알게 되었다. 통역자를 통한 인터뷰에 응한 이들과 이야기할 때도 질문과 대답이 너무 미묘해서 다른 사람에게 단어를 택하는 책임을 맡기기 어려웠다. 그래서 일대일 인터뷰가 가능한 수준으로 인도네시아어 실력을 늘리는 수밖에 없었다. 그렇게 조금씩 생존자들의 신뢰를 얻기 시작했다. 나는 이 책에 그 이야기를 다 싣지 못한 수많은 이들을 만났다. 일부는 자신의 이야기를 제대로 해 주지 못했지만, 많은 이들이 용기를 내어 이야기를 공유해 주어 사건을 이해하는 데 큰 도움을 받았고, 그중 몇몇 이야기만 이 책에 소개했다. 그 과정이 심리적으로 무척 힘들었다고 인정하는 것조차 죄책감을 느낀다. 그들이 겪은 것에 비하면 내 시련과 고통은 새발의 피일 뿐더러 나는 언제라도 마음만 먹으면 미국으로 돌아가 편하게 살 수 있기 때문이다.

솔로에서 나는 이 도시의 중요한 상점과 가게가 모두 입점한 새 대형 쇼핑몰에서 시간을 많이 보냈다. 요즘 인도네시아 도시들에서 이런 대형 쇼핑몰은 여러 면에서 일종의 문화센터 역할을 한다. 로비에서는 어린이들이 공연을 펼치고, 사람들은 쇼핑몰 안을 정처 없이 돌아다니며 아이스커피와 도넛을 산다. 에스컬레이터가 위층에서 도무지 빠져나오기 어려운 방식으로 배치되어 있어 더 돌아다니며 더 많은 물건을 사게 된다. 그리고 인도네시아의 쇼핑몰 안에는 천

편일률적으로 미국 팝송이 흘러나온다. 인도네시아 음악도 일본 음악도 케이팝이나 다른 아시아 음악도 아니고 유럽이나 라틴아메리카 음악도 아니다. 모두가 미국에서 포장되어 팔리는 것뿐이다.[11]

사코노도 솔로 근처에 산다. 그는 아직도 거침없고, 아직도 자기 주변의 세계에 날카로운 정치적 분석을 적용한다. 그는 막달레나처럼 입을 다물거나 먼 데를 쳐다보거나 눈물을 터뜨리지 않고도 옛날 이야기를 할 수 있다. 하지만 막달레나처럼 그도 수용소에서 기독교로 개종했다. 기독교 개종은 생존자들, 특히 자바에서 이슬람교도로 자란 1965년 피해자들 중에 아주 흔한 일이다. 무신론자로 고발당한 공산주의자들은 학살에 종종 관여하기도 했던 자바의 큰 무슬림 조직들로부터 배제당했다. 하지만 그들은 여전히 신을 믿고 삶의 물질적 공포로부터 영적 위안을 찾았다.

사코노가 마르크스주의보다 더 많이 이야기하고 싶어 하는 유일한 주제가 있다면 그것은 은혜와 용서다. 그는 자신을 가두고 친구들을 죽인 이들에게 아무 악감정도 없다고 단호하게 말했다. 복수를 바라지 않으며 자신의 과거와도 화해했다. 하지만 그는 이 나라는 아직 이 역사와 화해하지 않았다고 결연히 말했다.

"해결책은 이 나라가 죄과를 인정하고 회개하는 것입니다. 나는 내가 겪은 가장 고통스러웠던 경험도 가치 있게 여깁니다. 그 경험들이 내게 모두를 사랑하는 법을 가르쳐 주었기 때문입니다. 이 나라가 저지른 일을 인정하고 용서를 구한다면 우리는 앞으로 나아갈 수 있어요."

11 이 내용의 일부는 내가 쓴 다음 기사에 인용되었다. "Stuck in the Shopping," *Popula*, December 18, 2018.

뉴욕

30 록펠러 플라자는 미드타운 맨해튼에 있는 고층 빌딩이다. 이름은 들어봤지만 한번도 가 본 적 없는 곳이다. 그 주소를 더 유명하게 해 준 티나 페이와 트레이시 모건이 출연한 시트콤 〈30록〉의 에피소드를 한두 편 본 적은 있다.

그곳은 분명 관광지였다. 1층 벽은 〈사인펠드〉와 〈프렌즈〉 등 NBC가 제작한 드라마 사진으로 장식되어 있었다. 이 건물 33층에는 전통과 명성의 로펌 스콰이어패튼보그스가 있다.

그리고 그 로펌에 프랭크 위즈너 2세의 사무실이 있다. 그는 수십 년 동안 국무부에서 일하며 레이건 행정부에서 이집트와 필리핀 대사, 클린턴 행정부에서 인도 대사를 역임했다. 하지만 내가 그에게 한 질문은 거의 그의 부친에 대해서 또는 부친이 인도네시아나 공산주의와의 싸움에 대해서 한 말 중 기억나는 것이 있는지에 관해서였다. 그에게 아버지의 공과에 대해 답하게 하는 것은 공정한 처사는 아니었지만, 그에게는 내게 말해 줄 수 있는 한 가지, 그가 떨쳐내고 싶어 하는 한 가지 신화가 있었다.

그는 CIA가 소련을 과대평가했건 아니건, 그리고 그 결과가 어땠는지와 관계없이, 아버지가 진심으로 자신이 공산주의와 싸우고 있다고 믿었다고 했다. 프랭크 위즈너는 뉴욕의 사업가 친구들을 도우려고 그 모든 일을 한 것이 아니라 대의를 위해 한 것이라고 믿었다. 나는 위즈너가 그렇게 믿었다고 생각한다.

우리는 아주 조심스럽게 1950년대와 1960년대에 대해 논의한 후, 오늘날 인도네시아에서의 삶에 관해 이야기했다. 짐을 챙기면서 나는 많은 나라에서 지금 이 순간까지도 역사가 너무나 중요하며 미국인들은 이 사건들과 그 나라들을 다 잊었을지 몰라도, 그 나라 사람들에게는 망각이라는 선택지가 없다고 말했다. 위즈너 2세는 내 말에 빠르고 열렬하게 동의했다.

자리에서 일어서는데 그가 말했다. 맞아요, 여러모로 우리는 "위대한 기억상실의 나라"요.

"우리는 심리적으로 뒤를 돌아보지 않고 앞만 바라보는 습관이 있어요." 그는 상냥한 80대 노인들이 흔히 그러듯 생각에 잠기며 혼잣말처럼, 역사에 관심을 가졌다면 미국 정부가 중동에서 지금 같은 상황에 이르지는 않았을 것이라고 말했다. "우리 주변 세계에 대한 미국의 무관심은 길고도 영광스러운 기록을 가지고 있어요." 그는 냉소를 담아 이렇게 말을 마쳤다.

산티아고

카르멘 헤르츠는 바쁜 사람이다. 2017년에 칠레 하원 의원으로 선출된 그는 여전히 공산당 소속이다. 학생운동가 출신의 젊은 카밀라 바예호가 이끄는 PCCh에는 하원 의원이 여덟 명 있다.

인도네시아의 1965~1966년 피해자들에게 라틴아메리카의 일부 지역에서는 공산주의자여도 괜찮고 한때 감옥에 있던 게릴라 출신이 대통령이 되기도 한다고 말해 주면, 그들은 믿지 못한다. 하지만 남아메리카의 많은 곳에서 일종의 화해가 이루어졌다.

중도 우파 자본주의 국가인 칠레는 완벽과는 거리가 멀다. 1970

년대에 카르멘과 친구들이 건설하고 있다고 믿었던 빈곤과 착취 없는 세상은 분명 아니다.

산티아고에는 피노체트 정권의 피해자들을 기리는 기념비인 기억과 인권 박물관이 있다. 안으로 들어가면 독재정권에 살해당한 모든 이들을 위한 촛불 하나가 밝혀져 있다. 벽의 안내문들은 피해자 다수가 좌파이며 공산주의자이거나 마르크스주의 무장투쟁 지지자였다는 사실을 꺼리낌없이 밝힌다. 한쪽 벽에는 진실과 화해의 과정이 이루어지고 있는 남아프리카공화국과 아르헨티나 등 30개국 이상의 현황을 밝혀 두었다. 인도네시아에 관한 작은 안내판도 있는데 설명이 갑자기 끊긴다. "인도네시아는 진실위원회를 세울 근거가 되는 법안을 폐지했습니다."

자카르타

자카르타 한복판에는 판차실라 삭티, 곧 신성한 판차실라라고 부르는 기념비가 있다. 자카르타 어디서나 이동하려면 그렇듯이 매연과 혼잡한 거리 사이로 교통정체를 뚫고 한참 걸려서 그곳에 이르렀다.

이유를 설명하기는 어렵지만 인도네시아에서는 백인 외국인에게 같이 사진을 찍자고 하는 일이 자주 있다. 이상할뿐더러 불편하기까지 한 일이지만, 나는 대개 그 요청에 응한다. 그러나 여기 판차실라 삭티 기념비에서는 그러지 않았다. 왜냐하면 엄밀하게 따지면 몰래 들어온 것이었기 때문이다. 최근 인도네시아군은 이 기념비와 박물관이 있는 단지 안에 외국인의 출입을 금지했다. 그들은 외국 연구자들이 그곳을 살펴보는 것을 원치 않는 것 같다.[12] 거기에 가 보니 그 이유를 알 수 있었다.

판차실라 삭티는 거대한 하얀 대리석 벽 앞에 G30S의 피해자들을 상징하는 실물 크기 인물상들이 서 있는 형태로 된 기념비이다. 그 자리는 살해된 장군들의 시체가 발견된 루방부아야 우물에서 바로 몇 발짝 떨어진 곳이다.

그러나 다른 살해당한 이들을 위한 기념물은 없다. 대신 박물관 전체가 공산당은 사라져야 마땅한 반역적인 정당이었다는 서사를 위해 세워진 PKI의 배신 박물관이 있다. 으스스하게 어두운 전시실을 따라 걸으면 일련의 디오라마가 공산당의 역사를 안내하며 그 당이 국가를 배신하거나 군대를 공격하거나 인도네시아를 파괴하려는 음모를 꾸민 매 순간과 1965년 10월에 대한 수하르토의 프로파간다를 보여준다. 그러나 그 결과로 죽은 백만 명에 달하는 민간인에 대한 언급은 어디에도 없다.

출구에서 어린이들은 환한 미소를 지으며 다음 문구가 적힌 표지판 앞에서 사진을 찍는다. "PKI가 저지른 야만적 행위에 관한 디오라마를 관람해 주셔서 감사합니다. 이런 일이 다시는 일어나지 않게 합시다."

12 "Foreign Researchers' Access to TNI Museums Restricted," *Jakarta Post*, February 9, 2018.

과테말라시티

일롬 마을에서 과테말라시티로 돌아올 때, 나는 과테말라 농촌 지역의 유일한 "대중" 교통수단인 비좁고 낡은 미국 스쿨버스에 몸을 실었다. 나는 호사스런 여행을 할 돈이 없어 고생하며 여행한 경험이 많고, 호사스런 여행 자체가 아예 존재하지 않는 곳도 자주 다녔다. 하지만 그런 내게도 이 스쿨버스를 타는 것은 거의 이틀 내내 끊임없는 고통에 시달리는 것이었다.

그러나 나는 그 버스 여행에 감사했다. 그 버스는 안토니오 카바카바의 형제 도밍고의 것이다. 형제는 1982년 그날 아침, 미국을 등에 업은 군대가 마을 사람들을 처형하는 것을 지켜보았다. 도밍고는 미국에서 몇 년 동안 일하면서 버스를 살 돈을 모았고 덕분에 가족을 먹여살릴 수입을 얻을 수 있게 됐다. 그는 페인트로 멋지게 칠한 스쿨버스를 무척 자랑스럽게 여겼다. 버스 앞에는 "신은 사랑"이라고 도밍고가 써 놓았다.

과테말라시티에서 사람들에게 이 나라에서 민주주의가 언제 끝났냐고 물으면 많이들 1954년이라고 대답할 것이다. 아르벤스가 사회정의를 위한 마지막 기회였다고 말이다. 일정 연령 이상인 이들이라면 이어진 폭력의 수십 년 동안 희생된 누군가를 알고 있을 것이다. 길거리에서 누군가를 붙잡고 물어보면 무시무시한 이야기를 해줄 것이고, 1954년의 중요성과 이곳에서 미국의 힘이 어떤 것인지 알려 줄 수 있을 것이다.

과테말라사회과학발전협회AVANCSO 대표 클라라 아레나스 같은 전문가와 이야기할 때 우리는 약간 다른 단어를 사용했다.

"1954년에 미국과 과테말라의 관계가 제국주의적이었습니까?" 나는 물었다.

"그렇습니다." 쉽게 대답할 수 있는 질문이다.

지금의 워싱턴 정부와 과테말라의 관계는 여전히 제국주의적인가요? 여전히 쉽게 대답할 수 있다. 여전히 그렇습니다.

일롬에서 네바까지 가는 버스에서 만난 사람들은 20세기 정치에 관해 약간 다르게 이해했다. 익실족 사람들은 아직도 스페인어에 서툴고 억양도 강하고 말하는 방식도 다르다. 나는 공산주의가 무엇이라고 생각하는지 물어보았다. 버스 주인 도밍고는 이렇게 대답했다. "글쎄요. 그들은 자기네가 공산주의자라고 했고 공산주의자는 위험하다고 했지요. 그런데 모든 살인을 저지른 건 정부 쪽이란 말이죠. 그러니까 누군가가 위험하고 또 누군가가 '공산주의자'라면, 그건 정부가 분명해요."

암스테르담

다른 많은 인도네시아인 망명자들처럼 프란치스카 파티필로히는 암스테르담에 산다. 시내에서 몇 킬로미터 떨어진, 책으로 가득 찬 고상하고 아담한 아파트가 그의 집이다. 예전만큼 빨리 책을 읽지는 못하지만 1965년 인도네시아, 네덜란드 식민주의, 예술 이론, 자본주의, 미국의 대외정책에 대한 신간이 나오면 그는 신이 나서 찾아 읽는다.[13] 방문은 늘 즐거웠다. 그는 간식과 몇 시간짜리 이야기

13 최근에는 마크 피셔의《자본주의 리얼리즘》을 극찬하기도 했다.

를 준비해 두었다. 했던 이야기를 반복할 때도 있지만 내 머릿속에 담을 수 있는 것보다 훨씬 많은 정보를 쏟아냈다.

다른 많은 인도네시아 노인들도 네덜란드에 산다. 1965년 소련에서 발이 묶였던 유학생 부부 그데 아르카와 야르나 만수르도 결국 네덜란드에 정착했다. 1965년 10월 1일, 중국에서 오도가도 못하게 된 사르마지도 네덜란드에서 살며 작은 아파트에 다른 망명자들을 불러모아 함께 인도네시아 음식을 먹는다.

그들은 모두 네덜란드 영토였던 곳에서 태어나 네덜란드 본토로 돌아왔다. 그들의 전 생애 동안 그들이 조국이라고 부를 수 있는 독립 인도네시아의 꿈은 딱 15년만 지속되었다.

프란치스카와는 인터뷰 약속을 잡기가 힘들 때가 많았다. 아흔네 살에도 엄청나게 바쁜 그인지라 아주 일찌감치 약속을 잡아야 했다. 그는 1965-1966년 범죄에 관한 국제민중법정 준비에 깊이 관여하고 있었다. 요즘은 네덜란드 정부에 항의하는 시위를 조직하는 그룹 활동에 열심이다. 이 그룹은 인도네시아 독립 직전 시기를 다루는 일부 신진 네덜란드 연구가 식민주의의 폭력에 충분한 주의를 기울이지 않는다고 보고 그런 경향에 반대하는 목소리를 내고 있다. 그는 인도네시아에서 진짜로 일어난 일에 대해 전 세계에 말하기 위해 아직도 싸우고 있다.

그는 종종 휴가를 간다. 한번은 가족들과 발리에 갔다가 뇌졸중으로 쓰러지기도 했다. 그렇다고 싸우기를 멈추는 것은 아니다. 몇 달 쉬고 나더니, 그는 다시 싸우기 시작했다.

부록

1. 1960년의 세계: 인구 상위 25개국
2. 오늘날 세계: 2018년 인구 상위 25개국(순위 밖 한국 포함)
3. 나라들 간의 지구적 불평등, 1960-2017년
4. 지구적 불평등, 1960-2017년
5. 반공 절멸 프로그램, 1945-2000년

부록 1

1960년의 세계: 인구 상위 25개국

나라	인구 순위	1인당 (명목) GDP	1945년 당시 구조적 위치
중국	1	$90	제3세계
인도	2	$82	제3세계
소련	3	$991*	제2세계
미국	4	$3007	제1세계
일본	5	$479	제1세계
인도네시아	6	$65**	제3세계
독일	7	$1127***	제1세계
브라질	8	$210	제3세계
영국	9	$1381	제1세계
이탈리아	10	$804	제1세계
방글라데시	11	$89	제3세계
프랑스	12	$1344	제1세계
나이지리아	13	$93	제3세계
파키스탄	14	$82	제3세계
멕시코	15	$345	제3세계
베트남	16	$70(북); $110(남)****	제3세계
스페인	17	$396	제1세계
폴란드	18	$573*****	제2세계
튀르키예	19	$509	제3세계
태국	20	$101	제3세계
이집트	21	$191**	제3세계
필리핀	22	$245	제3세계
한국	23	$158	제3세계
에티오피아	24	$61**	제3세계
이란	25	$192	제3세계

(인구 순위를 포함한) 모든 데이터는 특별한 언급이 없는 한 세계은행 데이터뱅크(databank.worldbank.org)가 출처다.

* 이 수치는 미국 정부가 미국 경제 규모의 38.1퍼센트라고 추산한 소련 경제 규모(CIA 웹사이트의 "A Comparison of Soviet and US Gross National Products, 1960–1983"을 보라. https://www.cia.gov/readingroom/document/cia-rdp85t00313r000200060004-2)와 1959년 소련 인구 조사 자료(2억 880만 명, www.foreignaffairs.com/articles/russian-federation/1959-07-01/soviet-population-today를 보라) 및 세계은행의 미국 GDP 자료를 통해 도출한 것이다.

** Penn World Tables 9.1 (PWT91)(www.rug.nl/ggdc/productivity/pwt/)—output side, Year 1961.

*** PWT91, 1960.

**** 베트남의 수치는 당시 CIA의 분석에서 가져온 것이다. Economic Intelligence Report, A Comparison of the Economies of North and South Vietnam, December 1961, https://www.cia.gov/readingroom/document/cia-rdp79r01141a002200070001-8.

***** 브랑코 밀라노비치가 제공한 데이터로 세계은행의 세계개발지표를 바탕으로 했으며 PWT91 가격 지수를 사용해 조정한 값이다.

부록 2

오늘날 세계: 2018년 인구 상위 25개국(순위 밖 한국 포함)

나라	인구 순위	1인당 (명목) GDP	1945년 당시 구조적 위치
중국	1	$9771	제3세계
인도	2	$2016	제3세계
미국	3	$62641	제1세계
인도네시아	4	$3894	제1세계
파키스탄	5	$1473	제1세계
브라질	6	$8921	제3세계
나이지리아	7	$2028	제1세계
방글라데시	8	$1698	제3세계
러시아	9	$11289	제2세계
일본	10	$39287	제1세계
멕시코	11	$9698	제3세계
에티오피아	12	$772	제3세계
필리핀	13	$3103	제3세계
이집트	14	$2549	제3세계
베트남	15	$2564	제3세계
콩고민주공화국	16	$562	제3세계
독일	17	$48196	제1세계
튀르키예	18	$9311	제2세계
이란	19	$5628*	제3세계
태국	20	$7274	제3세계
프랑스	21	$41464	제1세계
영국	22	$42491	제1세계
이탈리아	23	$34318	제1세계
남아프리카공화국	24	$6374	제3세계
탄자니아	25	$1051	제3세계
한국	27	$31363	제3세계

(인구 순위를 포함한) 모든 데이터는 특별한 언급이 없는 한 세계은행 데이터뱅크(databank.worldbank.org)가 출처다.

한국은 제3세계에서 제1세계 수준의 부국으로 발전한 흔치 않은 예외이기 때문에 이 표에 포함시켰다. 한국과 대만이 냉전 시대에 전략적 중요성 때문에 워싱턴으로부터 이례적인 대우를 받은 사실에 관해서는 다음을 보라. Robert Wade, "Escaping the periphery: the East Asian 'mystery' solved," United Nations University World Institute for Development Economics Research, September 2018.

* 2017.

부록 3

나라들 간의 지구적 불평등, 1960-2017년

여기서 사용된 불평등의 측정 지표는 지니계수이다. 순전히 참고용으로 미국의 불평등 지수는 41.5이다(세계은행 추정치). 지구상에서 가장 평등한 사회로 꼽히는 북유럽 국가들은 25까지 낮아지기도 하며, 세계에서 가장 불평등한 나라 중 하나인 남아프리카공화국은 65에 달한다.

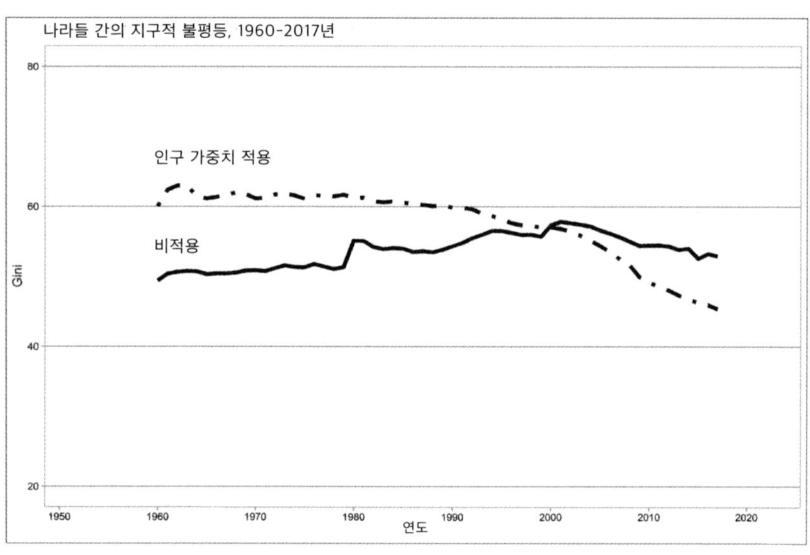

이 그래프의 데이터는 경제학자 브랑코 밀라노비치가 제공했다. (국가별 인구 가중치를 적용한) 점선은 중국의 성장 효과를 더 뚜렷하게 보여준다. 그의 방법론에 대해서 더 알고 싶다면 Branko Molanovic, *Global Inequality*[국역: 《왜 우리는 불평등해졌는가》, 서정아 옮김, 장경덕 감수, 21세기북스, 2017]를 보라.

부록 4

지구적 불평등, 1960-2017년

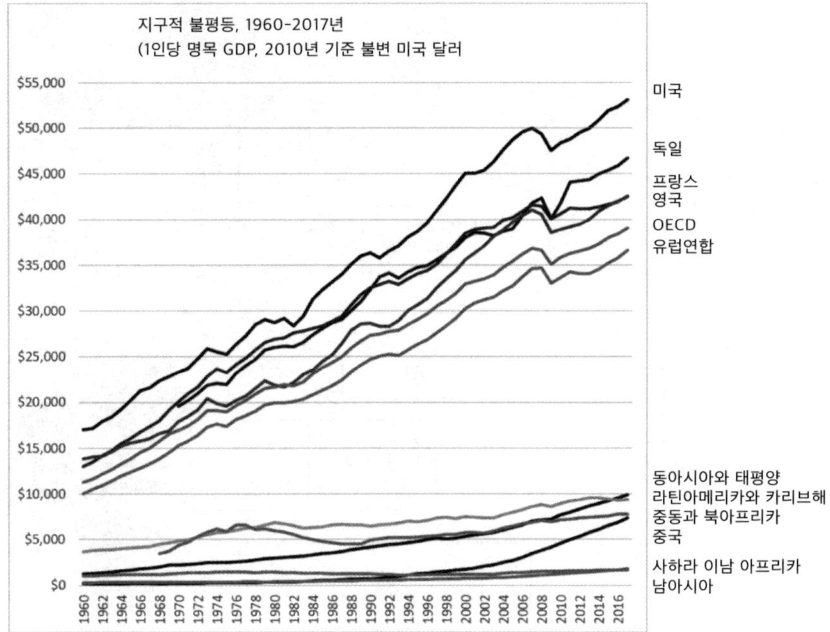

이 그래프는 허락을 받아 Jason Hickel, *The Divide*(William Heinemann, 2017) [국역: 《격차》, 김승진 옮김, 홍기빈 해제, 아를, 2024]에서 재수록한 것이다.

부록 5

반공 절멸 프로그램, 1945-2000년

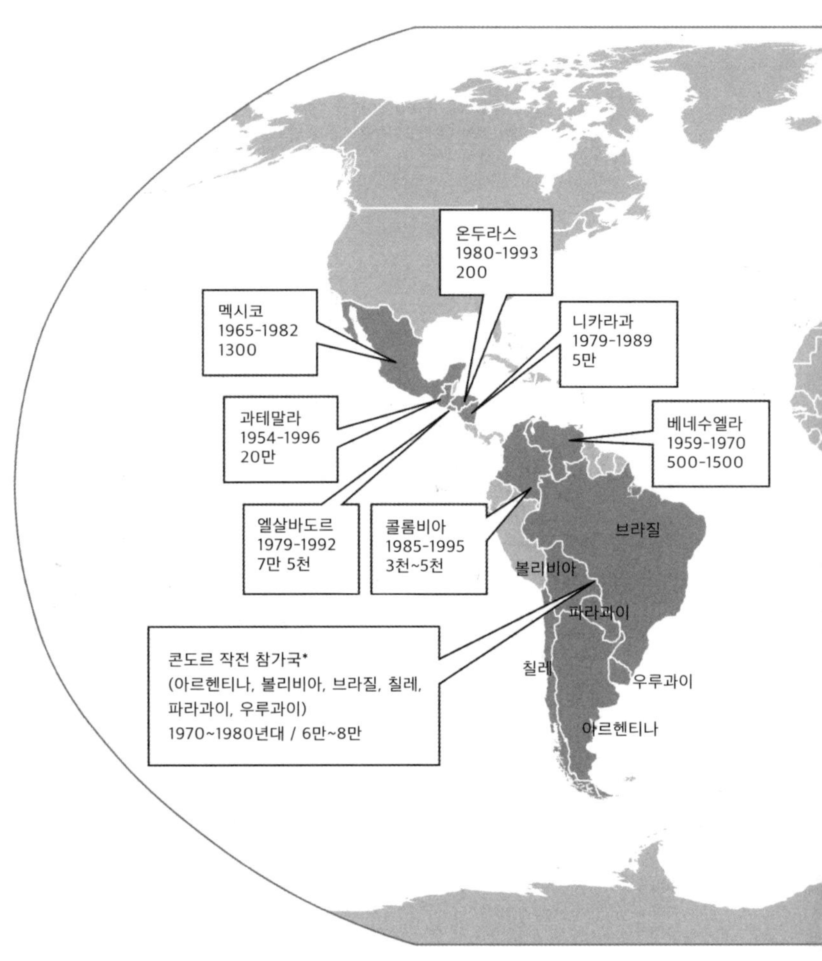

위의 지도는 좌파 또는 좌파로 몰린 이들을 제거할 목적으로 벌어진 의도적 집단학살을 나타낸 것으로 정규전이나 군사작전에 연계된 사망자와 반공 정부에 의한 의도적이지 않은 사망(기근, 질병)은 포함하지 않았다.

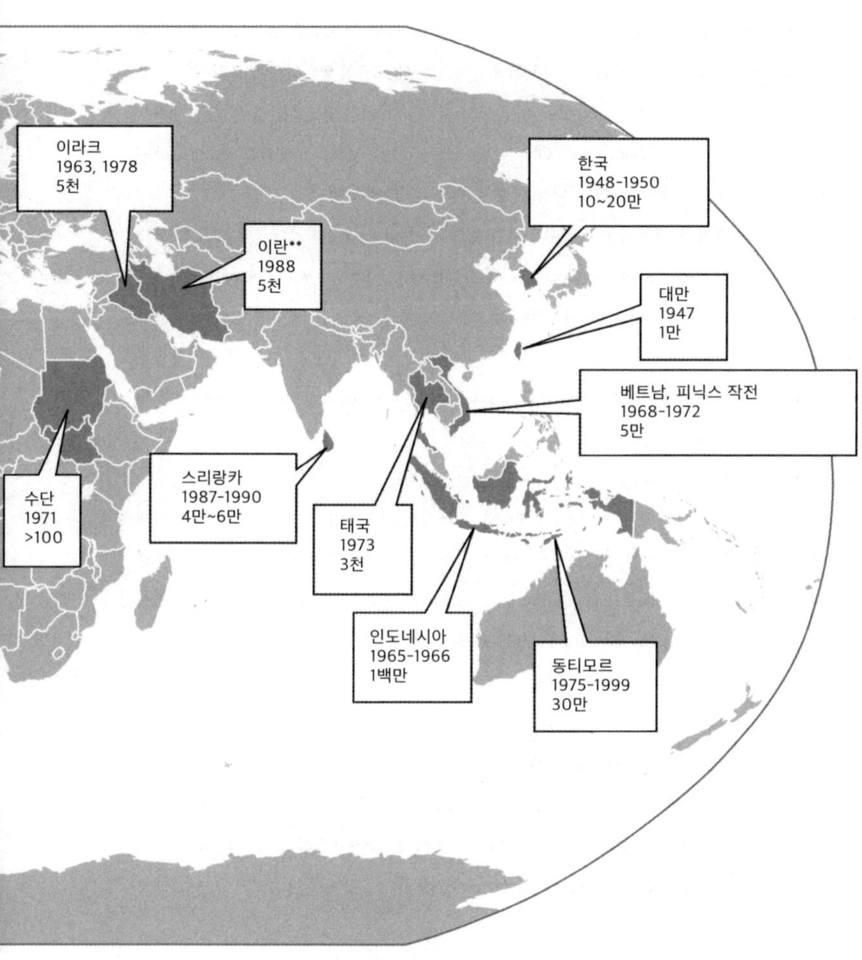

* 콘도르 작전은 국경을 넘는 다국적 작전으로 사오백 명을 살해했다. 여기서는 콘도르 작전에 참여한 반공 동맹국들이 자국에서 저지른 모든 폭력을 포함했다.

** 유일하게 이 경우만 미국의 지정학적 라이벌에 의해 폭력이 자행되었다는 점을 유념해 달라.

지도상 희생자 수 출처

아르헨티나, 볼리비아, 브라질, 칠레, 파라과이, 우루과이: 1992년 테러문서보관소Archivos del Terror에서 도출한 최소 5만 명(National Geographic Resource Library, "Archives of Terror Discovered;"를 보라)이라는 추정부터 라틴아메리카실종자가족협회연맹FEDEFAM에서 도출한 9만 명까지 추산치는 다양하다. 그러나 FEDEFAM의 추산치는 콜롬비아 등 콘도르 작전 참가국이 아닌 나라들의 희생자까지 포함한 것이다. 여기서는 Víctor Flores Olea, "Operation Cóndor," *El Universal*, April 10, 2006의 추산치를 따랐다. 가장 폭력적인 국가는 아르헨티나로 사망자 수가 3만 명에 달한다.

콜롬비아: 1985년, 게릴라와 평화협상의 일환으로 설립된 좌파 정당 콜롬비아애국연합UP을 상대로 폭력이 벌어졌다. Deutsche Welle, "In Colombia, It's Dangerous to Be Left Wing," www.dw.com/en/in-colombia-its-dangerous-to-be-left-wing/a-44131086를 보라. 이 보고서는 최소한 3천 명이 사망했다고 밝히지만, UP와 가까운 집단과 분석가들은 폭력의 희생자가 5천 명이라고 추산한다. 더 자세한 사항은 Centro Nacional de Memoria Histórica, "Todo pasó frente a nuestros ojos. Genocidio de la Unión Patriótica 1984–2002."를 보라.

동티모르: 이 책 354-355쪽을 보라.

엘살바도르: 진실위원회는 피해자가 총 8만 5천 명이며 그 85퍼센트가 초법적 살인과 강제 실종 피해자라고 밝혔다. "증언자들은 85퍼센트에 가까운 사례가 국가기관, 국가기관과 연계된 민병대, 암살단에 의한 것이라고 진술했다." United States Institute of Peace, From Madness to Hope: the 12-year war in El Salvador: Report of the Commission on the Truth for El Salvador, 36.

과테말라: 이 책 379쪽 및 같은 쪽 각주 59번을 보라.

온두라스: Comisionado Nacional de los Derechos Humanos, "'Los hechos hablan por sí mismos': Informe preliminar sobre los desaparecidos en Honduras 1980–1993"

이란: 이슬람공화국이 좌파인 이란무자헤딘기구와 투데당, 페다이게릴라조직 지지자들을 학살했다. 국제앰네스티는 사망자 수가 4672-4969명 사이라고 밝혔다. "Blood-Soaked Secrets: Why Iran's 1988 Prison Massacres are Ongoing Crimes Against Humanity"를 보라.

인도네시아: 이 책 259쪽을 보라.

이라크: 1963년 희생자 수는 Patrick Cockburn, "Revealed: how the West set Saddam on the bloody road to power," *The Independent*, June 29, 1997를 보라. 1978년 탄압을 재개하자 1980년 이란 침공 전 워싱턴에서 사담 후세인의 인기가 높아졌고 이라크는 미국과 동맹을 다시 맺었다 Prashad, *Darker Nations*, 160[국역: 《갈색의 세계사》, 227-228쪽].

멕시코: 멕시코의 "더러운 전쟁" 중에 치안 부대와 군대가 국내에서 활동하던 수많은 좌파 무장 집단에 속한 것으로 여긴 이들을 제거했으며, 1968년 틀라텔롤코Tlatelolco에서 시위대를 학살했다. 치안 부대는 미국 정부 및 브라질 독재정권과 협력했다. Adela Cedillo and Fernando Herrera Calderón, "Introduction: The Unknown Mexican Dirty War" in Cedillo and Herrera Calderón, eds., *Challenging Authoritarianism in Mexico: Revolutionary Struggles and the Dirty War, 1964–1982* (London: Routledge, 2012), 8; Gladys McCormick, "The Last Door: Political Prisoners and the Use of Torture in Mexico's Dirty War," *The Americas* 74:1 (January 2017), 57–81; and Alexander Aviña, *Specters of Revolution* (New York: Oxford University Press, 2014), 151–155, 176–180.

니카라과: 1979-1981년 사이에 1만 명, 1981–1989년 사이에 4만 명이라는 대략의 추정치. Bethany Lacina. "The PRIO Battle Deaths Dataset, 1946–2008, Version 3.0: Documentationof Coding Decisions," Peace Research Institute Oslo.

필리핀: Amnesty International, "Statement on Ferdinand Marcos' Burial at LNMB," November 18, 2016. www.amnesty.org.ph/news/statement-on-ferdinand-marcos-burial-at-lnmb/[현재 접속 불가]

한국: 1948년의 제주 학살과 1950년 처형된 공산당원과 보도연맹원 수를 포함한 것이다. Đỗ Khiem and Kim Sung-soo, "Crimes, Concealment and South Korea's Truth and Reconciliation Commission," *Japan Focus: The Asia-Pacific Journal*, August 1, 2008.

스리랑카: 스리랑카의 사례와 영국의 고등판무관 데이비드 글래드스톤의 증언에 관해서는 이 책 395쪽의 각주 6번을 보라. 희생자 수는 Tom H. J. Hill, "The Deception of Victory: The JVP in Sri Lanka and the Long-Term Dynamics of Rebel Reintegration," *International Peacekeeping* 20, no. 3 (2013), 357–384에서 가져왔지만, 투샤라 헤와게Thushara Hewage와 데이비드 글래드스톤은 4-6만 명이 "보수적"인 추정치라고 봤다..

수단: 수단공산당은 국가에서 벌인 당원 처형이 37건 있었다고 기록했지만 교수형 외에도 5천 명의 구금 등 공식 사법 구조 밖에서 피해를 입은 이들이 있으므로 희생자 수를 추가했다.

대만: Burke, *Revolutionaries for the Right*, 14.

태국: Jularat Damrongviteetham, "Narratives of the 'Red Barrel' Incident: Collective and Individual Memories in Lamsin, Southern Thailand" in Seng Loh, Dobbs and Koh eds., *Oral History in Southeast Asia*, p. 101.

베네수엘라: 초법적 살인에 관한 기록은 1959년부터 시작된다. 예컨대 Manuel Cabieses Donoso, *Venezuela, okey!* (Caracas: Ediciones del Litoral, 1963), 269와 Agustín J. Arzola Castellanos, *La desaparición forzada en Venezuela, 1960–1969*에서 더 자세하게 다룬다. 호세 빈센테 랑헬José Vicente Rangel은 책을 출판하며 베네수엘라에서 "실종"이 라울 레오니 대통령 시절(1964–1969)에 시작됐다고 밝혔다. 특히 이 책 276쪽에 등장하는 미국 관료 존 P. 롱간은 과테말라와 베네수엘라 양국에서 활동했다. 랑헬의

주장에 관해서는 다음을 보라. "Rangel asegura que desapariciones forzosas de América Latina comenzaron en Venezuela" in *Chamosaurio*.

베트남: Ian G. R. Shaw, "Scorched Atmospheres: The Violent Geography of the Vietnam War and the Rise of Drone Warfare," *Annals of the American Association of Geographers*,106 no. 3 (2016), 698.

모든 숫자는 추정치다.

웹사이트 주소에 관해: 모든 URL은 이 출판 당시에는 정상적으로 작동했다. 그러나 일부 아카이브 특히 CIA 웹사이트는 최근 주소가 변경되었다. 이런 경우 독자는 검색을 통해 해당 문서에 접근할 수 있다.

감사의 말

아무리 재능 있는 전문가라 할지라도 이런 종류의 책을 혼자서 쓸 수는 없다. 하물며 나는 재능 있는 전문가도 아니니 감사해야 할 분이 참으로 많다.

먼저 언제나 나를 지지해 준 어머니와 아버지, 형제들과 자매 그리고 가장 예리한 비평가가 되어준 성Sung에게 큰 빚을 졌다.

앞서 바스카라 와르다야에게 감사의 뜻을 전한 바 있다. 그의 깊은 지식과 친절이 없었다면 이 책은 나오지 못했을 것이다. 또한 면밀한 연구와 아낌없는 관대함으로 큰 역할을 해 준 브래들리 심슨, 시작 단계에서 나를 안내해 주고 격려해 준 페브리아나 피르다우스에게도 앞서 이미 감사를 표했지만, 이 세 사람이 없었다면 프로젝트 자체가 존재하지 못했을 것이므로 그 공로를 다시 한번 밝히고 싶다. 존 루사, 패트릭 아이버Patrick Iber, 마티아스 스펙토르Matias Spektor, 타냐 하머, 커스틴 웰드Kirsten Weld에게도 큰 빚을 졌다. 이들은 이 책을 어떻게 써야 할지 인내하며 가르쳐주거나 초고를 읽고 개선할 길을 (더 큰 인내심으로) 조언해 준 분들로 때로는 두 역할을 다 해 주었다.

단순히 감사를 전하는 것을 넘어 사실상 이 책의 공동 저자로 불려야 할 몇 분들이 있다. 나는 세계 곳곳에서 뛰어난 연구자들과 파트타임으로 협업했다. 그런 경우 저널리즘에서는 기사 말미에 “추가

취재: OOO"라고 쓸 수 있지만, 책 표지에는 그런 자리가 없다. 중요한 조사와 취재를 해 준 이들을 꼭 밝혀야 할 것이다. 상파울루대학교의 윌리안 지 아우메이다 시우바Willian de Almeida Silva, 자카르타의 타이슨 티르타Tyson Tirta와 스탠리 위디안토Stanley Widianto, 산티아고 칠레 가톨릭대학교의 벤하민 콘차Benjamin Concha, 하노이의 옌즈엉Yen Duong, 과테말라시티의 안드레아 익슈Andrea Ixchí, 런던정경대학교의 몰리 에버리, 그리고 코넬대학교의 주앙 비토르 헤구-코스타João Vítor Rego-Costa가 그들이다.

솔로의 65년과 함께하는 사무국의 모든 구성원 특히 위나르소, 디딕 디야 수치 라하유, 니콜라스 게비아르 크리슈나 샥티에게도 깊이 감사드린다. 몇 주 동안 나를 맞이해 주고 길고 어려운 여정 내내 내 손을 잡아 준 그들은 지금도 내 손을 놓지 않았다.

나와 마주앉아 자신들의 이야기를 들려준 생존자와 증인들에게 어떻게 보답해야 할지 아직도 정말 잘 모르겠다. 프란치스카, 베니, 잉기옥, 사코노, 카르멘 헤르츠, 막달레나 카스티나, 누리, 수미야티, 아궁 알릿, 응우라 트르마나, 와얀 바드라, 그데 아르카, 야르나 만수르, 사르마지, 페드로 블라셋, 기예르모 카스티요, 클라라 아레나스, 안토니오 카바 카바, 미겔 앙헬 알비수레스, 호세파 산체스 델 바리오가 그들이다.

이 책의 최종판에 등장하지 않는 이들에게도 감사드린다. 수나르요, 바니우스 시우바 올리베이라Vanius Silva Oliveira, 아드리아누 디오구Adriano Diogo, 스리 툰루앙Sri Tunruang, 베조 운퉁Bedjo Untung, 랑가 푸르바야Rangga Purbaya, 마리디 마르노Maridi Marno, 사누시Sanusi, 닌 하나피Nin Hanafi, 수첸마칭Soe Tjen Marching, 주마디Djumadi, 프란체스카

카사우아이Franchesca Casauay, 제보니아 비에이라Zevonia Vieira, 쿤 후사인 폰토Coen Husain Pontoh, 마데 마웃Made Mawut, 수랏만Suratman, 수타르미Sutarmi, 다르시니Darsini, 수기안토Soegianto, 마리아 스리 수마르니Maria Sri Sumarni, 루스만 프라세티요Rusman Prasetyo, 프라모노 시디Pramono Sidi, 수프리야디Supriyadi, 하리요노 수기요노 라하르조Hariyono Sugiyono Raharjo, 하디 피덱소Hadi Pidekso, 림기리옹Liem Gie Liong, 테시옥스완Teh Siok Swan, 헨드라 위나르디, 헤디안디 레스마나, 이부 헤르조그, 프란치나 룬Francina Loen, 친기옥우이Tjin Giok Oey, 마누엘 카비에세스Manuel Cabieses, 로베트로 티에메, 오를란도 사엔스Orlando Saenz, 에두아르도 라바르카Eduardo Labarca, 파트리시오 "파토" 마데라, 페드로 델 바리오 카바Pedro del Barrio Caba, 막달레나 카바 라미레스Magdalena Caba Ramirez, 이넨가 와르디타Inenga Wardita, 발리 타만 65의 모두들, 마르틴 알레이다, 지우마 호세프, 주하이르 알제자이리가 그들이다.

나를 가르쳐주고, 아이디어를 공유하고 올바른 방향으로 이끄는 데 시간을 할애해 준 여러 전문가, 학자, 권위자들은 도서관에서 보낸 아무리 많은 시간보다 결정적 역할을 했다. 혼자서 답을 찾기보다는 더 현명한 이들에게 도움을 청했을 때(너무 기자처럼 굴었을 나를) 도와준 분들께 진심으로 감사하면서 또 사과도 드리고 싶다. 라트나 삽타리Ratna Saptari, 엘리오 가스파리, 마리우 마갈량이스Mario Magalhães, 올림피우 쿠르스 네투Olímpio Cruz Neto, 마르쿠스 나폴리타누, 페트릭 마타나시Petrik Matanasi, 이바 아울리아 아산Ivan Aulia Ahsan, 히즈키아 요시에 폴림풍Hizkia Yosie Polimpung, 윈두 주세프Windu Jusuf, 안드레아스 하르소노Andreas Harsono, 예리 위라완Yerry Wirawan, 그렉 그랜딘Greg Grandin, 로버트 웨이드Robert Wade, 레당조안Lê Đa˘ng Doanh, 제스 멜빈Jess Melvin,

저우타오모, 사스키아 위어링가, 프랭크 G. 위즈너 2세, 피터 콘블루Peter Kornbluh, 그렉 폴그레인Greg Poulgrain, 조마 시손, 페드로 달라리Pedro Dallari, 호드리구 파투 사 모타, 루시아누 마르팅스 코스타, 마리아나 조필리Mariana Joffily, 주앙 호베르투 마르칭스 필류João Roberto Martins Filho, 파티 알파들Fathi Alfadl, 아스카니오 카바요Ascanio Cavallo, 헥터 레예스Hector Reyes, 마리오 카스타녜다Mario Castañeda, 노엄 촘스키, 벤 키어넌, 앨프리드 맥코이, 비자이 프라샤드, 파트리스 맥쉐리, 페데리코 핀첼슈타인Federico Finchelstein, 제이슨 히켈, 브랑코 밀라노비치, 프레데릭 쿠퍼Frederick Cooper, 벤 포겔Ben Fogel, 애덤 샤츠Adam Shatz, 케이트 도일Kate Doyle, 팀 웨이너Tim Weiner, 션 제이콥스Sean Jacobs, 알렉산더 아비냐Alexander Aviña, E. 아흐멧 토낙E. Ahmet Tonak, 가산 쿠미야Ghassane Koumiya, 라이문도스 오키Raimundos Oki, 필 밀러Phil Miller, 바수키 네시아Vasuki Nesiah, 투샤라 헤와게, 데이비드 글래드스톤, 카를로스 H. 콘데Carlos H. Conde가 그들이다.

퍼블릭어페어 출판사의 아테나 브라이언Athena Bryan, 클라이브 프리들Clive Priddle, 아누파마 로이-초두리Anupama Roy-Chaudhury에게 정말 감사드린다. 클라이브는 이 프로젝트를 승인하고 끝까지 지지해 주었고, 아테나는 초고의 가장 큰 오류들을 찾아내고 올바른 방향으로 이끌어 줬으며, 아누는 상상할 수 있는 모든 방법으로 나를 도와주었다. 또한 내 의견을 반영한 표지를 디자인해 준 피트 가르소Pete Garceau와 교정을 봐 준 브린 워리너Brynn Warriner와 마크 소킨Mark Sorkin, 출판계 전문가의 혜안을 보여준 브룩 파슨스Brooke Parsons와 미겔 세르반테스Miguel Cervantes, 그리고 누구보다 내 아이디어가 빛을 보게 해 준 롭 맥퀼킨Rob Mc-Quilkin에게 감사를 표하고 싶다.

사촌 페이지 에반스Paige Evans, 좋은 친구 줄리아나 쿠냐Juliana Cunha와

(책에도 등장하는) 니켄 안자르 울란은 이 프로젝트 전반에 걸쳐 꼭 필요한 조언과 용기를 주었다. 이 세 사람에게 정말 큰 신세를 졌다.

어처구니없어 보일지 모르지만 사회관계망서비스에서 나를 (아직도, 어떤 이유에서건) 팔로우하는 모든 이들에게도 감사드리고 싶다. 어쨌거나 팔로워들 덕분에 이 책을 쓸 수 있었다. 내가 너무 귀찮게 하더라도 '언팔'하지는 말고, 그냥 '뮤트'해 주길 바란다. 온라인에서, 특히 세계 곳곳의 젊은이들에게서 많은 것을 배운 것에 대해 고맙게 생각한다.

필요한 조사를 이어 나갈 수 있도록 지원해 준 다음의 공공 및 민간 기관들이 없었다면 나는 훨씬 더 헤맸을 것이다. 인도네시아 국립도서관, 브라질국립문서보관소, 칠레국립도서관, 대영도서관, 뉴욕공공도서관, 말라야대학교 도서관, 코넬대학교 도서관(특히 에카리나 위나르토Ekarina Winarto와 아스타라 라이트Astara Light), 워싱턴 DC의 국가안보문서관NSA과 국립문서기록관리청NARA, 제툴리우 바르가스 재단과 산하 CPDOC센터, 후버 연구소, SOAS 런던대학교, 상파울루대학교, 파라과이의 테러문서보관소Los Archivos Del Terror(특히 로사 팔라우Rosa Palau), 반둥의 아시아-아프리카회의 박물관, 베트남 국립도서관에 깊은 감사를 표하고 싶다.

위에서 언급된 모두에게 진심으로 감사드리면서, 혹시라도 내가 잊은 분이 있다면 사과와 함께 더 깊은 고마움을 전하고 싶다.

옮긴이 후기

2008년, 나는 인도네시아 족자카르타의 한 대학에서 역사 수업을 듣고 있었다. 어느 날 한국어를 통역할 수 있는 사람을 찾는다는 소식이 들렸다. 알고 보니 한국에서 온 제주 4.3 연구자들과 인도네시아의 1965년 연구자들이 함께 국가폭력에 대해 논의하는 학회가 열린다고 했다. 이 일을 계기로 나는 이 책에 자주 등장하는 바스카라 와르다야 선생을 만났고, 또 거의 처음으로 두 나라의 현대사에서 중첩되는 지점을 생각해 보게 되었다. 처음 인도네시아에 왔을 때부터 이곳이 한국과 아주 다른 것 같으면서도 아주 닮았다는 느낌을 지울 수 없었는데 그제야 그 실마리를 찾은 것이다.

그후 본격적으로 인도네시아 현대사를 공부하면서 1965년 학살에 대해 조금씩 알게 되었지만, 혼란은 커져만 갔다. 전쟁이 난 것도 아닌데 그렇게 많은 이들이 희생당해 “시체들이 기다란 장대에 꼬치처럼 꿰여 뗏목을 타고 떠내려” 왔다는 증언도, 희생자의 절대다수가 군이나 경찰 같은 공권력의 화기가 아니라 평소 알고 지내던 사람들의 손에 들린 단순한 무기에 ‘처형’당했다는 사실도 감당하기 힘들었다. 무엇보다 그토록 잔혹하고 거대한 폭력이 어째서 그렇게 오랫동안 철저하게 은폐될 수 있었는지 납득하기가 쉽지 않았다.

그 단단하고 오랜 침묵을 깨려는 시도 중 가장 주목을 받은 것은

2012년에 공개된 조슈아 오펜하이머의 다큐멘터리 〈액트 오브 킬링〉이다. 이 영화의 '성공'은 1965년에 인도네시아에서 무슨 일이 벌어졌는지 그리고 그 일이 여전히 끝나지 않았다는 것을 전 세계에 널리 알렸다. 그러나 과거 '집행자'들에게 다시 한번 살인을 재연할 기회를 준 이 영화의 위치가, 학살 직후 '아목'을 들먹이며 사건에 불가해하고 후진적이고 원시적인 이미지를 덧씌웠던 서구 언론들과 얼마나 멀리 떨어져 있는지 의문이다. 폭력의 잔혹함과 어두움을 클로즈업하는 데 몰두한 나머지 그 정치 경제적·역사적 맥락을 삭제하면서, 영화는 인도네시아인을 서구의 이성으로 이해할 수 없는 타자, 곧 괴물로 타자화한다는 비판에서 자유롭지 않기 때문이다.

반면 2020년에 출판된 《자카르타가 온다》는 〈액트 오브 킬링〉과는 반대 방향에서 1965년에 접근했다고 할 수 있을 것이다. 오랫동안 브라질과 인도네시아에서 특파원으로 활동한 저자는 아직도 걸핏하면 두 나라의 현실 정치에 유령처럼 되돌아오는 역사적 사건이 기이하게 닮아 있다는 것을 눈치챈다. 두 사건을 잇는 희미한 선들을 더듬어 나가며 사건 자체에서 최대한 줌아웃해서 세계사적 맥락을 조망하기 시작한다. 동시에 이 폭력을 정면으로 통과한 패배자들의 일인칭 목소리를 찾아나섰다. 그 결과 《자카르타가 온다》의 서사는 미 국무부 전신과 비밀 해제된 CIA 문서, 학자들의 분석만큼이나 저자가 만난 이들의 이야기를 중심으로 전개된다. 프란치스카, 베니, 잉기옥, 누리처럼 국경과 대륙을 넘나들며 이 시기를 통과한 인도네시아인과 사코노와 막달레나처럼 수용소에서 살아남은 생존자의 증언을 통해 우리는 1965년 이전 인도네시아의 정치적 삶과 신생 국가를 건설하던 그들의 희망과 좌절을 생생히 들여다볼 수 있다. 한편 하워드 존스 같은 온건파 미국 관료뿐 아니라 CIA를 이끌었던 강경파 프랭크 위즈너 같은 이들에게도 개인적 서사를 부여해 그들이 내린 선택들을 입체적으로 이해하도록 해 준다. 이런 취재와 서술 방식이야말로 저널리스트인 저자의 장기가 잘 드러난 지점이다. 개인적으로 이 책을 번역하면서 가장 많이 생각한 것은 이 책의 주인공인 프란치스카와 같은 해에 태어나 그만큼이나 파란만장한 삶을 산 조부모님이었다. 이 책의 주인공들처럼 언젠가는 그분들의 굴곡 많았던 삶도 더 큰 역사적 과정의 일부로 이해받는 날이 오기를 바라 보았다.

멀리서 세계사를 조망하고 가까이서 증언을 경청하는 가운데 동남아시아와 라틴아메리카를 잇는 공통의 역사적 경험 그리고 폭력이 더 많은 나라로 확대되는 과정에서 작동한 절멸 프로그램의 국제적 네트워크가 모습을 드러낸다. 그 발견은 다시 지금 우리가 살고 있는 세계가 어떻게 형성된 것인가라는 질문으로, 다시 폭력이 단순히 부수적으로 벌어진 사건이 아니라 더 거대한 역사적 과정의 핵심이자 근본적인 부분이었다는 깨달음으로 이어진다. 작가 한강은 "인간의 잔혹함과 존엄함이 동시에 존재했던 시공간"을 광주라고 부르자, 그 이름은 한 도시를 가리키는 고유명사가 아니라 보통명사가 되었다고 했다. 비슷하면서도 다른 방식으로, 1965년 폭력을 비롯한 냉전 시기의 반공 학살이 한 나라가 아니라 제3세계 거의 전체가 통과한 "끊임없이 적대적 타자를 상상 속에서 창출하고, 그들을 절멸의 대상으로 삼으며, 죽음을 조직적으로 배치"하는 "죽음정치"의 과정임이 드러나자, 자카르타는 인도네시아의 수도를 가리키는 고유명사에서 대량학살을 가리키는 보통명사가 되었다. 이 책을 읽고 나서야 나는 칠레 현대사와 가족사를 치밀하게 엮어 낸 이사벨 아옌데의 《영혼의 집》에서 주인공 알바가 산티아고 거리에서 '자카르타' 문구를 보고 그 의미를 묻던 대목을 이해할 수 있었다.

함께 인도네시아 정치사 수업을 들었던 친구가 한 1965년 연구자에게 듣기로는, 아체의 한 집단 매장지에는 동네 사람들이 심은 고추가 자라고 있다고 했다. 그 이야기를 듣자마자 《순이삼촌》이 떠올랐다. 제주 4.3 와중에 홀로 살아남은 순이 삼촌은 학살의 장소였던 옴팡밭에 고구마를 심는다. "송장 거름을 먹은 고구마는 목침 덩어리만큼 큼직큼직했다." 시간이 지나면서 다른 줄거리는 흐릿해졌지만 검은 흙이 묻은 탐스런 고구마의 이미지는 또렷했다. 하지만 아체의 고추나 제주의 고구마만이 아닐 것이다. 우리가 먹고 마시는 모든 것, 곧 우리를 살아 있게 하는 모든 것은 죽은 자들이 묻힌 땅에서 온다. 또 우리가 서 있는 곳도 개념적으로나 물질적으로나 그런 역사적 지층들 위일 것이다. 우리는 그렇게 과거 그리고 죽은 자들과 끊임없이 다시 연결된다.

"죽은 자가 산 자를 구할 수 있는가?" 《소년이 온다》를 쓰며 이 질문을 놓지 않았던 한강은 광주가 "시간과 공간을 건너 계속해서 우리에게 되돌아오는 현재형"이라고 말했다. 인도네시아에서는 자카르타가 그렇게 계속해서 되돌아오는 현재형일 것이다. 1998년, 자카르타가 불타오르며 32년간의 수하르토 군사독재가 끝나고 민주화가 이루어졌다. 그로부터 27년이 흐른 후인 2025년 9월, 자카르타가 다시 불타올랐다. 그간의 민주주의 실험이 소수만의 과두제로 귀결되고 급기야 2024년 수하르토 정권의 잔당이 대통령이 된 순간부터 예견된 일이기도 하다. 시위대의 주축인 젊은 세대가 이 책 《자카르타가 온다》를 필독서로 읽으며 역사를 배우고 #ResetIndonesia라는 구호를 외치는 것은 놀라운 일이 아니다. 과거를 직시하는 것만이 현재를 구할 수 있다는 것을, 그들은 알고 있다. 그렇게 과거가 현재를 구하고 20세기의 폭력적인 방식과는 다른 새로운 방식으로 자카르타가 오기를 기대해 본다.

참고하고 인용한 글(등장순)

삐삣 로치야, "나는 공산당인가, 안 공산당인가?", 서지원 옮김, 《아시아저널》 4호, 19~57쪽, 5.18기념재단, 2011(https://518.org/base/board/read?boardManagementNo=76&boardNo=38094&page=1&searchCategory=29&searchType=&searchWord=6&menuLevel=3&menuNo=47).

아쉴 음벰베, 《죽음정치》, 김은주·강서진 옮김, 동녘, 2025.

이사벨 아옌데, 《영혼의 집》, 권미선 옮김, 민음사, 2003.

한강, 2024년 노벨문학상 수상 기념 강연 전문(https://www.nobelprize.org/prizes/literature/2024/han/225027-nobel-lecture-korean/)

현기영, 《순이삼촌》, 창작과비평, 1979.

찾아보기